谨以此书
致敬我的亲人
致敬我的师长和朋友
致敬中国古代陆上丝绸之路
致敬文明

———— 高健生 ————

回望彼此不同却又相互联系的古代世界，不仅是我们对历史的致敬怀念，也是对当代的思考感悟和对未来的朦胧张望。

　　谁不渴望循着先贤的足迹，走上那条铺满了丝绸、缠绕着思想却又充满了艰辛的历史文明大路呢？

高健生

走在大路上

The Silk Road of China

致敬丝绸之路

五洲传播出版社
China Intercontinental Press

亚欧大陆古代丝绸之路示意图

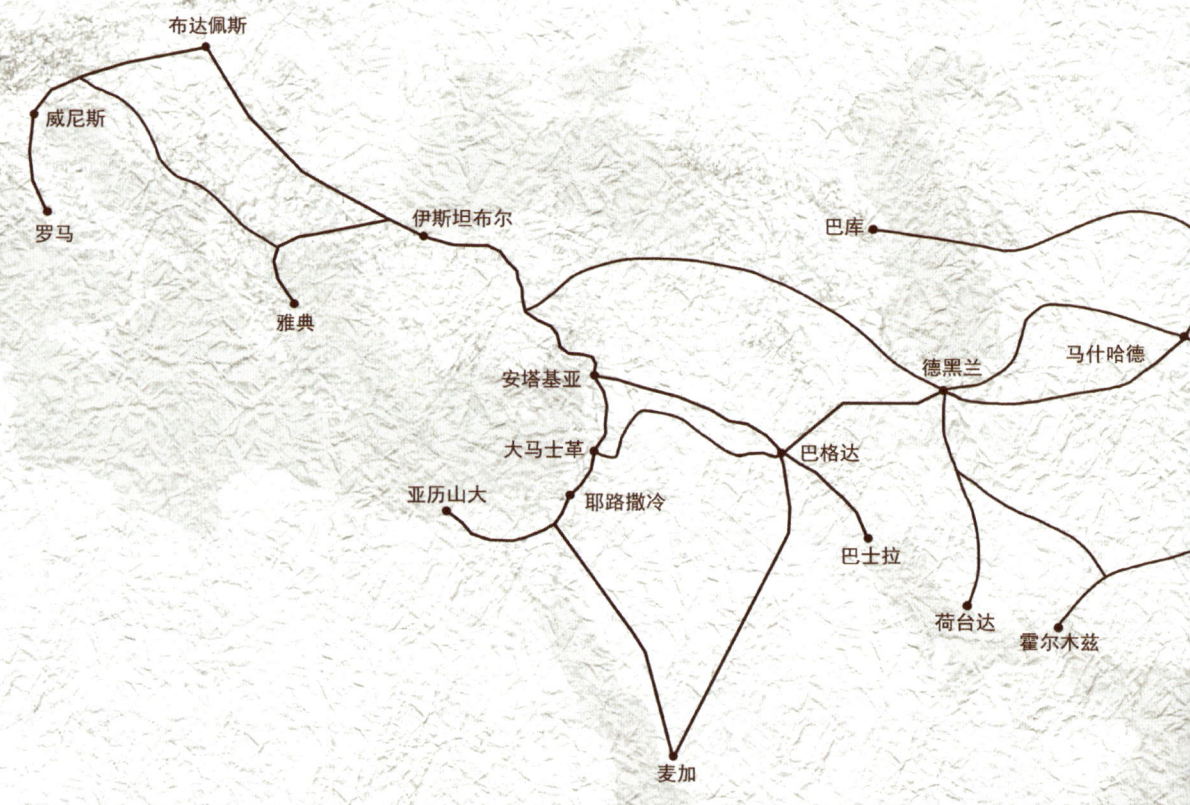

布达佩斯

威尼斯

罗马

雅典

伊斯坦布尔

巴库

德黑兰

马什哈德

安塔基亚

大马士革

亚历山大

耶路撒冷

巴格达

巴士拉

荷台达

霍尔木兹

麦加

西方谚语：条条大路通罗马

亚欧大陆古代丝绸之路

白哈巴
布尔津
克拉玛依
乌鲁木齐
吉木萨尔
霍尔果斯
哈密
托克马克
伊宁
轮台
吐鲁番
撒马尔罕
卡桑赛
库车
焉耆
楼兰
瓜州
酒泉
张掖
北京
阿克苏
喀什
莎车
敦煌
武威
中卫
巴尔赫
塔什库尔干
红其拉甫
若羌
茫崖
德令哈
西宁
兰州
固原
洛阳
喀布尔
和田
民丰
且末
格尔木
都兰
天水
宝鸡
西安
潼关
白沙瓦
伊斯兰堡
新德里
拉奇

东方禅偈：家家有道透长安

中国古代陆上丝绸之路
（本书作者致敬路线）

目录

前言

大道当行

高健生

中国国家博物馆大厅的墙上，有一幅巨大的中国立体地形图，凸凹纵横，山高水长，大地纹理揭示了中华之为中华的自然、地理因素以及由此而致的历史发展脉络。地图上写着一段话："从很早的古代起，我们中华民族的祖先就劳动、生息、繁衍在这块广大的土地之上。"

当我看这幅地图时，会想象叠加一束灵动飘逸的丝质彩绸，从国土中心开始，顺着山脉的纹理，逆着大河的流向，冲艰破阻，且柔且刚，向着西北方飞扬……它连接起中国与世界、东方与西方——这就是中国古代陆上丝绸之路，一条世界文明交流的历史大通道。

公元前53年，罗马帝国发动了对安息帝国的战争。两国军队决战于卡尔莱（今叙利亚帕提亚），战斗进行到最惨烈的时刻，安息大军突然展开数面色彩斑斓，绣着金色徽标的军旗，这些用丝绸织制的军旗，在叙利亚高原正午阳光的照耀下鲜艳夺目，随风翻扬。罗马人从没见过这么耀眼飘逸的旗帜，疑是天神助威，惊恐万状，军心崩溃，遭遇惨败。安息军旗让古罗马第一次见到了中国丝绸。妩媚的东方丝绸竟然以这样的方式飘到了西方。

这是一个无法考证的故事，但却被各国历史学家所引用，足见中国丝绸对于西方历史的影响。

公元前后，中国中原地区长期遭受北方匈奴的袭扰，为了抵御侵略，各诸侯国开始纷纷修筑巨大的防御工事——边墙，秦始皇统一六国后把这些边墙连接为长城。秦始皇修筑长城"以却戎狄"的目的非常明确，但秦长城的最西端也仅仅是到达临洮（今甘肃临洮县），再往西边的广阔地区，中原政权的势力尚不能及。

西汉初年，匈奴继续侵扰中原，烧杀劫掠，已成大患。汉武帝刘彻即位后，从匈奴俘虏口中得知，西迁的大月氏与匈奴有世仇，便决定联合大月氏共同打击匈奴。

从很早的古代起，我们中华民族的祖先就劳动、生息、繁殖在这块广大的土地之上。

为此张榜招募西行使者。郎官张骞应募出使,此行的主要目的是寻找大月氏国,并探查西域地理人文情报,为打击匈奴做准备。

公元前138年(汉武建元三年),张骞手持汉节,率领一支百人使团从长安出发。一路山川碛漠,风霜雨雪,千般磨难,万般屈辱,历经一十三载,最终仅两人归汉。这次出使并未达到联合大月氏合力打击匈奴的目的,但谁也不曾想到,一个并未达到预期的军事外交任务,却成为世界历史的重要事件,成为东西方文明交流肇始的标志。

司马迁在《史记·大宛列传》中写道:"然张骞凿空,其后使往者皆称博望侯,以为质于外国,外国由此信之","于是西北国始通于汉矣"。

司马迁所说的"西北国"即西域各国。"西域"是相对于古代中国的地理方位。西域在汉唐时代有广义和狭义两种概念,广义是指敦煌两关(玉门关、阳关)以西包括中亚、西亚、南亚、东欧和北非的广大地区,狭义则指敦煌两关以西、葱岭(今帕米尔高原)以东的范围,大致相当于当代中国敦煌以西和新疆全境。本书所述"西域"皆为狭义概念。

西汉经过多次重大战役,大败匈奴,汉武帝在河西走廊"列四郡(武威、张掖、酒泉、敦煌),据两关(玉门关、阳关)",牢牢控制住了通往西域的战略通道。自西汉以来,中原多个王朝均在西域设立过都护府,安定的西域促进了贸易的发展,同时也促成了当地社会经济的繁荣,这条东西方往来交流的路线即基于张骞的"凿空"之路。

1877年,德国地理学家费迪南·冯·李希霍芬在其所著《中国》一书第一卷中,将"从公元前114年至公元127年间,中国与中亚、中国与印度间以丝绸贸易为媒介的西域交通道路"命名为"丝绸之路(The Silk Road)",这是一个既尊重历史又充满诗意的名字。

沿着丝绸之路往来流动的,不仅有丝绸,还有许多物种和技艺,其中很多东西,尤其是粮棉蔬果等物种,至今还在支撑着东西方世界的国计民生,其影响之久远,辐射之广大,完全超出了丝绸的影响力。

丝绸之路以贸易为起因,照亮全程的却是信仰。

遥远的旅途危机四伏,商旅们希望能有神灵相伴左右,作为神灵使者的僧侣向商人们允诺沿途给予保佑,保证他们可以得到满意的财富,作为回报,资助僧侣的旅行开销和建立新的宗教场所就是商人们向神灵示好、表达虔诚的必要成本。

商人和僧侣为了各自的追求，筚路蓝缕，艰难以求，利益的诱惑和信仰的追求在漫漫丝路上得到了完美的相互挽扶。

信仰的传播为丝路沿途尚处于较低文明阶段的民族带来了先进的文化知识体系，各民族通过丝绸之路，相互来往，相互影响，丰富了各自的物质财富和思想体系，形成了独特的地域化、国际化的丝路文明。

然而，丝绸之路走了万里千年，却多是跟跟跄跄。两汉三绝三通，两晋五胡乱华，隋朝的吐谷浑、唐朝的安禄山，宋金南北分疆，蒙元铁骑天下，大明闭关锁国，满清领土被列强割占……

中原王朝城旗变幻，西域属国时叛时服，统一安定丝路则通，分裂战乱丝路则绝。自西汉至明清，丝绸之路全线绝断的时间比通畅的时间要长，即使如此，它对于中国和世界的社会经济、历史文化的影响也是不可估量的，曾经的影响再影响出新的影响，环环相扣，绵延不绝。

迄今为止，世界各国行政地图上并没有一条被命名为"丝绸之路"的道路，但全世界都知道有一条大路叫"丝绸之路"。

丝绸之路是一条聚流的澎湃大河，支脉众多，形成了一片广阔的流域，两千多年来，"丝路流域"发生过许多重大历史事件，至今依然影响着中国和世界。

丝绸之路是一张多维的动态大网，空间时间，层叠纵横；偶然必然，互为因果；蝴蝶扇翅，草蛇灰线，一切变化皆有可能，一切衍生难料方向。

如今我们所处的全球化时代，本身就是与丝绸之路所体现的商业和文明交流精神相一致的。

西方谚语道："条条大路通罗马"；东方禅偈曰："家家有道透长安"。

丝绸之路，无问西东、无远弗届。

回望彼此不同却又相互联系的古代世界，不仅是对历史的致敬怀念，也是对当代的思考感悟和对未来的朦胧张望。有谁不渴望循着先贤的足迹，走上那条铺满了丝绸、缠绕着思想却又充满了艰辛的历史文明大道呢？

关于西域，我们从小就学过相关的地理知识和文学作品，"大漠孤烟直，长河落日圆"的苍凉，"黄沙百战穿金甲，不破楼兰终不还"的豪迈，引领灵魂的先贤、开疆拓土的将士、游吟山水的诗人、仗剑江湖的侠客，这些都是懵懂少年英雄情结的崇拜对象，这份崇拜最终被我们融化为血液中的家国情怀。

西域中道（敦煌—喀什）

西域北道（敦煌—霍尔果斯、白哈巴）

白哈巴

布尔津

富蕴

克拉玛依

乌鲁木齐　吉木萨尔　红山口

霍尔果斯　独山子　　　　　　　　　　哈密

伊宁　　　　　　　吐鲁番　　　　　　　　星星峡

　　　　库车　轮台　库尔勒　　　楼兰　　　　敦煌

阿图什　阿克苏　　　　　　　　　　　　　　　酒泉

喀什　　　　　　　　　　　　　　若羌　茫崖　鱼卡

塔什库尔干　莎车　　　　　　　　　　　　　　德令哈

红其拉甫山口　　　和田　民丰　且末　　　东台　小柴旦

　　　　　　　　　　　　　　　　　乌图美仁　格尔木　都兰

葱岭道

（喀什—红其拉甫）

楼兰道

（敦煌—楼兰—若羌、焉耆）

青海道（兰州—西宁—张掖、若羌、）

西域南道（敦煌—喀什）

中国古代陆上丝绸之路
八条主道分色示意图

西道（西安—敦煌）——— 两都道
（洛阳—西安）

武威　中卫
西宁　兰州　固原
天水　宝鸡　西安　潼关　洛阳
敦煌）

一条丝绸路，半部中国史。走一走这条路，读一读这部书，其意义在于了解我们的祖先做过些什么，从而明白我们之所以是我们，中国之所以是中国，世界之所以是世界。

二十多年来，我曾数度西行，或公干或私游。复盘曾经走过的路，竟然发现，虽然几千年过去了，人类迁徙交流的通道依然保持着延续和畅通，我所经行之地基本重合了中国古代陆上丝绸之路的所有主要路线。并且还发现当年"无心插柳"的文字和图片，组合重构后竟然也能"成荫"。

我将多年来西行的所闻所见、所思所想结集出版，选了一个很有自豪感的书名《走在大路上》。全书分为文、图两卷，文卷结字，图卷集影，"左史右图"，相得益彰。我以这套"无心插柳"的心血之作，致敬中国古代陆上丝绸之路。

历史上，中国古代陆上丝绸之路由八个主要道段所构成，这些道段大体是以自然地貌和人文形态划分，不同历史时期有些道段的名字也不同，本书采用历史学家普遍认同的名称，以道段为章节，分为八章，分别是：两都道、河西道、青海道、西域北道、西域中道、西域南道、楼兰道和葱岭道。

纵观三千年丝路，横贯九万里河山，天不变，道亦不变。

第一章 汉唐气象——两都道

西周置都镐京（今西安长安区西北），东周迁都洛邑（今洛阳）；西汉置都长安，东汉迁都洛阳；唐朝将长安作为首都，洛阳作为副都。千字文中："都邑华夏，东西二京"之语，说的就是这些历史。两都道是指中国古代陆上丝绸之路的东段，从洛阳至长安的这段道路。

两都道分为东西两段，东段是从河南洛阳到陕西潼关的"崤函道"，西段是从陕西潼关到长安的"潼关道"。

两都道的东边是河洛平原，西边是关中平原，这片地区是中华文明发源的核心区域，至少从夏朝到北宋的三千年间都是中国政治、经济和文化的中心区域。

"若问古今兴废事，请君只看洛阳城。"洛阳曾被认为是天下之中，中国历史上第一个奴隶制国家夏王朝后期迁都到了洛阳东边的二里头，后又有十二个朝代、共历十三朝在洛阳建都。

从洛阳出发，经新安县的汉函谷关到灵宝县的秦函谷关，沿途山高路险，自古便是兵家必争的天险之地，秦函谷关也是古哲老子写下《道德经》的地方。

杜甫著名的乐府诗"三吏""三别"就写于这条路上，其中的《石壕吏》让石壕小村名闻华夏，近年又有"崤函古道石壕段遗址"作为丝绸之路上唯一的道路遗存入选联合国世界文化遗产"丝绸之路：长安—天山廊道的路网"项目，使这里蜚声海外。

出秦函谷关，沿黄河继续西行进入陕西，要津风陵、铁壁潼关、风骨华山、腻水华清……依次排列于古道两边，行经此路，三千年中国历历在目。

两都道的西端便是西安，一进古城，汉风轻拂，唐韵悠然，西安依旧是长安。

致敬中国古代陆上丝绸之路，刚一抬腿，就迈入了华夏最辉煌的曾经……

两都道示意图

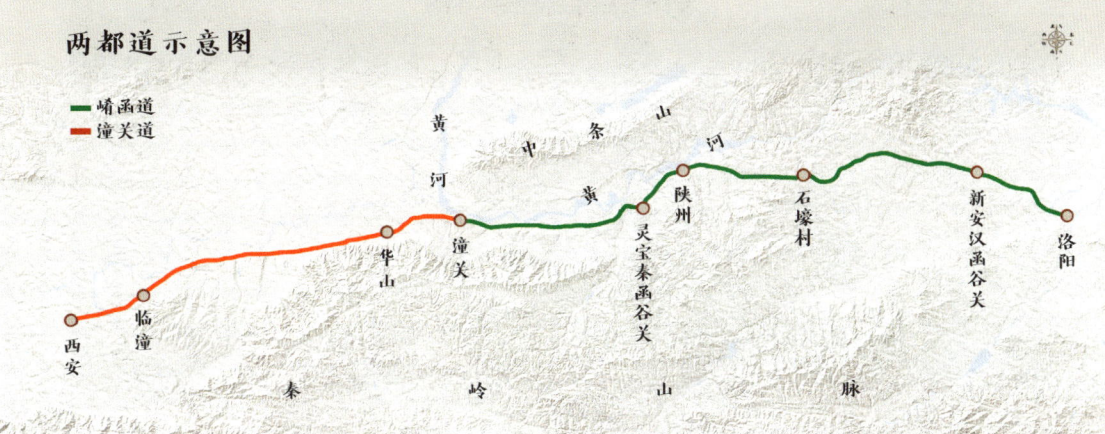

崤函道（洛阳—潼关）

自洛阳定鼎门出发，经新安县汉函谷关至陕县观音堂镇的石壕村，
再出灵宝县秦函谷关，沿黄河西行到达陕西省潼关县秦东镇的潼关，
即为两都道东段之崤函道。

【定鼎之都

有关中国古代陆上丝绸之路的起点在哪里？曾经有过一番争论。

1987 年，为纪念丝绸之路开创 2100 年，西安在隋唐时期长安城的西门——开远门遗址上安放了一组巨型石雕《丝绸之路》，这组雕塑所在的位置被定义为"丝绸之路起点"。

这种做法引发了争议，洛阳争辩说，丝路起点应该在洛阳。理由是东汉定都洛阳后，中国的中心也随之东移，丝路起点定在洛阳，就使丝绸之路延长了近 400 公里，更重要的是，它包括了中华文明最初的发源地黄河流域的中原地区。

2009 年，洛阳在隋唐洛阳城定鼎门遗址上复建定鼎门，并将这里定义为"丝绸之路起点"，如此一来，丝绸之路就有了两个起点：西安开远门和洛阳定鼎门。

2013 年 1 月，中国、哈萨克斯坦、吉尔吉斯斯坦三国联合向联合国教科文组织世界遗产中心提交了"丝绸之路"文化遗产项目申遗报告。

定鼎门前的车辙蹄痕

这个项目最初申报的名称是"丝绸之路：起始段—天山廊道的路网"。"起始段"是一个地理界限相对模糊的词，因为世界遗产申遗工作专业性很强，背后又有着重大的国家利益和敏感的外交关系，为此联合申报此项目的三个国家代表最终将"起始段"改成"长安"，确定以"丝绸之路：长安—天山廊道的路网"的项目名称进行申报。2014 年 6 月 22 日，在卡塔尔首都多哈召开的第 38 届世界遗产大会上，该项目成功入选《世界遗产名录》。

虽然项目名称是"丝绸之路：长安—天山廊道的路网"，但路网是从洛阳开始的，而且并没有明确定义丝绸之路的"起点"在哪里。

2014 年 6 月 23 日，也就是申报成功的第二天，新华社用了"丝绸之路：长安—天山廊道的路网"这个名称进行了报道，而同一天《洛阳日报》的报道中却写道："第 38 届世界遗产大会世界遗产委员会宣布，中国大运河及中哈吉三国联合申报的'丝绸之路：起始段—天山廊道的路网'成功列入《世界遗产名录》。"《洛阳日报》用的是"起始段"，看来心里有点酸啊。好在当年中国申遗项目批了两个：大运河和丝绸之路，两个项目各有一段在洛阳，这对洛阳也算是个安慰吧。

2014 年 8 月 18 日，国务院新闻办公室网站发表《丝绸之路经济带新起点辨析》一文，文中说："从整个历史长河和世界影响看，长安作为汉唐丝绸之路起点的代表比较恰当，洛阳可看作长安起点的墨迹延伸。"这个解释很有中国特色，用上了文房四宝，墨分五色，浓淡相宜。

在历史上，洛阳始终对标西安，两者的位置总是前后不停地互换，但最终，洛阳被西安甩在了后面。

在洛阳流传着一则笑话，两位游客在洛阳博物馆打电话："你在哪儿呢？""我还在夏呢。""我已经到汉了，一会儿咱们在唐见吧。""OK！不见不散。"一诺就是四千年！这口气，除了洛阳还能有谁？

参天之木，必有其根；怀山之水，必有其源。中华文明发源地之一的黄河流域中原地区，具体的地理位置可以落实在黄河与洛河之间的河洛地带，此地位于中原腹地，历史上曾经长期占据着中国地理和文明中心的位置。

河洛地区文化深远厚重，据传"龙马负图"出于河，"神龟背书"出于洛，河图洛书形成了中华民族最基本的世界观架构。古有帝王"居天下之中"的说法，而那时的"天下之中"就是洛阳。

自公元前 21 世纪，中国第一个有记载的朝代——夏朝的后期开始，直至公元 10 世纪五代十国的后晋为止，大约 3000 年的时间，先后有十三个王朝建都洛阳。

禹传位于儿子启，启建立了中国历史上第一个奴隶制王朝——夏，夏的都城几经迁徙最终定都斟鄩（zhēn xún，今洛阳偃师区二里头村）。

商灭夏，初期定都西亳（今洛阳偃师区），后迁至殷（今安阳）。

周克商，建都镐京，史称"西周"。周武王在位两年去世，继位的成王为了实现先王的遗训，命令他的叔叔姬旦（史称周公）来确定天下之中。周公在夏至这一天，用土圭测量日影，证明郏鄏（jiá rǔ，今洛阳）居于天下之中，于是周成王命其营建新都——洛邑。洛邑只用了九个月就建成了，仓促的时间，加上当时低下的生产力水平，我估计完成的也就是个能连成片的简易土坯茅草房小区。洛邑建成后，周成王并没有马上迁都，而是把它作为西周的副都，直到三百年后，西周衰亡，平王东迁，洛邑才正式扶正成为国都，这段时期史称"东周"。

东周之后，又有东汉、曹魏、西晋、北魏、隋、武周、后梁、后唐、后晋等多个朝代定都洛阳。五代十国后，北宋定都东京（今开封），从此洛阳被冷落。1932 年 1 月 28 日，日本侵略军进攻上海，淞沪抗战爆发，南京国民政府匆匆决定北撤，计划以洛阳为临时首都并公开发布了公告。当年 5 月 5 日，国民政府与日本签订了屈辱的《淞沪停战协定》，迁都洛阳不了了之。

北宋时期的司马光是《资治通鉴》的总编辑，作为一名史学家，他对洛阳是这么评价的："若问古今兴废事，请君只看洛阳城。"

历经十三个朝代，有着三千多年历史的洛阳，足以把自豪渗入到人们的血液里。几千年来，中华版图不断扩张，洛阳已不再是当代中国的"天下之中"，如果在现代中国地图上画一个正圆，洛阳在圆心偏东的位置。但是，在中国文化地图上，它的中心位置是不可动摇的，其历史余辉依然照耀着中国。

"丝绸之路：长安—天山廊道的路网"项目，确定了路网沿途三个国家的33 处文化遗产点，位于中国境内的有 22 处，其中河南 4 处，有 3 处在洛阳地区，它们是汉魏洛阳城遗址、隋唐洛阳城定鼎门遗址和新安县汉函谷关遗址，其中定鼎门遗址被洛阳市政府定义为"丝绸之路起点"。

定鼎门是隋唐洛阳外郭城的正南门，这道门在中国历史上举足轻重，就是因为一个"鼎"字。

相传大禹治水成功后，将天下分为九州，集九州之铜铸成九鼎，上刻九州的山脉河川、风土人情，从此，鼎成为了古代中国国家的象征。商灭夏，获九鼎，将它们置于商朝王都殷。周灭商，周武王计划将九鼎从商都殷迁往周都镐，运送队伍走到洛邑时，九鼎无论如何也挪不动了，于是，九鼎就被放在了周朝的副都洛邑。

《左传》载："成王定鼎于郏鄏，卜世三十，卜年七百，天所命也。"这段文字不仅记录了九鼎所在的位置，也预言了周朝的国祚，还衍生出一个成语"定鼎中原"。历史的结果是：周朝传君三十二代，国运七百九十年。这段卜辞，一语成谶，不知是真的还是后人编的，但左丘明记下了。

如今的定鼎门是 2009 年在原遗址上重建的。定鼎门始建于隋朝，初时命名建国门，唐时更名定鼎门。随着洛阳中心地位的衰落，定鼎门逐渐坍圮。在定鼎门遗址发掘过程中，发现了原城门下的车辙痕迹和驼马的蹄印，这对于丝路起点的定位又是一处有力的历史物证。

如今走进定鼎门遗址博物馆，只能见到城门夯土基座，却见不到车辙和蹄印，据说为了对文物进行保护，一部分已经发掘的遗址回填掩埋了。为了再现当年丝路的辉煌，城门前的广场上仿照遗迹铺设了一大块水泥作旧的车辙蹄印。

洛阳是东汉和隋唐时期西域与中原贸易的交易中心，北魏杨衒之在《洛阳伽蓝记》中对此有生动的描写："自葱岭以西，至于大秦，百国千城，莫不欢附，商胡贩客，日奔塞下，所谓尽天地之区已。乐中国土风，因而宅者，不可胜数。"当年许多胡商宅在洛阳不归，仅居住在城里的就有一万多户，很像上世纪八九十年代的北京秀水街和本世纪初的广州三元里，只不过当年的商人多是中亚粟特人。

京杭大运河开通后的隋唐时代，洛河与瀍河的交汇处是大型货运码头，现建有"隋唐大运河文化博物馆"。江南舟楫把丝绸、茶叶、瓷器等货物沿大运河运到洛阳，西北驼队再通过丝绸之路把货物运往西域或更远的西方，那一时期的洛阳是名副其实的"丝绸之路"东方起点。

骆驼是丝绸之路上的主要交通运输工具，当它们驮载着东西方的特有物产，昂首阔步叮叮当当地穿过洛阳城时，它所代表的就是荣华富贵。人们把它视为吉祥物，开始铸造铜骆驼，并把它作为镇邪添宝的瑞兽安放在汉魏王宫正门前的大道上，此道也被称为"铜驼大街"。

从汉魏到隋唐，兵连祸结六百多年，铜驼大街上的铜驼流落到了民间，人们又把它置于距大运河货运码头不远的商贸街市上，这里曾经有一条叫作"铜驼陌"的巷子，据说因巷口有铜骆驼而得名。铜驼陌位于现在洛阳瀍河区东关大街一带。如今东关大街最有名的古迹是一通石碑，上有"孔子入周问礼乐至此"九字阴刻，此碑记录了中国历史上一个文化大事件：孔子问礼于老子。孔子是否见过老子，这段公案史学界已经争论了两千多年，但争论归争论，作为记录文化事件的石碑还在，而作为丝绸之路商业形象的铜驼却早已不知所终。

丝绸之路的原始动力即为"利益"，无论是王朝的政治利益还是商人的经济利益，都是文明交流的基本动力。司马迁说得透："天下熙熙，皆为利来；天下攘攘，皆为利往。"

【国容何赫然

近些年，洛阳复建了多个宏大雄伟的隋唐古迹，如前文提到的定鼎门。这些复建的古迹中，最雄伟的是应天门。历史上洛阳最辉煌的时期当属武则天时期，应天门是武周皇宫紫微城的正南门，相当于北京紫禁城的天安门

公元690年，武则天称帝，改国号为周，定都洛阳，号称"神都"。

应天门俗称五凤楼，始建于公元605年（隋大业元年），原名则天门，后为避武则天讳改称应天门。

李白仰望应天门时，曾经感叹：

　　　　一百四十年，国容何赫然。

　　　　隐隐五凤楼，峨峨横三川。

洛阳因坐落于洛河北岸而得名。洛河自西南向东北的流向决定了城市街道的走向是斜的，因此连接定鼎门和应天门的中轴线龙门大道和坐北朝南的应天门前的街道也是斜的。由于历史原因，应天门周边的建筑新老相杂，参差不齐，视觉空间并不通透。我第一眼看到应天门时，不禁惊叹，在这一大片拥挤的建筑群里，居然藏着这么一个庞然大物，环境的对比反差提升了视觉的"赫然"效果，李白当年也是穿过低矮逼仄的街巷后才生出"赫然"之叹吧？

应天门前的工人

应天门前，左右两侧都有景观水池，一队穿着"供水抢修"马甲的工人在完成工作后合影留念，他们手持工具，脸上写满了"咱们工人有力量"的自豪。高大的应天门作为背景，配得上这些人。

应天门后面是复建的明堂和天堂。武周时期的明堂是紫微城的大朝正殿，号称"万象神宫"，是神都洛阳的地标性建筑，高98米，占地12000平方米，是北京故宫太和殿体量的三倍，也是当时世界上体量最大的木质建筑。

看到明堂的李白依然极尽赞美："比乎昆山之天柱，矗九霄而垂云。"这位"天子呼来不上船"的牛人，从应天门一路呼啸到明堂，赞不绝口，不能自已。

《木兰辞》中有"归来见天子，天子坐明堂"的诗句，替父从军的木兰姑娘回京后的第一件事，便是上明堂复命天子。明堂即辉煌的宫殿，古代帝王的明堂除了作为朝会诸侯、发布政令的场所，更是上通天象、下统万物、天人合一的神圣之地。

明堂的历史可以追溯到公元前1039年，周公营建洛邑始筑明堂，洛邑的落成仪式就是在明堂举行的。周公在明堂祭祀周文王，一千多位诸侯侍立两旁，他还在此发布了《周礼》，巩固了"封土建君"的封建宗法制度，从此建立了上自天子、下至庶民的政治秩序。《周礼》规范了尊卑长幼、婚丧嫁娶等社会生活方方面面的行为准则，号称"经礼三百，曲礼三千"。孔子提倡的"克己复礼"的"礼"就是从洛阳明堂发布的周礼，直至今天，中国人日常行为规范还在受到周礼的影响。

只可惜，武则天这座"九霄天柱"的明堂没有熬过灾难，一把大火烧没了，今天人们看到的明堂是参照古代的样式复建的，虽然只是复建了最上层的一个屋顶，但也足够巨大了。

一入明堂，大殿中央女皇宝座后方的屏风上，可以看到一只金光耀眼的大凤凰，头顶吊灯是凤凰的形状，左右镶板和门窗装饰都能看到凤凰的形象，有凤来仪，金凤成群，整个明堂看起来就像个大鸟笼子。当年大诗人陈子昂奉命创作的颂扬武周的《大周受命颂》中就有"天命神凤，降祚我周"的句子。

武则天是中国历史上唯一的正统女皇帝，她临朝称制，改唐为周，史称"武周代唐"。她执政期间知人善任，改革吏治，开创殿试和武举，奖励农桑，收复安西四镇，同时又大肆杀害唐朝宗室，大开告密之门，大兴酷吏政治。在接班人问题上，她曾犹豫是立侄子还是立儿子：立侄子，周朝仍姓武，但她的身份是姑姑；立儿子则要改周为唐，改武为李，但她的身份是太后。最终她选择了当皇太后，将武周还给了李唐。武则天前后执政达四十五年之久，但武周一朝仅存续了十五年。

　　明堂里有一面墙，上嵌武则天自造的二十个字，后世称"则天文字"。许多人都试图辨认几个，但几乎都只认出了一个字，就是武则天给自己起的名字"曌"，这个字的寓意是日月当空，明君在世。

　　想要认识这些字，只需记住这首诗"天地日月星，载初授证圣。国臣正年月，万世照人生"。把这些散字集成诗，就可以看出女皇造字是有选择的，这些字是在宣示理想，是在振臂高呼"武周万岁！万岁！万万岁！"

　　明堂的左后方就是天堂。这是一座宝塔型建筑，坐落在高高的基座之上。基座共有四段阶梯，汉白玉丹陛也分了四层，第一、二层雕刻了一龙一凤上下嬉戏，第三层有两只凤凰翩跹起舞，已经不带龙玩了，第四层也就是最高一层，干脆被一只巨大的凤凰独霸。这种龙凤渐进的过程，就是武则天从媚娘到女皇的历程，这种赤裸裸的阴盛阳衰的布局，表明武则天是一个极端的女权个人主义者，只极端了自己，与"她人"无关。

　　天堂是武则天礼佛的场所，复建的天堂依然秉承传统，以佛教艺术为展示主题，里面的佛像异常精美，每一层都摆放着各式佛像，尤以最高一层的佛像最为庞大华丽。

　　从天堂最高层的回廊俯瞰洛阳城，很是气派。曾忆昔日辉煌，万里帝王家，毕竟做过皇都，王气依旧，盘桓不散。

隋唐洛阳城，天堂在左，明堂在右

天香浮锦绣

牡丹花开，一年一度，也不知过了多少朝代，只记得唐代诗人刘禹锡的"唯有牡丹真国色，花开时节动京城"。这两句诗一直是洛阳牡丹的宣传口号。唐代的李正封又跟随刘禹锡写了两句"国色朝酣酒，天香夜染衣"，于是就

姚黄魏紫

有了"国色天香"一词，以至于很多人认为中国的国花就是牡丹。

牡丹是不是国花尚未确定，但肯定是洛阳的市花，每年牡丹节期间，洛阳城的大街小巷都能见到它。人们把它种在家里、戴在头上，各种日用品、装饰品上也能看到牡丹的雍容姿态。街上还有卖盆栽牡丹的，以花朵（含花骨朵）的数量定价格，一朵一元，数一数这盆植株上有多少朵花，就可以知道卖多少钱。还有卖牡丹种子的，一只玻璃瓶装约一百粒黑色的种子，十元一瓶，上面还标明了花朵的颜色，我曾带回一瓶分送给家人和朋友，但没听说谁家种上了。

"姚黄魏紫"曾是唐时的牡丹花珍品，现在已不稀奇，如今，什么蓝牡丹、黑牡丹、绿牡丹、双色牡丹，多了去了。不知唐人见到这么多颜色的牡丹又会作出什么好诗句。

近些年，当地政府和企业开辟了多处牡丹园，园内遍植各色牡丹，只要去一处，就可看到绝大部分品种。我想感受一下漫无边际的牡丹花开的气势，但所到之处，牡丹花都是一丛一丛分开种植的，而且由于牡丹花娇贵，几乎所有的花丛都建有遮阳棚，可见，这是一种只有近赏才能感受到其独特气质的花。也许从没有人见过大片牡丹花开时的气势，气势是要有规模的，独特才是自我的，牡丹的独特就在于个体的雍容与华贵。

"谁知洛阳三月暮，千金一朵卖姚黄。"姚黄曾经如此金贵，那么一定自有贵的道理。在一丛姚黄牡丹里，找到了一朵离我最近最大的花，隔空看花瓣，竟然有几十片之多，而且这么多花瓣，每一瓣都开得很舒展，甚至还舒展出各自

任性的曲线，所谓雍容就是这种状态吧？

再看每片花瓣，色彩从微黄到艳黄无阶渐变，花片上的纹脉从瓣底向上逐渐伸延，逐渐朦胧，逐渐透明，精致而从容，伴着淡淡的幽香弥散出高雅，这就是华贵的表现吧？

不仅是姚黄魏紫，其他颜色的牡丹对于雍容华贵也各有诠释，红艳而不俗，蓝媚而不妖，粉嫩而不色，白雅而不悲。

路过一片绿草坪，草坪边的白牡丹开得正盛，一对对爱人在这里拍婚纱，新娘手中的捧花也是一束白牡丹，纯洁优雅，白头到老，一生一世。

路过一家冥品店，大朵的白色牡丹花装点着花圈，人们要把最洁净的花朵送给逝者，即使在天国里也能享受人间的美好和亲人的思念。

同是白色牡丹花，东方的肃穆和西方的纯洁寄寓一花，中国人的幸福观、生命观都体现在牡丹花里了。

牡丹花朵灿烂，洛阳人的心情更灿烂。无论在牡丹园还是在大街上，人们把牡丹图案用各种材质铺展在各个地方，小伙的T恤，姑娘的彩裙，手中的团扇，头上的花冠、遮阳帽、晴雨伞，公交车上是牡丹卡的广告，摩托小哥把牡丹花围在头盔上……这还不够，人们还把牡丹做成食品，牡丹糖、牡丹酥、牡丹酒、牡丹醋、牡丹精油，还有自家手工卷的牡丹烟，这可不是牡丹牌香烟，是用牡丹花瓣混合了烟丝卷成的烟。洛阳的牡丹竟然开成了牡丹的洛阳。

洛邑古城

作为古都的洛阳，效古之风浩荡，城里有个仿古园，称"洛邑古城"，这里可能是洛阳最密集的汉服唐装的秀场，无论是白天还是夜晚，老老少少，男男女女，宽衣大袖，飘逸如仙。尤其是女子，穿着宽松的古装，头上或插钗钿，摇曳叮当，或戴花冠，春风满面，简直就是到了汉唐。

中国古代曾被称为"衣冠上国"，人们的服饰除了追求保暖舒适，也把文化传统和民族性格表达在其中，比如尊卑贵贱的礼制，比如对理想幸福的憧憬。贵族描龙绣凤，百姓花鸟玲珑，"锦绣中华"这个词就是最生动的形容，丝绸之路的另一头因此而被感动。

宋代司马光就曾写诗赞扬洛阳人衣服上的美丽纹饰：

> 洛阳春日最繁华，红绿阴中十万家。
>
> 谁道群花如锦绣，人将锦绣学群花。

我也看到一个现象，凡着古装者穿的鞋都是现代的，而且以休闲运动鞋居多，唐装配跑鞋，传统又现代，虽然看上去有些滑稽，管它呢，人们就是要把日子过得像牡丹花一样舒展恣意、多姿多彩。

【白马驮经，佛兴震旦

动画版《西游记》片尾曲唱道："白龙马，蹄朝西，驮着唐三藏跟着仨徒弟。"唐僧所骑的白龙马，其原型就来自洛阳白马寺门前的这匹马。唐僧的原型玄奘大师西天取经是佛教传入中原七百多年以后的事，当年这匹马是驮着佛经圣像"蹄朝东"自西而来的。

关于佛教入华的具体年代，历史上有两种主流说法："伊存授经"和"永平求法"。

伊存授经：公元前2年（西汉元寿元年），西域大月氏使臣伊存来朝，在长安向中国博士弟子景卢口授《浮屠经》，从此佛教开始传入中国，史称"伊存授经"。

永平求法：公元64年（东汉永平七年）的某一天，汉明帝刘庄梦见殿前站着一人，此人通体金色，明光环绕。次日，明帝问众臣，梦里所见是何方神圣，太史傅毅说：西方天竺有佛，能飞身虚幻，全身放射光芒。于是明帝便派使者沿着丝绸之路西去拜求佛法，使者行至大月氏国（今中亚阿姆河流域）遇两位天竺高僧，于是敬请他们到东土弘法传教，一行人牵着驮载着佛经、佛像的白马于公元67年（永平十年）回到了洛阳，史称"永平求法"。

关于"永平求法"之说的真伪，史学界尚有争论，学界基本倾向于"伊存授经"说。

中国佛教祖庭白马寺前诵经的女居士

赵朴初先生在其主编的《佛教常识答问》中写道："这是中国史书上关于佛教传入中国的最早的记录。"任继愈先生编著的《中国佛教史》也对此予以肯定。"伊存授经"和"永平求法"两个事件发生在西汉末年和东汉初年，间隔仅六十九年，这也证明佛教传入中国的时间距今两千多年是可以确定的。

但无论学者们如何引经据典地认真论证，中国老百姓最愿意相信的还是"永平求法"的故事，这个故事既有皇权的背书还具宗教的神秘，再加上神魔小说《西游记》的民间影响力，学术也就不得不让位于传说了。

来到洛阳的两位天竺高僧受到了汉明帝极高规格的礼遇。他们被安置在负责外交事务的机构——大鸿胪。第二年（公元 68 年，永平十一年）汉明帝敕令在洛阳西雍门外三里御道北侧兴建僧院，为纪念驮经的白马，取名"白马寺"，并置两匹白色石马立于寺前，正门石牌坊上有匾曰"圣教西来"。

"寺"原本是中国古代官署的名称，如"鸿胪寺（外交部）""大理寺（最高法院）"等。自白马寺后，"寺"便成了中国佛教庙宇的泛称。

东晋时期一位名叫道安的高僧曾说："不依国主，则法事难立。"白马寺是中国官方建立的第一座佛教寺庙，佛教从此在中国有了合法而崇高的地位，为进一步传播、发展奠定了基础，释迦牟尼曾预言：佛兴震旦，从中国两千多年的佛教传播史来看，佛祖的预言果然应验了。

古印度梵语称中国为"cina"，意思是"智慧"。他们认为在东方有一个"智慧"

之国。中国古人把"cina"译为"震旦"。"震"为东方,"旦"是太阳升起的样子,震旦即东方日出之地。在现代西方语言里"中国"的发音依然有"cina"的余韵,如英语 China、法语 Chine、西班牙语 China、希腊语 Kίνα、意大利语 Cina、拉丁语 Sina 等。而在突厥语和斯拉夫语中称中国为"契丹",如俄语 Китай,这是契丹人耶律大石建立的西辽在征服西域、中亚及西亚的战争中留下的称呼。无论是"震旦"还是"契丹",都是沿着丝绸之路向外传播的,或以和平的方式,或以战争的手段。

白马寺这座被尊为中国佛教祖庭的寺庙,各处香烟缭绕,僧人诵经,居士拜佛,信众惶惶,磕头烧香。参观的游客们轻手蹑足,毕恭毕敬,无论信与不信,看上去都足够虔诚。

在寺中还可见到拄拐的残障人和被家属用轮椅推来的老人,他们在痛苦绝望中求救于宗教,以期减少肉体的痛苦,得到灵魂的安慰。一位常年瘫痪在床的长辈曾对我说:"人生最痛苦的是肉体已经死了,但灵魂还活着。"而宗教就是想要解答肉体与灵魂关系的问题。佛教的到来,为中国人对生命意义的思考增添了"彼岸"的广度和"轮回"的深度,使生命的过程似乎更豁达、更深刻、更多了一些意义。

【日月当空卢舍那

我曾经多次去过龙门石窟,这次再来的目的是要看看这座石窟在佛教造像艺术中国化过程中的定位。

传说大禹治水辟阙龙门,鲤鱼跳过去则可为龙。龙门石窟所在的这片伊水山石被神话赋予了神性。

十六国的北凉时期,发端于河西走廊的佛教石窟造像艺术,沿着黄河一路向东,河水圆润了佛的面颊,使之愈发柔和;山风吹动了佛的衣裳,使之愈发飘逸。到了龙门石窟,佛教造像艺术基本完成了中国化的进程,为佛教在中国的传播提供了更易接受的形象。这种风格又返回去影响了河西地区,在莫高窟、麦积山得到进一步的发扬,更细腻也更深刻了。

龙门石窟始凿于北魏孝文帝迁都洛阳之际(公元493年),之后历经东魏、西魏、北齐、隋、唐、五代的营建,形成了南北长达一公里的石窟遗存。这里是北魏、隋唐皇家贵族发愿造像最集中的地方,具有浓厚的国家宗教色彩。尤其是规模宏大、气宇非凡的卢舍那像龛群雕,体现了大唐帝国强大的物质力量和精神力量,显示了唐代石窟造像艺术的最高成就,也是印度佛教艺术东渐中原、逐渐中国化的重要标志。

龙门石窟卢舍那像龛

　　盛唐是崇尚光明并充满光明的时代，开明、开放、富强是大唐的标志，这些元素在卢舍那大佛造像上都有所体现。

　　卢舍那像龛群雕是唐高宗李治为父亲唐太宗李世民发愿建造的，皇后武则天施以两万贯脂粉钱赞助，所以有传说大佛的面相就是武则天48岁时的容貌。大佛造型丰满圆润，俯视众生，嘴角微露的笑意，显出内心的平和，整个面部表情含蓄神秘，慈祥威严，是将神性和人性、神权和王权完美结合的典范。

　　武则天自己造字起名"曌"，意为日月当空，而卢舍那的梵文原意也正是"光明普照"。

　　武则天文治武功，自立一朝，既纳谏用贤又鼓励告密，既轻徭薄赋又骄奢淫逸。有关武则天的评价，越接近现代，肯定的评论越多，而在宋代和明代则多贬词，那一时期理学当道，存天理，灭人欲，三纲五常，压制人性，中国妇女缠足的陋习就是在那时形成的，裹足不前的腐儒们，哪里容得下日月当空的武媚娘呢？

　　褒也罢，贬也罢，就像卢舍那大佛脚下的伊水河，时清时浊，时急时缓，逝者如斯，任人评说。

【帝力于我何有哉

距白马寺不远的汉魏洛阳故城遗址也是"丝绸之路：长安——天山廊道的路网"世界遗产项目的遗产点，这里是丝绸之路的最东头。为了找到这个遗产点，我在导航地图的指引下，开车围着一大片高粱地转了一个多小时也没找到。无奈之下，只好去旁边的村子里打听，遇到的每一个人告诉我的结果都不一样，甚至有些人根本就没听说过。

最后我终于遇到一个明白人，他指着高粱地里隐约可见的几座棚架告诉我："那边就是。"整个高粱地都被铁网围起来了，绕了一圈也找不到入口。后来，我发现了一处破洞，便匍匐着钻了进去。这块高粱地好大呀，大约走了十几分钟，终于看到了正在发掘并已开始复建的遗址。遗址的正南方是一个大广场，广场的北边依次是宫墙、宫门、宫殿、后庭等建筑遗存。面前的这片残垣，只是汉魏洛阳城中的皇城遗址。

在东汉、曹魏、西晋、北魏相继以洛阳为都的数百年里，汉魏洛阳城是当时世界上规模最大的都城，据现代考古实测，其占地达100平方公里，它所创立的城市形制对于中国历代都城建设都有着承前启后的重大意义。

一个人走过来，用疑惑的眼光打量我，大概在想我是怎么进来的，我也心虚地看着他，他笑了，我也笑了，相互点了一下头，各走各路。

遗址的东阙台下有两座石碑，一座是国务院与河南省政府于2016年设立的"汉魏洛阳故城"碑，另一座是洛阳市文物局和两个社会组织于2019年设立的"西晋客家先民南迁出发地"碑。第二块碑含喻的是一个延续了一千五百多年的重大历史史实——客家南迁。

历史上，客家人的迁徙大多由王权变更、异族入侵、农民起义或自然灾害等因素引发。

客家人最早的大迁徙开始于公元300年（西晋永康元年），那一年发生了西晋皇族为争夺中央政权而引发的内乱，史称"八王之乱"。北方的匈奴、鲜卑、羯、羌、氐五个胡人部落趁乱而入，据地为王，争战不休，使中原陷入动荡，史称"五胡乱华"。不堪奴役的汉人大举南迁，迁徙的先民异地而居，自称为客。客家先民迁徙的特点是以家族、氏族为单位，其中很多是西晋皇族以及中原地区的公卿士大夫阶层，这些族群非常注重家族传统，维护家族文化，不容易被其他族群所同化。此次迁移人口达一二百万之众，史称"衣冠南渡"，是中国文化重心南移的标志性事件。

在唐、宋、元、清各朝，客家人都有大规模的南迁，因安史之乱、辽金南侵和蒙元统治的被迫迁徙，都与沿着丝绸之路而来的异族有关。

南迁的中原汉人带去的不仅有中原文化，也有来自西域的文化，这些文化与中国南方的土著文化相融合，形成了以中原汉文化为主体的客家文化，及至近代，客家文化随着漂洋过海的客家人传播到了全世界。

从客家先民南迁的历史，我们可以看到丝绸之路文化传播方式的多样性，其中也包含血腥的残酷。

历史无论多么阴暗或多么灿烂，千年过后也不过是寥寥几笔。眼前的两座石碑主体都是黑色的，很有墓碑的庄严感。

先前问路的村子叫金村，它紧挨着遗址所在的高粱地，世世代代居住在这里的村民，竟然有人不知道他们的祖先曾和皇帝是邻居，即使今天已成为世界遗产的一部分，依然少有关注。

中国古代文学史上有文字可考的第一首诗歌是《击壤歌》，歌中唱道：

> 日出而作，日入而息。
>
> 凿井而饮，耕田而食。
>
> 帝力于我何有哉。

汉魏洛阳城遗址中的皇城残垣

一个老人面对尧帝，一边玩着击壤游戏一边唱歌："我过自己的日子，即使是帝王又与我何干？！"中国第一首诗歌竟然那么豁达。

人们常以"民以食为天"来强调粮食的重要性，而此句的前面还有一句："王者以民为天，而民以食为天。"这是高阳酒徒郦食其劝导刘邦的话，这句话的前后结构阐明了王权与人民的关系，甚至包含了人民对王权的无视。

大片的高粱遮蔽了皇宫，曾经自以为是的权力，在临村百姓的眼里，似乎就不曾存在过。

昔日皇城，高粱红了。

【新月饺子胡辣汤

洛阳复建古城的作业做得特起劲，位于老城区西大街的丽景门也是其一。丽景门原名丽京门，始建于隋，历经唐宋元明清几番重修。这里是南北大运河的交汇处，隋唐时期丝绸之路的重要货物集散地，也是古都洛阳的传统商业场所。

当地有"不到丽景门，枉来洛阳城"的说法，其原因除了它的历史承载，还有这里符合现代消费需求的商业环境，对于外地人来说，这里是浓缩洛阳传统风俗的所在，我在这里看到、闻到、尝到了浓浓的洛阳味道。

朝代更迭虽然频繁，但是洛阳老百姓的炉灶始终火旺，烟火气在古城的街巷中缭绕了几千年。

丽景门商业街有很多地方小吃，随处可见各种各样的汤，羊肉汤、牛肉汤、驴肉汤、豆腐汤、丸子汤、胡辣汤……其中最让我感兴趣的是"不翻汤"。所谓不翻汤就是汤内有一片薄薄的豆面煎饼，因摊煎饼时不翻面，放入汤中就叫"不翻汤"，卖汤的都说：这是武则天发明的。

不翻汤的竞争甚是激烈，名头大得吓人，什么"祖传秘方""百年老店"等，那都不是事儿，有的店家干脆把"发明家"武则天写进了招牌，名曰"武皇不翻汤"。你请来武则天，我就喊来她的公公李世民，"汤（唐）太宗不翻汤"，服不服？

有人搬祖宗，有人讲科学："不翻汤研究所"，还有人拼文化："非物质文化遗产"。不翻汤还是翻腾起来了，热闹！

有一年，我在洛阳逗留期间经常路过一个小吃店，门口的喇叭里反复播放着事先录好的吆喝，浓重的河南口音我听不太明白，于是用手机录下来，对照店前的招牌，反复播放，一边听一边掰手指头，终于整明白了："水煎包，热的，出锅啦！凉皮、米皮、擀面皮、绿豆凉粉、浆面条、糊涂面、扁食、胡辣汤、小米稀饭、米线、豆浆、八宝粥。"吆喝声里喊出的小吃共有13种，用当地口音念，听着还是挺押韵的。

其实洛阳的特色饮食还多着呢，只是这等苍蝇小馆不敢染指。

洛阳最具历史文化特点的"贵族名宴"就是"洛阳水席"——依然是汤菜。水席始于武周时代，据说也和武则天有关。这是中国迄今保留下来历史最久远的名宴之一。所谓水席有两层含义：一是道道菜离不开汤水；二是上一道撤一道，如行云流水一般，故称水席。

洛阳水席最正宗的老字号叫"真不同"，位于老城丽景门附近最繁华的地段。一进店门，两位头顶粉色牡丹、身着大红唐服的姑娘对您屈膝，施以唐礼，门上挂着一条横幅"洛阳帋贵　水席美味"，"帋"字是"纸"的异体字，猛一看认成"洛阳币贵　水席美味"了。这是在暗示买单时"勿谓言之不预"吗？吃完结账，价格还是很公道的。

西晋文学家左思写了一篇《三都赋》，风行一时，流传甚广，"于是豪贵之家竞相传写，洛阳为之纸贵"。用"洛阳纸贵"典故来衬托水席的受欢迎，也算相宜。

洛阳水席的味道特点是酸辣，略带甜咸。水席的头牌是"牡丹燕菜"，青花大碗上漂浮着一朵盛开的用金黄色豆皮卷成的"牡丹花"，上缀红红的枸杞，金瓣红蕊，煞是诱人，花下就是一窝蓬松的燕菜。何为燕菜？就是切得极细并晾干后的

洛阳丽景门老街

白萝卜丝，形状细白透明，就像晶莹的燕窝，故称燕菜。多年以前，老家河南的同事送过我一包，并告知了燕菜的萝卜本质，我按照包装上的方法，最终做出一碗酸辣萝卜汤。当然真正大厨出品的牡丹燕菜根本吃不出萝卜味儿，那叫手艺。

汤来汤去，洛阳本地各种汤品的基本味道，一"汤"以蔽之，都是翻版"胡辣汤"，而这胡辣的味源灵魂，就是沿丝路而来的、原产南亚次大陆的胡椒。

为什么洛阳盛产各式各样的汤？关于这一点，出租车司机的一番说词颇有趣味。

问："师傅，洛阳怎么那么多种汤？"

答："过去洛阳是京城，也就是首都（他特别强调了一下），全国各地的学子都要来这里考试，叫作'进京赶考'，但是那时候的钱都是金银铜做的，不方便携带，也没有微信、支付宝什么的，古人出门只能带上干粮，所以到洛阳后找个小摊，要上一碗热汤，把干粮泡软了吃。"

这解释多妙啊，而且还夹带着曾为"首都"的骄傲，也许他自己都没有意识到不经意间流露出的自豪，但我看，这种解释，中！

上面提到的路边小吃店的吆喝里有一种食品叫"扁食"，在中国的许多地方，扁食通常是指饺子。

饺子是一种用小麦面粉制作的包裹着馅料的食品。在中国文化中表示新旧两天相交的时刻为"交子"（子时交替），饺子谐音交子，加个"饣"旁，即为"饺子"，成为中国农历新旧两年子时交替的食品。

亚洲西部的幼发拉底河、底格里斯河流域有一狭长地带，土壤肥沃，好似一弯新月，被称作"新月沃地"，这里是两河文明的发源地，小麦首先在这里被驯化。公元前3000年左右，小麦传入中国。随着农业技术的进步和丝绸之路的开创，小麦在中国北方特别是中原地区得到推广，至今这一地区依然是中国小麦的主产区，小麦也逐渐替代稷粟，成为中国人的主粮之一。

东亚、中亚、西亚、南亚、东南亚以及俄罗斯和欧洲各地都有类似"饺子"的小麦面粉裹馅食物。我在俄罗斯和印度、中东、东南亚都吃到过"饺子"，尽管叫法不同，导游都会把它翻译为"饺子"，只是前缀的国家名称不同，如"俄国饺子""印度饺子"等。各国饺子包各国馅，我吃过俄国人用黄油拌土豆泥包的饺子、印度咖喱味及东南亚"娘惹"味的饺子。

这种小麦馅食之所以无处不在，归根结底是因为小麦的传播，其传播路线主要就是丝绸之路，丝路沿线所有的国家和民族都为"饺子"贡献了自己的味道，尽管味道各异，但全世界饺子的统一形象都是新月形。

饺子作为最具丝路特性的食品直到今天还在继续传播。2011年我在西藏做一个青稞与藏文化的专题项目，从拉萨到阿里，沿途所有的城镇和停车服务区的饭馆几乎都是清一色的四川风味，而2014年我和几个朋友再次自驾阿里，一路上最醒目的饭馆招牌却是"东北大饺子"。

西藏海拔高，气压低，开水沸腾的温度约在80℃左右，饺子根本煮不熟，好在法国人丹尼斯·帕平于1681年发明了高压锅，用高压锅煮饺子，又是东西方交流的一个例证。也许高压锅并不是沿丝路而来的，但我从来没有将丝绸之路简单地理解为一组地理意义上的线条，它更是一个既实在又虚幻的多维网络概念。

在西藏冈仁波齐神山下的塔尔钦小镇的东北饺子馆里，前来转山朝圣的藏民桌上摆着四样东西：一只转经轮，一部手机，一碗酥油茶和一盘饺子。

仅仅用了三年，丝路食品——饺子，就沿着唐蕃古道传遍了西藏。

一只小小的饺子，包裹着一部浩瀚的文明交流史。

道通古今

崤函古道位于"丝绸之路"东端的河南境内。崤是指秦岭支脉崤山，函是指春秋战国时代的秦国函谷关。

我们从洛阳城出发，西行至新安县的汉函谷关，再经陕州硖石关到灵宝县的秦函谷关，出关谷后沿黄河南岸继续西行抵陕西潼关，两都道之崤函道全长约230公里。

西周和东周、西汉和东汉以及唐朝时期实行"两都制"，崤函道是连通两都的唯一通道。崤函道山陡峰险，谷深如函，具有极其重要的战略意义，是中国历史上一段不能忽视的道路，也是中国古代陆上丝绸之路东段通往西域的唯一通道。

在这条道路上居然坐落着秦、汉两朝的两个"函谷关"，为什么？

新安汉函谷关

出了洛阳城就是新安县（属洛阳市），距县城七公里，一段颓旧的城墙上坐落着一个上半部已经坍塌的关楼，这便是赫赫有名的新安汉函谷关。历史上曾有过三座函谷关：洛阳新安县境内的汉函谷关，三门峡灵宝县境内的秦函谷关，另一处叫作魏函谷关，遗址距秦关北五公里处，但已被20世纪50年代修建的三门峡水库淹没。

2014年，新安汉函谷关遗址作为"丝绸之路：长安—天山廊道的路网"项目中的遗址点被列入联合国《世界遗产名录》。

新安汉函谷关前胡汉互市

汉函谷关尽管在历史上有一定的地位，但它的设立可以说是一个笑话。西汉以长安为帝都，秦函谷关以东则称关外，人们都以自己是关里帝都人为傲。汉将杨仆原籍在秦函谷关以东的新安县，别人说他是关外人，令他深感不快，于是上书汉武帝："数有大功，耻为关外民，上书乞徙东关，以家财给其用度。"于是汉武帝批准"徙函谷关于新安"。

公元前114年（西汉元鼎三年），杨仆在新安县城东修起了一座雄伟的关城，史称"汉函谷关"。有了这座新关，杨仆也就成了"帝都人"了。

杨仆之所以如此任性，是因为秦统一六国后，关中和中原已治于一王之下，秦函谷关的军事作用逐渐弱化，汉承秦制，也承继了秦的领土，所以汉移秦关才有可能。

夕阳的暖色把汉函谷关涂抹得更具历史感。城门上的关名石匾是康有为所书："汉函谷关　孔子二千四百七十四年癸亥秋　南海康有为书"，他没有用公元纪年（1923年），也没有用年号纪年（民国12年），而是用了孔子纪年（2474年）。清朝末年，康有为提出要推行以孔子诞生年为元年的孔子纪年运动。虽然已过了几十年，朝代都换了，他依然在身体力行，但依然少人响应。

汉函谷关景区没有突出古代关隘的军事作用，而是强调了和平时期的经济贡献。关城内小树林边，一群汉人与胡人的互市正在进行中，你拉着骆驼我牵着马，手里捧着的是丝绸和葡萄酒罐，这种主题的安排似乎更符合"丝绸之路"是贸易之路、和平之路的定位。

▌灵宝秦函谷关

出了洛阳市新安县的汉函谷关，西行140公里，就到了三门峡市灵宝县的秦函谷关。

相较于汉函谷关胡汉互市的和平气氛，秦函谷关的气氛截然不同。这里自古以来就是硝烟弥漫、血流成河的兵家必争之地，西汉文学家贾谊在《过秦论》中说当年中原九国合纵"叩关而攻秦"，秦依函谷天险，使九国军队"伏尸百万，流血漂橹"。这里"橹"是木制盾牌，不是桨橹。

秦函谷关伫立在崤山与黄河之间，崤山岭峻山高，黄河水阔浪汹，构成了关中与中原之间的天然屏障。长年的风雨冲蚀，崤山山体形成了一道道陡深的裂谷，但只有一道裂谷可以沟通关中和中原，这道又窄又长的山谷就叫作函谷。"函"的本意是装箭的袋子，引申为盒套之意。在这深险如函的地方建关设隘，故名函谷关。

在近三千年的历史中，秦函谷关发生了"商汤伐桀""武王伐纣""合纵攻秦"等二百多次影响中国历史进程的战争。及至近代，抗日战争中的函谷关战役，中国军队粉碎了日军妄图攻陷西安的野心，中国的大西北得以保全，血肉筑起长城，鲜血浸透了古老的函谷关。

新建的函谷关是一座仿秦建筑，城楼巍峨，雉堞凹凸，城墙上旌旗猎猎，一股杀气随着旗子的摆动向四周弥漫。

灵宝秦函谷关旌旗猎猎

进入关门，天下起了小雨。转过一座"崤函古道"石碑，只见两山夹一谷，幽暗深险。冷雨沥沥，阴风阵阵，我一个人走进了古老的关谷。

这段古道上复原了唐朝安史之乱函谷关大战的古战场，狭窄的山沟里碎裂的战车、入木的箭镞、残破的盾牌、散落的残肢……安禄山叛军的旗帜尚在晃动，忽忽悠悠如招魂之幡。

山风沿着山谷穿行，摇动着树，小雨打在树叶上噼啪作响，只要你想听就能听到山风刮来的生命哀嚎，雨水打出的兵刃铿锵。这里的草木如此浓密，因为地下浸透了血……三千年的征杀，三千年的血。

独入深函，就别吓唬自己了。

过了古战场，前面拦着一道铁网，景区到此为止。我钻过铁网继续沿着隐约可见的古道往山谷深处走。雨停了，风止了，林木蔽天，残叶铺地，整个峡谷只有我脚踏枯叶的碎裂声，往里走了大约一公里，头上有声音传来，抬眼望去，G30连霍高速的高架桥从这里越过古道。头上的今天，脚下的昨天，入函一公里，隔世数千年，我从东周的战国时代走到了21世纪的现代。在这幽深的谷底，空间和时间这两种不同的计量单位却是可以相互换算的。

突然，一条大黄狗从旁边的树林里窜出来，站在前面看着我，随后树林里钻出来一个拿着镐头的人，他对我说："前面过不去了，都长草了。""您在这儿干嘛哪？""没事，转转，不要抽烟啊。"说完就钻到另一边树林里了，我看到他的嘴上叼着根烟。

平和安详的汉函谷关和尸骨遍地的秦函谷关其实就是整部中国历史的两种状态，也是中国古代陆上丝绸之路的两种状态。

秦灭六国以后，地缘政治发生了改变，加之黄河裹挟而来的泥沙逐渐在函谷关以北的黄河峭壁下堆积形成了一段开阔的河滩，来自中原或关中的军队可以直接沿着河滩绕过函谷关，使得函谷关逐渐丧失了军事扼守价值，取而代之的是黄河上游的潼关。

秦函谷关在中国历史上不仅是一座军事关隘，还是一座思想坐标，中国古代哲学家老子在这里写下了不朽的经典《道德经》。据联合国教科文组织统计，《道德经》是除了《圣经》以外被译成外国文种最多的文化名著。

传说东周春秋时期，函谷关令尹喜一早起来站在关楼上，但见东方紫气腾升，知有圣人将至。不久，老子骑着青牛来到函谷关前。老子曾担任周朝守藏室主管，相当于皇家图书馆馆长，他看到周王朝气数将尽，便辞官离土，准备出函谷关去四处云游。尹喜对老子说："您将隐世，请为我写本书吧。"于是老子就在函谷关住了几天，写下五千多字论道德之意的书，然后骑着青牛出了函谷关，一阵清风，不知所终。

紫气东来、青牛西去的老子就此留下了至今仍影响着中国和世界的宝贵思想遗产——《道德经》。

《道德经》也称《老子》，是中国历史上最伟大的著作之一，对中国的哲学、政治、宗教等思想领域产生了深刻影响。

秦函谷关建有老子文化广场，广场上巨大的老子金身塑像高达 28 米，远远望去，熠熠生辉，走到近前，顿觉自己渺小。转到塑像的阴影里，逆光仰望，老子头上迸发万道金光，哪里还看得清圣人的样貌？大象无形，只有天上的云在动。

在秦函谷关景区的旅游商品销售部，我看到导游在向几个外国游客介绍《道德经》，一位外国老妇人说："I know, it's Chinese Bible（我知道，这就是中国的圣经）。"可见《道德经》的世界影响之大。

《道德经》作为思想之道，精深玄妙，"道可道，非常道"。

崤函道作为实体之道，幽深险峻，"道可道，非常道"。

记起刚进景区时看到石牌坊上刻着四个大字"道通古今"，一语双关。

▌肉石相搏石壕路

崤函古道石壕段遗址因入选世界文化遗产"丝绸之路：长安—天山廊道的路网"项目遗产点而渐为人知，而与它紧邻的石壕村早在一千多年前便名满华夏了，那是因为一首诗，一首唐代大诗人杜甫的乐府诗《石壕吏》。

和中国北方的许多乡村一样，紧邻 G310 国道的村口竖着一座仿古水泥牌坊，上有"石壕村"三个大字。石壕村是河南省三门峡市陕州区硖石乡观音堂镇下辖的一个自然村，小村夹在两座大山之间，这里是两都道上的重要驿站。

杜甫曾经多次往返于长安与洛阳之间，其著名的乐府诗"三吏"（《新安吏》《潼关吏》《石壕吏》）"三别"（《新婚别》《垂老别》《无家别》）所描写的故事都发生在这条古道上。

唐安史之乱，朝廷为补充兵力平定叛乱，在洛阳至潼关一带强行征兵抓夫。公元 759 年（唐乾元二年）春，杜甫从洛阳回华州（今陕西渭南市华州区）任所，途中投宿石壕村，就其亲身经历写出了《石壕吏》，这是"三吏""三别"中最著名的一篇，反映了安史之乱给当地百姓带来的深重灾难，表达了诗人对底层人民的深切同情。

战争的性质各有不同，或曰正义，或曰非正义。平定安史之乱，官方史上都认为是正义的战争。为了李唐王朝的正义，石壕老妇的三个儿子都上了战场，两个刚刚战死，上边又来抓人，老翁翻墙跑了。为了保住家里唯一的男人，老妇主动应役："老妪力虽衰，请从吏夜归。急应河阳役，犹得备晨炊。"她还催着赶紧走，以便赶上为军士们做早饭。

"吏呼一何怒，妇啼一何苦。"面对残酷的战争、面对朝廷的官吏，老百姓是多么无奈。清代诗人袁枚曾叹道："石壕村里夫妻别，泪比长生殿上多。"

由于杜甫的这首诗，石壕村被世人所知，但很少有人会专门到这里来。我也是因为要探访崤函古道石壕段遗址而将石壕村列入必访之地。

沿着村口牌坊下的林荫路往里走大约150米，就进到村里了。小村依山而建，东西长南北窄，一条主街贯穿全村。我从东到西走了一遍。路两旁都是老百姓的民宅，还有几个小商店，没有找到和杜甫诗中场景有关的任何景物，杜甫当年所住的老妪家在哪？怎么没人抢注呢？这要是在经济发达地区是不可能的，多年前很多地方为了一部神怪小说中瞎编的花果山都打得不亦乐乎，石壕村可是结结实实的存在。

全村唯一与杜甫有关的东西就是村口的影壁，上面刻着《石壕吏》全诗。

影壁旁的小树林里村民们在纳凉，或聊天或打牌，当作牌桌的水泥板上放着些"赌资"，都是绿色的一元旧纸币。

影壁西边是一道山沟，将村子一分为二，沟上有座东西走向的古朴石桥。我问一位看上去较为年长的村民："大爷，这是什么年代的桥？"大爷不假思索："唐代的，杜甫时候就有的。""这桥叫什么名字？""龙虎桥。""为什么叫龙虎桥？""我指给你看看，你就知道了。"

他带我走到桥的北面，指着拱形的桥洞："看到没？这里有个龙头。"我看到桥洞上方确有一个石雕的兽头，仔细端详，那是一只老虎的头。大爷又带我到桥的南面，指着桥洞上的石雕："看到没？这里有个老虎尾巴。"这尾巴上布满了鳞片，明明是一条龙尾。哈哈，大爷糊涂了，但咱看破不说破。龙虎桥巧妙地置虎头和龙尾于桥的两侧，潜龙出水，虎啸山林，龙虎幻化就在穿越石质桥身的一瞬间，多么神奇浪漫的想象力！

围着这桥转了一圈，没有看到标明文物的牌子，估计这桥的年代大概是清末民初，如是唐桥，怎生了得？那就是国宝了！

桥面已经改造，白色水泥栏杆上镶嵌着一块黑石板，上有比例失衡的"幸福桥"三字。"怎么又叫幸福桥呢？""领导改的。"

崤函古道穿村而过，所以杜甫才有可能暮投石壕村。山石铺就的老路在20世纪50年代被改为水泥路面，村民说老道坑洼，石坂上的车辙像刀子一样，拖拉机轮胎受不了。此一时彼一时，生活在继续，老路必须重修，但那座古桥真没必要改名。

我在想，如果那条老路还在，这个村子也许会一并打包进入"世界文化遗产"，更何况还有老杜的诗词加持。

距石壕村大约两公里，保留了一段崤函古道的老路，古道呈东南—西北走向，石坂坡道上的车辙是千年碾压的遗痕，此段路由于隐没于深山之中才得以保留。随着"丝绸之路"项目申遗成功，作为项目中唯一的道路遗产"崤函古道石壕段遗址"终于得到了应有的关注。

崤函古道的开通时间可以上溯至新石器时代中期，距今大约六千年。石壕段的这条老路是在山石中开凿出来的，石坚坡陡，即使到了清代，这段路依然难于通行，清代陕州知州张天德在《硖石山修路记》中称"其山尽石，险山戏巉岩，峣山角崎岖……望之，且魂摇而目悸"。

山石古道上除了深深的车辙，还可以看到踏入石中的马蹄印，而更令人唏嘘的却是路边山石上的手窝凹迹，这是古代车夫借力石头向上拉车的着力点，这些手窝离地面不足30厘米高，可以想象，车夫们几乎是匍匐在地上奋力拉车的。

我把手放在这千百年、千万人肉石相搏的手窝上，与先人触手，以表敬意。

崤函古道石壕段

【俯仰一方天地

　　陕西之为陕西，是指它位于河南陕州之西。陕州旧称陕县，现为河南三门峡市的一个区，它位于中华文化发源地的核心区域，丝绸之路崤函道的中心位置。

　　在陕州，无论是政府机关还是路边小店，时常可以看到唐玄宗李隆基的《途次陕州》诗，读一读这首诗，就明白了陕州的历史分量。这首诗句句有典，而这些典故都出自古老的陕州。

> 境出三秦外，途分二陕中。
> 山川入虞虢，风俗限西东。
> 树古棠阴在，耕余让畔空。
> 鸣笳从此去，行见洛阳宫。

　　细细读诗，看看其中的典故如何影响了中国。

　　此诗第一句中的"三秦"，公元前206年项羽引兵入咸阳，自立为西楚霸王，他将陕西的关中和陕北分为三份，封给秦朝三个降将，因为这一带为秦国故地，故泛称"三秦"，当代的"三秦"概念常常代称陕西全省，如"三秦大地"。

　　第二句中的"二陕"，西周初年，周武王劳病而逝，武王的弟弟周公和召公辅政年龄尚幼的成王管理国家，周召二公为了天下的安定，以陕塬（现陕州区张汴塬）为界，把西周的国土划分为东西两部分，"自陕而东者，周公主之；自陕而西者，召公主之"，史称"周召分陕"。陕塬以西的陕西之名一直沿用到今天，绵延三千年。

　　第三句中的"虞虢"，春秋时候，晋国借口邻近的虢国常犯晋境，欲讨伐之。但伐虢必经虞国。晋大夫荀息献策贿赂虞国国王以便借道伐虢。晋君舍不得财物，荀息说："虞虢唇齿相依，虢灭了虞也不能独存，美玉宝马不过是暂时存放在那里罢了。"晋军借道灭了虢国后，顺手就把虞国也灭了。这个历史事件也是"假道灭虢""唇齿相依""唇亡齿寒"等成语的出处。

　　再看"棠阴"的意思，周召分陕后，召公分治西方，巡视乡邑时，为了不打扰百姓，经常在路边甘棠树阴下开会议事，所辖之地百姓生活安定富足。召公死后，百姓思念召公，不再砍伐甘棠树。后人就用"棠阴"称颂良吏惠行，成为历代为官的典范。

　　而"让畔"一词是在称颂君王的仁德。周国国君西伯昌（后来的周文王）公正廉明，诸侯都来请他裁决争端。有一次虞国和芮国发生田界争执，两国的国君亲自来找西伯昌决断。两人进入周境后，看到种田的人都互让田界，对照虞芮两国的田界争执，深感惭愧，于是各自返回，互让了田界，解决了分歧。后人遂用"让畔"来称颂君王的德政。

"鸣笳"一句是指皇家行进中吹奏鼓乐，展示威严的仪仗。这是李隆基出巡在两都道上的情景。

最后一句"行见洛阳宫"点明了唐朝分置正副两都的史实。

区区八句，引用了秦地三分、周召分陕、假道灭虢、唇亡齿寒、棠阴惠吏、让畔君德、皇家仪仗、唐置二京等多个历史事件，其中有些已成为常用的成语典故，这也是丝绸之路沿线历史对中国文化的影响。

读完这首诗，就知道了陕州所具有的历史影响力，确实能令当地人自信满满，就如在那里看到的一副标语"感觉人生达到了高潮"。

陕州地坑院中的美味

陕州历史悠久，人杰地灵，不仅历史文化丰富，还有多项传统技艺被评为国家级非物质文化遗产，其中最著名的当属"地坑院"。

地坑院是一种民居建筑形式，主要分布在河南三门峡陕州区和山西运城平陆县，以及甘肃庆阳和陕西的部分地区。

远古时期陕州所处的地理位置属于新石器时代仰韶文化范畴，那一时期的民居多为圆形或方形半地穴式，正是这种半穴居式营造方式，进化出了地坑院建筑。地坑院的营造是中原先民无奈却智慧的选择。地处黄土高原的陕州，沟壑纵横，干旱少雨，植被稀少，当地缺少建房的木材，于是人们掘土掏洞，以庇身心。不同的自然环境产生不同的生活方式，因地理而人文的存在决定论放之四海而皆准，地坑院中的生存方式衍生出地坑中的生活方式，选址掏窑、防火防盗、宗规族矩、邻里关系以及与社会主流传统习俗的融合，都有一套相应的规范。

20世纪五六十年代，中国人口膨胀，地坑院的密度也越来越大，现在遗留的院落大都是那个时代营建的。80年代改革开放之后，当地人民的生活有所改善，外出打工人员带回来新的生活观念，导致地坑院这种居住方式逐渐式微，年轻人不愿再住在地下，纷纷填平地坑，在上面盖起砖瓦房。地上的房子因为不再发愁排水问题，就可以用洗衣机和抽水马桶了。

各地的地坑院建筑形式基本相同，大都被当地政府列入传统文化保护项目，这也是很多"非物质遗产"的续命方式。

在陕州，我看了四个依然"活着"的地坑院村落，但状态天差地别，少数红红火火，大多奄奄一息。

北营村的"陕州地坑院民俗景区"经营得最好，他们看到了正在衰落的传统民居形式中的文化元素，借助市场化的运作方式取得了非常好的经济效益。而在另三个村子里，我却看到大多地坑院已经废弃或改做储物之所，有些地坑院只有一些老人还住在里面。

寺院村是个小村子，老旧的地坑院居住的多是老人。我进到的一户院子，一位老奶奶带着三岁的孙女住在这里，孩子的父母常年在外打工，这一老一少留守老家。院子很破旧，只有住人的那孔窑洞还算完整，其他的都已呈败相。而旁边地上房屋的墙上却挂着大红横幅的售楼广告"三室两厅公寓，暖气天然气双配套"。回京后我还真上网搜了一下这个楼盘，它位于陕州高新技术开发区，距寺院村约25公里，毛坯房均价2300元左右。

或住在村里的地上，或搬入城里的楼上，或等待生命代际更替后的遗弃，传统地坑院的终极结局也许只有这三项选择。

在西过村，我们进到一户院子，母亲正在为从城里回来的女儿准备午饭，女儿告诉我，她在三门峡市里工作，节假日经常回来看看母亲。女儿曾建议回填地坑，在地面上再建新房，但老人不愿意。母亲说："几辈子都过来了，住习惯了，冬暖夏凉，再就盖房不花钱吗？"女孝母慈，地坑小院温情融融。

西过村主要街道的白墙上，大号的蓝色标语异常醒目："脱贫新出路，出国去务工，圆您致富梦"。作为劳动力输出大省，河南人为了生存尊严和生活幸福走遍世界去打拼。我问了当地老乡，他们出国务工的主要方向是非洲。在陕州实现不了的梦，在非洲就可以吗？但愿。

人马寨是个大村子，一进村高音喇叭里正在大放红歌。正值苹果收获季节，果农们在红色歌声中，排着队将自家的苹果交到个体收购商贩的收购点。收购价格根据苹果的质量而定，每市斤从1.8到2.2元不等。

住在地坑院里的留守老人和儿童

在这个村里，我见到了国家级非物质文化遗产项目"地坑院营造技艺"传承人王四虎老人，他领我进到建在地面上的大瓦房里，骄傲地展示盖有"中华人民共和国文化和旅游部"国徽大印的非遗传承人证书。

"您家还有地坑院吗？"他跺跺脚下的地面："我把它填了盖了瓦房，现在也没人请我建地坑院了。"

我注意到屋里贴着的基督教宣传画，"您是基督徒吗？""是。""建房讲风水，这和基督教矛盾吗？""看风水是风水先生的事，他是迷信，我是技术。"这回答让人无言以对。对于风水术我是敬而远之的，似懂非懂容易吓着自己，就像有些人看多了"养生"节目一样。

王四虎老人信仰的基督教传入路线之一就是丝绸之路，据史籍记载，传入时间最早可追溯到唐贞观年间，当时被称为大秦景教，大秦是唐时对罗马帝国的称呼。尽管唐代景教和现代基督教有许多重大的区别，但毕竟让那时的中国人知道了还有一个天神在主宰着世界。当曾经敬奉的偶像并没有使命运有所改变的时候，那么换一家试试也无妨。

丝绸之路上交织的宗教和各种意识形态，东冲西突，你推我搡，几千年来始终没有停下。

潼关道（潼关—西安）

沿崤函道西行出河南，在陕西潼关县秦东镇出潼关，

过华山到临潼入西安，即为两都道西段之潼关道。

【河山入潼关

离开秦函谷关，傍着秦岭东脉，沿着黄河南岸向西进入陕西境内的潼关县，但见前方的大山上矗立着一座关楼——潼关，山下奔腾着一条大河——黄河。

自北而来的黄河在潼关附近受到秦岭阻拦，折弯向东，在这里，黄河、渭河、洛河三河相汇，陕西、山西、河南三省相交，华北、西北、华中三区相分。

其实从这里汇入黄河的不止渭、洛两条大河，还有条叫作潼河的小河也从这里流入黄河，潼关即以此而名。"潼"本意是河水撞击河岸的声音，《水经注》载："河在关内南流潼激关山，因谓之潼关。"

自秦统一六国后，函谷关失去了军事防御作用。汉廷东迁洛阳后，为了防止关中地区的兵乱，于公元196年（东汉建安元年）建立了潼关。

潼关周围山峰连绵，谷深崖绝，一条狭窄的羊肠小道，仅容得一车一马，因此，这里成为汉末以来东入中原或西进关中的必经之地和关防要隘。东汉潼关最初建在黄土塬上，隋代南移数里，唐武则天时又北迁到黄河边。

唐安史之乱，叛军进攻潼关，守将哥舒翰闭关拒敌半年，宰相杨国忠污蔑哥舒翰贪生怕死，命出关决战，结果唐军大败。叛军破潼关后，长安城已无险可守，唐明皇仓促携杨贵妃西逃。为了平定叛乱，唐朝调回全部西域驻军，从此失去了对西域的控制，导致了丝绸之路的衰落。

在历史上，潼关发生过许多大战，战争的破坏使得潼关多次重建。最剧烈的破坏发生在抗日战争时期，日本侵略军占领黄河北岸后，欲南渡黄河占领西安和中国的大西北。1937年11月7日，日军隔河炮击潼关城，中国守军顽强抵抗，拉开了潼关保卫战的序幕。日军狂轰滥炸，摧毁了潼关大部分建筑，中国军队为修筑工事也拆毁了不少建筑。这一仗一打就是八年，直到1945年8月15日日本宣布投降为止，侵略军始终未能渡过黄河占领潼关，潼关——真正是座铜墙铁壁之关。

20世纪50年代末，在修建三门峡水库的规划中，潼关老城属库区，为此，潼关又拆除了许多建筑，县城南迁十余公里，建了潼关新城。然而库区蓄水始终

没有淹到老城，潼关古城却从此逐渐颓败，渐近消失。

黄河潼关段水面宽阔，河水不疾不徐。自古以来黄河上最大的渡口就是河北岸的风陵渡。风陵渡之名来自两个远古的传说：一说风陵是华夏始祖女娲的陵墓，女娲姓风，故曰风陵。另一说是黄帝大战蚩尤，蚩尤做法迷雾漫天，一个叫风后的大臣发明了指南车，助黄帝战胜了蚩尤。风后在此役中战死，被葬在这里，故名风陵。然而，无论是哪股风的陵，北岸的风陵渡最终被南岸的潼关抢去了风头，因为传说这里是华夏民族的诞生地。

潼关女娲雕像

黄河南岸有一座高大的山，名为女娲山，传说女娲抟土造人就在这座山下的黄河边。如今山顶建有一座巨型花岗岩女娲像，她高髻散发，蛾眉凤目，慈祥地看着身边的孩子。华夏始祖母坐在高高的山上，山下的黄河被称为母亲河。

女娲山上最醒目的建筑就是潼关的山关。潼关不仅是一道军事关隘，也是华夏民族诞生的圣地，也许正是有女娲娘娘的护佑，日本侵略者始终未能越过潼关。

如今，此地已开发成为潼关古城景区。整个景区除了山上雄伟的山关，在黄河边还有一座磅礴的水关。

潼关水关的建筑形式如同一座大城门，共有五孔门洞，小小的潼河大摇大摆地穿过城门汇入黄河，极具仪式感，相比之下，大名鼎鼎的渭、洛二河汇入黄河时倒是沉默得有点寒酸。登上水关，黄河就在脚下，左看云山晋壤，右看烟树豫州，对岸的风陵渡水雾迷蒙……

一关一渡，山河表里潼关路。

潼关所在的秦东镇，即陕西最东边的镇。清朝以前，潼关镇里基本没有普通百姓，全是驻守关城的军士，他们退役后，如果不愿回老家，就分给他们关城附近的土地，在此安家。潼关人很大一部分就是当年驻军的后代，所以性格都很直爽、豪气。

镇里有潼关老城保留下来的古巷——水波巷。据说这条巷子原来叫斜坡巷，明末李自成率领两万大顺军固守潼关，在清军红衣大炮的轰击下，潼关失守，将士的鲜血顺着巷子的斜坡流入黄河，所以又被称为血泊巷，后人嫌名字不吉利遂改为水波巷。

　　水波巷口有一座青砖古门，上嵌一只龙头，再上有一块石匾，凿出三个大字"虬关头"，"虬"是传说中一种卷曲的龙，可见这是条幽密曲折的深巷。

　　水波巷建在一条山沟里，铺满了大块青石的主街就是沟底，房屋都建在主街两旁的山坡上，有几座跨街石桥连接两边。新建的房子灰石青瓦，非常气派，据说这里正在打造文化小镇。

　　顺着沟底主街上行，整个小巷安静祥和，偶尔可以看到几个坐在大门外的主妇，一边择菜一边拉着家常。沟底主街上，一位大娘正在翻看晾晒的花椒，晒透的花椒可以卖给供销社也可以自销，有籽的花椒40元一斤，无籽的可以卖到80元。

　　潼关最有名的小吃应该是"老潼关肉夹馍"，全国各地可见，我家附近就有。这种三明治式的速成食品，不知道是不是因为当年战争的需要而发明的？潼关肉夹馍的最主要特点是只夹肉不夹菜，卖馍的老板说："肉夹馍，本来就说反了，应该是馍夹肉，夹肉就是夹肉，夹菜做甚？"潼关人果然豪爽。

　　街上除了许多卖肉夹馍的小店，更大的招牌却写着"黄河鲇鱼汤"，这还是第一次听说，于是肉夹馍配鲇鱼汤美美地吃了一顿，的确是绝配！潼关鲇鱼汤之所以味美，老板的解释是：别处鲇鱼有四根须，潼关黄河里的鲇鱼只有两根，品种有区别。此话当真？但看锅里，鲇鱼已经快吃完了。

大河磅礴，潼关巍峨

【铮骨华山

秦腔戏词："女娲娘娘补了天，剩下块石头是华山。"

关中百姓传说，女娲补天剩下了一块石头，扔在黄河边上，这就是华山。华山距埋葬女娲的风陵渡仅20多公里，将华山与女娲相关联是有地理依据的。

被弃的石头，长成了象征中华铮骨的华山。

在《红楼梦》中，贾宝玉出生时口中含着的那块"通灵宝玉"也被说成是女娲补天剩下的最后一块"无才补天的顽石"。看看华山悬崖边上的连心锁，大有生死相随的绝誓之意。一块石头，两种结局，于是巍巍华山又有了款款深情，可见这是块既具风骨又重情义的石头。无论是文人曹雪芹还是关中老百姓，都用神话的形式将山石的神性延伸到我们的祖先，这就是文明传承的文化智慧。

第一次知道华山是小时候看的电影《智取华山》，"自古华山一条路"成了那时孩子们的口头禅，一起玩打仗游戏，玩到兴奋时，总是高喊"自古华山一条路"，也不管用得对不对，只是在表示不服输的决心。

2010年，我参加一个文化活动，第一次登上华山，灰白色的巨石山体，给我的感觉就像白森森的骨头，据说天气好的时候站在华山之巅可以看到远处的黄河如丝游离，这就是骨血相润、血脉相连的含义吧。

山水的气魄孕育了一方人的灵魂，如"燕赵古称多慷慨悲歌之士"，"东南妩媚，雌了男儿"。"山养魂，水养文"说的就是这个道理。

看着这眼前的铮铮大山，那种挺拔、那种坚强，不屈不阿。

华山——含苞欲放的玫瑰花

《水经·渭水注》载："其高五千仞，削成四方，远而望之，又若花状。"古汉语中"花""华"通用，"华山"即"花山"。

华山也被叫作莲花山，李白登华山留有"石作莲花云作台"的诗句，但华山的形状还是更像一朵待放的玫瑰。中国是玫瑰的原产地之一，据考古学家分析，仰韶文化中频现的玫瑰花纹饰，就是那时生活在华山一带的华族部落的图腾。仰韶文化中的玫瑰花图案线条简洁，飘逸流畅，是一种神性的纹样。为此学界提出了"华山玫瑰燕山龙，共同创造中华民族"的学术思想，

仰韶文化中的玫瑰花纹饰

并由此推论中华之"华"源自华山。我想果真如此的话，华山的"华"字的发音就不应该是去声（huà），而应该是阳平（huá），这样就与中华之"华"对齐了。

华山脚下的华阴县有个双泉村，村里有张姓家族流传下来一种家族戏（只传本姓族人），其腔嘶哑硬朗、高亢豪迈，这个剧种因其历史悠久而被称作"华阴老腔"。

老腔采用一人唱众人和且随兴自在的演唱方式，主要特点是：除了二胡和月琴等乐器外，其他演员各自手持一块木砖，边唱边用木砖拍击长凳，铿锵激昂，恣意放肆，解气又过瘾，所以也有人把它叫作拍板调。2006 年，华阴老腔被列入国家非物质文化遗产，随后影响日隆，终于在 2016 年唱进了央视春晚。

记得 2010 年在双泉村第一次听到老腔时，演员唱的什么真是听不懂，反正看到他们一敲板凳观众就兴奋，最后终于听懂了两句："人生一台戏，日月两盏灯。"这生命态度太通透了。

多年后，在华山下的度假村里，我又看到一个戏班子在演唱老腔。表演是在美食广场进行的，游客们边吃边看，老腔成了佐餐的小菜，完全没有了认真的聆听和欣赏，更少了兴奋和激动。现在，老腔已经成为陕西渭南地区的传统文化符号了。

演出完毕，我问其中一位演员："您是姓张吗？"他奇怪地看着我说不是。家族戏已非家族化了，这应该是好事。我突然想起来，央视春晚上领唱老腔的那个女歌手，她也不姓张。

华山玫瑰燕山龙，中华民族在文明发展的进程中始终不断地吸纳、融合来自四面八方的营养，站在丝绸之路这条文化通道上的华山，作为中华文明的源头之一既是见证者也是参与者。

老腔戏词："华阴老腔要一声喊，通天大路咱走长安。"

【岂曰无衣？与子同袍

"秦王扫六合，虎视何雄哉"李白这两句诗是对秦朝军队最有气势的描述。这位诗仙既没有见过秦军也没见过兵马俑，但他却把秦朝士兵眼神的凌厉都写出来了。

战马嘶鸣，军阵齐整，兵马俑一号坑馆内，展标上的说明文字居然用了"一号坑军容"的字样。记得当年参加军训，天天立正稍息拔军姿，教官常用"军容"二字提醒我们。军容的含义就是士兵的英气仪容，埋于地下两千多年的一队队陶质秦兵，至今依然散发出英武之气，怒目虎视，杀气逼人。就是这支军队，在秦始皇的号令下"六王毕，四海一"，北逐戎狄，南平百越，为建立中国历史上第一个中央集权封建专制帝国立下赫赫战功。

秦朝建立了封建专制制度，废分封，置郡县，书同文，车同轨，统一度量衡，奠定了中国两千多年政治制度的基本架构和大一统王朝的统治基础，这种制度设计的长期实施，甚至对于中华民族性格的形成也有着潜移默化的影响，毛主席曾用"百代都行秦政法"的诗句进行评价。

为了推行这一制度，秦始皇指挥秦军连年征战而致徭役繁重；为了维持这一制度，秦始皇利用这支队伍实行严刑峻法，焚书坑儒。

一面导游小旗飘过，军阵就像一支灰头土脸的旅行团

《诗经·秦风》中有一首诗，我称之为秦军战歌："岂曰无衣？与子同袍。王于兴师，修我戈矛，与子同仇。"战友之谊，情真意切，遵从王命，义无反顾。古今中外，能够激励军队斗志，除了信仰、情怀这些精神因素之外，还有战友间同生共死的兄弟情义。

精神层面的动能是难以量化的，而一套奖惩分明的制度对于提高军队战斗力是行之有效的。秦自商鞅变法以来，国力日益强大，制度也日臻完善，军中实行的"二十等爵制"是商鞅制定的以军功封赏爵位的等级制度。按照这个制度，即使是普通兵士只要作战勇猛，都有获得爵位的机会，有田有房有奴隶，而且可以继承。这个制度的历史意义在于，它一方面极大地提高了军队的战斗力，另一方面以军功贵族代替氏族贵族，为草根打开了上升通道，且削弱了氏族贵族的政治影响，加强了皇权的力量。

"二十等爵制"论功行赏，想要受赏吗？提着敌人的脑袋来见，脑袋越多，爵位越高。如果将士战死沙场，朝廷会提供"烈士待遇"，依然有田有房可分，所以他们能唱出"与子同袍、与子同仇"的军歌。既有情感因素，也有制度保障，商鞅完全抓住了人性的特点——荣誉与利益。

实际上，"二十等爵制"的草根通道仅是一缝小隙，远方微弱的光亮足以勾引出强烈的幻觉希望，就好比地平线，能够看到，却永远也走不到。

几年前，曾协助策划河南省博爱县青天河风景区的一个旅游推介图片展。如今的青天河水质清澈，但据说这水曾经是红色的。青天河的上游是丹河，丹河因两千多年前秦赵两国之间的长平之战而得名。秦将白起指挥秦军坑杀赵军四十万，《战国策》载："诛屠四十余万之众，流血成川，沸声若雷。"滚滚血水染红了临近的大河，从此被称为丹河，血水又沿着丹河流进了青天河。我在地图上量了量从长平之战遗址（山西晋城高平市城北）到青天河景区的距离，大约相距 60 公里，脑补一下数十公里的滔天血浪，不寒而栗。长平之战遗址附近有座骷髅山，据说是死去兵士尸骨堆成的。且慢，不是说以人头论赏吗？这么多人头，秦军怎么不带回去讨赏呢？不是所有的人头都值钱，"二十等爵制"规定的人头是"甲士"（披甲勇士，一般为军中精锐前锋）以上才算数。

兵马俑一号坑的后半部就像一座战地医院，无头的兵士等着做头颅复原手术，完成手术的伤员躺在地铺上，甚至还有两台状若大型"CT"或"核磁"的白盒子正在做伤情诊断。两千多年过去了，虎狼之师威风不再，只剩下满目疮痍。

这支队伍成就了大秦，最终也是这支队伍毁灭了大秦。"戍卒叫，函谷举"，陈胜、吴广的首义队伍就是秦朝戍边的士兵，西汉贾谊《过秦论》中说他们"蹑足行伍之间，而崛起阡陌之中，率疲弊之卒，将数百之众，转而攻秦；斩木为兵，揭竿为旗，天下云集响应"。水可载舟亦可覆舟。

秦历二世而亡，仅存十五年，其兴也勃焉，其亡也忽焉。

在二号馆、三号馆，还有一些等待发掘的俑坑里横七竖八地堆着更多的破碎陶俑，当年那支不可一世的威武军阵，如今却如此狼狈散乱，更像是个万人坑，是埋葬了大秦帝国的坟场。

虎狼之师，土崩瓦解，焚书坑儒，灰烬未凉，大秦的阴魂始终笼罩在中国上空。虽然自秦以后的历代官史，都以否定的态度评价焚书坑儒事件，但后来的封建统治者依然在做，历史上发生过几次大的焚书事件，如南朝梁元帝焚书、南唐李后主焚书、明清的文字狱等。清乾隆更是以编撰《四库全书》的手段，推进文化专制，毁弃删改了一大批古籍。

怎奈何，"坑灰未冷山东乱，刘项原来不读书。"

唐代杜牧在《阿房官赋》中感叹道："秦人不暇自哀，而后人哀之；后人哀之而不鉴之，亦使后人而复哀后人也。"果然！

在旅游景区的一个照相点，穿着甲胄的摊主扮成一尊兵俑，透过墨镜看着游人。在四个陶身秦俑的护卫下，车辇上坐着一位肉身唐装女模特。汉唐外交手段和这场景一模一样，打得过就用兵，打不过就和亲，刚柔相济，阴阳互补。

治大国若烹小鲜，针对不同食客，选用不同食材，总有一款适合您。

▌此恨绵绵无绝期

"七月七日长生殿，夜半无人私语时。"

怎么那么巧，一千二百多年后的这一天（农历七月初七），我来到了华清官长生殿，但不是半夜。

华清官前的中心广场上有一组根据唐代诗人白居易《长恨歌》的故事创作的大型雕塑，名字就叫《长恨歌》。这组雕塑共分三层，最上面的一层是唐明皇和杨贵妃在众多鸟儿的环绕中相互深情注视、旋转而舞。这种旋转造型带来上升的动感，并散发出"在天愿作比翼鸟"的浪漫情调。下面两层雕塑又分了几个单元，分别从华清官的奢靡到马嵬坡的悲哀，完整地讲述了李隆基和杨玉环的情感故事，每一单元的造型都很生动，舞伎们"风吹仙袂飘飘举"飞扬婀娜的舞姿和军士们"六军不发无奈何"颓丧愤怒的表情，都刻画得惟妙惟肖。

华清官西广场上也有一座雕塑，名为《霓裳羽衣》，题材同样取自《长恨歌》，

华清宫中心广场大型雕塑《长恨歌》

表现了唐明皇对杨贵妃万千宠爱的场景，"缓歌慢舞凝丝竹，尽日君王看不足。"

以上这两组雕塑无论是人物表情还是气氛宣泄都有很大的感染力。

轰轰烈烈爱情故事的结局是悲惨的，更为悲惨却是大唐王朝从此由盛转衰，导致盛衰的关键事件就是"安史之乱"，而安史之乱的叛军头子安禄山、史思明都是沿着丝绸之路而来的中亚粟特人。

粟特人是原本生活在中亚阿姆河与锡尔河流域的古老民族，粟特地区处于中亚西部丝绸之路的主干线上，从汉代直至宋代，粟特商人通过漫长的丝绸之路频繁往来于中西亚与中国之间。

为了利于商业活动的开展，粟特人善于投附政治势力。在隋唐两朝，政府推行"胡汉有别，各依其俗"的政策，严禁汉人从事国际贸易，为粟特人创造了独霸丝路贸易的有利条件。

大唐开放包容的社会环境，不仅接纳了来自外域的思想与文化，还任用了许多外族人参与国家治理，如突厥人、粟特人、吐蕃人、高丽人、日本人等，有些外族人在唐朝做的官还不小，其中做到宰相高位的就有二十几人。军队中也有外族人做大官，粟特人安禄山官至平卢、范阳、河东三镇节度使，镇抚华北、东北地区。安史之乱另一个反叛的高级军官史思明也是粟特人。唐太宗李世民即位伊始就说过："王者视四海如一家，封域之内，皆朕赤子。"国外学术界也有"中国唐朝世界大同主义"的提法。然而，在这种"世界大同"的融合背景中，也隐藏着相互碰撞的危机。

"姊妹弟兄皆列土"，杨贵妃堂兄杨国忠拉着妹子的裙带平步青云，官至右宰相。他公行贿赂，妒贤疾能，专权误国，败坏朝纲。杨国忠与安禄山之间争权夺利，成了安史之乱的导火线。终于，公元755年（唐天宝十四载）安禄山诈称奉唐玄宗旨意率军讨伐逆臣杨国忠，发动了安史之乱。叛军进犯，潼关失守，长安陷落在即，皇帝仓皇逃难，行至长安以西的马嵬坡，"六军不发无奈何，宛转蛾眉马前死。"愤怒的兵士杀死了杨国忠，又逼迫唐玄宗赐死了杨贵妃。

安史二人都是异族，但在各历史朝代的评价中很少看到对安史之乱始作俑者的民族原因的分析。杨国忠排挤安禄山，表面理由也是"安目不识丁，当宰相恐四夷皆轻朝廷"。而不是更有挑拨性的民族原因。与安禄山大战潼关的将军哥舒翰也是外族人，一奸一忠，均为异族，可见唐朝对其他民族和异域文化的包容。

为了平定安史之乱，唐朝政府把镇守西域的军队调回内地，致使西域空虚，吐蕃人乘虚而入，西域脱离了中原政权的控制，中国古代陆上丝绸之路从此衰落。直到清王朝在平定准噶尔、大小和卓叛乱后，西域才重新收复并得以控制，乾隆皇帝命名这块重归的土地为"新疆"，意为"他族逼处，故土新归"之意。从公元755年安史之乱到公元1884年新疆设省，西域失控长达一千一百多年。

无论唐玄宗还是唐明皇，他的名字都叫李隆基，这位皇帝开创了大唐最鼎盛的"开天盛世（开元、天宝）"，也导致了唐朝由盛而衰的"安史之乱"。从历史的角度回看李杨的故事就会发现，将国家之命运维系于一人之好恶是多么地可怕。

基于中国封建王朝的君权天授的传统理念，御用史家会把某些朝代消亡的原因嫁祸于女人，有"红颜祸水"之说。夏桀的妹喜、商纣的妲己、周幽王的褒姒、唐玄宗的玉环，近代则有个老佛爷慈禧。皇家用"君权天授"作理由，民间就用"旺夫妨夫"当借口，在民间一个家族的兴衰或一个男人的福祸都借用此说来解释原因，开脱责任。将偶然现象归结为必然结果，这也是男权社会、专制体制的必然选择。

安史之乱以后，唐人的自信也打了折扣，"华夷之辨"逐渐成为沉重的思考，

"非我族类，其心必异"的警惕心理影响到以后的各个朝代，"世界大同主义"的开放自信日趋衰落，直至明清闭关锁国，大大绊阻了中国社会发展的步伐。

华清宫所处的骊山，在历史上一直是个大是大非之地，幽王烽火戏诸侯的烽燧在此，安史之乱的导火索华清池在此，西安事变的兵谏亭也在此。

所谓历史，就是被记录的故事和不同时期对待这些故事的不同态度。坐在曾经被称作"正气亭"、"捉蒋亭"现称"兵谏亭"的台阶上，俯视华清宫，仰观烽火台，俯仰之间，"后之视今亦犹今之视昔"，一切真实的历史都是当代史。明白了这些，行经骊山，便不再迷茫。

华清宫现在还留有一小段当年的残墙，一墙之隔便是临潼县城，墙里墙外，当年可是冰炭两重天。晚唐的杜牧路过华清宫时写了首诗："长安回望绣成堆，山顶千门次第开。一骑红尘妃子笑，无人知是荔枝来。"小杜（牧）只是描写了墙外送鲜果的驿马，而老杜（甫）却想到了墙里更无度的奢靡，"紫驼之峰出翠釜，水精之盘行素鳞。"翡翠锅盛着紫驼峰，水晶盘端出鲜白鱼，而权贵们"犀箸厌饫久未下"，握着犀牛角做的筷子，却说这些菜太油腻，都懒得尝一下。因此杜甫写出了"朱门酒肉臭，路有冻死骨"这样尖锐的诗句，这是他路过华清宫时发出的愤怒。

老杜把墙里的骄奢描写得那么具体，而他自己却那么潦倒，读读他的诗句就知道"朝回日日典春衣""酒债寻常行处有"，就这种经济状况，恐怕能经常逛逛墙外的早市，对他来说都是一种奢侈。子曰"君子固穷"，此言不虚。

当代临潼的早市真是热闹。天刚亮，我就被酒店对面小街上的吆喝声吵醒了，各种小喇叭叽哩哇啦，浓重的口音也听不懂在喊什么，更别说有些东西的名字太地方性了，比如说"搅团"。我小声问小贩："搅团是啥？"小贩大声回道："杂面搅成的浆糊。"据说制作搅团时要大力搅拌，力度以不弄破瓦盆为准，真是够狠！

早市上的摊点把小街塞得满满的，品种十分丰富，早点、水果、蔬菜、药品和小百货，应有尽有。因为不是节假日，逛早市的大多是退休老人，为家人准备一天的饭菜是他们"不可推卸"的责任。

也有赶着去上班、上学的大人和孩子，一位带孩子的摩托人从人群中左闪右避地过来了，找到满意的早点后单腿支地，手机扫码，然后把装着早餐的塑料袋甩给后座上的儿子，说声"吃吧"，然后又在人群中左闪右避地嘟嘟而去。

尽管酒店提供早餐，但我还是忍不住买了几种看上去令人垂涎的小吃，逛吃逛吃，边逛边吃，闻闻这小城的锅气，听听这小街的嘈音，小城的生活，有着想躲都躲不开的方便和烦恼。

【西安复长安

西安之厚重，从官方的介绍中便可感受："西安古称长安，是十三朝古都，是中国历史上建都朝代最多、建都时间最长、影响力最大的都城，是中华文明的发祥地、是中华民族的摇篮、是中华文化的杰出代表，是隋唐时期世界最大的城市，是举世闻名的世界四大文明古都之一，是联合国教科文组织最早确定的世界历史名城，是国务院最早公布的国家历史文化名城之一，是国际著名旅游目的地城市，是丝绸之路的东方起点。"此段文字一共连赞十三句。

三千一百多年的建城史，一千一百多年的国都史，让西安在时间上延绵多年，但在空间上却层叠拥挤。

在西安游览时，我曾跟在一个旅行团后面，蹭听了几个段子，据说这些段子是每个带团导游的标配解说词。

西安理工大学挖出了唐代公主李倕的墓，于是自誉为"皇家理工学院"；西北政法大学挖出了西汉法学家张汤的墓，祖师爷都挖出来了，专业对口；西安邮电大学一次性就挖出了从西周到唐代的六百多个古墓；在西安建小区，地上刚开挖，地下已经住满了。

笑过后，对西安更多了几分敬重。

西安钟楼，时空交错

想起了郝景芳的科幻小说《折叠北京》的"折叠"二字，科幻北京折叠的是阶层，而现实西安折叠的是历史。

翻到叠在最下层的历史，可以追溯到距今五千多年的尧舜时期。大禹的父亲鲧因创建城郭有功，尧把崇地（现河南登封嵩山附近）封给了鲧，嵩山古称"崇高"，所以鲧的部落称"有崇"。商灭夏之后，有崇部落迁至陕西关中的沣河一带。公元前1051年有崇被周文王所灭，并在其所在的沣河西岸营建了丰京，将周的都城从岐周（今陕西岐山县东北）迁至丰京。周文王死后，继位者周武王在沣河东岸又建立了镐京，隔河相望的丰京和镐京合称丰镐。丰镐遗址距现在的西安市中心20多公里，正是从这里开始，西周、秦、西汉的都城北移至咸阳又东移至长安。

"长安"之名始于秦，因这里曾是秦始皇兄弟长安君的封地而得名，寓有长治久安之意。

继西周之后，又有秦朝、西汉、新朝（王莽）、东汉、西晋、前赵、前秦、后秦、西魏、北周以及隋朝、唐朝等十三个朝代在长安建都，其间赤眉、绿林、大齐（黄巢）、大顺（李自成）等农民起义政权也曾以此为都，合计共十七个。

长安最大的遗憾发生在明朝。明建国后定都南京，太祖朱元璋一直想要迁都长安，曾说："（南京）前昂后洼，形势不称，本欲迁都，今朕年老，精力已倦，又天下初定，不欲劳民。且兴废有数，只得听天。"

朱元璋死后的第二年（公元1399年），他的第四个儿子、驻守北平的燕王朱棣发动"靖难之变"，篡夺了皇位，将国都迁往自己的势力据点北平，改北平为北京。从此长安失去了成为中国国都的机会。现在北京的长安街据说是从明朝沿袭下来的名字，这是不是朱棣继承他爹未尽遗愿的表达呢？

天色渐黑，无数的泛光灯把西安古城照得通亮，探照灯在天空中变换组合，织就一幅宏大的背景，光柱叠加的网格仿佛是一个多维的空间，当光柱晃动起来的时候，时空交叉穿越。

没有哪个城市的夜晚会如此梦幻辉煌，没有哪个城市能够有资格站在五千年的叠层之上"亮"给你看。

西安的城墙保存得如此完整，让我这个从北京来的人无比羡慕和惭愧。

20世纪60年代末，我也曾为拆除北京的城墙"贡献"了一份微薄之力，看到保存完好的西安古城墙，自然会想到北京的城墙和我们当时的遭遇。

1969年3月，中国与苏联爆发"珍宝岛事件"，两国关系空前紧张，大战一触即发。在"深挖洞，广积粮，备战备荒为人民"的口号下，北京到处都在挖防空洞，而建防空洞的材料有很大一部分就来自北京的古老城墙。拆墙补"洞"

不仅是作为备战的权宜之计，而且是北京城市规划的一部分，中苏关系的紧张也给了拆除北京城墙一个实施的理由。那段日子，我们每天的功课就是上午去苏联大使馆游行，手举小红书，高喊"打倒苏修"的激烈口号，下午爬到城墙上去拆砖。

那一年的冬天特别冷，手被冻裂了无数的口子，用铁镐拆城砖，一镐下去，裂口就会往外渗血。母亲看到了我冻裂的双手，端来热水让我泡手，以便去掉死皮，使伤口愈合。手泡在热水里钻心地疼，我至今难忘。北京的古城墙就这样被北京的中学生用满是裂口的小手拆了。

当今的西安城墙是在唐城墙和明城墙基础上修复的，是中国现存规模最大、保存最完整的古代城垣。明朝筑城风气盛行，中国许多城市保存下来的城墙，大多是那时建造的。在关中民间流传着"汉冢唐塔猪打圈"的俗语，"猪"就是代指朱明朝廷。西安城墙是明代在唐时旧城的基础上扩建而成的，后经战乱和自然风化，及至现代已残破不堪，石头浸血的自豪，城砖含泪的微笑，这些砖石见证了西安曾经是长安。

巍巍矗立一千三百多年的大雁塔是西安的城市象征，新建的大楼无论多高也得恭敬地在两旁侍立。

大雁塔是唐代高僧玄奘大师倡议建造的藏经之所。大雁塔建在大慈恩寺内，小雁塔建在荐福寺里，大雁带着小雁在西安盘桓至今。

大雁塔的北面，矗立着一座玄奘的塑像。他目光自信，脚步坚定地执杖而行，

大雁塔前的玄奘塑像

历经艰辛，西天求法，往返十七年，然后又用十九年主持翻译佛教经论，完善了中国佛教的理论体系，开启了中国翻译史新时代。

玄奘所著《大唐西域记》是研究中亚、南亚地区古代诸国历史地理的重要文献，甚至印度这样的文明古国竟然也要靠《大唐西域记》才能将它的历史自夸于世。书中描述的各种奇异惊险的故事成为明代吴承恩所著《西游记》的创作素材，中国的小孩子也许不知道玄奘，但没人不知道唐僧。

秦腔有句戏词："自古长安地，周秦汉唐兴"，尽管这里曾是周秦汉唐等十三个朝代的国都，但西安主打的是大唐牌，毕竟汉朝只找到了几个宫殿的夯土基座，容形模糊。但是唐朝有大小雁塔屹立不倒，看得见摸得着，大唐对于西安来说，是斑斓的历史文化底色。

唐人宗汉，今人哈唐。大唐不夜城，大唐芙蓉园，大唐美食街，大唐洗浴中心……一个"唐"字，百搭百业，包打天下。

天黑了，西安的夜却亮了，大唐不夜城接续了长安的辉煌。摩肩接踵的游人，攘来熙往。尤其是满街的唐装"小仙女"，翠翘搔头，仙衣飘出了仙气，"长安水边多丽人""绣罗衣裳照暮春"。

汉唐风依旧，西安复长安。

梵音桂花香

大唐高僧玄奘完成了天竺取经、长安译经的历史使命后，于公元664年（唐高宗麟德元年）圆寂于长安郊外的玉华宫。他被安葬在长安东郊的白鹿原上，当代作家陈忠实先生的长篇小说《白鹿原》写的就是那片土地。白鹿原地势较高，从皇宫大明宫含元殿就可以看到。唐高宗李治非常敬重玄奘，据说他每每在含元殿远眺玄奘灵塔就会落泪。为圣体安康，皇后武则天诏令将玄奘遗骨迁葬到长安以南的少陵原，并修建寺院，赐名为"大唐护国兴教寺"。

2014年，兴教寺作为"丝绸之路：长安—天山廊道的路网"中的遗产点之一被列入《世界遗产名录》。

兴教寺位于西安长安区，距西安市中心约25公里，我们自驾前往，出城区进山区，弯弯山道，基本无车。

寺前的山门正在施工，听一位在门口卖香的大娘说，原来的山门是水泥砌的，申遗成功后，政府拨款新建了仿古的山门，现在正在收尾呢。

已是晚课时间，寺里传来隐隐约约的诵经声，不时还能闻到淡淡的桂花香气。进院左拐，玄奘法师的灵骨舍利塔矗立在翠柏之中。灵塔自建造至今已逾一千二百年，据建筑专家考证此塔为木结构砖塔，在中国，这种类型的塔，当以此塔为最古。

灵塔后面是三藏院，大殿内供玄奘像，两边的精美浮雕，描述了他历尽艰辛、西天取经、翻译经书、弘扬佛法的非凡经历。

大殿门前两旁的楹联写道：

西天取经三界垂范誉为法门领袖

东土演教千秋载德尊为民族脊梁

一个民族在发展的过程中，总会出现一批有着高贵灵魂的领袖来成为民族支撑的脊梁。

时值农历八月，正是丹桂飘香的季节。三藏殿前的两排桂花树散发着幽香，花香阵阵，梵音袅袅，在这种脱俗的氛围中拜谒大师，正当其时。

玄奘法师灵骨舍利塔

【中华未央

不知为什么，导航把我们带到了未央宫遗址东北角的一个小路口，路口有个简易房，值守人员示意把车停在房后的空地上。

我下车询问如何购票。"还在建呢，没票。"未央宫果然"未央"，还在复建中。

未央宫现属"汉长安城国家大遗址"项目的一部分，据说未央宫的总面积有北京紫禁城的六倍大。

沿着小路向里走，只见大片的树林和茂密的荒草，哪里有什么宫殿的影子？走了近半小时，终于见到"进宫"后的第一人，一问才知道，我们走的是后门。

路漫漫其修远兮，走啊走……远远望见一座土坡，上面隐约有围栏，这正是未央宫正殿的遗址所在。走后门，走到的必然也是遗址的后面，但在这里可以看到一幅奇幻的景象：远方新建高楼的古典式屋顶叠加在未央宫遗址上，透过晨雾缠绕的树林，就像是漂浮在天上的空中楼阁，虚的历史实了，实的现代虚了，

"不知天上宫阙，今夕是何年？"时空叠印的联想就像是给遗址加的注释，让人重新感受曾经的大汉辉煌。

游客不多，即使偶遇几人，也大多是筋疲力尽的样子，有人直接躺在步道上睡着了。原以为景区里会有小卖部，所以没带水，奈何在建期间还没有服务设施，只能"干"看了。也好，了解历史也许就需要"如饥似渴"的感觉吧。

未央宫建于长安城地势最高的西南角龙首原上，宫城建好后，汉高祖刘邦才正式从洛阳迁都至长安，从此这里成为西汉帝国二百余年的政令中心。

西汉以后，未央宫仍是新莽、西晋、前赵、前秦、后秦、西魏、北周等多个朝代的理政之地，存世一千零四十一年，是中国历史上使用朝代最多、存在时间最长的皇宫。

"未央"一词出自《诗经·小雅》："夜如何其？夜未央。"意思是：夜还有多长啊？夜还未过半呢。"未"是尚未，"央"是中央，"未央"即"尚未过半"的意思。"未央宫"的寓意就是"国运久长"。

2014年，未央宫遗址作为"丝绸之路：长安—天山廊道的路网"的遗址点被列入《世界遗产名录》。

汉武帝欲联合大月氏，共同打击匈奴的战略决策是在未央宫做出的，也可以说，凿空西域、开创丝绸之路最早的构想是在这里形成的。

远方高楼的古典式房顶叠印在未央宫正殿遗迹上

西汉初年，匈奴征服了西域，向各国征收繁重的赋税，并以西域作为军事据点和经济后盾，不断侵犯汉朝领土、骚扰掠夺中原百姓。西汉王朝的统治者在同匈奴的争斗中，逐渐认识到西域的重要性，特别是汉武帝刘彻即位后，从一个匈奴俘虏的口中得知西迁的大月氏与匈奴有世仇，便决定联合大月氏共同打击匈奴，以"断匈右臂"，于是，汉武帝于公元前138年（汉武建元三年）从未央宫传出旨意，招募特使出使西域。

皇宫郎官张骞应募出使，此行的主要使命是寻找大月氏国，并探查西域地理人文情况，为打击匈奴作军事外交准备。

张骞率领一百多人的使团从长安出发，刚出祁连山扁都口（今张掖市东南）就被匈奴骑兵俘获，张骞因此被囚困北地达十年之久，受尽了磨难和屈辱。伺机逃出后，他继续西行，终于在中亚的阿姆河地区（今乌兹别克斯坦境内）找到了大月氏国，但在水草丰美的新领地，大月氏已经逐渐消磨了复仇的勇气，不愿和西汉联合共伐匈奴，张骞无奈，只得返回长安。在回来的路上，他又被匈奴抓住，一年后，趁着匈奴内部发生混乱的机会，他逃了出来。张骞第一次出使西域往返历经十三载，出发时一百多人的使团，归汉时仅剩张骞和翻译堂邑父两人。虽然这次远行未能达到联合大月氏合力打击匈奴的目的，但其出使西域所开创的"凿空"路线的历史意义自汉至唐逐渐显现。谁也不曾想到，19岁的汉武帝刘彻将象征国家权力的专使符节交到27岁的张骞手中时，一个并未达到预期的军事外交任务却成了世界历史发展的重要事件。

为了纪念张骞出使西域的历史伟绩，2014年，位于陕西汉中城固县的张骞墓作为"丝绸之路：长安—天山廊道的路网"项目遗址点列入《世界遗产名录》。

司马迁评价张骞出使西域为"凿空"之举，为成就"北绝大漠、西逾葱岭、东越朝鲜、南至大海"

陕西汉中城固县张骞墓

的汉武盛世奠定了基础，为中原凿开了通往西域的道路，这条凿空之道就是"丝绸之路"，而这一切皆源自脚下的未央宫。从这里开始，东方西方各自看到了对方，并带着各自的文明走向对方。

我站在未央宫遗址上，不禁自语：世如何其？中华未央！

【凤舞大唐

去往唐朝皇城大明宫遗址的道路正在扩建，为了压住尚未完工的道路扬起的尘土，洒水车来往作业，结果路上有些地方已经开始积水，搞得进宫的道路泥泞不堪。

大明宫遗址也正在进行恢复重建，和汉未央宫一样这里又是一片巨大的遗存，总面积是北京故宫的4.5倍，看来又要走一阵子了。一进宫院，发现这里有共享单车，还有小卖部，这回带水多余了。

大明宫，大唐帝国的大朝正宫，唐朝的政治中心和国家象征，自唐高宗起先后有十七位唐朝皇帝在此处理朝政，历时达二百余年。

如同未央宫之名一样，大明宫之名也出自《诗经》："明明在下，赫赫在上。"此诗是赞扬周朝开国君王周文王的颂歌。

2014年，大明宫遗址作为"丝绸之路：长安—天山廊道的路网"项目遗址点列入《世界遗产名录》。

西汉皇宫和大唐皇宫都比明清时的北京皇宫紫禁城大得多，大明、大清在大汉、大唐面前就是小明和小清同学了，随便在汉唐两宫主景区里转转，手机计步器的显示就是三万多步。

大明宫遗址相较于未央宫遗址多了几座建筑，尤其是重新复建的宫城大门——丹凤门。

唐大明宫含元殿的石础和丹凤门

我发现，无论在汉还是在唐，建筑纹饰多是大鸟。

图腾是人类文明早期出于对未知现象的恐惧以及对未来的良好期盼而创造出来的一种神性标志。国家文物局颁定的"中国文化遗产"标志所采用的四川成都金沙遗址出土的"太阳神鸟"金饰，就是四只大鸟围绕太阳旋转飞翔的造型，这种对太阳和神鸟的双重崇拜，促生了中国文化的一个重要形象——朱雀。朱雀非凤而生凤，而凤凰就是朱雀神性的体现和完善，它比创造天地的朱雀更高贵更完美，也更具世俗性。

华夏之族爱鸟是有历史传承的：

夏朝，有凤来仪。《尚书·益稷》有文："箫韶九成，凤凰来仪。"大禹治水成功后举行大型庆典，箫韶之曲连续不断地演奏，凤凰也飞过来随着乐声翩跹起舞。

商朝，玄鸟生商。《诗经·商颂》是一首殷商后代祭祀祖先武丁的诗，此诗开篇第一句"天命玄鸟，降而生商"，传说有娀氏之女简狄吞鸟卵而怀孕生契，契建立了商。

周朝，凤鸣岐山。周部落早年居于陕西岐山附近的周原，人们听到从岐山传来凤凰的鸣叫，认为凤凰是由于部落首领姬昌（后来的周文王）的德政才来的，是周兴盛的吉兆。

汉朝，汉继楚绪。西汉取代秦朝之后，不仅继承了秦的疆土，也继承了秦的制度，历史学家有"汉承秦制"之说。但从文化的继承来看，汉文化与楚文化有着一脉相承的关系，"楚虽三户，亡秦必楚"。刘邦、项羽皆为楚人，楚文化随着楚人的胜利而进入中原。楚人祖先祝融"其精为鸟，凤凰属也"。楚人尊凤，将它作为图腾加以崇拜，所以文化学者有"汉继楚绪"之说。汉楚文化连接，应该是凤鸟纹饰流行的理由。楚国故地百姓至今自诩"九头鸟"。

唐朝，凤门五开。唐王朝自立国之初就希望建立一个像汉朝一样的天下一统、万国来朝的强大帝国，统治者这种强烈的宗汉心理必定在社会中引起响应，唐朝文人的"汉朝情结"也在作品中得以体现。这在唐诗中可以看到很多，比如李白的"汉皇按剑起，还招李将军"，杜甫的"属国归何晚，楼兰斩未还"，都用了汉朝的典故，而白居易的《长恨歌》，全诗以汉武帝喻唐明皇，其中"汉皇重色思倾国""金屋妆成娇侍夜"等多句也出自汉典，其他诗人也有许多借汉喻唐的经典诗句，从中可以看出唐人的"宗汉情结"。因此，汉唐之间对于凤凰纹饰的继承也就顺理成章了，更何况经过几百年不断的神化、优化和美化，凤凰早已成为雍容雅致、华丽高贵的瑞祥之鸟。再加上女皇武则天的登临，更加强了凤凰在国家政治中的地位。

满天繁星，落入大唐

　　唐代凤雀文化之发达简直到了登峰造极的地步，大唐皇宫大明宫的正门被命名为丹凤门，大唐国都长安城的正门被命名朱雀门，这两个大门都是开了五个门道的大城楼，《周礼》规定，"天子五门，诸侯三门"，这是中国古代宫城的最高规制。唐人还把长安城的中轴线命名为朱雀大街，可见他们有多爱这只鸟啊！

　　大明宫遗址还在复建中，很多地方都圈着围挡，我从一处缝隙向里张望，哇，原来你们都在这儿！

　　围栏里面，几十个石雕半身塑像散乱地摆在地上，李白、杜甫、白居易、孟浩然、王维、高适、李商隐、杜牧、刘禹锡、骆宾王、王之涣、韩愈、岑参……从初唐、盛唐到晚唐，这些人终于相聚了。

　　围栏的缝隙太窄，相机镜头塞不进去，我踮起脚尖，把相机举过围栏，一通盲拍。回放图像时，发现原来远处还站着一些人，有捋髯的皇帝、奉茶的太监、持壶的侍女，另一边几个人俯身在品评案上的字画，他们是太宗、玄宗、张旭、柳宗元、颜真卿、欧阳询、柳公权、怀素、阎立本、吴道子等人吧？

　　余光中先生在《寻李白》诗中写道：

　　　　酒入豪肠，七分酿成了月光。

　　　　余下的三分啸成剑气，

　　　　绣口一吐就半个盛唐。

　　余先生仅赞了一位李白，而这里，他们可都在。

　　满天繁星，落入大唐，光焰万丈长。

大唐享国二百八十九年，开疆拓土，傲然于世，但依然有一个强劲的对手始终无法征服。据统计在唐代，双方爆发了八十多次战争，甚至都城长安都被其攻陷。这个对手就是吐蕃（古藏人）。公元 755 年，安史之乱爆发，吐蕃趁火打劫，攻城略地，都城长安被攻破。吐蕃军队在城内肆意劫掠，长达十五天，其间还拥立了一个姓李的傀儡皇帝，这个皇帝一定也在大明宫上班。

在大明宫主殿含元殿遗址前的广场上，有一群身穿藏袍的汉族大妈正伴着《格桑花》的音乐节奏大跳锅庄舞，这场景如果被唐朝的皇帝们看到了一定会大惊失色。

漫步大明宫，看着那些正在复建的遗址，回顾自潼关入秦，一路走过的华清宫、未央宫、大明宫，还有那些被历史烟尘笼罩的阿房宫、长乐宫、建章宫……周秦汉唐，出将入相，演绎了多少历史大剧，成就了多少帝王英豪？如今，这些都化为一抔黄土、几段传说。

元代张养浩在其散曲《山坡羊·潼关怀古》中曾发出一番感叹：

峰峦如聚，波涛如怒，山河表里潼关路。

望西都，意踟蹰。

伤心秦汉经行处，宫阙万间都做了土。

兴，百姓苦；　亡，百姓苦。

【西极九千九百里

西安城西的隋唐开远门遗址广场上，安放着一组被称为"丝绸之路起点"标志的大型花岗岩雕塑《丝绸之路》。

从洛阳定鼎门到西安开远门，我从一个起点走到了另一个起点。

《丝绸之路》雕塑的东面，便是新建的开远门，与其说它是门，不如说它是一座门形的雕塑更为准确。

开远门是隋唐长安城的西门，是西出长安的必经之门，如今在其原址上安放的这组雕塑，是 1987 年为纪念丝绸之路开创 2100 年而作。

自 1987 年前推 2100 年，就是公元前 114 年，提出"丝绸之路"概念的德国地理学家李希霍芬将丝路开通的时间定在了这一年，这是不是为了纪念公元前 114 年去世的凿空西域的张骞呢？他没说，我猜的。

隋唐时期到西域去的里程大多从开远门计起，当年城门外竖着一座堠（堠是古代标记道路距离的土堆，每隔五里设一堠，十里设两堠，如同今天公路旁的里程碑），堠上竖着一块石碑，上题"西极道九千九百里"。数字"九"在中国文化中是个极数，表示无穷大。另据《资治通鉴》载："自开远门西尽唐境，凡一万二千余里。"一唐里约等于460米，一万二千唐里约合5500多公里。唐代最盛时期的最西边界在今天伊朗

开远门西望

与阿富汗交界的伊朗城市扎博勒（Zabol），距长安的直线距离约4200公里，当时唐在此地设有波斯都护府，归安西都护府管辖。俗话说："道路是曲折的"，这曲折可不是从地图上可以量出来的。我这一通胡乱测量换算，是要表明古代丝绸之路要比我们想象的曲折艰难得多，除了遥远的距离，还有高山大川、戈壁大漠、恶劣气候、血腥战争、民族异同、政局变化……冰冷的数字毫无感情，唯有献上崇高的敬意。

"一条小路曲曲弯弯细又长，一直通往迷雾的远方。"《丝绸之路》雕像旁，有一群老人在唱红歌，他们是附近几个科研院所的退休人员，那一代人至今依然钟情于苏联时期的歌曲。

自鸦片战争（公元1840年）以来的百多年间，自西而来的科学技术和意识形态对于中国影响之大远远超过以往任何时代，这些显而易见的影响，如同天上的太阳，有时温暖，有时刺眼。

唐代诗人元稹有诗"开远门前万里堠"，他从开远门西望，只见堠燧不绝，直通万里，这是他眼中的画面。我也曾经在开远门遗址向西眺望，看到的却是层叠的高楼，天际线早已没有唐代的轮廓，景别不同，意境也就不同，但我可以借助元稹的诗境来调整已改变的现境。

我将从开远门出发，向西一直走到当代中国西境的帕米尔高原红其拉甫山口，这段路程近5000公里，折合9000多华里，套用《资治通鉴》的句式："自开远门西尽华境，凡九千九百里"。

西出长安，道自汉唐。

第二章　万里关山——河西道

中国古代陆上丝绸之路从长安到敦煌的路线，因其穿越河西走廊，史称"河西道"。

河西道可分东西两段，东段称长凉道（长安—凉州），西段称凉沙道（凉州—沙洲）。凉州即为武威，沙洲就是敦煌

长凉道再分为南北两路，南路出长安沿渭河西行到宝鸡，经天水、兰州到凉州；北路出长安沿泾河向西北到彬州，经固原、景泰到凉州，沿途襟带通往蒙古高原的回鹘道。南北两路在武威合为凉沙道，经张掖、酒泉、瓜州穿过整个河西走廊到达敦煌。河西道是一条充满远古神话、多元信仰、文脉源长、文明汇融的历史大道。

开远立埅，九百九千；渭城朝雨，三叠一叹。宝鸡炎帝，人文始祖；天水羲皇，一画开天。
西周青铜，首铭中国；秦筑长城，断壁残垣。汉武骠骑，马踏匈奴；乾陵神路，石像默然。
彬州大佛，人神各半；崆峒仙境，释道同山。萧关古道，烽火连天；长河大漠，落日孤烟。
西夏荒冢，难言其主；贺兰先民，唯石能言。驼铃过碛，彩丝白练；天梯开窟，造像东传。
法门古寺，梵音缭绕；同心大殿，诵经古兰。麦积山崖，散花微笑；黄河母亲，慈心佛面。
凉州七里，马踏飞燕；白塔会盟，雪域同天。临松薤谷，中原文脉；马蹄天降，佛教藏传。
大明嘉峪，闭关绝供；莫高石窟，琵琶反弹。玉门关外，春风不度；苦酒一杯，西出阳关。

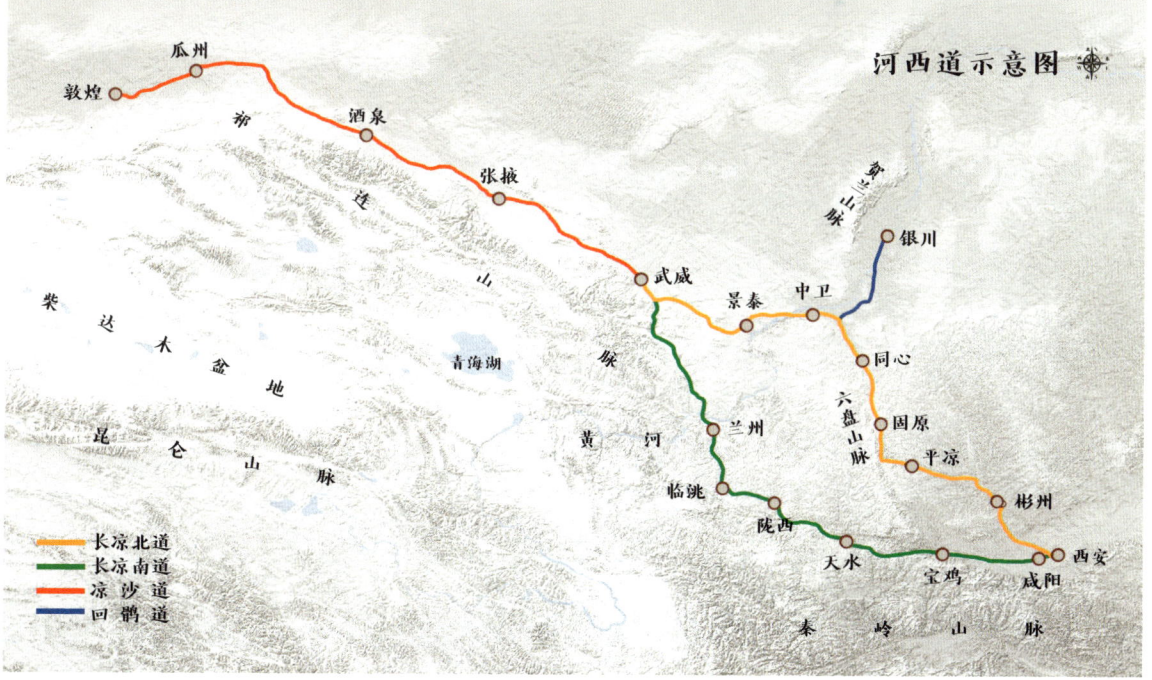

河西道示意图

长凉北道
长凉南道
凉沙道
回鹘道

长凉南道（西安—宝鸡—天水—兰州—武威）

自丝绸之路起点西安开远门，经咸阳沿渭河向西到宝鸡，再经天水、陇西、临洮，从兰州过黄河到武威，与长凉北道合并为凉沙道（武威—敦煌）。

【佛指何所指

　　向西而行没有哪一首诗比王维的《渭城曲》更具悲凉感，更有感染力。

　　　　渭城朝雨浥轻尘，客舍青青柳色新。

　　　　劝君更尽一杯酒，西出阳关无故人。

　　咸阳唐时称渭城，自北京飞西安，西安机场即位于此地。

　　我们乘车经过渭河咸阳桥，历代留有很多古诗提及此桥，最有名的有杜甫的《兵车行》："车辚辚，马萧萧，行人弓箭各在腰。耶娘妻子走相送，尘埃不见咸阳桥。"还有温庭筠的《咸阳值雨》："咸阳桥上雨如悬，万点空蒙隔钓船。"时值仲秋，迷蒙细雨中没有车辚马啸，却有万点空蒙，刚好营造出略含悲凉的气氛。距此桥不远的地方就是被雨雾蒙蔽的咸阳古桥遗址。此桥有说是秦汉建的，有说是明清建的，有的人更机智些，说是秦汉古桥明清复建。

　　今天要去的第一站是位于宝鸡市扶风县的佛教圣地法门寺，一路上小雨时断时续。

　　从乾县到扶风县，沿途有大片的苹果林。正值收获的季节，路边到处都是大堆大堆刚采摘下来的苹果，成排成列的树上，红色的果实挂满了枝头，这回真是见识了什么叫"硕果累累"和"压弯枝头"。

　　一对老夫妇正在果园中摘苹果，我问："大爷好，今年的苹果收购价是多少？"，老汉一边摘果一边说："两块二到两块五一斤，和去年差不多。""您家有几亩果园？""五亩。""能卖多少钱？""两三万吧。"老人的孩子都已成家，靠着这五亩果园，老两口过得心满意足。

　　"这条路通法门寺吧？"我明知故问。

　　"沿着路两边的苹果园走，就到咧。"

　　哇，我们得到的竟是这么香甜的指引。

　　一路丰硕、一路果香的苹果大道一直把我们送到法门寺。

公元前三世纪，阿育王统一印度。据说阿育王在征服过程中目睹了残酷屠杀的场面，深感悔悟，于是停止武力扩张，开始专注礼佛。为弘扬佛法，他将释迦牟尼涅槃火化结成的舍利子分成八万四千份，送各地建塔供奉。释迦摩尼真身指骨舍利被送到中国，供奉在法门寺。

法门寺始建于东汉末年，距今约有1800余年的历史，作为曾经的唐王朝皇家寺庙，法门寺在中国宗教史上有着举足轻重的地位。

唐代享国的二百多年间，先后有八位皇帝六迎二送在这里供奉的佛指舍利。每次迎送声势浩大，朝野轰动，皇帝顶礼膜拜，等级之高，绝无仅有。

法门寺佛祖指骨真身舍利塔

公元874年（唐咸通十五年）正初月四，唐僖宗李儇（xuān）最后一次送还佛指舍利时，按照佛教仪轨，将佛指舍利及数千件稀世珍宝封入塔下的地宫。

在有关法门寺的相关介绍中，我注意到一件事，1966年夏天，作为"封资修"代表的法门寺多次遭到红卫兵的打砸抢。1967年7月12日，一群红卫兵又来到法门寺，这次的目标是要挖掘、破坏佛指真身舍利塔下的地宫。时任寺院主持的良卿法师多次劝阻，均无效果。为了表达护法决心，他在庭院中堆积柴草，置身其上，称道："你们谁要挖掘地宫，破坏佛指舍利，先把我烧了。"革命热情高涨且无知无畏的红卫兵小将们，根本不理会他的呼喊，继续挖掘。良卿法师毅然点燃柴草引火自焚，熊熊大火，烈焰弥天，挖掘地宫的红卫兵吓得丢下手中的工具惊慌而散。良卿法师以身护法，使得法门寺地宫中佛指舍利和众多珍宝得以保全。

1981年夏天，连月霉雨，法门寺舍利塔半边倒塌。经国家有关部门批准，陕西省政府决定重建寺塔。

福祸相依也是佛教的辩证法吧？ 1987年4月3日，清理塔基的考古人员意外地发现了塔下的唐代地宫，在沉寂了1113年之后，两千多件大唐国宝簇拥着佛祖真身指骨舍利重现人间。地宫内出土的稀世珍宝，对于研究中国古代政治史、宗教史、文化史、科技史、中外交流史、艺术史等，都具有极其重要的价值。

公元前后，佛教传入中国，汉明帝在洛阳建造白马寺后，印度佛教得到了中国皇家的官方认可，开始在民间广泛传播。

一种思想的传播，尤其是外来思想的传播，绝不可能是顺顺当当的平稳进程，必然会遇到各种各样的阻力，也必然会同传统的观念和现实的利益产生冲突，再加上其发展过程中暴露出来的自身缺陷和水土不服以及别有用心者的蛊惑，其发展传播的过程就变得愈加艰难。

中国历史上发生过四次大规模的由皇家主导的灭佛运动，史称"三武一宗之厄"，佛教界称之为"法难"。"三武"是指南北朝时期的北魏太武帝拓跋焘、北周武帝宇文邕、唐代的唐武宗李炎；"一宗"是指五代时期的后周世宗柴荣。

唐武宗在公元845年（唐会昌五年）大规模灭佛，史称"会昌法难"，法门寺也没逃过厄运。唐武宗曾下令毁掉佛指骨舍利，寺僧们得知消息后，准备了几件佛指骨舍利的影骨（仿制品），用以搪塞君命，而释迦牟尼真身指骨舍利被密藏起来。

中国封建统治者信奉"君权天授"的天命观，合法性出自血统"正朔相承"的唯一性。入主中原的少数民族王朝或血统不太纯正的汉人王朝，都与中原地区的汉族民众有着天然的血缘隔阂，前者如北魏的鲜卑拓跋氏，后者如唐朝的鲜卑和汉人混血的李唐氏等。血缘隔阂对于外族政权是一个巨大的挑战。南北朝时期战乱频仍，人们通过佛教来寻找心灵的慰藉，少数民族政权肯定不能沿用"正朔相承"的天命观，于是便将佛教立为大旗，讲彼岸理想，讲与世无争。为了达到目的，朝廷还制定了倾斜政策，给予佛寺和僧侣以特权，免除徭役税赋，并鼓励王公贵戚营建家庙。达官富贾都以自家有庙、私养沙门（僧侣）为骄傲，甚至倾其家资，斗富比阔，争相兴建寺庙，许多寺庙巍峨辉煌，僧尼成群，还有一些宗教狂热分子做出极端行为，佛教出现了贵族化、权力化、邪恶化的倾向。

南北朝时期佛教兴盛的情景，从唐人杜牧《江南春》诗中可窥一斑：

千里莺啼绿映红，水村山郭酒旗风。

南朝四百八十寺，多少楼台烟雨中。

杜牧诗中所讲的"南朝"，距他生活的晚唐时代已经过了四百多年，这期间还经历了三次大的灭佛运动，但在杜牧眼中，烟雨中的楼台密度仍然不小，"四百八十"虽然是个虚数，但依然触目惊心。

众多寺庙吸引了大量成年男子削发为僧，他们不事农桑，不服徭役，不婚不育，空耗资源，严重影响到社会经济的发展，同时也削弱了国家的军事力量。

面对佛教发展的混乱局面，当时有不少知识菁英著文立说予以抨击，比较著名的有南北朝范缜的《神灭论》、唐代韩愈的《谏迎佛骨表》等。有些儒士为了维护儒家"道统"，利用其重臣身份，不断挑拨皇帝和佛教的关系，他们甚至说服皇帝改变信仰，从而达到抑制佛教发展的目的。"三武一宗"灭佛运动既是当时皇家意志的体现，也是社会经济发展的要求。

佛指舍利出土后，赵朴初先生赋长诗《扶风法门寺佛指舍利出土赞歌》，其中有两句："密藏加护赖佛力，多劫能留稀世珍。"

经历多劫的佛教，开始进行反思，从思想理论、组织形式、宗教生活等方面均进行了改革，逐渐形成了适合国情、适应民情的具有中国特色的佛教体系——汉传佛教。

在如今的市场经济环境下，祈望脱俗的宗教也未能免俗，很多地方成立了文化公司，资本直入空门。法门寺引资新建的合十舍利塔和古老的佛指真身舍利塔遥遥相望，虚实相对，似乎各有所求。

"佛牙何所言？佛指何所指？"赵朴老的这两句话，耐人深思。

国之大事，在祀与戎

尽管宗教对于一个民族文化品格的形成和社会秩序的建立能够起到一定的作用，但中国传统文化核心的文化品格和社会秩序的基础，还是基于血缘的宗法观念，这是一种天然的人伦意识的延伸。

史书载："神农氏，姜姓也，母曰任姒……游华阳，有神龙首感生炎帝，人身牛首，长于姜水，有圣德，以火德王，故号炎帝。"传说距今六千年左右炎帝生长于宝鸡一带。

关于圣人出生的传说，中国和外国都有"应天而生"的故事，这些传说无非是在强化"君权天授"的合法性和神化统治者"天之骄子"的血统。

炎帝部落以宝鸡为中心，从关中地区发展到中原地区。此处土地平坦肥沃，气候湿润，原始农业得到迅速发展。后来炎帝部落与南方的蚩尤部落发生战争，炎帝求助于黄帝，炎黄两部落结成联盟，在涿鹿大败蚩尤。有一种说法认为炎帝和黄帝是兄弟关系，都是伏羲的后代。亲兄弟也要明算账，哥俩为争夺部落联盟首领爆发了阪泉之战，炎帝部落战败，被并入黄帝部落，逐渐形成了华夏民族的主体，他们的后人被称为"炎黄子孙"。

炎帝作为华夏民族的祖先之一，受到极大的尊崇，所以到处都在争夺与他有关的荣誉。在中国至少有五个炎帝陵，究竟哪个离真实的炎帝陵更近，由于年代久远，已不可考，但其中有两个影响最大，一个是陕西宝鸡的炎帝陵，依据是炎帝"长于姜水"，这里是他的生长地，落叶归根，理当葬在这里。另一个是湖南炎陵县炎帝陵，依据是炎帝部落后来发展迁徙至南方，炎帝"崩葬长沙茶乡之尾"，这里是他的离世地，就地建陵，尊重故者。

古书上提到的长沙茶乡后归入酃（líng）县，1994 年，湖南省报请国务院改酃县为炎陵县。"陵"字的本意是山，后人建墓成山状，于是陵就成了比"墓"更高等级的称呼。

炎帝是一位对中华民族繁衍和发展作出了重要贡献的传说中的历史伟人。

他发明耒耜，广种五谷，奠定了农耕文化的基础。他创立市场，开创了物资交易的先河。他治麻为布，民着衣裳，人类由朦昧向文明迈出了重大一步。他作五弦琴，以乐百姓，能道天地之德，能表神人之和。他削木为弓，以威天下，保卫人们的生命安全和劳动成果。他烧制陶器，烹煮消毒，改善了人们的饮食卫生条件。他确定历法，划分昼夜，按自然运行的规律安排农桑和生活。他管理部落，任人唯贤，不贪百姓之财，使天下共同富裕。

我们到宝鸡郊外常羊山祭拜炎帝的那天，正好有个摄制组在拍摄一部宣传片，背景是牛首人身的炎帝坐像。一位金袍花脸，长枪在握，一招一式，煞是英武；旁边的粉色青衣，手弄兰花，一颦一笑，也是娇柔。"国之大事，在祀与戎。"这对青年在祖先面前所表现出的精神风貌，正是在告慰先祖：炎黄血脉，后继有人，自强不息，生生不息。

宝鸡常羊山炎帝陵

沿袭了几千年的祖先崇拜，让我们不忘来路，比之寄希望于未来的神灵崇拜，应该更清晰、更直击人心。佛教在中国渐化的过程中也吸收了这个传统，并重新诠释戒律"孝顺至道之法，孝名为戒"。推崇孝道，视之如戒。

神灵是高高在上的，但在中国的许多地方，祖先的地位始终高于神灵。在汉地最有名气的民间祖庙山西洪洞大槐树寻根祭祖园，敬香有"佛三祖四"之规，佛教的三柱香，每柱香各有定义，表示"佛法僧"，而敬祖宗的四柱香，没听说每柱香所代表的含义。

我曾问过祭祖园的管理人员"为什么是四柱香？"他瞥了我一眼："没有祖宗，哪有你呀！"既直接又噎人。

我对这四柱香的理解是：对生命的尊重，对祖先的崇敬，对家庭的责任和对后辈的祝福。慎终追远，薪火相传，无论是生命还是文化。

▌宅兹中国

宝鸡有一个国家级博物馆"中国青铜器博物院"，这里展出了大量上古时代的青铜器，其中最著名的当属它的镇馆之宝"何尊"。我们有幸看到刚从中国国家博物馆"丝绸之路"大型展览归来的本尊，这件国宝居然连国家博物馆也要向这里来借。

何尊是西周早期一个名叫何的西周宗室贵族所做的祭器，它的发现是一个偶然加另一个偶然。

第一个偶然，1963 年 8 月，陕西宝鸡市宝鸡县贾村镇，一个村民发现下雨坍塌后的土崖上有亮光，结果刨出了个青铜器，两年后，另一个村民将其卖到了废品收购站。

第二个偶然，1965 年，宝鸡市博物馆一位职工在废品收购站看到一件造型凝重雄奇，纹饰严谨而富有变化的青铜器，感觉这应该是件比较珍贵的文物。经馆长批准，博物馆以收购站当初的收购价 30 元将这件青铜器买了回来。经考古人员确认，这是一件西周早期的饕餮纹青铜酒尊。1975 年，饕餮铜尊因其造型完美、图案精致被选送国家文物局，作为全国新出土的文物精品出国展出，这时人们才发现尊内底部刻有铭文，并根据铭文的内容命名此饕餮青铜尊为"何尊"。

两个偶然相加成为了必然，这是"中国"必然是中国的重要必然。

何尊的尊内底部铸有铭文一百二十二个字，记载了周成王继承周武王的遗训营建洛邑（洛阳），举行祭祀，赏赐臣子的一系列活动。

周武王克商之后，国土大开，但西周的都城位于西北方的镐京，不便统治已大大扩张的领土。周人迷信天命，认为王都要在国土中央位置才能和上天更好地沟通。除此以外还有战略利益的考虑，如周公所言："此天下之中，四方入贡道里均也。"基于这两点，武王计划在东边再建一座都城。何尊铭文

"中国"一词最早出现在这只何尊的铭文中

有"唯武王既克大邑商，则廷告于天，曰：余其宅兹中国，自兹乂民"。意思是武王克商后昭告天下"我要居住在天下的中心统治民众"，这是目前所知最早出现的"中国"一词。

周克商两年后，武王去世，继位的成王尚幼，由周公和召公共同辅佐。为了落实武王遗训，成王命周公找寻天下的中心，周公经过测量夏至那一天的日影，确定天下的中心在洛邑（洛阳）。

何尊展柜的背景处写着一句话"何以为尊，我有中国"，巧借何尊之名及铭文中的"中国"，来形容此器的尊贵。

何尊里的"中国"是一个地区概念，是指位于西周疆域范围中心点的都城，而以后的朝代继承了这一提法，不仅逐渐将地理上的一个点扩大为一个面，更是将一座城的概念扩展为一个国家的概念，他们认为这个国家位于天圆地方的天下之中，"中国"之名是一种强大帝国"溥天之下，莫非王土"的骄傲。

即使今天，我们知道了地球是圆的，任何一个点都可以自诩为中心，但是"中国"这两个字依然令人想入非非。

曾经在长城脚下的某家旅游商店里看到过一顶棒球帽，上面绣着何尊铭文中的"中国"二字，顺口念成了"长城"，引得旁边的售货员捂着嘴都笑出了声，她纠正道："这两个字是中国。"为此，我专门买下了那顶帽子，一是这铭文很

有装饰性，再就是为了感谢"两字之师"售货员小姐姐的指教。

端详"囻"字，似有所悟。远古部落只有领地，没有国家，所以国字没有边框。边框就是边墙，边墙就是长城，长城围起来的地方就是"囻"。

经过这样一番推理，觉得念作"长城"也有道理了。更何况帽子上的这两个字长得太像小篆"镸城"了，而且还摆在长城旁边的商店里。

各地都有本地特色的商业街，宝鸡古称陈仓，本地的特色街就是陈仓老街。当地名吃、各国名牌都在这里汇聚。所谓老街实际都是最新的街，就像北京南锣鼓巷、上海田子坊、成都宽窄巷子等，都是在主打时尚文化概念的最新的"老街"。

天黑以后来逛陈仓老街，我们调侃这也算是"暗度陈仓"了。

陈仓老街沿渭河而建，这两个地名连在一起，就有了许多故事。陈仓之名，大多数人都是从"明修栈道，暗度陈仓"这个历史故事中听说的。

公元前209年（秦二世元年），陈胜、吴广在大泽举义，天下大乱，义军蜂起，刘邦、项羽脱颖而出，二人合力推翻了秦朝政权，项羽自立为"西楚霸王"，为了防止刘邦反叛，封其为汉王，统辖巴、蜀、汉中偏远之地，远离政治中心，并分封的三位秦将，辖制刘邦，这也是陕西叫"三秦"的由来。

公元前206年7月，刘邦途经秦岭栈道前往封地，谋士张良建议汉军过后，把栈道全部烧毁，以表示无东顾之意，既可以消除项羽的猜忌，也可防备他人袭击。

同年八月，刘邦派大将军韩信出兵东征。出征前，韩信派了一万多人去修复已被烧毁的栈道，做出要原路杀回的架势，项羽闻讯后派出主力部队阻拦汉军进攻。"明修栈道"的行动，把敌军主力引诱到了栈道一线，而韩信却带领大军绕道陈仓发动攻击，一举平定三秦，自此刘项二人彻底决裂，展开了决定中国历史进程的楚汉战争。

在中国古代历史上，没有任何一场战争能像这场战争一样，它的胜负不仅决定了一个伟大王朝的诞生，而且充满了文化味道。屈辱与奋进，忠诚与背叛，英雄与美女，战争与和平……战争过程成为后世乐道的传奇，并产生了许多成语，如明修栈道暗度陈仓、十面埋伏、四面楚歌、人为刀俎我为鱼肉、项庄舞剑意在沛公等等，两千年来，这些故事和成语成为了中国文化的一部分。

楚汉战争历时四年，公元前202年二月，刘邦登基，建立汉朝，中国重归一统。

"汉"不仅是一个朝代的名字，也成为一个民族的名字。从含糊的华夏族到明确的汉族，血缘有了更清晰的脉络，文化有了更明确的标准。

北魏微笑

　　G30国道（连霍高速）傍着渭河一直向西，公路离开渭河，就进入了甘肃境内。

　　自甘肃天水至敦煌，逶迤一千多公里，这里是古代佛教石窟造像最集中的地带，建窟的时间自东晋时期的北凉开始直到清朝末年，延续了1500多年。中国四大石窟中的敦煌石窟和麦积山石窟分别坐落在这条石窟走廊的东西两端。

　　中国四大石窟是以佛教文化为特色的石窟造像、壁画艺术历史遗存，一般是指甘肃敦煌莫高窟、山西大同云冈石窟、河南洛阳龙门石窟和甘肃天水麦积山石窟。

　　中国民间习惯以"四大"来赞扬某些东西的绝高地位，如四大名著、四大天王、四大美人……只要入选了"四大"，就是登峰造极的荣誉了。

　　作为四大石窟之一的麦积山石窟，我以为早就理所当然地入选联合国世界文化遗产了，莫高窟于1987年入选，龙门石窟2000年入选，云冈石窟2001年入选，麦积山石窟2014年才入选。前三位都是以独立身份入选，而麦积山是被打包进了"丝绸之路：长安—天山廊道的路网"项目，作为沿线33个遗产点之一而入选的，真是有些委屈。

　　天水古称秦州，是从中原、关中去往西域的重要节点，麦积山就位于这个节点位置。从卫星图上可以看到，这里是秦岭山脉的西端，从此向西逐渐荒凉。秦岭是中国地理和气候的南北分界线，也曾经是重要的人文形态分界线。

　　麦积山是秦岭山脉西端小陇山中的一座奇峰，"望之团团，如农家积麦之状，故有此名"。

　　自西汉以来，随着丝绸之路的畅通，佛教东渐，从西域传入河西走廊。佛教的修行和传播，一般有两种方式："赖经闻佛"和"籍像表真"。"赖经闻佛"就是吟诵佛经，参悟佛教的真谛，但是古代中国百姓大多不识字，为了宣扬佛法，就采用了"籍像表真"的方法，通过绘画造像的形式感悟佛陀，宣传佛法。

望之团团麦积山

麦积山石窟从东晋时期开始营造，一千多年来在陡峻的悬崖峭壁上，陆续开凿出成百上千个洞窟和佛像，这在中国石窟中是十分罕见的。

由于麦积山的特殊形状，开凿石窟必须先从山脚下依崖搭建脚手架，一直搭到最高处，完成一层，拆除一层。因为脚手架使用了大量木材，故此民间有"砍完南山柴，修起麦积崖"的民谣。建在悬崖之上的石窟，只有借助木栈道才能够攀爬前往。对于前来礼佛的信众来说，在曲折陡峭的狭窄栈道上奋力而行，也是一个修行的过程，而对于想要进行破坏的人来说，这种独特的地理条件和艰难的道路也是一个障碍，也许正是由于这个原因，历史上各次灭佛运动对麦积山石窟没有造成重大破坏。

对麦积山石窟破坏最大的是自然灾害。公元734年（唐开元二十二年）天水地区发生大地震，麦积山崖壁大面积崩塌，位于岩壁下的寺庙被彻底掩埋，从此麦积山石窟香火渐稀，逐渐衰落。诗人杜甫为避安史之乱流落到陇地，在参访麦积山后写下了《山寺》一诗，他感叹道："野寺残僧少，山圆细路高。"

如今的麦积山石窟是闻名世界的佛教和佛教艺术胜地，每天都有大量来自各地的信众、游客和艺术家前来参拜、游览和观摩学习。从停车场通往石窟的路上，沿途有许多商店和摊点，出售的商品除了旅游纪念品还有一些当地的土特产。纪念品大都是来自浙江义乌的行货，少量有点特色的纪念品也都是缺少美感的粗品。

好在近几年兴起了文创运动，有条件的旅游景区纷纷开发自己的文创产品，经营自己的文创商店，这类商店大都开在景区入口处，在出口的地方还会再设一家，大有"留下买路钱"的架势。

每到一地，无论买不买，我都会先去逛逛这类商店，从中可以看到这个景区的主要景点是什么，还可以参照文创作品加深或修正对参观对象的认识。但是要注意，别被文创给出的解释带偏了，商业噱头与文化真实之间的偏差，有时候还不小呢。

沿步道继续上行，当闻到一股强烈的味道时，就意"味"着到石窟脚下了。气味来自拍摄点为游人准备的骆驼。想一想，骑在骆驼上，以高大的麦积山为背景，那是多么强劲而又有内涵的"西北风"呀！

及至山门，抬头仰望，峰高寻云，壁立如削，横镌石壁，暗凿山梁，龛重佛影，栈道层叠，一种巨大的压迫感从头顶上砸下来

山顶传来几声喧哗，有人在最高一层的廊道上抛洒花瓣，一大捧碎红扬向天空，花瓣在上升气流的托举下，飘摇向天，然后又随着气流移动，四散浮荡……撒花的那一层廊道被称作"散花楼"，古人巧妙地利用自然条件，呈现出一种幻化的仙境，以宣誓信仰。

麦积山的石窟造像，并不是按照年代排列的，但如果我们能够按照年代的顺序加以整理，会看出西佛东渐中国化的演变过程。建窟初期高鼻深目、法相威严的外域佛陀，到了唐代已演化为秀骨清像、慈眉善目的中国神仙。

麦积山44号石窟有一尊主佛，完全是清丽的女性形象，传说一段真实的历史事件与她有关，她就是西魏皇后乙弗氏。

公元525年（北魏正光六年），16岁的乙弗氏嫁给了时任大将军的元宝炬，两人恩恩爱爱，感情甚笃。十年后元宝炬即位皇帝，改元大统，建立了西魏政权，称西魏文帝。同年册封26岁的乙弗氏为皇后。

西北柔然侵扰西魏，为了国家安定，元宝炬接受了大臣提出的与柔然和亲的建议，忍痛割爱，废掉乙弗氏，娶了14岁的柔然公主为后。

被废黜的乙弗氏跟着儿子来到秦州，入庵做了尼姑，元宝炬请人带信让她不要削发，暗示要接她回来。

公元540年（西魏大统六年）春天，柔然再次大举南侵，人们认为这是已经做了皇后的柔然公主因为嫉妒乙弗氏而招来的祸害。众臣上谏，为了换取柔然退兵要求赐死乙弗氏，元宝炬不得不忍痛赐令乙弗氏自尽。这段关于窝囊皇帝与美丽皇后为了国家大义而牺牲爱情的"宫斗"故事，在《二十四史·北史》中有记载。

乙弗氏的儿子为了纪念她，在麦积山营造石窟，据说麦积山44窟就是为乙弗氏而造的。秦州的工匠们将乙弗氏塑造成一尊高贵典雅、含蓄内敛的主尊佛。这尊佛像是否为她而塑，目前依据尚不足。

但是，人们愿意相信这个传说，中国人把母亲比作生命中的佛，愿意把最神圣的地位、最美好的祝愿、最美丽的形象献给母亲。

这尊佛像完全表达了中国人理想中的女性之美，螓首蛾眉，美目盼兮；朱唇微启，巧笑倩兮。这一盼一笑，盈盈脉脉穿越一千六百年，至今一望，依然令人心动怦然。

佛教造像艺术的演进过程，也是外来佛教融合中国传统儒、道之学的过程。唯我独尊的古印度佛陀在中国古代"人人皆可为尧舜"的平等思想影响下，也逐渐变得柔和起来。这种变化在麦积山石窟造像中得到了充分体现。从北魏塑像开始，差不多所有

麦积山44号石窟主佛（资料图）

的佛像都是俯首下视的体态，都有和蔼可亲的面容，虽是天界的神，却像世间的人。

在121窟，有一组胁侍菩萨与弟子的雕像，造于北魏。两人造型清秀，四目含情，嘴角都挂着微笑。菩萨低声叙说，弟子合十聆听，听到妙处竟也情不自禁地轻轻鼓掌。两人在窃窃私语，无人能够知道他们在说什么，但轻轻的掌声已被多少朝代的人听到了。这组造像的精妙之处就是"此时无声胜有声"。

在133窟，一尊北魏时期小沙弥的石像十分抢眼。他身高不足一米，眼眉低垂，颔首微笑，不知是在聆听佛经时会心一笑，还是听到师傅絮叨时顽皮羞笑。他笑得那么无邪，那么清澈，那么富有感染力，每一个看到的人都会随之而笑，都想爱怜地去摸摸他的小光头。一千多年来，他的头顶真的被抚摸得非常光滑。现在这尊石像周围已经隔起围栏，但是我还是要用眼神去摸摸，他太可爱了。

在麦积山石窟，这类北魏时期洋溢着温暖、轻松、世俗风格的造像还有许多，它们被称为"北魏微笑"。

文创商店有陶土烧制的小沙弥复制品出售，尽管神形尚难尽意，而且有些小贵，但我还是买了一个，捧在手里的第一个动作，就是摸摸他的头。

这几组人物雕像丝毫没有西来佛教造像中的凝重表情，少了威严冷峻，多了和气温暖。塑像的形体、面容和服饰，都是佛教造像艺术中国化、世俗化、生活化的生动表达，这正是麦积山石窟跨越历史的魅力所在。

麦积山石窟艺术不仅记录了佛教艺术传入中国后的演化进程，也是不同朝代政治气候变化的记录。纵观中国历史，凡是动乱年代，如春秋战国、两晋南北朝等朝代，都是思想活跃、文化发展的时期，统治者忙于战争，放松了意识形态控制，使得各种思想和文化潮流不断碰撞、融合，有所作为。

魏晋的到来，打破了汉代"罢黜百家，独尊儒术"的禁锢，中国文化清峻通脱、率直任诞的风度便是产生于那个时代。以魏晋风度为开端的儒道互补的士大夫精神，从根本上奠定了中国知识分子的人格基础，影响深远。

麦积山121窟，胁侍菩萨与弟子（资料图）

麦积山133窟，北魏时期小沙弥（资料图）

"国家不幸诗家幸，赋到沧桑句便工。"这种独特的文化发展路径，正是中国古代封建专制制度下的文化顽强生命力的表现。

梵音缭绕，斧凿声声，无数工匠凿石千年，铁石撞击中为后人留下宝贵的珍品。他们是谁？在石窟中基本找不到这些人的名字，我们只能以崇敬的目光，通过他们的作品向他们默默致敬。

但是，历史总是会有意外。

1982年春天，麦积山东崖大佛进行修复时，在佛像头部旁边的石缝中，发现了一只写着文字的碗。这是一只宋代定窑的白釉瓷碗，碗底周边写有很多字，隐约能辨认出"南宋绍兴二十七年八月二十五日秦州甘谷城高振同"的字样。

南宋绍兴二十七年是公元1157年，负责粉饰大佛的甘谷县工匠高振同师傅，收工时将一只调色用的瓷碗遗落在大佛头部的石缝中。八百年

高师傅的调色白瓷碗（资料图）

后，随着这个瓷碗的发现，高师傅成了历史名人，成为了麦积山石窟史上最著名的工匠。

但我看来，高师傅您是故意的吧？如果不是有意为之，为什么要在碗底留下详细的姓名、地址和日期呢？高，实在是高！无论有意无意，历史总会用各种方式记住应该被记住的人。

一千六百年来，麦积山石窟佛教造像在岁月中逐渐风化褪色，但信奉者们不断地重修再造，他们用这种形式诠释着佛教的不朽、生命的轮回。这些轮回的痕迹深深地刻在麦积山的石头上，成为见证丝绸之路佛教艺术转折性阶段的重要实证。

从山上下来，早已饥肠辘辘，沿途小食摊飘出的香味真是让人难以挪步，近前看到花花绿绿的菜单上尽是一些叠字的小吃名字，什么呱呱、呱呱、酪酪、削削……这些叠字的称呼，就像咿呀学语的小儿发出的声音，"吃饭饭，睡觉觉"。丝路上来往的外族人初学汉语时，肯定也是这种萌态。这些食品的叠字名字，就是流传至今的丝路余韵。

这些叠字小吃尽管叫法不同，但看上去都像是凉粉，问老板它们的区别，老板说："荞麦粉做的叫呱呱，洋芋粉做的叫呱呱，豌豆粉切成块块的叫酪酪，削成条条的就叫削削。"每一种小吃的共同特点都是弹软滑嫩，拌上各种小料，浇上红亮的油泼辣子，看着就诱人，即使不饿也想尝尝，当年秦州工匠高师傅们和路过此地的丝路行旅们，吃的也是呱呱、呱呱、酪酪和削削吧？

【一画开天

各个民族、各种文化都有关于天地起源、人类起源、文明起源的古老神话，这些神话如果用当今人类已经掌握的科学知识去分析，会觉得无比荒诞，但是抛弃了这些荒诞的传说之后，人类却又产生了混乱，找不到自己的来处，于是回过头来重新打量这些神话，并选择了部分相信，认为神话传说是远古人类对于大自然和人类本身的幼稚认识和虚妄想象，不可全信，也不能不信。

天水是中国远古神话的一处寄托之地，这里被认为是中华始祖伏羲和女娲的故乡。

天水之称源于"天河注水"的传说。秦末汉初，上邽（天水）大旱，赤地千里，哀鸿遍野。忽一夜，狂风呼啸，雷电交加，大地震动，天空裂开一条大缝，大水倾泻而下，注入开裂的土地，形成一湖，人们都说这个湖与天河相通，于是叫它"天水湖"。公元前114年（西汉元鼎三年），汉武帝设立天水郡。天水还是宋朝皇帝赵氏的郡望之地，故宋朝也被称作"天水一朝"。

伟大人物的出生，总有神的干预，传说华胥国的姑娘华胥氏到雷泽（山东菏泽）游玩，看到一个巨大的脚印，好奇地踩了一下，于是怀孕，十二年后在成纪（甘肃天水古称）生伏羲。

天水伏羲庙

75

伏羲生少典，少典生炎帝和黄帝，炎黄二帝结盟并逐渐形成了华夏民族，这么一捋我们就从炎黄子孙又上溯了三代，找到了华胥氏奶奶和大脚印爷爷。在知母而不知父的母系社会，这种意外怀孕的托词，也许就是原始女权主义的骄傲，她们的一切行为都来自天意，根本就不把男人当回事。按照男权社会的标准，这种难以溯源的血缘也必须解释为天意，才能挽回些面子。

既然血缘找不到源头，文化也许能找到源头，中华文化的源头就是天水伏羲庙牌匾上的四个大字："一画开天"。

相传伏羲人首蛇身，他与女娲兄妹相婚，生儿育女，同为中华民族的先祖；他创造文字，结束了"结绳记事"的历史；他训养禽畜，以解食物不足；他结绳为网，教会人们捕鱼打猎；他制瑟作曲，将音乐带入人们的生活。最重要是他为了解天地万物变化之理，在天水西北的卦台山上观"天地雷风水火山泽"之像，创造了占卜八卦，用"乾坤艮震坎离巽兑"八个简单的符号来概括天地之间的万事万物。

八卦的第一卦是"☰"乾卦，乾为天，第一画（画通"划"）即为开天之划。

混沌初开，处在野蛮蒙昧时期的原始先民们在实践和思考中，逐步摸索自然规律，领悟天道，萌发文明，借伏羲之手，一画开天，道启鸿蒙。

伏羲创造的占卜八卦，因他所处远古时期的时代局限也只能是原始、朴素的逻辑和辩证思维，如今被搞得神乎其神，我等凡人虽有所敬畏，但敬而远之，作为受到传统文化影响的现代人，既相信科学、相信规律，也相信天地正气、相信善恶有报。

抛开"玄而又玄"（老子语）的八卦理论，"一画开天"有一个既浅显又深刻的比喻。在白纸上画一道，有以下三种结果：横着画分出了上下，竖着画分开了左右，画圆、画方、画各种形状分出了内外。上下定尊卑，左右分是非，内外有分寸。这一画就是规矩，就是准则，就是开天辟地的文明和野蛮的界限。

拜谒伏羲，先经"开天明道"牌坊，再进"与天地准"大门，进了大门就是供奉伏羲的先天殿，这是伏羲庙的主殿，"一画开天"四个大金字就写在主殿的大门上。大殿里端坐的伏羲，睁着大眼睛，手持阴阳八卦图，身上穿着用树叶串联的衣服，上悬大匾"文明肇启"。

大量介绍伏羲庙的文章都引用了宋人陆游《读易》诗中的两句："无端凿破乾坤秘，始自羲皇一画时。"认为这是"一画开天"的出处。查了陆游原诗就会发现，引用者并没有引用全诗，只用了后两句，并且篡改了，在此奉上原诗全文：

揖逊干戈两不知，巢居穴处各熙熙。

无端凿破乾坤秘，祸始羲皇一画时。

陆游诗的本意是：曾经既不懂礼仪也不知纷争的原始族群，分散居住在各自的巢穴里，就是因为伏羲闲得难受，随手一画凿破了天机，从此灾祸出现了。这是陆游在批判人类的原罪，伏羲就像伊甸园中偷吃禁果的夏娃，人类从此迷失了善良的天性。

后人为了攀附文化名人，硬是把"祸始羲皇一画时"改为"始自羲皇一画时"，使得指责变成了赞扬，倒是把陆游给糟蹋了。

但凡有文化背景的景点，必然会聚焦于这一背景并予以放大，但有时却因用力过猛而折了文气，此处便是一例。

庙前广场上，有一排铜铸的香炉，是每年举行祭祀伏羲大典用的礼器。几个娃娃在香炉里跳上跳下，老人们在一旁或聊天或唱戏，聊什么我听不到，唱什么能听到，虽然因为浓重的口音听不懂，但老人和孩子的快乐，任何人都能感受得到。

伏羲老祖，这些人都是您的传人，开枝散叶，万代悠悠！

【蕃戎不敢过临洮

行走河西道，会断断续续地看到修筑于秦汉唐宋明清等各朝代的长城残垣，还有数不清的堠墩、烽燧、关隘和驿站，历经两千余年，绵延两千余里。

尽管史学界认为在西周时期就有诸侯国开始修筑长城，但考古发现的最早长城是春秋时期齐国和楚国修建的长城。后来秦国、燕国、韩国、魏国也纷纷筑

战国秦长城临洮段遗址

起被称为边墙的长城。春秋战国时代建筑长城的目的有些是对内防诸侯的，有些是对外御诸夷的，秦始皇统一六国后，把各诸侯国的长城连为一体，其目的是对付西北戎狄的。《史记·蒙恬列传》记载："筑长城，因地形，用制险塞，起临洮，至辽东，延袤万余里。"西汉贾谊在《过秦论》中形容"乃使蒙恬北筑长城而守藩篱，却匈奴七百余里。胡人不敢南下而牧马，士不敢弯弓而报怨。"

历史上秦修筑的长城分为两个阶段，一是秦统一六国之前修筑的"战国秦长城"，那时的秦是一个诸侯国——秦国；二是统一后修筑并连接各国长城的"秦长城"，这时的秦是一个朝代——秦朝。

秦国修筑长城的目的非常明确，"筑长城以拒胡"。秦昭王时，秦国长城最西建到了陇西的临洮（今甘肃临洮县）。为了看看这段古老的秦长城，我从陇西县城离开 G30 连霍高速向西驶入 S14 省道，再经 X095 县道，然后拐入一条没有编号的乡道，按照 GPS 的导引，顺利到达了位于临洮县窑店镇的长城村。

长城村一带古老的战国秦长城断续蜿蜒于大山之中，很多地方都已被草木所覆，我们东张西望却难觅墙影。路边有几户人家，进去一打听，原来村边的土坎就是秦长城的遗存。由于山中遍布沟沟坎坎的农田，有些古长城残迹看上去就像上下两块农田的地垄，难以区分。

仔细寻找，终于在小路上坡的急弯处看到了它。草丛中立着一黑一白两块石碑，黑碑略小，上面有临洮县政府宣传文物保护的标语，白碑大一些，上刻"全国重点文物保护单位　战国秦长城临洮段　中华人民共和国国务院 2006 年 5 月 25 日公布"。

根据目测，这段长城残高三米左右，站在这段残墙边西望，两山间的谷地很开阔，可以让西来的游牧民族骑兵大部队通行。这个山口向东沿着渭河可以到达秦都咸阳。这就是兵书上所说的必争之地。将长城建在这里，扼守住山口通道，就能有效地起到阻隔作用，进可攻，退可守。古代西北民歌唱道：

北斗七星高，哥舒夜带刀。

至今窥牧马，不敢过临洮。

我沿着城墙的走向在碎石荒草中走了一段，仍可看到长城继续向远方延伸。据资料介绍，临洮境内的战国秦长城目前还存四五十公里。

汉朝建立后，汉武帝为了解决西北匈奴之患，派卫青、霍去病接连发起三大战役，匈奴之患被彻底解除。汉武帝在河西"列四郡据两关"，将长城一直建到了敦煌以西的玉门关外，原来的临洮秦长城也就失去了军事防御作用，在风蚀水溶中渐渐坍圮、模糊……

涛涛黄河总关情

我出生在兰州黄河边。

黄河，中国人把她称为母亲河，没有什么比母亲更伟大、更亲切的称谓了。

兰州是丝绸之路上的重要节点城市，它坐落于黄河两岸，仿佛用双臂拥抱着黄河，就像孩子搂抱着母亲一样。

兰州的城市地标之一是位于黄河边的一座大型褐红色花岗岩雕塑《黄河母亲》。每当我凝视雕塑中母亲那深情的目光和满意的微笑，就必然会让我联想到自己的母亲：无私，博大，慈祥，温暖……母亲生我在黄河边，这座雕像就像是专为我的母亲而塑的，一块坚硬的石头被刻画得无比柔软，人类温暖而抽象的感情被凿进石头，再由石头传达到每个人的内心，与心弦谐振，与情感共鸣，这就是艺术的力量。

雕塑基座上放着一朵康乃馨，这是致敬母亲的象征，但是"谁言寸草心，报得三春晖"。

雕塑的作者何鄂教授是一名女性，早年曾在敦煌莫高窟临摹佛像十七年，半辈子都在参悟佛陀的微笑，她借助《黄河母亲》雕塑把佛的微笑赋予了人，用

《黄河母亲》雕塑

坚硬的花岗岩寓意母亲的伟大和坚强，又在粗砺的材质上刻画出母亲的细腻与慈祥，将母子间的爱怜与依恋表现得极为传神。母亲微笑的嘴型分明是佛陀神性的再现，这也是当代艺术对丝路文明的继承和光大，是丝绸之路上中国情感的表达。

作为兰州黄河岸边的独特存在，一架架大型水车吱吱扭扭转了上千年。黄河之水天上来，天赐甘乳滋养着一方水土，哺育了一方百姓。滔滔天水，浩浩荡荡；殷殷母恩，点点滴滴……

兰州因城南有皋兰山，故名兰州，这里自古就是"联络四域，襟带万里"的交通枢纽和军事要塞，汉唐时期以"金城汤池"之意命名为"金城"。

兰州城跨黄河而建，夹持在两山之间的这段河道，水深流急，民间曾有"渡河如渡鬼门关"之说。如今，十几座大桥连接两岸，其中位于白塔山下的"中山桥"号称黄河第一桥。

公元1385年（明洪武十八年），在如今兰州中山桥的位置上，建起了一座浮桥，名为"镇远桥"。这座浮桥在黄河上坚持了五百多年，固定浮桥的巨大铁柱如今还矗立在中山桥的桥头。

公元1909年（清宣统元年）8月，甘肃洋务总局与德国泰来洋行合作修建的兰州黄河铁桥竣工，被命名为"第一桥"，德方承诺"甘愿保固八十年"。1928年，为纪念孙中山先生逝世三周年，"第一桥"改名"中山桥"，并沿用至今。

1989年8月，一艘自重260吨的大船失控撞上桥墩，铁桥遭受重创。从1909年8月到1989年8月，整整八十年，德国人"保固八十年"的承诺到期了，德国人算准了会有船撞桥吗？"保固八十年"肯定是一个保守的估计，在这期间还有过一次对铁桥的考验，1949年8月，在解放兰州的战役中，黄河铁桥桥面木板被焚，杆件及纵梁被战火烧得通红，但桥身安稳如常。

黄河第一桥，兰州中山桥

大桥竣工在8月，战争、撞击竟然也都在8月，如果没有战争、如果没有撞击，这座桥还将坚持多少年？

2010年兰州市对黄河铁桥再次进行了维修加固，为增强抗震泄洪能力，将桥体抬升了1.2米，并将黄河铁桥作为丝绸之路上中国对外开放的象征，在桥头竖碑，大字赫然"黄河第一桥"。

此桥是不是自古以来黄河上的第一桥呢？肯定不是，要不然为什么此桥落成的时候只称"第一桥"呢？当年的解释是："第一桥"是"兰州黄河上的第一座铁桥"的意思，这个概念比较模糊，为以后的渲染预埋了伏笔。黄河历史文献中记录的第一座桥究竟建于何时何地，当然自有答案。

提到兰州，大多数人会脱口说出"兰州拉面"。

20世纪80年代初，我第一次吃拉面就是在兰州，记得那时的价格大概是三毛钱一大碗。我第一次看到拉面师傅揪下一块面，伸了几下胳膊，面团就成了长长的面条，那团面在他们手上还可以拉出不同粗细的圆条，甚至不同宽度的扁条，师傅的手上功夫甚是了得。拉面出锅，挑进盛满牛肉清汤的大碗中，再加上几大片牛肉，撒一些韭菜末，热气腾腾摆上柜台，但是需要你自己去端。辣子、香菜、香醋等调料可根据个人喜好随意添加。我还注意到厨房里整捆的韭菜，那么长、那么粗，就像北京的小葱一样。几十年过去了，那碗拉面意犹未尽。

然而，有意思的是，兰州人集体否认兰州拉面是出自兰州的拉面，他们会说："我们这里只有兰州牛肉面。"外地人不解地反问："兰州牛肉面不就是兰州拉面吗？"面对这种固执，兰州人不愿再做解释。青海人、宁夏人甚至山西人都争着说兰州拉面的原产地出自他们那里，兰州人却梗着脖子不承认，怎么就那么犟呢？这碗面为兰州声名远播做出了绝对贡献，兰州人，你们就从了吧。

【新月清风

在兰州可以见到不少清真寺，有大有小，其中最有名的当属西关清真大寺。这座清真寺具有鲜明的阿拉伯风格，白色的建筑尤为圣洁，高大的宣礼塔环置于礼拜大殿的四角，雄伟壮观，有点像西方童话中的古城堡。

西关大寺对外开放，非穆斯林游客也可进去参观，但只限于院内，礼拜大殿是不能进的。我隔着大门向里张望，一位老者正在对着玻璃门缠头巾。伊斯兰教的阿訇或经学学者都会在礼拜时或重大宗教活动中用长巾将头缠上，这既是一种教仪，也是身份的象征。

中国内地穆斯林宗教活动的场所一般有两处，一处是清真寺，再一处就是拱北。"拱北"一词是阿拉伯语音译，意为"先贤陵墓"。拱北既是教众拜谒之地，也是传教和举行重大宗教活动的场所。

为了解沿丝绸之路而来的伊斯兰教在中国进化的实证，西北民族大学研究伊斯兰文化的金德峰教授带我们参访了一组建筑——灵明堂拱北。

兰州灵明堂拱北

位于兰州七里河区五星坪的灵明堂是西北地区最大的伊斯兰教拱北。这是一组典型的中国古典建筑风格的青砖灰瓦建筑群，有些地方以清真的莹绿色替代了中国古建传统的金红色，使得整个建筑群更加肃穆。

灵明堂拱北的艺术砖雕比较有特点，其南门有一面巨大的影壁，上面有三组精美的砖雕，可以看到松鹤、福禄、龙凤、团寿等图案，满满的中原古风。这些砖雕都出自兰州附近的临夏地区。临夏砖雕已被列入第一批国家级非物质文化遗产名录，其雕刻技法主要有阴线刻、凹面线刻、凸面线刻、浅浮雕、高浮雕、镂空式透雕等，这些雕塑手法，在这面墙上都可以看到。砖雕上方有一行字"一轮新月照人寰　万古清风传道统"，新月清风、万古道统，传达出中国文化和伊斯兰文化融合进化的形态。

灵明堂北面的新建大门楼比南门更气派，门前广场还有一些未完成的小工程。北门楼由五个门组成，门楼屋檐像大鸟的翅膀张扬上翘，让我想起欧阳修《醉翁亭记》中"有亭翼然"之描述。

兰州作为丝绸之路河西道上的节点，向西北到武威进入河西走廊，向西南沿黄河接入青海道。

两晋南北朝时期，河西走廊被西北少数民族占领，纷争不断，政权更迭频繁，丝绸之路河西道基本被阻断，这一时期丝路从兰州转道青海，直到隋炀帝灭了吐谷浑，收复河西走廊，河西道才得以恢复。

离开兰州北上西行，公路边不时会见到几处残燧。西汉长城自兰州西北的永登县开始，一直修建到敦煌以西。《汉书·张骞传》载："而汉始筑令居（永登县）以西，初置酒泉郡，以通西北国。"在永登县王家坪村，一座残破的烽燧独面西风，背后是高大的乌鞘岭，连绵的大山像一列雄壮的武士守在祁连山脉的东端，从这里我们走进了河西走廊，穿过乌鞘岭隧道，继续行驶120公里，到达武威，长凉南道与长凉北道在此相合为凉沙道（武威—敦煌）。

长凉北道（西安—彬州—固原—景泰—武威）

自丝绸之路起点西安开远门，经咸阳向西北，沿泾河到彬州，再经平凉，

过萧关、穿六盘山，到固原、同心，在靖远或中卫过黄河到景泰往武威，

在武威与长凉南道合并为凉沙道（武威—敦煌）。

【皇陵的石头

丝绸之路的开通，除了张骞凿空探路，汉武帝手下的两员大将也功不可没。

咸阳郊外汉武帝茂陵的东面，分别坐落着西汉大将军卫青和霍去病的墓，其中霍去病墓在修建时，汉武帝指示封土要做成祁连山的形状，这是司马迁写在《史记》里的。如今霍墓和其他墓的封土相比，看不出有什么两样。祁连山及其河西走廊地区是霍去病建功立业的地方，他十八岁拜将，连战匈奴，彻底"解放"了河西地区，并直捣匈奴老巢，祭天封礼于狼居胥山（现蒙古国境内），以告功成。汉军一直打到今天俄罗斯西伯利亚的贝加尔湖。经过多年的征战，"匈奴远遁，而漠南无王廷"。西汉王朝彻底解除了北方匈奴的威胁，随后在河西走廊置武威、张掖、酒泉、敦煌四郡，丝绸之路得以开创。

行走丝绸之路，怎能不去看看埋在路边的汉武帝和霍将军呢？汉武帝的茂陵是一个大土堆，另有被淹没在一人多高蒿草中的东西南北四个阙台残迹，蒿叶的气味弥漫陵区，暗香浮动，但嗅出的却是荒凉。

距汉武帝茂陵约一公里，是霍去病的墓。这个墓属于茂陵的一部分，但在 1961 年国务院公布的第一批全国重点文物保护单位名单中，茂陵和霍墓同时入列。皇帝陵和将军墓，一个为陵，一个为墓，规制有尊卑，但如今霍墓却和茂陵并肩入选，甚至茂陵博物馆都设在霍墓区内，后人之所以如此"大逆不道，僭越规制"，原因却在艺术。

霍去病墓，马踏匈奴石雕

霍墓的前面及周边陈列着当年汉武帝命工匠凿刻的一组大型石雕，有马踏匈奴、怪兽吞羊、人抱熊、跃马、卧象、伏虎、石人、野猪、蟾蜍等。其中最著名的当属"马踏匈奴"。石马的左蹄下踩着一个手持弓箭、圆目长须、疯狂挣扎的匈奴将领，其面目因恐惧而愈显狰狞，而这匹马却若无其事地平视前方，露出不屑的平静，一静一动的对比，一张一弛的神态，传达出不可一世的强汉气势。

霍墓石雕的艺术特点是根据原石的自然形态，随形而为，无论是圆雕、浮雕、线刻等手法的变化都运用得恰到好处，刀法洗练，风格古拙，豪迈传神，把大写意的浪漫发挥到了极致，有人用"磐石之志"来形容这组石雕对于霍去病的意义。汉武帝开疆、霍骠骑征伐，都被艺术地浓缩在这几块石头上。这种石雕形式，被汉以后的历代帝王陵墓石刻所继承，艺术影响深远，以致后人多知霍墓石马而冷落了汉武茂陵，我也是为了看这几块石头才去的。

离开茂陵博物馆，穿过乾县县城，在西大街与 S107 省道交汇处，有一组巨大的雕像，主体是唐高宗李治和他的妻子武则天，青铜色的四大瑞兽青龙、白虎、朱雀、玄武分立四方，据此不远，就是两人的合葬地——乾陵。

乾陵"依山为陵"，乾为天，天子之陵也。此山称梁山，泔河环东，漠水绕西，风水绝佳。

相对于武则天，李治的名气要小一些，人们通常会说他是武则天的丈夫。塑像前的朱雀有单独创世的传说，因之为开天之象征。则天武后自立一朝，也是盘古开

乾陵神道上的石人石马

天辟地以来，中国历史上唯一的女皇帝。朱雀后来演化为凤凰，一般意义上象征女性。

在霍墓看汉代石头，到乾陵看唐代石头。通往陵丘的神道上，大型石雕分立两侧，其中有一对高耸的华表、两只腾云的翼马、一双西域的鸵鸟、十组配有驭手的石仗马，还有二十位挂剑恭立的文臣武将。在陵园内城的四门之外，还蹲着八只石狮子。南阙门内的东西两边站着两组共六十一尊石人，称为"六十一蕃臣像"，石人背部刻有国别、官职和姓名，他们是高宗李治入葬时，参加葬礼的唐朝属国官员和使节。所有的蕃臣石人都没有脑袋，有说是明朝发生的大地震把石人震倒，头摔断了，也有说是人为毁损。我看了看石人的脖子断口，没有发现刀劈斧凿的硬伤，故倾向毁于地震。

与茂陵霍墓相比，乾陵的石雕艺术除了规模更大更具象以外，显得平庸得多，更不能与唐太宗的"昭陵六骏"相比，那才是唐陵石雕的天花板。

太宗有六匹好马，高宗有一位女皇，靠着这位女皇，李治勉强被人记住了，乾陵的名气也是武则天带起来的。凭着中国历史第一女皇的名头，这任皇帝所吸引的历史目光自然比较多。武周一朝，功过自有评说，武则天在乾陵立了一座无字碑，其用心也是自己不说，任人评说。

果然后人中计了，宋金以后，有人开始题字于碑，真草隶篆，重叠漫漶，把个无字碑硬是凿刻成了个"乱字碑"。

仰视高大的"乱字碑"，上面的题字岁月经年，一塌糊涂，粗览可见的内容大多是"到此一游"的内容。在文物上乱写乱刻，虽然为今人所不齿，但是经过历史的沉淀，也会发现有意义的"乱刻"。无字碑上有一段刻于公元1135年（南宋金朝）的《大金皇弟都统经略郎君行记》保存比较完整，用女真文刻写，旁边有汉字译文。女真文早已绝迹，碑上的文字为研究女真文和中国少数民族历史文化提供了珍贵资料。

碑上隐约可以见到"太监"两字，心想：大胆，太监也敢在女皇碑上造次！于是用相机拍了下来，放大之后可以看到"钦差镇守宁夏内官监太监吕洪乾陵嘉靖十八年捌月终到此书"的字样，查资料确有其人。吕洪是明朝政府派到宁夏的最后一任镇守，明史上对于他的评价还是很正面的。公元1539年（明嘉靖十八年），明朝撤销了宁夏镇守这一职务，这款题字应该是吕洪卸任返京时路过此地，手欠刻上去的。明朝的太监地位显赫，如魏忠贤、郑和等，外派宦官也自视高人一等，作为钦差大臣历来有"奉旨出朝，地动山摇。遇龙锯角，遇虎拔毛"的特权，在武则天无字碑上刻点儿字，留个名儿，那都不叫事儿，假如说这是出于阉人扭曲阴暗的人性，发泄对武皇淫欲的愤怒而胡写乱刻的，那也是有可能的。

【觅 路

沿着长凉北道出乾县到彬县。彬县历史上曾称豳州和邠县，"豳"和"邠"这两个字都念作"bīn"，诗经中有《国风·豳风》七首，《豳风》就是采集于豳地的民歌，其中"七月流火"一句最为人知。

河西道作为汉唐时代丝绸之路主干道之一，丝路文化在这里留下了深深的印记。两汉时代，印度佛教沿丝路东传进入中原，随之而来的佛教造像艺术也在东进的过程中逐渐中国化，彬县大佛寺石窟就是这一时期佛教造像艺术融合变化的代表。

彬县大佛寺初建于公元628年（唐贞观二年），原名"应福寺"，是唐太宗李世民为他所指挥的"浅水原大战"阵亡将士而修建的。大战发生在公元618年，这一年，李渊在长安建唐称帝，此战是保卫刚刚建立的李唐天下的关键一战。应福寺建造的初衷是一座彪炳战功、安抚亡灵的战争纪念堂，后来因寺内有大佛而被称为"大佛寺"。

相比国内的很多大佛，彬州大佛的知名度相对较低，但是到了2014年，彬州大佛寺成为中国、哈萨克斯坦和吉尔吉斯斯坦三国联合申报的"丝绸之路：长安—天山廊道的路网"世界文化遗产项目中国境内的22个遗产点之一，开始有了些声名。

大佛寺在泾河边的崖壁上开凿的洞窟有一百多个，其中最具代表性的就是"大佛窟"。石窟深深凿入崖壁，大佛造像融合了印度佛教艺术风格与中原造像传统，成为佛教从西域到中原传播融合历史的重要一环，这也是彬县大佛寺能够入选世界遗产项目的原因。由于李唐王朝的血缘及和周边其他北方少数民族统治集团的历史渊源，佛像的容貌造型融合了当时北方少数民族宽额、方面、厚唇及大眼裂等特征，

彬县大佛寺大佛窟

据传当年造像工匠参照了李世民的面相，塑造了一尊器宇轩昂、大气慈善、亦西亦东、亦夷亦华、亦人亦神的历史巨像。

也许是因为坐落在陕西这个文物大省的地盘上，如今彬县大佛寺的建筑规模和形式也并不张扬。山门不大，正对着大佛窟，窟前有砖木结构的五层护楼为大佛遮风挡雨。第一层的拱门上有一块石匾，上书"觉路"，据说是诗仙李白所书。进入"觉路"拱门里幽暗深长的廊道，初见佛脚，每向前走一步，大佛就多露出一分，及到廊道尽头，方见佛陀全容。仰视大像，感受佛教的威严和博大，整个过程就像一个渐悟的过程，"觉路"二字是李白悟出的。

第二层有三孔拱门，门上有"明镜台"石匾，"明镜台"因为唐代禅宗六祖慧能的一首偈语而成为了佛性的代称，偈语名为《菩提偈》：

> 菩提本无树，明镜亦非台。
>
> 本来无一物，何处惹尘埃。

这首偈看似浅白实则深奥，不是我等俗人所能解的，所以走上"明镜台"也没有什么感觉。但从匾下的拱门看进去，着实被震撼了。幽深的尽头，一尊佛面充满了整个拱廊，金光四射，顿生庄严，不由你不崇敬，不由你不膜拜，缓步前移，真有满满的仪式感。

走到廊道的尽头，凭栏前望，可以看到整尊大佛，佛身高二十四米，依岩趺坐，造型雄伟，体态自然，雍容端庄，雕饰堂皇，尽显大唐气派。大佛身后的背光上环坐着七尊佛，另有二十二身雕工精湛的伎乐天绕着大佛飞翔，描绘出一派西方极乐世界的欢乐景象。

从初见佛面，到看到大佛身后的极乐世界，大佛的表情也从威严到庄重再到慈祥，不断变化着，这是因为观看距离的变化而产生的观看角度的变化，生理视觉引动心理感觉，微妙而奇妙。

人说："佛面难猜，因心而异。"佛说："狂心顿歇，歇即菩提。"佛不猜人面，而直指人心。

大佛窟旁还有个千佛洞，内有一百多处大小造像佛龛，大部分是在武周时期雕造的，那一时期的造像身形健美，体态婀娜，被认为是唐代佛教造像艺术的代表。一些石壁上，还雕刻着当年造龛人的发愿题记。最有意思的是，还有几处解放战争时期留下的红色标语，如"贫苦农民快起来斗争""解放大西北　消灭胡马匪""自从来了共产党　穷人翻了身成为主人"等。这些字全都刻于 1949 年，这一年是中国历史上的一个重要年份。

在文物上进行的刻画，若干年后也成了文物。

【迷蒙崆峒

山雾模糊了山中佛塔和峰顶道观

离开陕西，进入甘肃平凉。平凉这个名字很有硝烟味。公元376年，前秦大将军苻坚攻灭前凉，置平凉郡，取"平定凉国"之意。

平凉有座崆峒山，"崆峒"听上去就有玄之又玄的"空洞"之妙。这两个字只用于地名，一是甘肃平凉的崆峒山，再是山东蓬莱的崆峒岛，这两个地方都和道教有关。崆峒山自古号称"中华道教第一山"，崆峒岛则是道教海外寻仙的目的地。从崆峒山隐世修仙到崆峒岛升仙得道，似乎"崆峒"成了道教信仰完整过程的主题词。

佛教沿丝绸之路东进的过程中，影响日隆，沿途其他宗教尤其是最有影响力的本土宗教———道教也难阻其势，即使是"道教第一山"，也被佛教占据了一大片山头，而且是最好的山头。崆峒山有东西南北中五个台，佛寺占据了中台、东台和北台，崆峒山最大的佛教寺庙法轮寺就建在五个台的中心———中台。

去西台的道观，要爬上近乎竖直的石头天梯，站在天梯上放眼崆峒山，山雾迷蒙，模糊了中台山上的佛寺和西台峰顶的道观。两教并存，孰先孰后，孰近孰远，已被历史的迷雾所朦胧。

崆峒山佛寺道观分处东西，一山平缓，一峰陡峭，我觉得，这就像是信佛和修道的方法，就普通信众而言，一个浅易，一个深艰。佛教在中国民间的普及，就是因为简化了入门和修炼的难度，正如前文引用的《楞严经》的那句"狂心顿歇，歇即菩提"，人人皆可为圣贤，给人以希望，所以汉传佛教也被称为"人间佛教"。

崆峒山不仅是宗教的圣地，崆峒武术也广为人知。第一部辞书《尔雅》已有"空同之人武"的记载。汉唐时期的崆峒山地处边荒，又是丝路长凉北道上的一处重要军事战略重地，随时都会发生局部战争，因此，崆峒山佛僧道士在诵经修行之余强身习武，并渐成一派。

公元 1041 年（宋仁宗庆历元年），西夏军攻掠平凉城，崆峒五百僧道下山与西夏兵激战，以少胜多，崆峒武术一战成名。近些年来，金庸、梁羽生等人的武侠小说，使得崆峒武术以"崆峒派"的名义又重现江湖。

崆峒虽然迷蒙，但是并不"空洞"。

▌萧瑟萧关道

描写西北边陲风光最有名的诗句，当属唐朝诗人王维的"大漠孤烟直，长河落日圆"，而接下来的两句是"萧关逢候骑，都护在燕然"。

中国自西周至隋唐的两千余年间，置都关中，政治、经济皆以此地为本位。为拱卫关中平原及国都，在关中的东南西北方向分别设置战略关隘。潼关和武关防御东南，大散关和萧关钳制西北。关中平原西北的六盘山山脉是农耕文明和游牧文明的结合部，号称"天下第一军门"的萧关就位于六盘山南麓瓦亭峡入口处。

"回中道路险，萧关烽候多"，西汉和匈奴，隋唐和突厥，北宋和西夏都曾激战此关。随着中国版图的扩张与经济重心的南移，关中四关的战略防御作用逐步弱化，萧关坍圮，后人只知其址而不见其关。

天下第一军门——萧关

新建的萧关城，木栅栏大门上锁着铁链，无人值守，问路边村民，村民反而疑惑地问我："是不是关了？"然后又肯定地说："莫人来，关了。"

我围着关城转了半圈，关城外是一条开阔的山谷，关隘建于谷口的山坡上，居高临下，把控全局，过了此关向南，可沿泾河河谷直抵长安。

凡是古代设置关隘的地方，我都要借助地图，从地形地貌上了解设关的意义。在查看地图的时候，我发现在萧关正东约一公里，有一条山沟，地名标注为"烧人沟"，但不知此沟名出何处。这里是历代鏖战之地，自然会和战争联系在一起，这样想来，"烧人沟"是个令人毛骨悚然的名字，但一句"青山处处埋忠骨"，又让人肃然起敬。

昔日繁忙的 G312 国道经过萧关，但近年开通的 G70 高速（福州—银川）却绕开萧关，另辟新途，萧关随之萧瑟。

唐朝边塞诗人岑参有诗道："凉秋八月萧关道，北风吹断天山草。"萧关道是从平凉向北穿越六盘山往固原的古道，也是长凉北道的一段。

位于六盘山以北的固原地区，在西周、秦、汉时期为西北戎狄之地。戎狄南犯，只要过了萧关，关中平原便无险可守。"烽火戏诸侯"的典故就是因为戎狄沿萧关道直抵周都，周幽王点燃骊山烽火求救，诸侯以为又是他为讨褒姒一笑的游戏，无人前去勤王，结果西周王都被攻破，被迫迁都洛阳，西周成为东周。由此可见，

经过战国秦长城断口的植树人

萧关道所处的固原地区对于中原政权的重要性，因此这一带城固墙高，固原城里的原州古城遗址即是初建于西周，后经多个朝代复修加固的遗存。

固原城西北还有一道古代军事防御遗迹——战国秦长城。秦昭王攻灭北方戎狄之后"筑长城以拒胡"。

长凉北道穿过古老的秦长城，留下了一道口子，这口子在和平时期是互市的"窗口"，在战争时期是杀伐的"伤口"。

2002年，我第一次走过这道口子，遇到几位植树的农民，二十年后再经此地，长城两边的树已经长得碗口粗了。

1935年10月红军长征到达六盘山，毛主席写了一首词，其中有一句"不到长城非好汉"。词中提到的长城，就是固原战国秦长城。从江西井冈山到宁夏六盘山，雪山草地，围追堵截，行程两万五千里，这一壮举放在任何年代都是好汉之举，作者为他所率领的红军感到骄傲。

【赛俩目：平安吉庆

"西海固"即宁夏西吉、海原和固原三个县市的合称，实际上"西海固"不只包括这三个县市。这片地区曾被联合国粮食开发署确定为全球最不适宜人类生存的地区之一。此地常年干旱少雨，自然条件极为恶劣，晚清左宗棠称其为"苦瘠甲于天下"。

2002年，我来到西海固，目之所及是无尽的枯黄，沟壑纵横，山石裸露，大风起处黄尘漫天，嘴里整天都是土的味道。

沿着丝绸之路东渐的佛教，经过河西走廊时大放异彩，在紧邻河西走廊的两边也留下了辉煌，如固原的须弥山大佛窟、青铜峡的一百零八塔、吴忠的高庙等，但终因复杂的历史原因，释迦牟尼渐行渐远，穆罕默德却越走越近。

在自然环境比较恶劣、社会经济相对落后的西北地区，信仰是不能缺失的。人们在信仰的支撑下顽强地活着，无望于今生，寄望于来世，或寄希望于今生和来世之间的下一代，他们相信，凭着坚定的信仰和日常的遵行，自己所期盼的一切定能实现。

穆斯林在西北地区信仰伊斯兰教的少数民族中占有极高的比例，了解西北的伊斯兰教，对于我这个非教徒的内地汉人是十分困难的。沿着丝绸之路行走的过程中，通过与当地人的交谈以及请教有关专家，我知道了"伊斯兰教中国化"这个概念，这对于了解西北地区伊斯兰教是很有帮助的。

伊斯兰教在中国的传播和发展与丝绸之路的通畅与否关联紧密。一般认为，伊斯兰教传入中国的标志性事件是公元651年（唐永徽二年）大食（古代阿拉伯帝国）遣使来朝。盛唐时代所奉行的"世界大同主义"以及对西域的有效治理，使得丝绸之路畅通无阻，为伊斯兰教入华提供了条件。到了宋代，随着来华穆斯林人数的增多，他们的子孙久居华夏，并与中国其他民族逐渐通婚融合。及至蒙元，跨越欧亚的帝国版图客观上保障了丝路无阻，来自中西亚的"回军"使得在华穆斯林人数大增，原以商业行会和家族为组织形式的穆斯林，逐渐发展形成了回族、东乡族、撒拉族、保安族等多个信奉伊斯兰教的中国西北少数民族。

明朝闭关锁国，丝路断绝，中国穆斯林与伊斯兰世界隔绝了数百年，在此期间，为适应中国文化环境，外来的伊斯兰教融入了中国传统儒学、道教和佛教的许多理念，如提倡孝道、互爱互敬、和睦忠信等，有的教团还研究五行八卦、隐修丹术，用中华文化诠释伊斯兰教的教义。在社会生活方面，无论婚丧嫁娶还是其他日常活动，大都融合了中国传统风俗礼仪，甚至连汉族妇女缠足的陋习都打包收进，至此，中国的伊斯兰教形成了显著的中国特色。

到了清朝初期，康雍乾三帝先后发兵西域，平定动乱，丝路交通重新恢复，为西北穆斯林赴西域、阿拉伯地区求学、朝觐提供了方便，同时也为域外伊斯兰传教士来华提供了机会。

"门宦"是西北地区甘宁青等省的穆斯林将伊斯兰教义和中国传统宗族制度相融合而产生的特有的教派组织形式，是中国伊斯兰教特有的教派现象。门宦实行教主制，每个门宦组织都有一个地位至高的教主，他既是精神领袖，也是世俗领袖。

清末以来，宁夏地区形成了几个人的门宦，洪门即为其一，因其传统的中心在西海固地区的洪岗，其教主姓洪，故称洪门。

2002年8月的西海固，干热的风抓起干燥的土，扬满了天空。从同心县去往中宁县的路上，转过几座光秃秃的山包，一座绿白相间的阿拉伯式建筑在昏暗的黄色浮尘中透出了一点清新，这就是伊斯兰教苏非派虎夫耶门宦洪门道祖洪寿林老太爷（门宦称创始人为老太爷）的陵墓——洪岗岗子拱北。

洪老太爷生前是个进步、开明的宗教领袖，他主持洪门期间，虔心办教，体恤教民，扶危济困，回汉团结，同情革命，誉满西北。1936年，西征红军驻扎同心县，洪老太爷联合当地宗教界人士支援红军，向教民宣传红军主张。同年10月，他又帮助红军请求驻防的国民党军队避战让路，为红军三大主力胜利会师同心城做出了贡献。红军三大主力大会师是中国革命史上的重要事件，它标志着长征的结束和国共合作全民抗战阶段的到来。

洪老太爷于 1937 年辞世，1939 年洪门教民为他建造了洪岗岗子拱北。这座建筑"文革"期间遭到破坏，1987 年由洪门第三代教主组织重修和扩建，整个建筑结合了中国和阿拉伯风格，高大雄伟，突兀在西海固荒凉的大地上。

祭奠先贤的活动，当地叫作"游坟"。每年的农历 7 月下旬至 8 月中旬是洪老太爷的主祭日，洪岗岗子拱北周边的数十万穆斯林都会前来游坟。除了回族穆斯林，还有汉族百姓，甚至有从甘肃、青海过来的人。老太爷在世时非常注重回汉团结，救灾救难不分民族，兼爱得众爱，当年红军曾经送给他一面锦旗"爱民如天"，如今收藏在宁夏博物馆。

我到洪岗岗子拱北的那天是 2002 年 8 月 28 日，农历七月廿日，正值老太爷的主祭期内。

通往拱北的道路车水马龙，从附近各县过来的客运汽车的前挡风玻璃上贴着"上坟"的白纸，这是游坟运客的专车。男人们戴着白色小帽，妇女们裹着白色头巾，孩子们穿着节日的新装，没有悲哀，只有虔诚。

拱北大门前人山人海，戴着白帽白巾的人流像水一样漫进大门，然后又缓缓地灌入半地下的墓室。有人献上钱币，有人献上折纸金元宝，有人把大块的白布盖在先贤的石椁上，有人把额头抵在围栏上口诵经文，喃喃的声音在墓室内回响……

洪岗岗子拱北

但逢大型宗教活动，必有大型商业活动，人们丰富了精神以后，又到这里来丰富生活。拱北院外的空地是个临时市场，场地虽大，但摊点不多，主要是卖小吃和卖瓜果的，还有民族服装和经书以及一些廉价的小商品。

西海固虽然穷，人们的日子过得照样有滋有味。你看买白帽的小伙，手里那顶帽子上还用金线绣着花，工艺很讲究；拖拉机后斗上的大哥拎着一袋当地特产，带回去就是全家的欢乐；卖西瓜的女人一边招呼客人一边照顾着两个孩子；在迎奥运的遮阳伞下，当地医院摆上桌子，为来游坟的群众义务体检，一个听诊器、一个血压计和一个体重秤就是全部配置；称体重的老人提着装满了东西的塑料袋站在称上；量血压的老人扶着头等着医生的结论，医生也许会安慰他"别焦虑，有钱人的血压比你高"……

两个小伙牵着一头黄牛走过来，这是送给拱北的祭品。那个年代送得起牛，也真够牛，也许这是多家集资买的牛，有了这份虔诚，人们期望家里会有更多的牛。

在这里我见到了从来没有见过的贫穷。拱北院内的人行道两边，叠了好几层乞讨的人，这些人或是全家，或是几家相约一起来的，多以妇女和孩子为主。她们或坐或跪在地上，伸出手，眼巴巴地望着路过的行人。她们虽然很穷，但还不至于以乞为生，只是认为在宗教场合，会更容易博得怜悯，得到一些额外的收入。

此地的贫穷还表现在讨要的金额上：只要一毛钱。不是她们不够穷，而是当地人都很穷，乞讨者不会奢望讨到更多的钱。她们很懂规矩，如果你给了五毛钱，她会找给你四毛，如果你把一块钱给了一群人，收钱的人会把整钱换成零钱，再分发给其他人。不患寡而患不均，贫穷面前穷人平等。

西海固一带村庄的土黄色民居都覆着土红色的瓦顶，但几乎各村都会有一幢绿瓦顶的大房子，在大面积土红屋顶的包围中，绿屋顶显得非常醒目，辨识度极高，那是村里的清真寺。

西北很多清真寺都采用传统中式建筑风格，其中最为典型的代表是吴忠市同心县的清真大寺，相传它是明万历年间在元代喇嘛庙的基址上创建的，是宁夏现存历史最久、规模最大的中国传统形式的清真寺，是伊斯兰教中国化的物化表现，1988 年被国务院列入全国重点文物保护单位。

2002 年我到这里时，同心大寺西门有一座贴着白瓷砖的三门飞檐牌坊，门额上有绿底金字"同心清真大寺"。二十年后再来的时候，这里已改建成灰色花岗岩牌坊，大门更高更宽，门额换成了大红字，上面写着"陕甘宁省豫海县回民自治政府成立大会旧址"。

民国时期，同心县称豫旺县，1936 年 6 月，西征红军解放了豫旺和海原两县后，合并为豫海县。同年 10 月，红军三大主力会师后在同心清真大寺举行大会，建立了中国历史上第一个民族自治红色政权"陕甘宁省豫海县回民自治政府"。

如今，在清真大寺旁边建有红军西征纪念馆，馆前广场的巨石上刻有萧克将军的题词"红军长征陕甘宁，三军会聚同心城"。美国记者埃德加·斯诺的《西行漫记》也是在这里完成的，这本书让全世界认识了中国共产党和它所领导的红军。

同心清真大寺既是伊斯兰教的宗教场所，也是爱国主义教育基地，红绿相间的两种颜色，可以看作是新世纪伊斯兰教中国化的特征之一。

从西边大门走进同心清真大寺，迎面是一块照壁，左右各有副壁，这种形

同心清真大寺

式称为"一主二从"，是典型的中原文化建筑形式。中间主壁上有"同心清真大寺"手书汉字和阿拉伯文，两边副壁各嵌圆形阿拉伯经文。

主壁背面是一幅"月藏松柏"的精美砖雕，一轮明月藏于松柏之间，若隐若现，松下有水，水中有石，大有"明月松间照，清泉石上流"的意境，完美诠释了"清真"二字的意蕴。

转过照壁，就来到灰砖灰瓦的大寺主体。主体分上下两层，一层是寺门、净房等，二层是礼拜殿、宣礼楼、南北经堂，这里可同时容纳八百人做礼拜。礼拜大殿门外两侧的墙壁上，也都镶嵌着精美的砖雕，左墙雕春竹夏荷，有联曰"仁义为友道德为师，金玉其心芝兰其室"，表达了中国传统文人所追求的澄净明亮的情怀境界。右墙雕秋菊冬松，也有一联"朕进唐兵移在西域，更换回军来至中国"。上联"朕进唐兵移在西域"是指汉唐时期经营西域，驻军移民，屯垦戍边，维护国家统一的史实，下联"更换回军来至中国"是指成吉思汗西征，签召中亚、西亚信奉伊斯兰教的士兵和工匠来到中国，士兵编入"回军"，工匠编入"签军"。有史学家认为被编入回军和签军的穆斯林超过二百万人，由此可见，汉唐蒙元的向西扩张是伊斯兰教进入中国的主要原因之一，这两大事件也是西北地区初期穆斯林人口的基本来源。

我在 2002 年曾到此参访，因为日子不对，没有看到礼拜的场景。二十年后再来，我专门等到了"礼拜五"，这一天是穆斯林集体礼拜的大日子，称为"主麻日"，主麻日也称作"聚礼日"。

礼拜大殿在聚礼时一般不让非穆斯林进入，我向主管阿訇说了当年的遗憾，被特批进入，并且可以照相，大喜过望啊！

大殿坐西朝东，西墙上有一座神龛，但没有神像，伊斯兰教反对偶像崇拜，神龛的作用是指示圣地麦加的方向。

严格地说，大殿是坐西略偏南，为了验证神龛指示的方向，我在卫星地图上，从礼拜殿西墙到沙特阿拉伯麦加的"天房"，连一条直线，线段和礼拜大殿西墙正好呈90°直角，两地直线距离6500多公里，这么准确的指向，不知当年他们怎么做到的。其实历史早已告诉我们：几何学起源于中东地区，并沿着丝绸之路传到中国。

整个大殿的地面都铺着专门定制的织有"同心清真大寺"字样的地毯，穆斯林们面向圣城跪坐在地毯上，在阿訇的带领下用阿拉伯语诵唱《主麻赞圣词》。有些年龄大的人手里还拿着一张纸，上面是赞圣词的中文注音。阿訇高声诵，信众低声和，抑扬顿挫，有韵有律，如同主旋律和背景音相交相融，高大深广的殿堂所产生的立体厚重的混响效果，就像在音乐厅里聆听一场无伴奏圣歌大合唱。

2002年，在西海固山间的土路上，我们遇到了一群小学生，他们每个人的手里或书包里都带着灌满了水的水壶或水瓶，从水壶的磨损程度可以看出他们的家庭并不富裕。一个连学校饮水都不能保障的地区，可见这里缺水的程度。

进到一个村子，村民们正带着水桶在泵房前坐成一排，等待每天一次的定时供水，这个村子有一个凄厉的名字——喊叫水！

喊叫水村，水井房前排队取水的村民

这是个不用念就能听到声音的名字，这声音从干渴的喉咙中喷出，嘶哑劈裂，带刺带血，是喊天天不应、叫地地不灵的无望哀嚎，让人终生也不会忘记。

当年我来西海固时，国家已经开始实施扶贫搬迁工程，将自然条件极差地区的人搬迁到自然条件相对较好的地方，给他们分了土地、盖了新房。但是，仅仅是搬迁并不能脱贫，世代居住在贫寒地方的人靠天吃饭，靠救济生活，有的人甚至已经养成了懒惰的习性，因此有些搬出来的人又跑了回去，理由是受不了每天都要下地干活。

经过多年的国家扶持和个人努力，很多人的观念得以转变，这一点是至关重要的。哀莫大于心死，心若在，梦就在，幸福就会来敲门。

心中又想起喊叫水，耳边又响起喊叫水，2017年实施的西部供水喊叫水片区工程，让嘶哑刺耳的喊叫声已成为过往岁月的回声。

时隔整整二十年后，我再次来到西海固，二十年间，这里发生了巨大的变化，从当年满眼尽黄，到如今满目皆绿，单是这颜色的改变，就足以慰藉人心。

我在固原秦长城遗址遇到一位农妇大姐，她不仅和我谈信仰，还和我谈了生活。大姐姓王，住在秦长城边的明庄村，一双儿女都已各自成家。老两口在秦长城下面有七亩地。正值秋收时节，她开着自家的三轮农用车来收玉米。老两口除了这七亩地，平时还做些小生意，加上村里产业的分红，两人每年全部收入一万多元，尽管还不算富裕，但与二十年前相比，已是天壤之别，这种收入水平在当地是较普遍的。

告别大姐时，我留给她几瓶水，一是可解她劳作之渴，二是我知道这里还是缺水。

如今的固原县城楼高路宽，大型商厦扎堆设立，商场门店的风格与内地发达城市的大型购物中心几乎无异，超市百货，名品专卖，吃喝玩乐，一应俱全。霓虹灯、大彩屏加上高分贝的背景音乐，与我上一次看到的情景相比，二十年的时差，生成了二十年的反差，地覆天翻。

借用穆斯林的祝语：赛俩目，一生平安，两世吉庆。

固原商厦，美女靓车

【土丘无语，唯石能言

　　同心清真大寺紧邻 G70 福银高速，沿路往北行约 30 公里有个镇子，历史上北宋和西夏在此大战过一场，故名"大战场镇"。

　　大战场镇是一个交通枢纽，往西通中卫，向东去银川。银川曾经是西夏的都城，当时叫兴庆府。长凉北道的主线应该是往西走，但是历史上西夏王朝和丝绸之路的兴衰有着密切的关系，而且这条道曾是通往回鹘牙帐哈喇巴喇哈逊（蒙古国乌兰巴托以西，古称"黑虎城"）的三条回鹘道之一，属丝绸之路主道的襟带概念，所以我向右打轮，进入回鹘道，东向银川。

　　西来的黄河，在大战场镇沿着贺兰山东麓向北流，至阴山被阻，转向东方，又被东边的吕梁山逼往南方，在宁夏、内蒙古、山西间写出了一个大大的"几"字，形似一个开口的套子，因此这片地区被称为"河套"。民谚有"天下黄河富一套"的说法，银川即位于河套平原。

　　由黄河及其支流冲积而成的河套平原，水草丰美，宜农宜牧，11—13 世纪，这里曾经产生过一个国家——大夏，因其地理位置在中原以西，史称"西夏"。

　　西夏是党项人建立的一个王朝。党项人属于古羌人系，祖先居住在青海湖一带，后被鲜卑吐谷浑和吐蕃轮番碾压，两次迁徙，无以为家，于是投靠了隋唐，这才安定下来。

　　大唐末年，黄巢起义军攻陷了帝都长安。唐皇下令各地勤王，各藩镇却各有打算，逡巡不进。受唐恩德的党项人挺身而出，和数倍于己的黄巢军在长安郊外血战，上千党项男儿全部战死。为了表达对党项人的感谢，唐将夏州（今陕西靖边县）封给党项并赐国姓"李"。唐朝灭亡，历史进入五代十国时期，远离战乱的党项人，不管中原是何人当朝，皆俯首称臣，在和平的环境中日益发展强大。

　　公元 1038 年（北宋景祐五年），党项首领李元昊在兴庆府（今银川）建国大夏，其疆域东据黄河，西至玉门，北抵大漠，南临萧关，河西走廊完全被西夏控制。他们切断了中原和西域的联系，对过往丝路的货物课以重税，从中牟取暴利，致使河西道瘫痪。直到公元 1227 年，西夏被蒙古所灭，丝路复通，但已与当年的繁盛不可同日而语。

　　在西夏控制河西走廊的这段时间里，北宋南迁，是为南宋。南宋政权借助江海之利，开辟并发展了海上丝绸之路，陆上丝路逐渐衰落。虽然陆上丝路衰落的原因诸多，但西夏割据也起到了助推作用。

西夏在历史上留下了许多文化遗痕，其中以西夏王陵和西夏文字为最。

西夏王陵是西夏历代帝王的陵墓。成吉思汗最后一次征伐西夏时病逝于六盘山，临终留下遗言：攻下兴庆府，灭皇族屠全城。满怀仇恨的蒙古军队攻灭西夏后，把西夏王陵尽皆破坏，只剩下光秃秃的土堆在贺兰山下寂寞地伫立。蒙古兵对西夏王陵的破坏非常彻底，直到1972年，随着考古发掘的深入，才最终认定这些土堆正是西夏皇家陵墓，在此之前，这里一直被认为是一片唐代的墓葬群。

2002年我曾到此，那时的王陵景区只是简单地用铁丝网围着，一对老人住在一个临时板房中，负责看护。

二十年后再临此地，景区已建立了西夏博物馆，可以坐上电瓶车游览，但除了三号陵外，沿途不得下车，而当年是可以把车开到每个陵墓旁边的。

据考证，三号陵是西夏开国皇帝李元昊的墓。陵园依照山的走向，座西北面东南，突兀高大的封土上密布孔洞，封土外原有木质楼台包裹，这些孔是用来安装支撑外楼的木桩的。蒙古兵彻底焚毁了"外包装"，裸露的土丘表达了他们愤怒的情绪和对西夏的极尽侮辱。

西夏王陵继承了中原帝陵的陵寝制度，也保留了本民族的习俗。可以看到原本负责驮碑的神龟变成了龇牙咧嘴的力士，塔形的陵墓与党项人笃信佛教有关，随葬的石刻有牛、马、羊、狗、鸡等，反映了西夏人的生活习俗。

西夏王陵景区紧挨着一个军用机场，甚至可以说是景区里有一个军用机场。

西夏王陵

机场建于 1972 年，时值中苏交恶的时期，正是因为建造这个机场，西夏王陵才被重新认识。机场跑道当然也是顺着山的走向而建，因此飞机起落必掠王陵。地下的亡灵即使每天都会受到吵扰，还是应该心存感激，否则哪有人知道它们是谁？

一架大型军用预警机在王陵上空不停地起降，轰鸣声被贺兰山反射回来，似有多架飞机在盘旋。围着陵丘的铁栏旁立着"禁止飞行器"的警示牌，难道飞机不是"飞行器"吗？

西夏文明的另一个奇妙之处是"西夏文"，这是仿借汉字的造字方法而创制的表意文字，共有约六千字，从网上可以找到相关研究，听其发音像粤语，也像蒙古语，呢喃咕噜，我这个只会讲普通话的北方人，有很多音都发不出来。

西夏文看上去都挺面熟，看下来却一个都不认识，和汉文是一种"论末则殊，考本则同"的关系，由此可见中原文化对党项人的深刻影响。

西夏文在西夏立国的二百多年间被广泛使用，灭国后的党项人落魄各地，西夏文仍在部分人群和部分地区使用了二百多年。此后，流离失所的西夏人逐渐被其他民族所同化，西夏文到了明代才彻底消失。

在贺兰山的山石上，刻有西夏人的头像，和西夏党项人的发式极为相似，被党项人拜为祖先，并在旁题刻五个西夏文，汉字译为"能昌盛正法"。

贺兰山发现了大量远古先民的活动"印记"，这些印记被深深地刻入山石中，历万年而不灭。

远古时期，勒石记事，时间将事件沉淀为历史，艺术又把历史演绎成神话，被封为"镇山之宝"的贺兰山岩画"太阳神"即为典型。

为了彰显神性，这幅岩画的说明文有一段附会之词："'太阳神'头部放射性

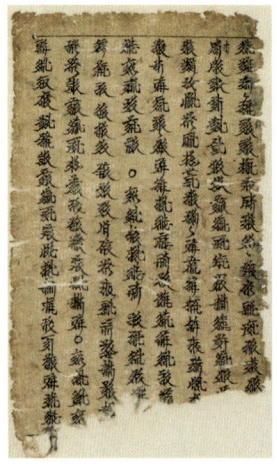

贺兰山岩画：西夏人和西夏文　　　　　　　　　　　　　　贺兰山岩画：太阳神

光芒的数字排列分别为 24、12、6，有学者认为，很可能与中国的二十四节气或太阳历有关。"

"太阳神"凿刻的年代被学术界认定为距今一万年前，而有关二十四节气的最早记载见于西汉时期《淮南子》一书，距今两千多年，更何况西夏建立之前，这里是游牧民族的活动区域，非农耕地区，无农时概念，西北和中原的气候也不同，怎会发明或使用二十四节气呢？"太阳历"即中国古代的干支历，干支纪日最早在商代的时候开始出现，距今三千多年，目前使用的公历也是太阳历，创于公元前 1 世纪的古罗马，约于明末随着基督教进入中国，直到辛亥革命后才在中国正式使用。无论是哪一种太阳历，都和一万年的"太阳神"岩画凿刻时间相距甚远，但是如此一牵一附，就把岩画变成了神话。

在大家都在观看"太阳神"岩画时，忽然出现一阵骚动，"看，那儿有只岩羊！"游人们顺着导游手指的方向引颈张望，有人还本能地踮起脚尖，其实他前面根本没有人。

看到国家二级保护动物岩羊，大家都很兴奋，为自己的运气暗暗喝彩，有的人都发出声来了。旁边正在铺装石阶的工人笑着说："山上多着呢，那边就有。"众人又齐齐地把头扭向他手指的方向。但只看到乱石嶙峋，杂草丛生，阳光投下石头的影子，山风晃动草树的影子，整个大山似乎都被吹活了。

岩羊的毛色接近岩石，大家在树影山石间努力辨认，终于在半山腰找到了两只岩羊，一只站在高处往下看，另一只正在下山，只见它在光秃陡峭的石崖上闪转腾挪，飞"岩"走壁，轻灵矫捷，那四只无吸盘的硬蹄子是怎么做到的？即便有如此神功，岩羊们也没能逃过古人的箭矢，贺兰山岩画中就有关于狩猎岩羊的场景。

岩羊之于人类，古人用它续命，今人用它怡情。人类吃饱了肚子后才开始编故事，正如那幅"太阳神"。也正是人类学会了编故事，学会了思考，文明自此始。只是编造太阳神传说的专家，太"砖"了。

贺兰山是党项人心中的圣山。西夏立佛教为国教，拜寺口双塔是贺兰山东麓著名的佛教古塔。开国皇帝李元昊在贺兰山下建造了佛祖院，随寺而建双塔。从塔的规模和两塔之间的距离判断，当时这所寺庙的规模一定很大，而这座寺院只是皇帝避暑行宫的一部分。

在双塔周边，附近的村民时常还会捡到一些刻有西夏文的土陶残片。当年我在这儿遇到一位老汉，说他家有这些东西，我问他捡这些有什么用？他说，卖钱，一个字 10 块钱，字越多越值钱。

【驼铃过碛

狂虐的北风掀动着腾格里沙漠向南移动，最终被黄河所阻截，在沙漠与大河的对峙之间，长凉北道寻隙而行。

长凉北道从这里过黄河，在到达凉州前，漫漫黄沙、茫茫戈壁将成为沿途的视觉常态，这段距离大约300多公里，古代驼队要走将近十天。

我们租了几匹骆驼来体验一下古人的行路之难。骑上驼背，骆驼稳稳地走进沙漠。随着骆驼的脚步，我们一起一伏，如几叶扁舟漂浮在沙海之上，波澜不惊，悠悠荡荡，叮当驼铃催人昏昏。

驼队绕着巨大的沙丘行走，按照这种走法，300公里的距离走出600公里的路程，也是有可能的。

斜阳勾出沙丘的轮廓，呈现隐约的纹理，浩瀚的沙漠被遮上一层金纱，潋滟起伏，缠绵到天涯。

面对熔金的沙漠，大家一直忙着拍照，忘记了回程的时间，领队的驼工催了多次也没有用，最后没招了，威胁道：天黑前不返回营地，就会迷路，因为骆驼找不到来时的脚印。这时太阳已经看不到了，沙漠黑灰一片，虽然没有人在乎驼工的威胁，但也觉得确实该回去了。

无数铃声遥过碛

等大家都上了骆驼，驼工笑着说："不要紧张，咱们转了半天也没有离开多远。"转过一座高大的沙山，我们看到了营地的灯光，这就是方向。

没有灯光的大漠深处，没有灯光的古代行旅。漫漫丝路，道阻且长，不但长，而且还黑呢。

过了沙漠就到了黄河岸边，芦花透出残照的金黄，河水如丝绸一般闪着温暖，蒹葭苍苍，大河泱泱。

臌胀的羊皮筏子已经吹好了。河东驼队卸下货物，装上皮筏渡黄河，河西驼队将继续沿着丝绸之路向西行进，叮当、叮当……

"无数铃声遥过碛，应驮白练到安西。"——《凉州词》唐·张籍

【永泰军屯

明代也是个"基建狂魔"的时代，从山海关到嘉峪关，明长城逶迤万里。

在长凉北道腾格里沙漠和祁连山之间，有一座明建古城——永泰城。永泰古城修筑于公元1608年（明万历三十六年），位于景泰县城西南约30公里的地方，是明朝为防御北方少数民族而修建的军事要塞。丝路沿线的要塞不仅有军事用途，还兼具国家邮驿的功能，和平时期也是商队补给和休息的地方。为了减少国家负担，要塞驻军还要负责垦荒种地，所以也称"军屯"。到了清朝，随着西北边疆的稳定，永泰城的军事作用弱化，军屯蜕变成了农业村庄。

20世纪50年代，永泰城的行政名称是永泰村，全村有一千三百多人，姓氏却多达三十多个。五湖四海来当兵，多姓杂居是军屯的特点。

当今的永泰古城，是一座不断"翻旧"的古城。近二三十年，古城被用作影视基地，吸引了很多剧组前来拍摄。尽管古朴苍凉的大环境定下了基调，但不同的剧情还要根据需要营造小环境，于是城里翻建或新建了很多土坯搭建的"旧屋旧院"，土色托出古色，苍凉烟火气，粗糙温柔乡。

为了满足古城不断"翻旧"的需要，城里有个制作土坯的大场院。来自本村或周边的农民在黄土中加入麦秸，脱出一块块土坯，每制作一块土坯，可以得到一块钱工钱。古城墙的维护和房屋的建造都使用这些土坯，垒好的坯墙再用黄泥粗粗一抹，就是一片沧桑。

为了保护古城，前些年政府鼓励村民搬到距此不远的新村，大多数人搬走了，还剩下了一些不舍离开的老人和几户做剧组和旅游生意的人家。他们住在20世纪八九十年代建的瓦房中，和新建土房相比，这些老瓦房反而像是最新的房。瓦

房都比土房高，拍摄时为了避开这些瓦房的红屋顶，导演们估计也伤透了脑筋。

一根铁管插在一座石兽的背上，不知这是不是老物件。但站在旁边的妇人却是村里的老人，她和老伴已搬迁到新村，但会经常回来看看，如果碰上剧组需要群众演员，还可以挣点钱。

她生于斯长于斯，出嫁不出村，我想可能这里有很多来自各地的戍边兵士的后代，所以他们没有近亲结婚的血缘顾虑。

她指给我看她的老屋，这才是她时常回来的真正原因。关于她的一切都在这座古城里：父母、孩子、爱人、朋友……欢乐与悲伤，失望与希望。老屋还在，故土难离。

转到另一条土巷，一位老奶奶坐在门前晒太阳。老人已经 92 岁，清癯矍铄，耳不聋眼不花，只是浓重的口音让人听不懂她在说啥，大概的意思是，她的孙子在古城里开了家客栈，四世同堂不分家。好福气！

古城里人很少，能够见到的也多是老人，这是座"一息尚存"的古城。

永泰古城是祁连山东段进入河西走廊的锁钥之地。离开古城转入 G2012 国道西行，车行不远，路过一个叫"墩圸（wā）"的地方。这里可以看到远处山上的烽燧残迹。烽燧在西北也叫作"烟墩"，墩圸意为有烟墩的山坳。这座燧墩距永泰古城约 15 公里，可以肯定，它是永泰军屯防御系统的一部分。

永泰古城

地势渐高，我们沿祁连山北麓向武威进发。祁连是匈奴语"天"的意思，中国古代诗词中多有天山地名出现，一般指的都是祁连山。一路上，不时会见到古代烽燧残迹，孤零落寂，毫无生气。

石窟鼻祖

距武威市以南约40多公里，长凉北道和长凉南道在这里相合，据此不远有一座山，因其陡峭接天而名"天梯山"。

公元412年，匈奴出身的北凉国王沮渠蒙逊迁都凉州，他极度崇佛，统一河西走廊后大修寺庙，营造石窟，译经传法，弘扬佛教。北凉仿照古代印度的石窟形式，在天梯山营建佛窟，从此，河西走廊大规模开窟造像的时代开始了。

沮渠蒙逊在凉州开凿的石窟样式被称为"凉州模式"。其特点是设置大像的殿窟内

天梯山石窟大佛

有中心塔柱，佛陀高鼻深目、身躯伟健，飞天的形体较大，丰乳肥臀。

公元460年，灭掉北凉后的北魏文成帝拓跋濬颁旨，在国都平城（今大同）开凿云冈石窟，河西僧匠们携带着开窟造像的"凉州模式"大举东进，在云冈营造新的中华佛教中心。凉州模式是中国佛教开窟造像的起点，如今在大同云冈石窟和敦煌石窟中还能看到。

公元494年，北魏孝文帝从平城迁都洛阳，继续在龙门开凿皇家石窟。经过数百年的连续营造，到了唐代，石窟造像已经彻底中国化。在河西走廊积淀和嬗变的佛教艺术，沿着秦岭顺着黄河，一路东行，向全国弥散。经过几百年的演进，中国佛教石窟造像艺术完成了由凉州模式到平城模式再到龙门模式的升华，又回过来反哺河西，麦积山、榆林窟、莫高窟从此跃上了新的艺术高度。

凉沙道 （武威—张掖—酒泉—敦煌）

从凉州（武威）经张掖、酒泉、瓜州到达敦煌，纵穿整个河西走廊，绵延近千公里。敦煌古称"沙洲"，故此道史称"凉沙道"。

【凉州七里十万家

沿长凉南道或长凉北道自东向西进入河西走廊，第一座城市就是武威。

武威巍峨的南门城楼，三门洞开，大门正中嵌着一块大石门额，深刻两个大字——凉州。

公元前 121 年（西汉元狩二年）春，汉将霍去病击溃匈奴，汉武帝在河西地区设立武威、张掖、酒泉、敦煌四郡，隶属凉州刺史部。武威郡治设在原匈奴休屠王领地姑臧，为显示大汉帝国的"武功军威"，姑臧改称武威。武威不仅是武威郡的治所，同时也是凉州刺史部所在，所以也称凉州，盖因此地"地处西方，常寒凉也"。

汉唐之际，凉州是中国西北地区仅次于长安的最大城市，十六国时期的前凉、后凉、南凉、北凉，唐初的大凉，都曾在此建都，以后历为郡、州、府治所之地。凉州是古代中原与西域经济、文化交流的枢纽、中国古代陆上丝绸之路西段的要隘、中外商人云集的商埠。直至今天，武威西凉市场也是这一地区最大的商品批发市场。

唐代边塞诗人岑参有"凉州七里十万家"的夸张描写。古代人口统计以户为单位，一户五口，十万家计五十万人，而当时世界最大的城市长安，人口也不过百万。而真实的数据，根据《旧唐书·地理志》载：唐天宝时，武威郡"户二万二千四百六十二，口十二万二百八十一"。

岑参的夸张赞美在一千多年后得到了回报。武威南城门外有一条长长的石板甬道，上刻历代文人歌咏凉州的诗句，排在第一位的就是岑参的"凉州七里十万家"，接在后面的是王昌龄、王维、元稹、白居易、孟浩然、刘禹锡、杜牧、李益、陆游、于右任等，其中多位大家都比岑参有名气，但在凉州，他却排在了第一名。你有付出，我必回报。

从唐代到近代，许多大文豪都写过有关凉州的诗或词，据统计，仅全唐诗中以《凉州词》为题或以凉州为背景的诗就有一百多首。唐代以后，仍有不少冠以《凉州词》的边塞诗，以至中国古代诗歌史把"凉州词"单独列为一个题材类型。

武威最著名的文物是 1969 年在雷台汉墓出土的东汉青铜奔马，腾空的天马，昂首扬尾，后足下踏着一只回首惊视的龙雀。龙雀被称为风神鸟，天马疾驰的速度比风神还快。一马一雀，一踏一惊，中国汉代的自信和浪漫尽在其中。

郭沫若先生看到它时曾惊叹："这不就是传说中的天马吗？"并定名为"马踏飞燕"。历来对于铜奔马的名称争议很多，引经据典，各有说法，但不知是郭老的学术权威还是行政官威，抑或两者兼而有之，雷台广场托举着青铜奔马的立柱上写着"马踏飞燕"四个大字。

仰视天马，云动马动。

汉代尚马，政府还给马立了户口，称作"口籍"。西汉骠骑将军霍去病北驱匈奴，收复河西，牧马祁连，匈奴哀叹"失我祁连山，使我六畜不蕃息"。汉武帝曾作过三首《天马歌》。其中一首写道："天马徕，从西极，涉流沙，九夷服。"出土于武威的天马，宣扬的是威加四方、夷服归德的大汉气势。根据河西汉简的记载，当时马被广泛地用于军事行动、交通邮驿等方面。马在汉代可谓功绩卓著，加上武帝诗的赞美，俨然已为神兽。

天马身后的广场上排列着一方威武的军阵，这是按原样放大六倍制作的青铜汉军，战马张着大嘴翻着鼻孔，军士手持长戈神情威严，传达出"犯强汉者，虽远必诛"的帝国气势。

武威天马，威加四方

白塔为证

野蛮的丛林法则曾经是历史上最高的政治法则，许多征服和归顺都是残酷杀戮和强力震慑所发挥的作用。在中国古代陆上丝绸之路沿途发生的许多历史事件，也都遵循于这个法则，其结果对当时和当今的中国都产生了巨大的影响。

武威白塔寺

蒙元时代是奠定中国版图的重要时期。1235 年 7 月，蒙古第二任大汗窝阔台在漠北召开会议，决定从东西中三路向南宋发起全面攻势，并扫平南宋周边其他少数民族的统治，其中西路军队由蒙古汗国的三皇子阔端统率。

西路攻宋，必先要征服盘踞河西的吐蕃，在阔端大军的攻势下，居住在河西地区的吐蕃部落纷纷归降。当时吐蕃统治地区实力最强的教派是萨迦派，其领袖是贡噶坚赞，他被尊称为萨迦班智达（意为大智者），简称萨班。以萨班为代表的吐蕃上层清楚地知道，长期分裂割据、不相统属的吐蕃各教派、部落根本无力对抗强大的蒙古大军，为西藏前途命运考虑只有归附蒙古，才是上策。

蒙古人也知道征服和统治雪域高原的困难，也有让西藏和平归附的考虑，于是双方找到了共同点。

1244 年，阔端向萨班发出正式邀请诏书，请他前来凉州商谈西藏归属问题。三年后，阔端与萨班在凉州举行了会谈，史称"凉州会谈"。会谈结果产生了《萨迦班智达致蕃人书》，确定了西藏接受中央政权的统一管辖并享有地方自主权利的原则，从此西藏被纳入了中国版图。

在国际关系中，当中国和邻国发生领土纠纷的时候，我们常常会听到对于这片有争议的地区"自古以来就是中国的神圣领土"的说法。

什么是"自古以来"？中国历史学家的时间定义是以 1840 年前的清朝版图为据，将这一年划定为中国古代和近代的时间分界和国家地理分界。1840 年的标志性事件是第一次鸦片战争，中国历史被西方列强的坚船利炮屈辱地赶进了近代。谭其骧先生主编的《中国历史地图集》第八册"清时期"有一幅 1820 年（清嘉庆 25 年）的清时期全图地图，这张地图所涵盖的地方就是"自古以来"的中国领土。

根据这一观点，我们可以坚定地宣称：西藏自古以来就是中国的神圣领土！

在阔端的支持下，萨班在凉州城周围改建、扩建了四座佛教寺院，其中幻化寺是元代凉州最大的藏传佛教寺院，号称"凉州佛城"。它是萨班在凉州期间讲经布道的驻锡之所，也是蒙古王室、各族官员和僧众听经礼佛的圣地。

萨班于 1251 年 11 月圆寂，阔端为他举行了盛大的悼祭活动，并在幻化寺修建了一座巍然耸立的藏式喇嘛灵骨塔，灵骨塔周围环绕着高低不等的 99 座白塔，从此人们便把幻化寺改称为白塔寺，也叫百塔寺。但是藏民却认为白塔寺有 101 座塔，藏族民歌唱道："月亮是从大地升起的第 101 座白塔，围绕在萨班灵骨塔的周围。"从中我们可以感受到藏族同胞对萨班大师的深深敬意。

萨班圆寂后，他的弟子八思巴继承了他的衣钵，继续在凉州讲经布道。后来，八思巴被元世祖忽必烈拜为上师，管理全国佛教和藏地的行政事务。

蒙古在成吉思汗统一各部落之前没有文字，成吉思汗的蒙古兴起后，用经过改造的回鹘字母拼写蒙古语，回鹘字母是由沿丝绸之路而来的古叙利亚文改造而来的。蒙元之前的辽、西夏、金各朝，都曾根据本民族特点创制过文字，所以忽必烈即位后，也迫切地想创造一种文字，以彰显蒙元帝国的文化地位。

在蒙元统治境内，各个民族都在使用本民族的文字，主要有蒙、汉、藏、回鹘、梵、波斯等。这种现象阻碍了元朝政令的发布执行，为了统一文字，八思巴受忽必烈委托创制了蒙古新文字，史称"八思巴文"。

八思巴文是一套以藏文字母为基础的拼音文字，很像现代汉语拼音。汉语拼音拼写汉字，相同的发音可拼出不同声调的若干字，但是字与字的意思互不相干，甚至自相矛盾，不便于理解原意，也许还会产生歧义，八思巴文也会产生这种现象，因此元朝政府除了使用八思巴文作为官方正式文本文件以外，还会附上以上几种主流文字的副本。所以八思巴文仅限于朝廷诏令使用，没有也无法推广到社会生活的各个方面。元朝灭亡后，八思巴文一同陪葬，成了"死文字"。

八思巴文的创制体现了蒙元王朝实行"大一统"的政治主张。在中国历史上，它首次尝试统一各民族文字的字形，首次尝试用表音符号来书写汉字，为后来的汉语注音方案和汉语拼音方案的改革提供了经验。

凉州会谈奠定了西藏并入中国版图的基础，确立了藏传佛教喇嘛的国师地位，为藏传佛教在蒙古地区的传播起到了极大的促进作用，蒙藏两个民族通过共同的信仰建立了精神联系，形成了新的民族关系。释迦牟尼创立佛教时怎么也不会想到，佛教通过丝绸之路来到东方后，竟然对中国统一、疆域扩张和民族团结起到了如此重要的推动作用。

【传译无谬者

自西而来的佛教随着佛经教义的推广逐渐弥散于中国，溯源追访，有一个人站在了源头，这个人就是———鸠摩罗什。

两晋南北朝至隋唐时期，佛教在中国广泛传播，佛经翻译也大规模开展，并得到了当时最高统治者的支持，汉译佛典绝大部分是在这一时期完成的。

在佛教传入中国两千年多年的漫长岁月中，有名姓记载的佛经翻译家多达二百余人，他们中最杰出的人物非东晋时期的鸠摩罗什和唐代的玄奘莫属。

鸠摩罗什于公元 343 年出生于龟兹（今库车），父亲是天竺望族，弃宰相之位周游列国学习佛法，后来到龟兹，与龟兹国王的妹妹结合，生下鸠摩罗什。

鸠摩罗什自幼天资超凡，半岁会说话，三岁能认字，五岁开始博览群书，七岁随母出家，九岁又随母到印度，师从高僧学习佛法，其间在印度各地参学，小小年纪即扬名周边各国。

十二岁时，鸠摩罗什随母亲回到龟兹，被龟兹王奉为国师。他在西域诸国声望极高，每当讲经，王公都常跪座侧，让鸠摩罗什踩背登坛。

鸠摩罗什的声望也传到了长安。公元 382 年，前秦皇帝苻坚派遣大将吕光征讨西域。临行前，苻坚特地嘱咐吕光攻占龟兹之后，将鸠摩罗什带回来。吕光攻伐焉耆，继灭龟兹，公元 386 年，吕光东归，带着鸠摩罗什到了凉州。此时的前秦皇帝苻坚在淝水之战中大败，被部属杀害，于是吕光驻留凉州自立为王，并定都在这里，国号凉，史称"后凉"。鸠摩罗什也跟着留了下来。吕光招募各地能工巧匠，大兴土木，为鸠摩罗什建了一座寺庙，这里成为鸠摩罗什初入内地安身弘法演教之处。各地僧人仰慕鸠摩罗什之名，前来拜访和求教者络绎不绝。鸠摩罗什客居凉州讲经兴教十七年，使得凉州成为丝绸之路上重要的思想传播和文化交流之地。

鸠摩罗什寺舌舍利塔

公元 401 年，后秦打败后凉，鸠摩罗什成为后秦的俘虏，被送解到长安。有人说前凉对龟兹、后秦对后凉的这两次战争都是为了鸠摩罗什而发动的，我觉得这个结论不可信，但得到鸠摩罗什肯定是战争的目的之一，由此可见当时中原各国宗教之狂热，开窟造像也是兴盛于那一时期。

后秦皇帝姚兴对鸠摩罗什以国师礼待，请他在长安主持译场，这是中国历史上第一次由国家组织的大规模译经活动。在鸠摩罗什主持之下，译经工作制度健全，分工精细。据记载，协助鸠摩罗什译经的名僧有八百余人，远近而至求学的僧人更多达三千之众，之后十余年间，鸠摩罗什在长安悉心从事译经和弘法。

两晋南北朝时代，汉语和外域语言之间尚不能有效而准确地沟通。鸠摩罗什驻留凉州十七年，对于中土民情非常熟悉，语言文字运用自如，加之他博学多闻，兼具文学素养，他根据中原信众的接受能力，尽量采用既符合汉语表达习惯，又简洁精练的文字来阐释佛经的艰深教义，同时也注意保留异域语言的风格特点，因此，他翻译的经典，自然生动而契合妙义，优雅准确并简洁流畅，文采斐然且朗朗上口。

鸠摩罗什所译经文使汉语语汇大量增加，还创造了许多准确通俗的词语，如今我们仍在使用的一尘不染、天花乱坠、大千世界、想入非非、粉身碎骨、回光返照、火坑、苦海、烦恼、魔鬼、未来、心田、爱河等词汇，都是鸠摩罗什创造的。他翻译的经文，梳理并突破了汉语原有的边界，对于中国的佛教发展、丰富词汇、语言翻译，甚至对于中国文学的影响都是重大而深远的。

中国佛教文化研究所编写的《俗语佛源》一书，有专门章节介绍从佛经翻译而来的词汇。赵朴初先生在此书前言中写道："我们日常流行的许多用语，如世界、如实、实际、平等、现行、刹那、清规戒律、相对、绝对等等，都来自佛教语汇。"这些词汇的应用加深了人们的思想深度，进而丰富了民族传统的思维方式，可以说，佛教经文的翻译带动了一场汉语革命和思想革命。

如今我们在写作时或讲话中，不经意间便会使用许多来自佛教的词汇，即使你不是一名佛教徒，也可以口吐莲花，满纸禅意。

鸠摩罗什翻译的佛经不仅创造了许多词汇，对一些汉字的读音也做了标注。汉字具有象形特征，看字并不一定能读出正确的音，虽有"秀才识字读半边"的古训，但这种瞎蒙的方法也有不少误人之弊。古人学习汉字必须要跟着先生一字一字地学习读音，如果遇到先生不以为错的错读，或者因口音而产生的错音，那就会以讹传讹，误人子弟。

东汉末年，当时的一些儒生受梵文拼音字理的启示，利用反切法来注字音。反切法的基本原理和汉语拼音相似，有声母（反）和韵母（切），比如"冬"是"都宗切"，即用"都"的声母 d 和"宗"的韵母 ong，急读为 dong。两千年来，反切法虽经多次完善，但终不能准确标注复杂的汉语读音，1918 年，北洋政府教育部公布了国语注音方案，反切法遂被淘汰。

从音韵学史的角度来说，反切的产生标志着汉语语音学的开始，更重要的作用是提高了中国民间的识字率，并规范了汉字读音标准，让天南海北的中国人可以流畅地相互交流，并通过古籍和祖先沟通。反切法为中华文明的延续提供了技术支撑，佛教东渐的延展影响在其中起到了积极的作用，鸠摩罗什功莫大焉。

公元 413 年 4 月，鸠摩罗什自知灭度时刻将至，于是召集弟子作最后遗言："今于众前发诚实誓，若所传译无谬者，当使焚身之后舌不焦烂。"这段话的意思是：我当众发誓，如果我翻译的佛典没有谬误，火化后我的舌头烧不烂。鸠摩罗什圆寂火化，肉身化灰，唯有舌头完整存于炭烬之中，弟子们遂携带他的舌舍利返回凉州，在鸠摩罗什寺内建塔奉供。

鸠摩罗什是中国翻译史上第一个提出译者署名的人，敢于负责的满满自信，才能坚信自己的舌头烧不烂。

在供奉鸠摩罗什的大殿内，他的塑像表情安定，双目微合，一手结定印，另一只手里托着翻译好的佛经。其面相是温和圆润的中原人形象，而在新疆拜城的克孜尔石窟前，他的塑像却是五官生动的西域人形象。各地信众都把心中的大师塑成自己希望的样子，似乎这样会让他们更有亲近感。

鸠摩罗什寺大殿的墙上，用巨大的金字镌刻着他翻译的《金刚经》中的经典偈语：

一切有为法　　如梦幻泡影

如露亦如电　　应作如是观

走出鸠摩罗什寺，在游客服务中心门前，一个立着"科学算命"招牌的卦师带着墨镜，手持相书，正对着一个女人唠唠叨叨。墨镜是这个职业的标准装备，在墨镜没有普及之前，他们都会装成瞎子，以显示其眼瞎心不瞎的通灵神力，其实他们是心瞎眼不瞎。每次见到这种人，我总能感觉到那黑黑的玻璃片后面藏着一双阴险贪婪的眼睛。

任何事物都有其两面性，佛教在中国的发展既有积极的作用也有消极的影响，其神秘的生命轮回和因果报应等观点，为追求功利的民间信仰或者说民间迷信提供了机会。

中原文脉，雪域菩提

河西走廊对于中华文脉的保护和传承曾经发挥了巨大的作用。

自公元220年东汉灭亡到公元581年隋朝建立，中国陷入了长达三百多年的大分裂、大混乱的灾难之中，中国历史年表上称这一时期为两晋南北朝。这段时期和唐朝灭亡后的五代十国时期是中国历史上最混乱的年代，相互交错的朝代，轮番上台的民族，让人根本找不到一个准确的朝代时间坐标和疆域地理坐标。

公元291年（西晋元康元年），西晋皇室内部为争夺中央政权爆发混战，史称"八王之乱"。公元304年（西晋永安元年），匈奴、鲜卑、羌、羯、氐等内迁的外族趁乱举兵，洛阳、长安被攻陷，史称"五胡乱华"。入侵中原的外族政权相继建立过十六个朝代，史称"十六国"。

外族入侵，内乱频仍，黎民涂炭，国破家亡，沃野中原成人间炼狱，"苍生殄灭，百不遗一"。中国传统文化也遭受到巨大冲击，那些身世显赫、家学渊博的名门望族被迫做出选择。

中原文脉，武威文庙

"To be or not to be？"生存还是毁灭？哈姆雷特的问题在人类生命的本能面前根本就不是问题。为了活命而逃亡，逃亡是逃而不亡，面对野蛮，文明无力。

西晋皇室和一些名族南下来到长江流域，并在建康（今南京）建立了东晋王朝，史称"衣冠南渡"。还有些人向西北迁徙，渡过黄河，来到河西走廊。

河西地区经过两汉近四百年的经营，农牧商贸发达，土地肥沃，有"塞上江南"之誉，于是很多向西迁徙的中原人选择在这里避难定居。

进入河西的这批人不乏名仕大儒，他们在河西多地开坛讲学，其中突出的人物是郭荷和他的学生郭瑀。他们隐居在张掖东南马蹄山下的临松薤谷，凿窟而居，传道授业。尊儒重教的风气在河西走廊延绵不断，学术文化空前繁荣，并形成了与中原文化相呼应的河西文化系统，客观上为中华传统文化留下了文脉。

公元 386 年，五胡之一的鲜卑拓跋氏建立了北魏，并统一了中国北方地区。北魏政权推行汉化政策，儒学受到格外的推崇，然而百年战乱，中原地区文化凋零，甚至找不到一部完整的儒学经著。为此，北魏从河西走廊内迁儒士、工匠三万户到国都平城（今大同）。在这次大规模的东迁中，几乎全部河西学者都被迁往中原，自汉延续至今的河西文化系统亦随之东迁。这些熟悉汉代儒家礼仪、律令之学的河西学者，得到了北魏政权的礼遇和重用，积极参与了北魏鲜卑政权的文化转型和政治改革。此后的隋唐承袭了北朝的政权系统，以强盛之势统一南北，开

雪域菩提，马蹄寺石窟

创了大一统的盛世局面，河西文化与中原文化、江南文化成为隋唐文化的渊源。

河西文化的历史地标就是武威文庙和张掖马蹄寺。

武威文庙参照曲阜孔庙形式而建，泮池桥、棂星门、孔子行教像、大成殿等层层递进，一应俱全，可以看出西迁文人不折不扣的崇儒精神，也正是这种态度，才完整保留了中原文脉。

张掖马蹄寺，原本是郭荷、郭瑀等儒士为安身治学而建在马蹄山下的石窟，在河西儒士东迁平城之后，这些石窟被人用来供奉佛像，成为了最初的汉传佛教寺院。唐安史之乱后，吐蕃控制了河西地区，这里又逐渐成为藏传佛教的喇嘛庙。

马蹄寺石窟是一组规模宏大的石窟群，由胜果寺、普光寺、千佛洞、金塔寺、上、中、下观音洞等七处组成，共有70余处窟龛，逶迤近30公里，是甘肃境内除莫高窟、麦积山和炳灵寺之外的第四大石窟群。这里可以看到佛教造像艺术初入中国时保留下来的古印度风格，以及从汉传佛教向藏传佛教风格转变的痕迹。

普光寺马蹄殿，一只大大的马蹄踏入坚硬的岩石，留下了一个深深的蹄印，传说这个马蹄印是藏族英雄格萨尔王骑着天马下界留下的。格萨尔王在藏族传说里是神的化身，他戎马一生，扬善惩恶，弘扬佛法，传播文化，成为藏族人民引以为豪的旷世英雄，凡有藏民的地方就有纪念格萨尔王的寺庙。因为这个马蹄印，普光寺及附近的六座寺庙被统称为马蹄寺，这里是甘肃、青海一带藏民心中的圣地。

普光寺的"三十三天"石窟是马蹄寺石窟群的标志性建筑，石窟呈宝塔型，开凿于百米高的岩壁上，共有上下五层二十一窟，规模之大为全国之最，也是中国唯一将栈道修筑于山体之内的石窟。

何为"三十三天"？佛经讲，须弥山的四方各有四座山，每座山各有八层天，合计三十二层天，须弥山最上层还有一层天，称作"帝释天"，那里是众神娱乐的地方，合为"三十三天"。凿窟的古人大胆想象，仿照神界的三十三天，开凿出人间的三十三天，通过石洞栈道把人间天上联系起来，其含义是：只要不断修行，积德行善，每个人都可以从人间到达天上，与诸神共戏于天堂。

"三十三天"洞窟层叠，联通各层的石梯穿壁盘旋而上，石梯洞内幽暗狭窄，大约只有半人高，但每一级石阶都很高，基本上要手脚并用匍匐而上，有些转弯处的石阶又高又窄，需要做个鹞子翻身的高难动作才能通过，当你艰难地爬上一级台阶后，原本朝向地面的脸已经是朝天了，我戏称这种攀爬是不断的翻滚，翻上去，滚下来。

"三十三天"的各个石窟内都供奉着藏传佛教的各路神仙，他们各司其职，有什么愿望只管去拜主管的佛。

从石窟最高处的石廊向远方望去，祁连雪峰连绵不绝，身处梵境，雪山更显得无比圣洁高远。

马蹄寺前的煨桑炉里燃烧的柏枝噼啪作响，一位藏族汉子围着炉子挥洒着酒瓶里的酒，我一直看着他完成整套仪式后，问道："扎西德勒，您从哪里来？""我是海南的。"他说的海南是指青海海南藏族自治州，"海"是指青海湖。

我看到他腰带上挂着一把汽车钥匙。于是问道：

"开车过来的？走 227 吧？"

"是。"

227 即横越祁连山的 G227 国道，是青海、甘肃间的主要通道，这条路就是丝绸之路青海道所含四条道路之一的祁连道。

临走时，我帮他把装煨桑用品的包装盒收拾好扔进垃圾箱，相互合十告别。

马蹄寺是汉藏文化相遇的地方，在这里，有人诵着阿弥陀佛顺丝绸之路而来，有人吟着六字真言沿唐蕃古道而来，相逢圣境，同声颂佛。

宗教信仰通过理想和戒律对人实行道德约束，世俗法律通过权力和法条对人实行行为约束，两者共同维护着人类社会的秩序。在马蹄寺汉传佛教千佛洞院内有一联，说清了宗教与世俗的关系和作用："广度有情热情即是真情，爱国守法佛法不离世法。"

马蹄寺位于甘肃省张掖市肃南裕固族自治县马蹄藏族乡境内。景区游客中心的一个食摊上，一位裕固族小伙正在用汉语叫卖着一种叫作"烧壳子"的藏族食品。这种食品先是将面粉发酵，内加酥油和白糖蒸熟，再用胡麻油炸制。这几种食材混合在一起，味道会怎样呢？买来一尝，外焦里嫩，软甜酥香，味道和油炸的奶油甜馒头差不多。

多种文化融合的产物，即使附加再多的概念，我们也总能从中找到熟悉的味道，并用它来定义这一混合体。比如我觉得"烧壳子像油炸的奶油馒头"。在社会学中称为"本土化"，在生物学中称之为"杂交"，用老百姓的话来说，就是"有啥东西做啥饭，咋好吃就咋吃"。这就是"文化"之"化"。

离开马蹄寺回到张掖，天色已黑，泛光灯照亮了市中心古老的钟鼓楼，楼上重檐四面嵌有匾额，其中一面上书"九重在望"。我想，此匾是称颂钟鼓楼之高，含"欲穷千里目，更上一层楼"的诗意，但看过马蹄寺后，我对它又有了新解。中国文人以九重为天界的最高表达，虽然绝对值小于藏传佛教的"三十三天"，但两者所追求的理想高度是一致的。

一蓬衰草，七彩丹霞

"张国臂掖，以通西域"，河西走廊的形状就像一只伸向西方的胳膊，张掖之掖（腋）是代指臂膀。汉武帝向西打出一记直拳，这一拳打出了一千多公里，直到玉门关外。西汉伸出的胳臂，臂骨就是长城。沿着河西道行走，可以看到不少自汉唐至明清的长城、烽燧、墩墩、古堡和驿站的遗存。

张掖市山丹县境内的长城驿是 G30 国道（连霍高速）上的一个服务区，这里曾是汉唐驿站的所在，古代驿站相当于现代国道服务区。国内多条公路的服务区都与长城相关，唯有这里独享了"长城驿"的名字。

广布丝路沿途的驿站，保证了东西方物资和文化交流的畅通，捍卫了国家疆土的完整。"一驿过一驿，驿骑如流星……沙尘扑马汗，雾露凝貂裘。"唐代诗人岑参在诗中描述的，就是驿站的繁忙和驿差的辛苦。

长城驿服务区的入口处耸立着一座敌台遗存，下有一块断裂后又马马虎虎堆接上的石碑，碑上刻有"全国重点文物保护单位　明长城——新河6号敌台"的字样。

河西走廊汉、明两代长城始终并行，但明长城都修在汉长城以南，有的相隔几十米，有的相隔十几公里，原因是相隔几十米的两代长城，明长城以汉长城为前沿防线，为的是加强防御能力；而相隔十几公里的两代长城，则是生态环境的变化、沙进人退的结果。汉代的国土到了明代，被风沙蚀去了不少，但是，明皇放弃的更多。

颓墙衰草骆驼城

沿着古代长城的残墙继续向西，路牌指向"骆驼城"。从卫星地图上看，骆驼城就像钤在苍凉大地上的一方大印，坐北朝南，正正方方。

这里是不是汉时长城屯兵的古堡已不可考，有据可查的是，此城曾为东晋时期北凉王朝的郡府治所，名曰建康郡。"建康"是东晋的首都，即今天的南京，偏居西北一隅的北凉政权之所以把这座小城命名为"建康"，是想借此标榜效忠东晋王室，以便争取南方汉人政权的支持。

既然曾为郡所，可见那时这里人丁兴旺，肯定不会像眼前这般荒凉。

唐朝时，改"建康郡"为"建康军"，虽一字之别，反映的却是地方行政区与军事管理区两种管理体制。

安史之乱后，建康军被吐蕃攻陷，城破人空，从此成为牧人或行旅的骆驼圈和宿营地，骆驼城由此得名。昔日的郡府城沦落成了牲口圈，这反差有点大。

骆驼城是全国重点文物保护单位，有售票处，但无人值守，四下张望，视野之内绝无人影。虽然没有看到真人，但遗址内外安置了好多摄像头，还有许多"不得攀爬，不得踩踏"的标语警示牌。

古城遗址面积近三十万平方米，现存城垣为黄土夯筑，目测也有七八米高。历经一千七百多年的风雨侵蚀、自然灾害和战争，还能留下这么高大且相对完整的城垣，让人对其原创性产生怀疑。

城内已是一片空地，在蓬蓬衰草间，如果仔细寻找，还能见到一些陶器的残片，残片上可见清晰的绳纹，这是民间常用的陶器美化技法，多见于汉魏时期的民间制陶坊，看到这些残片，我又愿意相信这个残城真是当年的残迹了。回京后查资料，骆驼城遗迹确实为古代真存。

东北的城墙下有一条干涸的水道穿墙而过，这曾是骆驼城里唯一的水源，叫"臭门泉"。这么有"味道"的名字来自一段未经证实的"据说"。当年西夏王李元昊攻打盘踞骆驼城的回鹘军，因城池坚固久攻不下，便命士兵把人和动物的尸体扔进流向骆驼城的泉水河。流进城里的泉水恶臭无比，无法饮用，坚守此城已不可能，于是城内守军乘夜挖了一条通往城外的地道。在一个月黑风高、尘沙弥漫之夜，回鹘军用饿马摇铃、悬羊擂鼓的手法掩敌耳目，潜入地道，悄然远遁。

饿马摇铃是将饥饿的战马放在战壕中，马头上悬吊一束青草，马能看见却永远吃不到，饿马在战壕中转着圈追逐眼前的草，马铃声响成一片；悬羊擂鼓是将羊拴住后腿倒吊在树上，前蹄下置一面鼓，倒悬的羊前蹄乱蹬，擂鼓震天。

这两项惑敌战术都是春秋时期齐桓公发明的，一千多年后却被回鹘人拿来对付西夏人了。

　　张掖地区的汉唐遗迹，颜色单一，毫无生气，而不远处的一片丘陵却色彩斑斓，人气高涨。

　　"七彩丹霞"是张掖最著名、最神奇的地质景观，但这个名字却被指责"不科学"。从地质学分类来看，七彩丹霞属于丘陵地貌而不是丹霞地貌，这两者在地质学上是有区别的。丹霞的基本定义是有陡崖的红层地貌，而丘陵的定义是起伏和缓、连绵不断的矮岗土丘。按科学分类，这片地貌应该被叫作"丘陵"。枯燥的科学定义让世界顿时失去了美丽，幸好人类的情感中还有浪漫，人们不仅把这片色彩丰富的矮岗描绘成"七彩"，而且把"丘陵"改为了"丹霞"，意境顿出。我相信，当初起名字的人或机构一定知道这个道理，他们巧妙地在科学与文学间游戏了一把。

　　第一次听到丹霞这个地质名词，认为是从拉丁文翻译过来的，曾感叹它翻译得如此美妙，后来才知道这个词是中国地质学家提出的，究其出处，源于三国时曹操的儿子曹丕《芙蓉池作诗》中的诗句"丹霞夹明月，华星出云间"。原来"丹霞"是被地质学借用的文学词汇。

　　游览七彩丹霞的游客很多，他们对着东升的朝阳欢呼，对着西沉的落日感叹。大爷手持单反，大妈身披彩绸，哪怕被闪了腰也要找回逝去的青春；姑娘小伙撑开横幅开始喊冤："生活不是加班熬夜，还有诗和远方"。

　　七彩的自然，七彩的生活，七彩的梦想、七彩的真实。

七彩丹霞七彩梦

▌日月大明嘉峪关

汉初四郡之一的酒泉，最有名的古迹当属嘉峪关。现在的嘉峪关关城是明朝的遗存。关城内城朝向西域方向的西门上刻着两个大字"柔远"，意为怀柔外域，威播远方。而明廷将两个字落实到行动上，却是"闭关绝供"。

汉唐以来及至明朝前期，西域和中原的往来都要经过玉门关，公元1372年（明洪武五年）筑嘉峪关，玉门关逐渐被废止。在嘉峪关置关的最初一段时期，这里是明王朝开拓西域的前方大本营，也是西域各个属国向中原宗主进献贡品的唯一法定关口。

明朝初年在嘉峪关以西（今甘肃西北、青海北部及新疆东部）设立的七个羁縻卫所，史称"关西七卫"。关西七卫的设置减轻了西北边防的压力，加强了对西域地区的控制，维护了丝绸之路和中西亚各国贡路的畅通。

关西七卫和明政府的隶属关系很微妙，他们有时会做出违背朝廷意愿甚至有损明朝国体和利益的事。嘉靖年间，国力衰退的明朝已无力经营西域，面对关西吐鲁番军队的进攻根本无力抵抗。

公元1539年（明嘉靖十八年），明王朝在一些大臣"闭关绝贡"的主张下，封闭嘉峪关，将关外的军政机构与臣民一并回迁，紧闭城门，据关自守，大片的国土弃之关外，丝绸之路彻底断绝，西域地区与中原政权脱离了联系。

夕阳落在嘉峪关外

开关通贡是怀柔外交的方式，闭关绝贡是震慑外交的手段，就如同现代外交的"断交"和经济的"脱钩"。但明嘉靖的闭关绝贡却是一种软弱无能的表现。

嘉峪关关城分内外两层，外关城包裹着内关城，双层保温，固若金汤。外关的西门是嘉峪关城的形象代表。夕阳西下，整个城楼和向两边延伸的城墙，被映照得通体金红明亮，如果从西边看过来，一定会以为前方竖着一道不可逾越的铜铸大墙。

西门外直接面对的是一座大沙坡，只有上到坡顶，才能看到远方。为什么西城楼不建在坡顶上呢？这样视野不是更开阔吗？在我知道答案后，不得不佩服设计建造者的高明。

古代打仗，尤其是面对游牧民族的骑兵，城墙能够起到很好的阻隔作用。再看看嘉峪关西门外的地形，外族骑兵马队奋力挥鞭冲上坡顶，没想到对面城门外是一个大下坡，前面的战马根本停不住，而后面的马队也紧跟着冲撞上来，整个马队随着惯性直接撞到坚实厚重的城门上，这座城楼的建造充分利用了周边的地形，显著增强了军事防御能力。侥幸冲入城门内的骑兵，进入的却是高墙合围的瓮城，滚木礌石，飞箭热油，自上而下，这里就像是一间制作人马饕餮的烧烤大厨房，缺的只是一把孜然了。

然而再高的外墙也挡不住墙内腐朽的侵蚀。嘉峪关关城内城朝向中原方向的东门上也刻着两个大字"光化"，意为皇恩如日，教化国民。光化的结果却是长城内的百姓民不聊生。明末农民起义此起彼伏，1644 年，李自成率领的起义军攻克北京，崇祯皇帝煤山自缢，随后清军进入明长城最东边的山海关。明朝为了防卫"西戎"而关闭了嘉峪关，不承想"东胡"却打进了山海关，两关之间所有的国土就这样易主于又一个少数民族。

满清入主中原后，重开嘉峪关，经康雍乾三世，收复西域，故土新归。1865 年（清同治四年），西域生乱，来自中亚的阿古柏乘虚而入占领了新疆大部分地区，史称"阿古柏之乱"。

为平定阿古柏之乱，1876 年，左宗棠坐镇酒泉，督办西北军务，仅用一年多的时间就将阿古柏军攻灭，并收复了新疆大部分领土。然而，沙俄依然占据着伊犁地区，不肯退让。左宗棠大吼一声"伊犁我之缰索，尺寸不可让人！"

1880 年 5 月的一天，年近古稀的左大帅在酒泉祭旗出了嘉峪关，紧随这位白须白发老人身后的竟然是一口黑漆漆的大棺材，史书称为"舆榇(yú chèn) 出关"意即抬着棺材出征，表示决一死战的决心。白发征夫，抬棺进疆，收复河山，浩然正气，感天动地。

然而，清政府并不愿与沙俄开战，进疆不足半年的左宗棠接到圣旨命其回京。抬出嘉峪关的棺材大概率是扔在新疆了，史书无记载。1881年清政府和沙皇俄国签订了《中俄伊犁条约》，又是割地，又是赔款，左宗棠对此条约也是无可奈何。

关城内的广场上摆放了几门大铁炮，其中一台炮管上铸有"永乐七年九月"的字样。永乐是明成祖朱棣的年号，朱棣一生文治武功，建造了当时世界上最大的官殿群——紫禁城，组织编修了当时世界上最大的百科全书《永乐大典》，派遣当时世界上最大的远洋船队七下西洋。为了维护大明国土的统一，他曾五次亲征漠北，最终病死征途。但他的后代却腐败无能，闭关绝供，将整个西域拱手相让于异族。

嘉峪关"柔远""光化"的门额，见证了明清两朝从兴盛到衰亡的整个历史过程。

永乐大炮哑口无言，日月大明，辉煌黯淡。

古置孤悬

悬泉置遗址位于瓜州和敦煌的中间位置，导航显示，从瓜州进入高速，125公里后从敦煌驶出，调头再往回走65公里的省道，才可到达悬泉置。我看了一下地图，悬泉置就在高速路边不远处，而且高速和省道始终平行。我为什么不直接走省道呢？那样就不用再走65公里的回头路了，"省道"两字不是也可曲解为"省点道"的意思吗？而且还省高速费。时间和金钱让我决定不相信导航。

驶入省道，我才发现，这条路不仅全程限速60公里，而且坑洼不平，不时有满载的大货车晃动着高高的货箱迎面而来，卷起的烟尘久久不散。颠簸近两个小时，终于在车的左边看到了悬泉置的路牌，奈何隔着高速路过不去，一直到了敦煌路口，才有岔道可以调头，结果不仅65公里的回头路未省，还浪费了时间，更别提限速的烦恼和颠簸之苦了。自以为是就要自食其果。从瓜州到敦煌，无论是省道还是高速，125公里居然没有一个出口，可见这一带多么荒凉。

吃此一堑，重新相信导航，按照导航指示的小路回行60公里后，下到一条只有车辙而没有路的"路"上。茫茫戈壁上可以看到几个直线排列的黄土烽燧，有些较完整的烽燧下立有石碑，如甜水井墩烽燧、空心墩烽燧等。沿着烽燧的走向，5公里后便来到被铁网围起的悬泉置遗址保护区。铁网外有一座泥墙平房，房门左边挂着一块木牌"悬泉置文物管理所"。

管理所大门紧闭，试着敲了几下，一位大姐探出头来："你们找谁？""我们是专程来看悬泉置的。""这里现在还没有对外开放。"这个回答出乎我们的预料。这么大名气的遗址，怎么不开放呢？来之前曾在网上查了一下，有的网站还标出了门票价格。我们向她说明情况，大姐笑了："从来没有开放过，哪来的门票？""您在这里值班吗？""我家老汉是值班的，我和他就住在这里，好几年了。"住在这儿？好几年了？顺着这个话题，可以开聊了。

大姐一家是敦煌市郊的农民，几年前，她老伴受聘于敦煌市文物局，来到这片荒无人烟的戈壁，负责看守悬泉置遗址。初来的前两年，这里只有老汉一个人，一年四季孤独值守，后来两个女儿都考上了大学，老伴也就搬过来了。

大姐请我们进到屋里。屋里没有其他人，男主人去敦煌办事了。不大的前厅布置成一个小展室，墙上挂满了悬泉置发掘现场和出土文物的图片。展厅的后面有两间卧室和一个小厨房，厨房里放着几袋土豆和两只大水缸，缸里的水略显浑浊。这个"悬泉置文物管理所"总体感觉就像是家庭展览馆。

我和大姐接着聊："您老伴是管理所所长吧？"

"不是，他就是看门的临时工。"

"孩子都毕业了吗？"

"两个孩子都有出息，老大在敦煌城里做会计，刚结婚。老二硕士毕业后在兰州的医院做研究，具体研究什么，我们也听不懂。"

"老汉每个月发四千元工资，没什么要买的，用不了这么多钱。你们吃饭了没有？我给你们做饭吧？"

"不用麻烦，您能让我们进去看看吗？"

大姐犹豫了一下："可以吧。"

走出管理所，我们一起上车。顺着围栏向东几十米，有一扇铁网做的门，大姐上前打开挂锁，引导我们沿着一条施工小路向前走，又绕过一座土坡，悬泉置遗址就坐落在这座土坡和大山之间的戈壁上。

戈壁中的悬泉置遗址

悬泉置遗址位于敦煌以东的戈壁之中，因出土的汉简上有"悬泉"二字而定名。2014年6月，悬泉置遗址作为"丝绸之路：长安—天山廊道的路网"遗址点之一，被列入联合国《世界遗产名录》。

悬泉置在西汉时名"敦煌郡效谷悬泉置"，名字的由来有一段故事：公元前104年（汉武帝太初元年）汉将李广利西伐大宛，兵败退至敦煌，路经此地，人困马乏，饥渴难耐，李将军拔剑刺山，飞泉侧出悬崖，故曰悬泉。正是有了这个水源，十年后，汉设悬泉置。

据现有资料可以认定，悬泉置遗址作为大型政府驿站，从公元前94年（汉武帝太始三年）至两晋时期，前后延续近四百年之久。

随着悬泉置被弃用，它的名字也渐渐被人们遗忘。清代至今，称这里为"吊吊水"，这肯定是当地老百姓对悬泉的形象俗称。

悬泉置的发现，为研究古代邮驿制度及中原政权和西北边郡地区的政治、经济、军事及文化、生活等提供了新的实物资料。

大姐带着我们沿着已经铺好的木制步道进入遗址区，我们边参观边和大姐聊天。对于悬泉置，她并不知道更多的内容，但作为守护者，她知道她的责任，如果没有刚才的沟通，她是绝对不会带我们进来的。

从悬泉置复原图上可以看到，遗址原是一座方形小城堡，大门朝东，四周是边长各约五十米的高大围墙，西南角建有一座敌楼，院内有不同时期建设的多间土坯平房。遗址经过发掘后，现已回填，考古人员用红砖在原址上面铺出城墙和房屋的轮廓，每一处都有标牌说明这里曾经的功用，如办公区、住宿区、敌楼、马厩等。从敦煌到长安大约1800公里，像悬泉置这样的驿站，共有八十处，如今人们能看到的也就仅此一家了。

传说中的那眼"悬泉"距遗址还有一段距离，也不允许参观。山石中渗出的滴滴泉水滋养着自西汉以来在这里守护的人们，保证着王朝号令的通达，保卫着西北边疆的安宁，保障着丝绸之路的通畅。

寸草不生的戈壁滩，守护者的生活也必然艰苦。大姐的老伴每周两次开着一辆农用车去悬泉取水，我们刚才在厨房里看到的略有浑浊的水就取自悬泉。

临别时，我们把车里带的两箱矿泉水和一些小食品全都留给了大姐，以表达对这双老夫妻孤独值守的敬佩和破例带我们参观的感谢。

再看一眼管理所，发现外墙上还有块白色小牌"游客服务中心"，从小白牌的新旧程度看，似乎已经挂了很久。希望悬泉置遗址能早日开放，让这一处世界文化遗产不再寂寞，让大姐一家不再孤独。

壮士长歌入汉关

"将军三箭定天山，壮士长歌入汉关。"这首载于二十四史《新唐书》中的唐军战歌，镌刻在锁阳城外初唐名将薛仁贵骑马张弓塑像的花岗岩基座上。

公元661年（唐龙朔元年）冬，漠北九姓铁勒叛唐，袭扰天山（今蒙古国杭爱山），唐高宗下诏薛仁贵领兵平叛。九姓铁勒拥兵十余万，他们派出骁勇骑将数十人前来挑战，薛仁贵连发三箭射杀三将，其余骁将吓破了胆，纷纷下马请降。薛仁贵乘势挥军掩杀，擒其首领，坑杀降卒，九姓铁勒从此衰落，不再为患西北边境。

薛仁贵收兵凯旋，士兵高唱："将军三箭定天山，壮士长歌入汉关。"

我们曾经听到过许多有关薛仁贵的故事，如三箭定天山、神勇收辽东、东征高句丽、脱盔退突厥等，但在这里第一次听说锁阳城也是因他而名。

锁阳城原名苦峪城，传说薛仁贵西征，中了埋伏，被困城中。唐军多次反攻，仍然突不出重围，只能固守苦峪城。城中粮草将绝，薛仁贵派人去搬救兵，同时命令守城将士节约粮食，以待救援。一天，薛仁贵巡城时发现地里生长着许多像萝卜一样的植物，名叫锁阳，可以食用，便命令将士挖出来充饥。将士们挖吃锁阳，一直坚持到救兵到来。为纪念锁阳的救命之恩，后人把苦峪城改称锁阳城。

锁阳是一味具有壮阳作用的中药，兵士们是不是有了偾张的阳气，才能坚

锁阳城，薛仁贵塑像和塔尔寺残塔

守到援军的到来呢？此乃药用军事的绝好战例。

传说是不顾史实的情感演绎，用一位唐朝名将演绎锁阳城的故事，这种手法尽管牵强，但也能理解。南宋豪放词人、抗金名将辛弃疾也曾以薛仁贵为榜样："却笑将军三羽箭，何日去，定天山。"来感叹自己无力报国的遗憾。

事实上，锁阳城真正的历史也是同样值得骄傲的。

锁阳城是丝绸之路咽喉上的一座古城，始建于汉末，兴于唐，是唐代瓜州治所晋昌城，另据《大唐西域记》记载，高僧玄奘法师赴天竺取经路过瓜州时，曾在此讲经说法半月有余。

在《大唐大慈恩寺三藏法师传》第一卷中记载了一个故事，玄奘法师西天取经，因大唐封边而无法出玉门关，滞留锁阳城内的塔尔寺。在这里他遇到了信奉佛法的胡人石磐陀，在这个胡人帮助下得以顺利偷渡玉门关。过关后，玄奘继续西行，而石磐陀则返回家中。书里的故事到此便结束了。但是在民间，故事可没结束，因胡人石磐陀多毛发，"胡"谐音同"猢"，就被老百姓讹传成了猴子，然后又被吴承恩写入《西游记》，起了个人名叫"孙悟空"，这是神话"由凡入魔"的演绎。

锁阳城之所以建在这里，是因为如今已经改道的疏勒河古代时曾在这块土地上形成了开阔肥沃的绿洲，晋唐时期在周围修建了三条水渠，东西贯通，南北相连，纵横阡陌，总长度达百余公里，如今其遗迹仍依稀可辨。作为河西走廊上重要的军事防御基地和戍边屯田的保障基地，锁阳城对于古代河西地区的政治、经济、文化及军事诸方面都曾发挥过非常重要的作用。

锁阳城的形制保存了典型的唐代风格，周边发掘出几十处古墓、石窟、寺庙等遗址，从中可以看到中国至今保存最好的古代军事防御系统和农田水利灌溉系统。

明嘉靖年间实施"闭关绝贡"政策后，封闭了嘉峪关，关外的锁阳城也被彻底废弃。

锁阳城作为全国重点文物保护单位，于2014年6月作为"丝绸之路：长安—天山廊道的路网"项目遗产点进入《世界遗产名录》。

锁阳城遗址最显著的标志是城东北建于元代的塔尔寺（与青海塔尔寺同名）的大佛塔，已经坍圮的佛塔，如今依然高约15米。

残塔的身后是巍巍的祁连山，前面是茫茫的戈壁滩，在高山广漠之间，突兀的佛塔显得有些小，但它作为一个象征，无论是精神激励还是物资补给，都给远方旅人带来希望。可以想见疲惫不堪、饥渴难耐的人们看到它时的激动，谁都会不由自主地加快脚步。

【榆林经变

去榆林窟的路况很好但很荒凉，偶尔可见几棵秋日金黄的胡杨，为苍黄的大地点了几笔亮黄。

沿着榆林河走，路过一个叫破城子的村庄，路边有一片用烂铁网围住的土墙，墙下立有一块水泥板，标注有"全国重点文物保护单位 破城子遗址"。这片残城遗址，曾经是汉代广至县和唐代常乐县的治所，自汉至唐相延千年。如今只是用烂铁网一围，简直是"暴殄天物"。都说是物以稀为贵，但西北的汉唐遗址可真不少，人家有的是，这就是骄傲，骄傲的表情就是"不屑一顾"。

榆林河发源于祁连山西段，其源头之一的老虎沟12号冰川，又叫透明梦柯冰川，"透明梦珂"名字很诗意，似乎虚幻的梦境能为严酷的冰川增加几分浪漫。我曾经也是带着这种憧憬，爬上海拔4200多米的雪山触摸过它。实际上"透明梦珂"是蒙语音译，意为高广的雪山，与美梦无干，所以当你见它之日，就是梦碎之时。

巨大的冰川就像一头史前白色怪兽，它从山谷中扭动而出，向前探出的冰舌如同怪兽的头，它张着大嘴，瞪着眼睛，面目狰狞，表层的冰纹是披散的毛发，坚硬而锋利，舌尖上融化滴落的冰水就是恶兽贪婪的垂涎。

祁连山融化的雪水中也汇集了透明梦柯冰川怪兽的垂涎，一路向北，在荒山戈壁中啃出一条水道，流向疏勒河。这条水道边有榆树生长，故曰榆林河，建在河边峡谷两岸峭壁上的石窟自然也就被称为榆林窟。

榆林窟

榆林窟的始建年代无文字可考，从洞窟形式和有关题记推断，当开创于北魏时期。榆林窟和莫高窟在内容、艺术风格、绘画形式方面一脉相承，所以被称为姊妹窟。榆林窟的人物画像中，出现了很多供养人以及西夏人、蒙古人的形象，反映出中原汉族和周边少数民族艺术传统的互相影响，在这方面，榆林窟补充了莫高窟的遗憾。

榆林窟处于人迹罕至的荒原，不像莫高窟有分工明确的专职人员看护，因此进出石窟、文物讲解、开灯锁门全由导游一人负责。

这一段榆林河两岸的峭壁上都有开凿的石窟，我们参观时，河西的石窟正在维护，只能看河东的石窟，好在精品基本都集中在这一边。

跟着导游登上崖壁的栈道。崖上都被覆上了一层厚厚的保护涂层，颜色和颗粒质感同原始的砾石崖壁很接近。

多个朝代开凿的洞窟深浅不一，大小各异，内中供奉的佛像或精美或粗陋，可以看出，无论高官富贾还是升斗小民，都是根据各自的财力表达着各自的虔诚和诉求。有些窟可以进入参观，有些窟只能隔着门缝窥探，里面黑乎乎的，啥也看不见。

在第 25 窟，我看到了那幅著名的唐代壁画《观无量寿经变》。经变画通俗的解释就是图解佛经，是依据佛经的思想内容绘制的，这是佛教思想传播普及的重要形式，历史上各个时期的各种佛教思想、佛教宗派的教义大多能在经变画中反映出来。经变画也是石窟壁画中数量最多的艺术形式。

面前这幅《观无量寿经变》是经变画中的精品，被公认为是佛教壁画艺术的代表作。此画大约绘制于一千二百年前，吐蕃统治敦煌的唐代中期，作品描绘了阿弥陀佛（即无量寿佛）在西方极乐世界讲法的场景。

天堂亭台，若隐若现，无量寿佛法相庄严，表情慈祥，结跏趺坐于宝座上，众菩萨四面环围，空中飞天起舞散花。殿前的平台上，八个伎乐天分坐两旁，演奏着不同的乐器。正中的舞伎，肩披长巾，双臂平展，十指大张，左腿弯曲，大脚趾因抬腿用力而上翘，他正在拍击挂在腰间的鼓，形体虽略显肥胖，却舞姿激昂。

壁画中的舞伎，眉目与西域胡人有些相似。史书上说，安史之乱的叛军头领胡人安禄山晚年肥胖，体重达 330 斤，肚子都垂到了膝盖，走路时要用两手捧着肚子，但是，他在唐玄宗和杨贵妃面前跳胡旋舞时，动作却快得像旋风一样。

这幅壁画有人有景，有意有境，充分营造出西方净土圣洁、欢乐的气氛，再现了唐代高超的艺术技巧和盛世升平的欢乐景象，虽然岁月使得整幅壁画颜色黯淡，细节也有所缺失，但整体传达出的宗教神圣和世俗轻松的气氛，依然能够感染今人。

说了这么多，其实在现场根本不可能仔细欣赏这幅壁画，一是环境昏暗看不清，二是导游介绍几句就关灯了。无奈，只好回来后再找资料仔细品读。因为曾经真实面对过这幅壁画，即使换个环境重新观看，依然有身处其境的感动。

汉唐的瓜州在清代改称安西，含祈望"安定西域"之意，名字一改，没了香甜，多了硝烟，好在 2006 年又改回来了。由于历史的原因，中国有许多地名曾经或始终有一个带有中华帝国威严的名字，如广西友谊关曾称镇南关，辽宁丹东曾称安东，北京曾称北平等。随着朝代更迭、疆域扩展、民族关系的改变以及国际政治的需要，很多地名随之改变，当然也有没改的，改或未改，自有其理。

进入瓜州的第一件事，就是要品尝一下瓜州蜜瓜。甜瓜入口，没有觉出和北京超市的瓜有何不同，这种感觉不知是要归功还是应归罪于如今畅通的物流。这是个"立场"问题。人在北京，那就要选择"归功"，遥远的憧憬已被车轮带到了面前；身在瓜州就会选择"归罪"，曾经的憧憬已被车轮碾得粉碎。但是"吃瓜群众"能在瓜州吃瓜，还是有一种不虚此行的满足。

流淌在瓜州境内的榆林河，不仅串起了远古的冰川、汉唐的石窟，也正在串起 21 世纪的当代艺术。沿着榆林河，正在形成一条"戈壁国际雕塑艺术长廊"，它属于一个整体的"荒野艺术计划"。

榆林河畔，有个地方叫红山坡，所谓"红"就是洪荒的颜色，既见不到绿色植物，也看不到有人居住，但在这蛮荒之地，兀然竖起了几座大型现代雕塑，其中最醒目的是用不锈钢管搭建的雕塑《无界》。

《无界》的作者把这座约有七八层楼高的钢构雕塑漆成白色，在土红色的荒野中，尽管很渺小，但却很耀眼。作者很机巧，即使钢管表面的白色油漆脱落了，露出的依然是熠熠生辉的不锈钢底色。不锈就是永恒，永恒即是无界。

苍茫荒野中的不锈钢构雕塑《无界》

　　说明牌子上写着"创作灵感来自于榆林窟壁画《西方净土变》弥勒说法的天堂楼阁"。遍查资料，榆林窟并没有叫作《西方净土变》的壁画，我想，它应是根据第 25 窟的《弥勒经变》创作而成的。因佛居西方，故而这类经变画也被统称为"西方净土变"。

　　壁画《弥勒经变》描绘了弥勒净土的幸福生活，它包括了两个世界：佛界与凡界。在佛的世界中，仙云缭绕，佛坐莲台，众神咸集，伎乐飞天；在凡间世界里，山青水秀，阡陌交通，路不拾遗，人皆长寿。

　　佛经上说，弥勒佛将会接继阿弥陀佛成为新的佛界领袖，因此弥勒也被称为未来佛。当未来佛临世，生活在弥勒净土的人们可以活到八万四千岁，姑娘到了五百岁才出嫁，树上可以长出衣服，播一次种子可以收获七次；如果要行"方便"，大地会裂开一道口子，方便过后又会自动合拢；到了晚间，龙王会下雨除尘，带着花叶的枝条在半夜时会自动出来清扫街道……

　　在《弥勒经变》壁画的中间下方，有一座正在被拆的楼阁，描绘的是弥勒将七宝幢施予婆罗门（祭司），而诸婆罗门顷刻之间将其拆毁并私分幢中宝物的情景。弥勒看到美好的宝幢瞬间化为乌有，悟出了人生无常的道理，于是便在龙华树下修道成佛。后来佛家用"婆罗门拆幢"来比喻世事无常，用以劝导人们皈依。

　　《无界》钢架楼阁应该是《弥勒经变》的当代转构，用以表述抛弃无常世间、去往弥勒无界净土的佛教理想，我想，既然这座雕塑根据佛经而建，也算是一种新的经变形式吧。

　　作为未来佛，弥勒所处的净土也远在未来。未来有多远？根据《弥勒上生经》的描述，远在距今五十七亿六千万年之后。

　　太远了！等不及的人类一边在缥缈的理想中畅想未来，一边在现实中着手构建未来。人类用思考、用供奉、用祈祷、用战争，穷尽各种方法，孜孜以求了几千年。桃花源、乌托邦、香格里拉、各种宗教及意识形态，都有各自心中的未来愿景。

　　"仙凡本无界，只在心上分"，有界、无界、今天、未来，全在一念之间。从这个意义上思考，当今即是未来。

　　欢迎来到未来世界。

　　距《无界》雕塑不远（荒凉之地的不远也很远）的地方，就是名满中国的雕塑《大地之子》。从这座雕塑落成之日起，我就想去看看它（他）。我知道他熟睡在遥远荒凉的戈壁上，憨态可掬。

　　"这大胖小子"，几乎每一个看到他的人都会冒出这么一句。大家都想摸摸他的小鼻子，拍拍他的小屁股。尽管他很巨大，但在人们心里，他依然是个可爱的婴儿。

在这荒蛮的大地上，他睡得那么安详，任凭戈壁风沙的吹袭，任凭荒漠烈日的灼烤，只要睡在大地母亲的怀抱里，但无风雨只有"情"。

你看，他是趴着睡的，能听到妈妈的心跳，能感受妈妈的温暖。

对于这座雕塑，人们有许多不同的解读，既有牵强附会的文化解读，也有装腔作势的情绪发泄，还有老百姓感同身受的心情表达，我更在意感同身受。

这孩子睡在粗粝荒凉的大地上，有人看了心疼，埋怨作者为什么不给他再塑个妈妈，旁边有个小伙伴儿也行啊；有人看了感动，这般荒凉中却有这般温暖，这反差太上头；有人看了激动，生态如此脆弱，呼吁要保护环境；还有人建议给他搭个棚子，并给出了集资账号；甚至有人因为心疼而愤怒，扬言要拆了它……

来看看旁边牌子上是怎么介绍的吧："《大地之子》深情安详伏俯大地，人与自然生命共生、和谐共处。作品坐落在古丝绸之路名城——瓜州，延伸着丝路文化绵延不断的承传。更为今天新时代意义的彰显，筑造起一座新的文化地标。"文中的标点符号有错，落款是当地政府，而不是作者。这也是一种解读。

这片戈壁中，又陆续竖立起几个大型雕塑。在汹涌山浪间漂浮着一艘《方舟》；在丝绸之路大道旁，汉武帝在《汉武雄风》雕塑中已露出了半张脸……陆续还会有新的雕塑在这荒原里出现吗？希望会有，但每个作品之间要有距离，一眼望去只有它。荒原艺术的价值所在，就是因为视界的广度而激发出思考的深度。

《大地之子》

【胡云接汉霞

　　每次来到敦煌，都想着要去吃一碗当地特色的驴肉黄面，但要让我说出此面有什么特殊味道，我还真说不出来，可能因为那是当年刚从罗布泊无人区出来后吃到的第一顿饭吧？这碗面也就成了一个情结，如同朱元璋的那一盆"珍珠翡翠白玉汤"。

　　"敦煌"一词，最早见于《史记·大宛列传》中张骞给汉武帝的报告"始月氏居敦煌、祁连间"。但凡见到"敦煌"二字的解释，大都引用《汉书》的解释："敦，大也，煌，盛也。"

　　现代多数学者认为"敦煌"的词源不是汉语，应是当年居住在此地的民族语言音译，至于是哪个民族，则众说纷纭，大多学者认为，它是吐火罗人的语言，甚至认为就是"吐火罗"的音译。中国古代文人多喜欢用富有诗意且发音相近的汉字注音，所以"敦煌"的地名就有了诗意。张骞当时若是用了"沌黄"（其实这两个字描述那里的自然状态更形象）或是其他的什么字那就不好发挥了，感谢张骞，多好的名字。

　　敦煌的名气是落实在莫高窟上的，"莫高窟"的原意是建在高大沙丘上的佛窟，莫既漠也。另有一说：佛家有言，开窟造像功德无量，莫者无也。就是说，没有比修建佛窟更高的修为了。

　　黄昏时分，敦煌市的地标性雕塑《反弹琵琶伎乐天》在西天余霞的映衬下呈剪影状，看得出轮廓，看不清细节，就如同我对于敦煌艺术的肤浅了解，知道是好，却不知如何是好。

敦煌莫高窟

关于敦煌艺术的好，各有说法，这个专家说技法，什么"铁线描""折芦描""十八描""行云流水描"等等，那个专家谈造型，什么"褒衣博带""秀骨清相""曹衣出水""吴带当风"等等。

我看不懂技法，但看得见颜色；我看不懂造型，但能看得出表情啊！

不知"如何是好"的我，还是找到了敦煌艺术中我能读懂的好。

第一好是颜色好。漫漫岁月让它褪色了，灼灼高温使它干透了，褪色后的淡雅，透干后的深沉，红偏赭石，青透蓝金，沙色的黄再加上灰青的黑和乳黄的白，只有大西北的戈壁才能成就这般色彩。

龟裂的泥墙，像古瓷的开片，不规则地规则着。墙上脱落的斑驳和原画又组合出新的意象……这是时间和地域相互作用的效果。不能想象如今的莫高窟里满是鲜艳，张大千临摹的敦煌壁画可真是上足了颜色，他也许是想还原莫高窟初建时的鲜艳吧，鲜艳是虔诚的表达。

当代人在谈论敦煌颜色时，称其为"敦煌五色"，即赤、青、黑、白、黄，并在潘通（PANTONE）色卡上标出色号。站在敦煌的风里吹吹吧，敦煌颜色在千年的自然时效中始终在变，将如今的色号留给后人，能有多大的底气呢？

历经千年的莫高窟铅华褪尽，有了素面朝天的自信，它本身已成为世界艺术的圣迹，成为膜拜的信仰。

第二好是两个小人物画得好。经变画宣扬的是佛法，画中的大人物庄严端正，或结跏趺坐俯瞰众生，或手指拈花指点迷津，他们可是肩负着拯救人类的重任啊！不过，最深入人心的却是两个小人物，一个是榆林窟25窟《观无量寿经变》中的击鼓舞伎，另一个是莫高窟112窟《观无量寿经变》中的反弹琵琶伎乐天。

这两幅画表现的是同一部经书中的故事，都创作于中唐时期。画中这两个小人物不仅展现了唐代以"秾丽丰肥之态"为美的审美观念，同时也是大唐王朝开放包容、东西文化相交互融的时代缩影。敦煌壁画里舞伎的形象很多，这两身被公认为极其精彩，且都被选为敦煌艺术的形象代表。

伎乐天是飞天的一种，古印度佛教中的飞天男女一体，他们的任务是"娱神"。初入汉地的飞天，袒胸露乳，高鼻深目，嘴上还留着两撇小胡子，看上去有些滑稽。在佛教艺术中国化的过程中，除了面相的改变，飞天的身材也更苗条了，即所谓"秀骨清相"，可不可以说佛教人物中国化的过程也是一个从阳转阴、减肥瘦身的过程呢？在这个过程中，华夏文化的含蓄置换了外域文化的张扬。

胡人来华始于汉，盛于唐。随着胡人在华人数的增加，其文化影响力也在加大，其中包括音乐、舞蹈等多种艺术形式。

两个小人物，击鼓舞伎和反弹琵琶舞女（资料图）

琵琶是自西域传入的乐器，也是胡舞的一种道具。经变画中持琵琶的飞天，就是唐代社会胡姬舞女的写照。那一时期胡旋舞大行其道，如前所述，安禄山、杨贵妃都是跳胡旋舞的高手。

在前面关于榆林窟的文字里，我已描述了那个肥胖可人的击鼓舞伎，现在再看看这位反弹琵琶的舞女。她头束高髻，两眼微睁，颈挂佩饰，身披璎珞，神态自若，美若天仙（就是天仙）。她把琵琶置于身后，反握而弹，右脚翘起，大脚趾也因用力而上翘，虽单脚着地，却并未失去平衡，如此高超琴技、曼妙舞姿是真的存在还是画师浪漫的想象？我试了一下，当我抬起右腿，使劲外翻脚掌时，大脚趾确实会翘起来。

反弹琵琶，妙而有据，妙不可言。

尽管两幅经变画来自同一部经书，但生活在同一个时代的两位画家，在描绘相同的天国净土场景时，画笔下却有着不同的表达，也许是因为所持宗教立场的差异，也许是因舞蹈道具的不同而各自选择了适合的性别形象，打鼓的是个激昂的伪娘，弹琴的是个柔美的魅娘。

胡姬、胡舞作为盛唐社会的普遍现象，唐诗里有许多描写，但如此浪漫地表现反弹琵琶的舞姿，唐代诗人输给了唐代画家。

胡姬、胡舞不仅影响了唐朝社会生活的方方面面，甚至也影响到了宫廷政治。如白居易就写过："禄山胡旋迷君眼""贵妃胡旋惑君心"的诗句，他还感叹道："胡旋女，莫空舞，数唱此歌悟明主。"

红颜祸水，胡姬小妖都要为大唐的衰落背锅。消费完人家，再嫁祸于人家，似乎不太厚道。

随着唐朝的灭亡，胡姬也从中国消失了，在唐以后的艺术作品中，我们很少再能看到她们生动的面孔和优美的舞姿。

说到小人物，除了壁画上那两位仙人，还有一位现实中的小人物——王道士。他原名王圆录，信奉道教后改"录"为"箓"。"箓"这个字几乎是道教的专用字，专指道教消灾灭祸的神符。改名字是他献身理想的宣誓，是承载通神使命的宣言。

王道士在敦煌的所作所为还真是"不辱使命"。

1900年6月的一天，受雇于王道士的敦煌贫士杨某像往常一样，叼着烟袋坐在一个石窟里，边吸烟边接待香客，兼收布施。一袋烟抽完了，他顺手在石窟北面的墙壁上磕了磕烟袋锅。墙壁发出空洞的声音，他怀疑这面墙是空的，于是便告知了王道士。等到香客们散去后，王道士刨开北壁，借着烛光，发现了一处密室，里面堆满了经卷、印本、画幡、铜佛等，这就是后来蜚声中外的莫高窟藏经洞。

藏经洞封闭的时间是在北宋年间，封闭的原因却众说纷纭，有避难说、废弃说、书库改造说等，但都难以自圆其说。

藏经洞发现之后，王道士历经七年，先后上报给敦煌县、肃州府（酒泉）、甘肃省的各级衙门，结果只招来一些贪官，除了让他们拿走一些宝物以外，藏经洞并没有得到重视。

讨告无门的王圆箓无奈之下竟然斗胆给慈禧太后写了封信，敢于豁出命来，去"告御状"，真是王道士的凛然之举。风雨飘摇的大清国已在苟延残喘，哪里还顾得上西北荒原上的几个土洞子呢？

1907年，英国人斯坦因（原籍匈牙利的犹太人）来到莫高窟，他看到藏经洞里的宝贝时，立刻意识到这是无与伦比的文化宝藏，并下决心把它们弄到手。

斯坦因在莫高窟拍摄的王圆箓道士（资料图）

斯坦因在他的《西域考古图记》中描述：藏经洞内藏有从公元 4 世纪到 11 世纪的佛教经卷、社会文书、绢画、刺绣、法器等文物五万余件。

这个犹太人很狡猾，面对一位中国偏远地区的神职人员，没有什么比聊聊信仰更能博取信任了。不知斯坦因是真的崇拜玄奘，还是只把玄奘的《大唐西域记》当作一本淘宝指南，反正他和王道士聊起玄奘时，他们之间就产生了相见恨晚的情感共鸣，结果就是：银子二百两，东西随便拿。可以想见当时王道士的兴奋和斯坦因的窃喜。这一次，斯坦因骗走了二十四箱经卷印本和五箱佛画、织绣品等。

斯坦因在书中也把王道士表扬了一通："他将全部的心智都投入到这个已经倾颓的庙宇修复工程中，力图使它恢复他心目中这个大殿的辉煌……他将全部募捐所得全都用在了修缮庙宇之上，个人从未花费过这里面的一分一银。"

斯坦因把从敦煌带回的文物公布于世后，引起了全世界的注意。1908 年 2 月，法国汉学家保罗·伯希和来到敦煌，通晓包括中文在内十三国语言的伯希和用了三周的时间阅查了藏经洞的藏品，他从敦煌莫高窟共骗走六千余件文书和二百多幅唐代绘画以及幡幢、织物、木制品、木制活字印刷字模和一些宗教法器。他说一共支付了三千两白银，而传说他只花了五百两。伯希和说出售这些文物并非王道士的个人行为，而是得到了县长的准许。

这些洋人牵着骆驼，赶着牛车，大摇大摆，畅通无阻地走出中国。根据斯坦因记载，当时外国人从中国带走的文物，是持有当地官方开具的许可证的，并且一路受到官兵的保护。原来我想把这些洋人称为"掠夺者"，但看到斯坦因和伯希和的记述后，反而不知道怎么定义他们了，但最终我选择了"骗"和"盗"，花钱的叫"骗"，不花钱的是"盗"。

1909 年，罗振玉、王国维等中国学者在北京六国饭店看到伯希和展览的敦煌文书后，立即报告当局，要求封闭藏经洞，把剩下的文卷全部运送北京。

按照斯坦因的说法，藏经洞最初被发现时约有各类文物五万多件。我掰着手指算了算，从 1900 年到 1910 年十年间，斯坦因骗走一万多件，伯希和骗走六千多件，另外根据王道士的记录交代，文物在运往北京之前，他私藏了一部分，并分别于 1912 年卖给日本人橘瑞超和吉川小一郎六百余件，1914 年又卖给斯坦因五百七十件，合计也就两万多件，还有近三万件文物哪去了？

1910 年，清政府下令将藏经洞剩余的文物全部运往京城的京师图书馆。在文物运往北京的途中，每到一处，藏经洞文物都会损失一批，大多是被沿途官员拿走了，有时为了凑回原数，他们甚至把一些经卷撕成数段来充数，最终京师图书馆收到八千多件。对于莫高窟文物的保护，清朝腐败的各级政府不仅不作为，而且还暗下黑手，家贼难防，此之谓也。

除了藏经洞，莫高窟的其他各窟的文物也同样遭到骗盗和破坏。

1914 年，俄国人奥登堡从敦煌骗走三百余件经卷、写本以及莫高窟第 263 窟的壁画和几十身彩塑，又在当地收购了一些文物，装满了几大车。

1924 年，美国人兰登·华尔纳在敦煌石窟，刀砍斧剁盗走了一尊菩萨雕塑，并用特制的化学胶液粘盗走莫高窟壁画二十六块。

除了莫高窟，河西走廊的其他的几个石窟也未能幸免，被骗盗走的文物数量难以统计。

有人说，敦煌遗书藏之英国者最多，藏之法国者最精，藏之日本者最秘，藏之中国者最乱。正如陈寅恪先生所言："敦煌者，吾国学术之伤心史也。"

由于西方人对于中国文化了解的程度非常有限，被骗盗到国外的敦煌文物有很大一部分遭到损坏和丢失。庆幸的是，被带到西方的敦煌文物也有一部分得到了很好的保护，并引起全世界的关注，敦煌学由此而生，这也反过来推动中国方面开始重视敦煌。祸福相依，幸耶？不幸耶？不幸中的小幸，小幸而大不幸。

如果当年敦煌文物没有流入西方，结果将会怎样？这个问题已经有了结论，只是这个结论本身就是问题。

近现代中国内忧外患，多灾多难，多少文明被毁，多少文化遭难，凭什么莫高窟就一定会逃过这些劫数呢？责任在于腐败的政府和民智未开的大众，王道士是个有宗教信仰的人，他知道善恶有报，知道分寸，在他的道德标准和能力范围内，他也算尽责了。谁也没想到，佛教圣地莫高窟最终却由一个道教小道士使其光耀世界。

多少年来，人们对于王道士的评价褒贬不一。可怜的小老道，生前穷困潦倒，身后口诛笔伐。试想如果没有他的发现，如果没有他糊涂地出卖文物，莫高窟甚至敦煌都会黯淡无光。正是因为没有"如果"，所以他是值得尊敬的。

好在他的墓塔还在，也算还他一点"公道"。王道士的墓就在莫高窟前大泉河岸边的沙坡上，但大多数人都只是遥望一眼，并不会过去看看。

"礼失而求诸野"，面对当局的腐败无能，很多有良知的中国知识分子和普通百姓自觉地担负起文物保护的责任。

1925 年，美国人华尔纳再次来到中国，在武威天梯山石窟妄图故伎重演，再盗走一批文物，遭到附近村民阻止，并打伤了他一条腿。华尔纳拖着伤腿，一瘸一拐地来到了敦煌，却接到当地政府的一纸通告，规定考察莫高窟必须当天返回，且只允许考察三天，还安排了专人形影不离地死死盯住了他。几天后华尔纳不得不将考察队就地解散。

1930 年，曾两次来到敦煌的斯坦因，再次以考察的名义进入中国新疆，准备第三次到敦煌骗宝。民国政府古物保管委员会立刻向南京报告，并请求新疆地方政府把斯坦因驱逐出境，从此斯坦因再没踏上中国的土地。

1943 年，抗日战争烽火正烈，中国的有识之士不顾危难来到敦煌，从此敦煌有了守护者。参观莫高窟，你总会听到常书鸿、段文杰、樊锦诗以及王圆箓、斯坦因、伯希和等人的名字，那就请记住他们吧。喜也罢，痛也罢，没有他们就没有莫高窟，就没有敦煌如今深深遗憾中的辉煌。

几十年来，在中国政府和学者专家的努力下，敦煌果真达到了《汉书》中定义的标准："敦，大也，煌，盛也。"

我曾看到过一张照片，被战争毁坏的没有门窗的阿富汗国家博物馆正门上方悬挂着一幅标语："只有文化得以存续，民族才能得以存续"。

如今矗立在敦煌市中心的反弹琵琶伎乐天的雕塑，不仅是敦煌艺术的象征，它所传达的是一个民族的文化主权和文化骄傲。

雕像前的地面上，巨大的"东"字反射着西天的余晖。

敦煌，反弹琵琶伎乐天雕像

汉玉门关

【心关便是玉门关

　　　　黄河远上白云间，一片孤城万仞山。

　　　　羌笛何须怨杨柳，春风不度玉门关。

　　唐朝诗人王之涣的这首《凉州词》，早早地就把玉门关的形象深深植入了我的心里。

　　在本书中，我多次引用这首诗，因为搜肠刮肚，实在找不出比这更精准、更精美的表达情绪和情景的文字了。此诗传诵一千三百多年，历经无数文人的筛选，至今依然不可替代。

　　我曾经三次从两个方向路过玉门关，但都因为各种原因而不得西入或东出，几次的遥望，如今终于有了结果。

　　当代通往玉门关的旅游公路，为关照阳关遗址，路线安排为自敦煌向西偏南沿着党河走到党河水库，然后分为两道，拐向西北则通往玉门关，继续向西南可达阳关。

　　查看中国历史地图可以发现，两汉时期通往两关的道路，刚出敦煌就分开了，两条路各依一条河。通向玉门关的路是向北到达疏勒河南岸后，再沿河向西，长约 100 公里；通往阳关的路是沿着党河向西南走，长约 60 公里。

在丝绸之路开创之前，中原和西域间就有了物品交换，只是规模不大，而且仅限于民间，货物几经转手才到达中原，至于交换些什么，现在能看到的只有石头——玉石。1976年发掘的安阳殷墟妇好墓，出土了来自西域的玉石随葬品，这说明至少在三千多年前的商代，西域美石已经进入了中原贵族阶层的生活。近两年，曾有人提出把丝绸之路改称"玉帛之路"，但基本无人响应。因为丝绸之路是一条国际商贸大通道，中国境内只是其东端的一部分，况且西方人只认宝石，不认玉石。

西域输入中原的玉石随着丝绸之路的通畅，规模越来越大，以至西汉政府专门设立了一个关卡来管理玉石的输入，这个关卡就是玉门关。然而此关的作用不仅仅是用来收税的，它实际上是一座军事基地。

在玉门关景区（用了"景区"这俩字，感觉整个玉门关都变软了），我们可以看到汉代的关楼、长城、戍堡、烽燧和粮仓等遗址。

玉门关的关楼遗址叫"小方盘城"，1907年，英国探险家斯坦因（又是他）来到小方盘城，在这里发掘出大量汉简，有些汉简标有"玉门都尉"字样，从而确定此地为汉玉门关。关于汉代玉门关址的确切位置，长期以来是史学界争论的一个问题，多数人认为汉代的玉门关设于小方盘城。

学术上的事，各有道理。历史上有太多模棱两可的公案，但中国需要一个玉门关，以便能够站在现实的位置去眺望那个遥远的年代。

有小方盘城自然就有大方盘城，距小方盘城遗址以东12公里的古疏勒河畔就是大方盘城，也叫"河仓城"。近年来，这个名字也有争议了，有人说这座遗迹应该是汉代的"昌安仓"，并要求改过来，但我在这里听到的介绍和在敦煌博物馆看到的文字，依然是"河仓城"。

我围着这座残城走了一圈，河西走廊上这类的遗存太多了，若不是借了玉门关的概念，也许不会引起人们更多的注意。

河仓城是两汉至两晋时期西部边境上重要的军需仓库，负责玉门关、阳关以及附近长城、烽燧守军的日常供应以及战时的后勤保障。

打开卫星地图，仔细观察周边地势，就会发现，当年西汉大军把如此巨大的军事基地建造在这里，并在周边配置了关隘、长城、烽燧等密集的军事设施，就是要依托和控制这片地区唯一的水源——疏勒河。

手捧卫星图实地转转，同时把"旅游景区"置换为"军事基地"，想象中就有了黄沙百战、铁马金戈的边塞气象。

玉门关不仅是座军事关隘，也是一座功名关，是古代文人学习班超好榜样，投笔从戎、施展抱负、建树功名、万里觅封侯的向往之地，"男儿何不带吴钩，收取关山五十州。请君暂上凌烟阁，若个书生万户侯。"

玉门关也是生命价值关，荣辱廉耻，忠君报国，一关之隔，忠孝两难。"汉家旌旗满阴山，不遣胡儿匹马还。愿得此身长报国，何须生入玉门关。"

玉门关还是怀乡思亲关，戍卒思乡"戍客望边邑，思归多苦颜"；父母思儿"惨惨柴门风雪夜，此时有子不如无"；闺妇思夫"不识玉门关外路，梦中昨夜到边城。"

玉门关又是历史见证关，中原王朝对于此关的控制时续时断，城头王旗不断变换，以至这盘方土已经被折腾得记不清自己曾经的名字了。

两千多年来，疏勒河多次断流，几番改道，汉玉门关的命运也因为疏勒河水的丰枯而兴衰。随着中国疆域的扩大或收缩，此关逐渐失去军事作用，及至两晋以后最终被废弃，唐在瓜州另设新关，但依然叫做玉门关。

经过千年风霜剥蚀，玉门关不可一世的雄壮，已经彻底萎缩，但其灵魂却依然附着在干瘪的残躯之中，使得这座废关频隘，成为中国人文化情绪开合的一道心理关口，心关便是玉门关。

距小方盘城遗址西边四公里，是汉长城遗址。长城墙体裸露着红柳、芦苇为经纬的铮铮筋骨，不远处的小山包上矗立着一座夯土烽燧——当谷燧，站在烽燧旁踮脚西望，肉眼已经看不到长城或烽燧的影子。但西汉的防御系统到此并没有结束，继续向西一直延伸到古代罗布泊的东岸，据《史记·大宛列传》记载"而敦煌置酒泉都尉；西至盐水（罗布泊），往往有亭（燧）"。自罗布泊再向西，烽燧一直延至库车、阿克苏一带，已被列为世界文化遗产的库车克孜尔尕哈烽燧，即为汉代所建。

汉军的旌旗在秋风中猎猎飘扬，玉关西望，惟余莽莽……

汉玉门关河仓城遗址

【阳关关照

在一片被称作古董滩的戈壁上有一座土山，当地人叫它墩墩山，山上立有一座高大的汉代烽燧，这就是西汉阳关遗址所在。

阳关因位于玉门关之南，所以称为阳关。

对于阳关，世人最熟悉的诗句莫过于唐朝王维的那两行："劝君更尽一杯酒，西出阳关

劝君更尽一杯酒

无故人。"这两句诗和王之涣题玉门关的《凉州词》一样，都是那么悲凉。

似乎是为了强调这种悲凉，阳关烽燧下散落着许多大石块，每块大石上都刻着古代诗人的无限感叹，有辛弃疾的"唱彻阳关泪未乾"；有苏轼的"一曲阳关情几许"；有陆游的"熟听阳关不惨颜"；有李清照的"四叠阳关，唱到千千遍，人道山长水又断"；还有王国维的"人语西风，瘦马嘶残月"……我一块一块地读，越读心越凉。

当然，最醒目的必是王维。

王维的雕像立在这些大石之间，他面向东方，高高举起手中的酒杯，向即将西出阳关的友人劝尽最后一杯酒，从他的诗句中可以品出，这是一杯苦酒。

阳关烽燧的不远处，几个中学生在带队老师的指导下谈他们参访阳关的观感。老师问学生："你的眼前是烽燧，那么眼后是什么？"一个学生答："眼后？眼后是脑髓体啊。"老师很尴尬："我的意思是你看到烽燧后想到了什么？"学生脸一红，随口吟道："西出阳关无故人。"

哈哈，你太有才了！既懂科学，又通情怀。

这是沈阳一所中学的"游学课"，从东北到西北，这所学校可真是知行合一的典范！

烽燧再往西，有木制步道，沿步道下行，赫然见大石两块，石上有字，一曰：丝路古道，一曰：阳关大道。而这两块大石所示的远方哪里有路？哪儿有道？只有一望无际的荒漠戈壁。

俗话说："你走你的阳关道，我过我的独木桥。"说出这样的话，是因为没有见过阳关道，那可比独木桥难走多了。这句自以为豪迈的不屑，简直就是一种恶毒的诅咒。走过这条路的东晋法显曾经告诉后人："唯以死人枯骨为标帜耳。"2010年，我曾经从"死亡之海"的罗布泊踏进了这条"阳关大道"，所以我知道它的险恶，这段路是中国境内古丝绸之路上最险恶的一段。

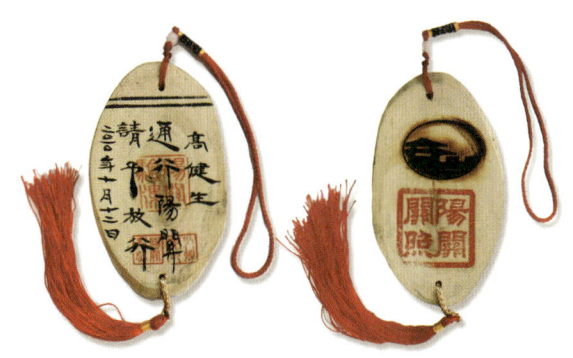

阳关"关照"

一位游客透过望远镜希望在更远的西方看到点什么，除了荒茫，也许还有心中的向往。"为言地尽天还尽，行到安西更向西。"这就是阳关西望的意义。

古代出入边境关隘，要有朝廷颁发的"通关文牒"，唐玄奘就是因为没有那玩意儿，只好找个胡人引路，偷渡出了玉门关，回国前还要上书谢罪，得到皇上的赦免后才敢入了阳关。

玄奘没有"通关文牒"，而我却有一块出入阳关的"关照"。椭圆形的木牌上盖着"敦煌都护"和"阳关都尉"两级主官的官印。另一面是一枚更大的红印"阳关关照"。

"关照"一词既是名词也是动词，当作动词时，于我心有戚戚焉。

西出阳关，请多多关照。

阳关西望

第三章　苍茫无涯——青海道

西晋末年，中原发生了"八王之乱"，周边五胡趁危乱华，导致西晋亡国并引发中原动乱近三百年，中国历史进入两晋十六国时期。这一时期，河西走廊形成割据局面，战乱不断，阻断了河西道，丝绸之路被迫改行青海道。

青海道由四条道段组成：祁连道、羌中道、羌南道和羌北道。

祁连道：自甘肃兰州始，沿黄河西进青海，到达西宁后，向北经门源、峨堡，翻越祁连山，出扁都口往甘肃张掖，接入丝绸之路河西道。

羌中道：自青海西宁始，向西过日月山，依青海湖到茶卡，再循柴达木盆地北沿往德令哈，自小柴旦向西，纵穿柴达木盆地到茫崖，然后翻越阿尔金山，往新疆若羌，接入丝绸之路西域南道。

羌南道：自西宁沿羌中道至茶卡向南到都兰，再向西经格尔木、乌图美仁，翻越昆仑山，穿过可可西里、阿尔金山两大无人区，沿车尔臣河过昆仑山脉和阿尔金山脉结合部的大石门山口抵新疆且末，接入丝绸之路西域南道。如今此路勉强可以到达青新两省区的分界处库里库里湖附近，再往西的路已废弃，无法通行。

羌北道：自西宁沿羌中道至小柴旦或东台后，向北经南八仙雅丹往鱼卡，继续北行，穿过阿尔金山脉和祁连山脉结合部的当金山口进甘肃入阳关到达敦煌，接入丝绸之路河西道。

以上四道因两晋十六国时期为吐谷浑政权所控制，因此青海道历史上也被称为"吐谷浑道"。

丝绸之路青海道，或雪峰、或盐泽，或戈壁、或沙漠，每条道路都异常艰辛，因此只能作为河西道断绝期间的无奈之选。河西道复通后，青海道随之被淡化。

天含青海道，胡角引北风，苍茫辽远，寒气逼人。

青海道示意图

注：蓝色虚线表示此路断绝

祁连道（兰州—西宁—祁连—张掖）

祁连道自甘肃兰州始，沿黄河西进青海，到达西宁后向北经门源、峨堡，
翻越祁连山，出扁都口通往甘肃张掖，接入丝绸之路河西道。

十万佛洲炳灵寺

从兰州出发，车行130公里到达位于甘肃永靖县的刘家峡水库大坝景区。因为水库蓄水的缘故，原来通往炳灵寺的道路已被淹没，只能从刘家峡码头坐船前往。

此时已是晚秋，旅游旺季已过，刘家峡水库的游客已经很少了，因此，游湖的大船已全部停运，要去炳灵寺，只能乘快艇，每艘小艇可坐十人，每人往返船票150元，如果人数不足可以包船，费用1500元。我们的耐心比钱多，决定等人凑齐，大约一个多小时，勉强凑到九个人，于是师傅决定开船。

刘家峡水库是黄河上游的大型水库，水面辽阔，经过上游多个水库的过滤沉淀后，黄河流到这里，水质已经十分清澈。

沿黄河上行，环绕库区的起伏山峦如刀劈斧凿，俊峰丛丛，万笏朝天，风光甚好，尤其是进入通往炳灵寺的峡谷水道后，水随峰转，曲径通幽，如在夏季多些绿色，简直就有南方山水的风貌了。都说天下名山僧占多，炳灵寺所在的山谷之灵俊在整个大西北也是难得一见的，荒凉一扫，钟灵神秀。走水路去炳灵寺，这一路的惊艳，似乎炳灵寺石窟只是折返的拐点而不是目的地了，差点忘了我们干嘛来了。

一路水色山光，转过几座山，水面豁然开阔，褐色山崖高处可见赵朴初先生题写的"炳灵寺"三个大字，旁边有如山西恒山悬空寺一般的悬壁庙宇。

我在第二章"河西道"关于兰州中山桥的文字间留下一个疑问，谁是天下第一桥？如今的炳灵寺码头，就是黄河古渡口凤林津上"天下第一桥"的原址所在。当年唐朝文成公主与金城公主与吐蕃和亲就是从这座桥过黄河的，唐蕃古道由此开辟。

"天下第一桥"始建于东晋时期，此处曾有唐人在巨石上镌文"天下第一桥"。丝绸之路由兰州分道向南，从这里渡过黄河，进入青海与唐蕃古道相交。法显西行印度、隋炀帝西征吐谷浑，都是从这里渡过黄河。公元1099年（宋元符二年），此桥毁于西夏战事。1967年刘家峡水库蓄水，刻有"天下第一桥"的巨石被淹没于水下，如今我们也只能临水而妄想了。

入山门，沿两侧石山壁立的大沟往里走，拐进一个谷口，岩壁上便是大大小小、密密麻麻的石窟，年代不同，形态各异。此谷称"大寺沟"。

炳灵寺石窟建于公元265年（西晋初年），最早称为唐述窟，是羌语"鬼窟"之意，东晋法显曾在这里讲过经，现在依然有当年讲经处的遗存。到了唐代改称龙兴寺，宋代称灵岩寺，明朝永乐年后称炳灵寺。"炳灵"为藏语"十万弥勒佛洲"之意。历经两晋、南北朝、隋、唐、五代、宋、元、明、清等各朝代的不断开凿扩建，包括吐蕃统治时期藏传佛教的长期经营，规模逐渐扩大，形成了具有汉藏两种特色风格的石窟。

在沟谷的尽头，端坐着一尊建于唐代的摩崖大佛，佛体依山崖刻石为胎，表面敷以加入草茎的黄泥，用以塑造细节。大佛双目微启，法相庄严。大佛头顶上有一天然石洞，内有造像和壁画，据说这个山洞就是法显讲经之所。

因为沟谷狭窄，即使仰视也难窥大佛全貌，只有爬到对面的山上，方能一睹全景。从这里可以看到整条大寺沟，无数的临崖窟龛分布在大沟西岸长约200米，高60米的崖面上。

在这里可以看到西秦、北魏、唐代和明代等多个时期的汉藏佛像造像艺术风格，西秦时期几个主要石窟中的造像明显反映了西域佛教艺术风格，是佛教西来并逐渐中国化的阶段性体现。

2014年，炳灵寺石窟作为"丝绸之路：长安—天山廊道的路网"项目遗产点被列入联合国《世界遗产名录》。

炳灵寺大寺沟

【河湟谷地

河湟谷地，河即黄河，湟是湟水。这一地区是多民族聚集区域，文化生态十分丰富。中原文明、藏羌文明、印度文明、伊斯兰文明在这里形成一个独特的交汇点。由于多民族，这里有多样的生活方式，由于多信仰，这里有多种宗教的寺庙，是中国西部人文景观中极具特点的地区之一。

河湟谷地位于青藏高原和黄土高原的连接处，因此不可避免地成为这两个高原统治势力博弈的战场。对于中原王朝来说，得到河湟谷地虽然不足以帮助其控制整个青藏高原，但最起码可以阻止来自青藏高原的威胁。唐帝国"安史之乱"时期，吐蕃政权之所以能够一度攻破长安，先决条件便是夺取了河湟谷地。

河湟谷地作为连接两地的板块，也是古代丝绸之路青海道和唐蕃古道的必经之地。

自炳灵寺沿黄河向西大约10公里，就进入了青海省循化撒拉族自治县。撒拉族是沿着丝绸之路自西向东迁徙而来的民族，一般认为，他们来自阿姆河流域的撒马尔罕地区（今乌兹别克斯坦境内）。

黄河在循化县的清水乡拐了一个弯，湾中的河水平静清澈，故称清水湾。

清水湾南岸有一个撒拉族小山村——阿什匠村，北岸的山坡上有几户人家

黄河清水湾，阿什匠村的渡索

属于这个村子，然而阿什匠村根本没有能力在黄河上架设一座沟通两岸的桥，于是，他们在河道最窄的地方修建了一条渡索。如果汉唐时这里也是这一带黄河最窄的地方，也许会是丝绸之路渡黄河的渡口之一，然而，于史无载。

沿着村边的土路下到河边，在河道最窄的地方，看到的依然是宽阔汹涌的波涛。

岸边的水泥台上立着一副钢架，钢架上系着两根钢索，每根钢索上各装着一个吊篮，一个在此岸，一个在彼岸。不一会儿，河北岸来了三个戴清真白帽的人，他们爬进吊篮，三人一起用力拽拉钢索，晃晃悠悠的吊篮载着三个人向南岸溜过来。黄河翻着白浪从他们脚下流过，场面既惊险又刺激，我们悬着心，看他们逐渐靠近，待吊篮滑到岸边时，大家一起上去帮助他们稳住吊篮。

这种原始的渡河方式如今依然存在于这个边远的小山村，祖祖辈辈多少年，这条渡索维系着两岸同村的亲情和这个村子的土地主权。

出循化入贵德，一进县境，就见到许多大标语都写着"天下黄河贵德清"。古代民谣说"黄河清，圣人出"，这是一首在黄河中下游流传的民谣。黄河之为黄河，是因流经黄土高原带下的黄土所致，这段黄河的来沙量占了黄河全部泥沙量的近 60%，黄河经过那里后才名副其实的"黄"了。民谣的本意是老百姓不相信黄河的水会变清，隐喻社会的浑浊状态难以改变，盼着世间能有一位圣贤之人去改变不公的世道。这种以对自然的无奈来形容对社会的无奈，是诗歌中常用的比兴手法。这句话也常被某些自命不凡的统治者用来自我标榜为"圣人"。

位于黄土高原上游的黄河青海段，本来就不浑浊，流到贵德之前，还经过了上游龙羊峡水库、拉西瓦水库和李家峡水库的逐级过滤和沉淀，河水流到贵德境内时，已被清理得干干净净了。

如今黄河上修建了许多水库，只要让奔腾的大河平缓下来，就会取得沉淀杂质的效果。当今的天下黄河不仅贵德的水清了，与贵德临近的其他县境内的黄河水也是清的，比如前文提到过的循化清水湾。甚至流经黄土高原晋陕大峡谷的黄河，也因万家寨水利枢纽的建成，而变得碧波万顷，但是，过了山西河曲，黄河的水就又黄了。

清澈的贵德黄河边上建有世界上最大的藏传佛教转经轮，名为"中华福运轮"。在黄河与湟水汇流的河湟谷地，沿着丝绸之路而来的藏传佛教和伊斯兰教黄绿相间，和谐共处，续写着丝绸之路的思想辉煌。

汽车沿着黄河边上的小路蜿蜒上行进入了贵德坎布拉国家地质公园，这里的山是由红色砂砾岩构成的"丹霞"峰林地貌，岩体表面丹红如霞，形状似人似兽，就像各地导游都会说的那样：想什么像什么。实际上越形象越限制想象，抽象的图案才能任你天马行空胡思乱想，甚至会想出把自己都吓一跳的荒唐或深刻。

一年一度的"六月会神节"是青海贵德县传承历史文化、聚焦时代特点的一个代表性活动，汇集了宗教、历史、民俗、戏曲、贸易交流等内容，所以现在大会的名称是"六月会神节暨物资交流大会"，这可是贵德县最隆重的民间文化与商贸活动。

作为多民族聚居地区，这里生活着汉、藏、回、土、撒拉等十几个民族，历史上中原王朝、古羌人、鲜卑吐谷浑、吐蕃等政权都曾统治过这里，并留下了丰富的文化痕迹。

"会神节"是二郎神和文昌神相会的日子，据说他俩是"舅甥"关系，两个人原来都是道教人物，后来文昌神在古代藏羌部落信仰中获得了尊崇，二郎神则继续留在汉文化的道教信仰中，在多个族群交融的宗教生态中，文昌神和二郎神分别代表了各自的民族信仰，并成为跨宗教、跨民族的"亲戚"。

在"会神节"的仪式里，神像和经文都采取了汉藏融合的方式，远古先民的燔祭习俗顽强地保留下来。

不巧的是，我到的那天，"舅甥"相会已经结束，没有见到会神的热闹场面，但是仍在进行的物资交流大会，依然能够让人感受到那种跨界狂欢的独特气氛，还会看到民间特有的杂合传统民俗与现代时尚的不伦不类的混搭场景。

在物资交流区，卖摩托车的孕妇模特、试穿新衣的藏族少年、配着黄金腰带的女神以及庙会大门外拉客的摩托小哥和大锅前扯面片的男男女女，百姓百相，生动鲜活。

而在游艺区，怪兽出没，妖女弄姿，天堂地狱，牛鬼蛇神全都出来要钱了，倒是童叟无欺，一律五元。

虚无缥缈的神仙灵感，实实在在的生活骨感，虚实相交，合作出西北小城真实的社会质感。

物资交易会，文化大杂烩，有滋有味。

河湟谷地中最具名气的宗教寺庙是西北地区藏传佛教中心———塔尔寺。

塔尔寺是因先有塔后有寺，故名塔尔寺，藏传佛教的改革者宗喀巴大师就诞生在这里，所以塔尔寺之于藏传佛教，就像曲阜孔庙之于儒学，都是各自心中的圣地。

大经堂廊下，两个年轻的喇嘛，一个结佛教手印诵经，一个投来好奇的目光。

丝绸之路和唐蕃古道交汇于塔尔寺。循着丝路古道，印度佛教向东而来；沿着唐蕃古道，汉地佛教又反向西去，在雪域高原融合了其他本土宗教形成藏传佛教，

唵嘛呢叭咪吽……

然后向青海藏区传播，再向蒙古地区扩散。蒙藏共同的信仰成为"凉州会谈"的思想基础，为西藏纳入中国版图做出了贡献。

青灯古卷，晨钟暮鼓，僧人吟诵着信仰，信众期盼着希望。

形而上的信仰无影无形，信徒们借助有形的物质来表达，其介质一般表现为仪式、金钱或实物。

塔尔寺大殿前的巨石上贴满了表达虔诚的钱币，磕长头的喇嘛和小憩的游人各有表情，但无论身份、民族、信仰为何，终极目的都是希望平安与幸福。

唵嘛呢叭咪吽……

从塔尔寺北行，我们进入了河湟谷地的腹地，西宁就处于这块谷地的中心。

西宁是由一处军事据点发展起来的城市，公元前121年（汉武帝元狩二年），汉军西进河湟谷地，汉将霍去病在此修建军事据点，称之为"西平亭"，这是西宁建制之始。至北宋年间改为西宁州，取"西部安宁"之意。

作为青海省会的西宁，比之西北地区的兰州、乌鲁木齐甚至银川这几个省会城市，是个存在感较弱的地方，历史上也没有过多记载。我第一次到西宁是参加一个摄影大展，日程紧凑，飞来又飞去；第二次是从敦煌穿河西走廊，翻祁连山到西宁乘飞机回京；再一次是从新疆若羌翻阿尔金山，穿柴达木盆地到西宁，也是为了坐飞机。似乎对于我来说，西宁就是一个飞机场。

对西宁的匆匆几瞥，记住了密集扁直的大楼，记住了传统商业老街水井巷和中阿合璧的清真寺。

丝绸之路沿途有许多各类货物的交易市场，丝路上主要交通运输工具骆驼和骡马等大型牲畜也是交易品种之一。河湟地区的一个大型骡马市场，就设在当年西宁府一块叫"水眼头"的地方，后来改名"水井巷"。如今这里以丰富的各种商品和当地的风味小吃而闻名，已发展成为西宁著名的城市时尚商圈。

大楼玻璃幕墙映射出的清真寺中式宣礼塔

在西宁以及河湟谷地的其他地方，我们看到很多"阿拉伯风格"的圆顶式清真寺已经进行了或正在进行着改造。沿丝绸之路而来的伊斯兰教在中国经过上千年的发展，在同本地文化的融合中有积极的进化也有消极的异化。

回顾清真寺建筑形式的演进过程，可以明白"形式"是随时代变化而变化的，而这种变化，有许多不确定性。

历史上由伊斯兰教先知穆罕默德在公元622年前后主持修建的"人类历史上第一座清真寺"——库巴清真寺，其建筑形式是一种简单的方形庭院。阿拉伯帝国占领圣城耶路撒冷后，修建了著名的圆顶清真寺，这是穆斯林建造的第一个有大圆顶的清真寺，而选择这一造型，是为了与当时遍布耶路撒冷的罗马式圆顶教堂保持一致。公元13世纪，蒙古铁骑横扫欧亚，留在中亚的蒙古人，为了统治的需要改宗伊斯兰教。公元16世纪，蒙古人在印度建立的莫卧儿帝国（莫卧儿 Mughal 的词源即蒙兀，即蒙古）热衷于修建高大的圆顶建筑，其原型来自蒙古包，也有说是蒙古军人的头盔形状。莫卧儿帝国的统治者信奉伊斯兰教，于是这种穹顶形式被称为"伊斯兰风格"，其代表作是位于印度首都新德里200多公里外的泰姬陵。

而清真寺的圆顶风格逐步蔓延至世界各地，是因为一部美国动画片——《阿拉丁》。1990年初，科威特与伊拉克的战争危机迫使迪士尼动画片《阿拉丁》取消了前往巴格达取景的行程，转而前往泰姬陵所在的印度城市阿格拉（Agra），动画片里的虚构城市 Agrabah 正得名于此。

《阿拉丁》中出现的高大壮观、至幻至美的圆顶宫殿，让很多人误以为这就是最传统的伊斯兰建筑风格，世界各地很多清真寺都陆续借鉴了这种形式，尤其是在阿拉伯地区。这一风格甚至被扩展为"阿拉伯风格"。印度已不是第一次被误解为阿拉伯了，最大的一次误解是印度人发明的"阿拉伯数字"。

一部宣扬美国文化观念的迪士尼动画片将伊斯兰建筑定义为圆顶形式，而伊斯兰宗教极端分子却反过来拆了两座美国的标志性大楼——纽约世贸中心"双子塔"，这种文明之间的融合与冲撞，常常以人们始料未及的方式出现。

中国西北地区的清真寺基本都是中国传统的坡顶形式，圆顶建筑大多建于上世纪末和本世纪初。改革开放所带来的财富增长以及相应的社会生态，令人精神为之一振，财富的膨胀带着精神一起膨胀，恰好这时《阿拉丁》来了。

西宁市玉带桥清真寺，正门是一座描金绘红的六角重檐中式塔型建筑，上书"省心楼"和"玉带桥清真寺"匾额，两边是藏头对联："清岂易清欲清一尘不染　真诚难真要真万缘皆空"无论是形式还是内容，中国传统文化的影响都十分明显。现在塔的一层开了个食品店，塔后礼拜大堂四周宣礼塔的"阿拉伯"式圆形塔楼被改成了八角飞檐的中式亭阁的模样，但依然保留着清新静雅的风格，体现出中国伊斯兰教的建筑特点。

西宁玉带桥清真寺

【山开一谷

匈奴人呼天为"祁连",祁连山，天之山也，神圣、高大，难以逾越。

祁连山脉将大山的南北分成了截然不同的两个地理单元，产生了不同的地缘文明。青海道之祁连道，横断祁连山脉，是连接甘青两省的地理大通道，也是连接丝绸之路和唐蕃古道的历史大通道。

两千多年来，这条道路上演绎了无数腥风血雨，中国历史上的许多重大事件都发生在这条道上，甚至对于中国版图的形成，此道也功不可没。祁连道最险峻的一段路是一条横穿祁连山的大峡谷，古人称为"大斗拔谷"。

出西宁，北行 210 多公里，便是祁连山深处的青海祁连县峨堡古

祁连山大斗拔谷

镇。峨堡镇是祁连道上的军事要塞和茶马互市的交易场，也是进入大斗拔谷的第一个关卡。

峨堡是蒙语"敖包"的另一种音译，意为祭神的石垒，一般都建在岔路口或高高的山顶上，作为地标来指示方向或方位，有祈求平安之意。

这个海拔 3645 米的小镇，是汉藏回等民族的混居地，小镇上有许多小店铺，无论你是南来还是北往，都要在此打尖休整。小镇的南面是祁连山草原，四周雪峰环绕，融化的雪水滋润出大片繁茂的草场。

峨堡镇是青海省和甘肃省的分界点，翻过海拔 3685 米的俄博岭垭口，就进入了大斗拔谷。大斗拔谷从青海祁连县峨堡镇北，直到甘肃民乐县南丰镇南，全长 33 公里，扼甘青咽喉、丝路要冲，历史上许多朝代都曾在此修筑营盘，设置关卡，谷中共有 20 多处险关要隘，部分遗迹至今犹存。

公元前 138 年，张骞第一次出使西域，走的就是这条道。他翻过祁连山，

刚刚出了大斗拔谷以北的扁都口，就被匈奴骑兵捉住，被囚禁了十年才伺机逃脱。

公元前121年，西汉骁将霍去病率一万汉军大败匈奴，将匈奴驱逐出祁连山。匈奴悲歌："亡我祁连山，使我六畜不蕃息；失我焉支山，使我妇女无颜色。"从此，匈奴的军事力量被大大削弱，不得不退到遥远的漠北，史说："匈奴远遁，而漠南无王廷。"汉朝西部的威胁彻底解除，通往西域的道路完全畅通。

公元608年，隋炀帝杨广御驾亲征，率四十万大军进军青海，要彻底解决吐谷浑。在峨堡附近祁连山脉的车我真山一带几经大战，打败了吐谷浑的十万主力军队，吐谷浑归降朝廷。经此一役，隋朝基本消除了异族对西北地区的威胁，并打通了丝绸之路青海道与河西道的联系，将东晋以来就脱离中原王朝的西域重新纳入统治之下。

为彰显国威，隋炀帝在张掖召开了庆功大会。《资治通鉴》对此盛会有记载："其蛮夷陪列者，二十余国。"西域各国慑于隋朝强大的军事压力，纷纷来朝，献西域千里图，隋炀帝欣然赋诗《饮马长城窟行》，宣称"浊气静天山，晨光照高阙。"同时宣布设置西海、河源、鄯善、且末四郡。

大会结束后，隋炀帝率领大军从张掖返回长安，再次经过大斗拔谷。六月的祁连山阴晴多变，他们遇到了暴风狂雪，"士卒冻死者大半，马驴什八九"。隋炀帝被困在了大斗拔谷，直到三个月后才回到长安。

但是，灭一国设四郡威震西域的隋炀帝并没有彻底解决西域问题，吐谷浑残余势力还是经常袭扰隋境，隋朝的官员根本无法也不敢到新设置的郡县任职，西征取得的成果迅速地枯萎了。

隋炀帝杨广在位十四年，开凿运河，修筑长城，创立科举，修订律法，搜编书籍，降服突厥，南下琉球，东征高句丽，西伐吐谷浑。一个统治者在短时期内同时干了这么多大事，却终因好大喜功、骄奢淫逸沦为一代昏君。"若无水殿龙舟事，共禹论功不较多。"唐朝诗人皮日休此诗的意思是说，如果杨广不那么奢腐，他修建大运河的功绩甚至可以和大禹治水相提并论。

隋炀帝西征，使得青海这块被忽视的土地重新纳入了中华版图，西域四郡的设立也为隋朝的后继王朝——唐帝国统治西域打下了基础，这重重的一笔就写在丝绸之路的祁连道上。

在张掖市中心的钟鼓楼上，"万国咸宾"的牌匾颂扬着隋炀帝西征的功绩。我拍照时手持相机不稳，抖动中却加上了一行音符和一场歌舞，正应了"万国咸宾"的热闹。

 羌中道（西宁—青海湖—茶卡—德令哈—茫崖—若羌）

羌中道自青海西宁始，过日月山，依青海湖到茶卡，再循柴达木盆地北沿往德令哈，自小柴旦向西，纵穿柴达木盆地到茫崖，然后翻越阿尔金山，接入丝绸之路西域南道，往新疆若羌。

【泪水日月向西流

自西宁走湟中，一路青山绿水，一直绿到日月山。

日月山既是地理的分水岭，也是文化形态的分界线。在中国古代，日月山以西曾经分别被古羌人、吐谷浑、吐蕃等政权统治。

公元634年（唐贞观八年），吐蕃赞普（首领）松赞干布遣使大唐，提出要娶一位唐朝公主，遭到唐太宗李世民的拒绝。由于当时吐谷浑王正在长安，松赞干布认为唐拒婚是因为吐谷浑王从中作梗，于是出兵击败吐谷浑，并直逼唐朝松州（今四川松潘），扬言若不和亲，

日月山

便率兵侵唐。唐派军击败了吐蕃人，松赞干布俯首，遣使谢罪，再次请婚，李世民为息事宁人答应将文成公主嫁给松赞干布。

文成公主是唐太宗的堂侄女，汉名无记载，属于李唐宗室。为了唐蕃和亲，才被授予公主身份，吐蕃尊称其为"甲木萨"，意为"汉女神"。

公元641年（唐贞观十五年），文成公主赴西藏和亲，途经青海赤岭，她站在山顶回望长安，拿出临行前唐太宗所赐的日月宝镜。镜中映出长安的繁华令她离愁倍增。想到从此再不能东顾，她毅然将镜抛出，宝镜碎成了两半，向东的一半对着太阳，向西的一半对着月亮，赤岭由此改称日月山。

公主悲恸不已，泪流成河，河水流向她将终其生命的西方，"天下河水皆向东，唯有此水向西流"。于是，这条河被称为倒淌河。发源于日月山西麓的倒淌河，由于地形原因，自东向西注入青海湖，人们把这种自然现象赋予了人伦悲情。

日月山下的倒淌河镇号称青藏高原第一镇，镇中广场立着一尊文成公主的花岗岩塑像，她双手合十，面向家乡，座基上有"古道流芳"四字。

因为倒淌河镇所在的节点位置，经过这里的古道既是丝绸之路，也是唐蕃古道。

传说释迦摩尼在世时，曾塑有八岁、十二岁和十八岁三座等身像，并亲自开光。对于佛教徒来说，礼像如礼佛，这是无上至高的宝像。

拉萨小昭寺供奉着佛祖释迦牟尼十二岁等身像，这尊佛像通过丝绸之路，从古印度来到大唐长安。西藏和印度之间，隔着一片难以逾越的天然阻障——喜马拉雅山脉，所以佛教东传只能沿着丝绸之路从帕米尔高原传入西域，然后自西北向东南，在中原地区完善为汉传佛教之后，又返向西南，传入西藏。

文成公主远嫁吐蕃，提出要带走释迦牟尼十二岁等身像，李世民答应了她，但要求将等身像的莲花宝座留下，给长安人民留些福报。如今这个汉白玉莲花宝座供奉在西安广仁寺中。

松赞干布迎娶大唐文成公主之前，刚迎娶了尼泊尔的尺尊公主，两位笃信佛教的公主分别带去了释迦牟尼的十二岁等身像和八岁等身像，还有大量佛经。松赞干布在她们的影响下皈依了佛教，自此，印度佛教、汉传佛教在融合了西藏本地宗教（如苯教）的基础上，逐渐发展成为具有藏民族文化特点的藏传佛教。

居住在青藏高原的藏民族，因为青海道的存在，始终是丝绸之路上贸易活动和文化传播的参与者。藏传佛教在青藏高原腹地形成后，首先沿着唐蕃古道和丝绸之路青海道向相邻的青海藏区传播，接着又向更北的蒙古地区扩散。蒙元政府和西藏宗教上层在武威举行的"凉州会谈"，不仅将西藏并入了中国版图，也促进了藏传佛教在蒙古地区的传播发展。

唐蕃间的政治联姻让一个弱女子背负起一个历史大使命，这个使命被倒淌河、日月山、丝绸之路、唐蕃古道放大了无数倍，这位柔弱小女子，成就了煌煌大中国，这就是历史之微妙。

随着藏传佛教在西藏和蒙古地区的广泛传播，三观一致的两个民族形成了"蒙藏一家"的理念。我们参观塔尔寺时，同行的两位中央民族大学的蒙古族朋友只要亮一下身份证，就可以不买票。他们得意地告诉我：所有藏传佛教的寺庙都是这个规矩。

我说，这个规矩好，省下门票请吃饭，蒙藏一家，蒙汉一桌。

【无际青蓝

丝绸之路翻过日月山，沿着倒淌河，来到青海湖边，但见青蓝无际，因它之名，青海之为青海。

青海湖的四周被四座巍峨高山所环抱：北面大通山，东面日月山，南面青海南山，西面橡皮山，这四座大山都属祁连山脉的支脉。大山融雪聚成溪流，汇集到山间盆地，形成一片深沉蕴藉的浩渺大水，云蒸霞蔚，鳞潜羽翔，完全是大海的气魄，但终因地质学的湖海定义而沦落为湖。长得再帅，还是败给了血统。

青海湖之于中国古人，除了文成公主的眼泪尚带有一丝温情以外，大多是遥远、凛冽、荒凉、残酷的存在，是李白"不见有人还"的征战地，是杜甫"古来白骨无人收"的青海头，是王昌龄"黄沙百战穿金甲"的战场，是李贺"胡角引北风"的塞下……

在传统主路河西道被阻的年代，丝绸之路择道青海是一个十分无奈的选择，也正是因为这种无奈，促进了藏羌民族和中原民族的交流与融合，及至隋唐，青海完全融入了中国，这一历史功绩也是拜丝绸之路所赐。

秋季的青海湖，从天上看，金色的环湖草场围绕着蓝色的大湖，就像一块巨大的嵌着金环的蓝翠，金环上还点缀着珍珠一样的白羊的和墨玉一般的牦牛。

深沉蕴藉青海湖

我们沿着环湖公路转了一圈，原本要去鸟岛拍摄，怎奈那里已被封闭。被封闭的不只是鸟岛，为了环保，整个青海湖一圈都被封闭起来，并将责任承包到各家各户，于是各家各户以此为据，拉上了铁丝网，不是不让进，而是要交买路钱，有钱可近睹，无钱则远观，绿水青山直接兑现金山银山。

离开青海湖，沿 G109 国道向南翻过橡皮山，傍晚的阳光从厚厚的云层缝隙间泻下来，地平线上出现一条光带，那片光带就是二十多公里外的茶卡盐湖。太阳照亮了湖水，水光反射回太阳，光束中矗立的神性白塔沟通了乾坤，相映成辉煌。

"茶卡"是藏语，意即盐池。

有着三千多年采盐历史的茶卡，曾经是中国重要的盐化工资源基地，由于近年来主业萎缩，于是开始发展旅游业。经过多年的打造，茶卡盐湖以中国"天空之镜"的形象重新找到了新的经济增长点。

茶卡虽然有了新增长点，但也并没有放弃主业，他们将"天空之镜"和工业旅游结合起来，你可以坐上小火车或采盐船深入湖心作业区，和工人们一起采盐，然后把你亲手采来的盐带回家。

盐湖厚厚的盐壳上漾着一层薄薄的水，天的表情就是水的态度，上下天光，乾坤互照，再加上人在其中的调皮，营造出一番超凡脱俗的梦境。

坐着传统样式的小火车在青盐铺就的铁路上进入湖区，车窗外的盐池里漂浮着游人，他们穿着租来的粉色或红色的长筒胶靴，弯着腰看脚下盐湖上映出自己的倒影，就像一群水中觅食的火烈鸟。

红裙少女站在盐壳上，湖水倒映出窈窕身影，似乎漂浮在水天之间，灵动，美妙，梦幻至极。

更有几个衣着艳丽的大妈，在大爷的指挥下，躺平在观景台的地板上，围成一朵花。记得有一张照片曾火爆网络，图中几个彩装大妈在树上怒放，树下匍匐着一群手持相机的大爷，文字说明是"树上开满了大妈，树下落满了大爷"。如今大爷站起来了，大妈却碎了一地，之所以阴阳翻转，只因大爷手中的相机换成了无人小飞机，条件变了，上下地位也就变了，角度决定态度。

"落红不是无情物"，落在盐池上的大妈之花，虽然看着有点咸，却是调制出了生活的"鲜"滋味。

对于"中国大妈"现象，尽管世有微言，但我还是佩服她们朴素的自信和对生活的热爱，她们在全世界任何伟大的自然景观和人类文化遗产面前，都能勇敢地亮明态度，表达出曾经沧海的不屑，她们这代人经历的太多了。看看围观人群的表情，国人有些不屑，洋人可都全是羡慕。

今天我在德令哈

下午三点多，车到德令哈。从卫星地图上看，小城的街道平面图似乎只用了三横两竖就表达完了，但这里却是青海海西蒙古族藏族自治州州府所在地。"德令哈"在蒙语里是"金色世界"的意思。一路过来，沿途都是苍黄的戈壁，这个"金色"的含金量有限。

慢慢开车，仔细观看，寻找有特色的饭馆。东张西望间，发现路边一个挂着醒目招牌的小饭馆，招牌从上到下依次用蒙、汉、藏三种文字写着"舌尖上的面片　德令哈旗舰店"。既然入选了《舌尖上的中国》，还是个旗舰店，味道应该错不了。

也许是过了饭点，店里只有两个人在吃饭。我们按照菜单上的特别推荐要了招牌面片，又切上了一大盘酱牛肉。俄顷，冒着热气的面片上桌了，至于味道如何，难以评价，但肯定没有酱牛肉香。

很多人知道德令哈，大多是因为现代诗人海子的那句"姐姐，今夜我在德令哈"，这首诗带给了这座城市巨大的文学影响，为此，这里建了一座"海子诗歌陈列馆"，为这个偏远寂寞的小城加注了更多的深情与孤独，可是这里最不缺的就是"孤独"。

> 姐姐　今夜我在德令哈　夜色笼罩
> 姐姐　今夜我不关心人类　我只想你

戈壁空空

1988 年 6 月，海子进藏路过德令哈时写下了这首诗，一位歌手被感动，独自住进德令哈。

海子吟："草原尽头我两手空空，悲痛时握不住一颗泪滴。"

歌手唱："毕竟泪不是飘落在窗外无心的雨水，只要被打碎，就会随风飞。"

八个月后，海子卧轨自杀。25 岁的短暂，25 年的纯粹。

今天我在德令哈，否则怎能体会那诗中的深情和孤独；

今夜我不在德令哈，否则怎么面对那诗外的深情和孤独。

"今夜我只有美丽的戈壁　　空空……"

【宇宙洪荒

离开德令哈西行，到达小柴旦。小柴旦是个十字路口，羌中道继续向西，而往北则连羌北道，往南则接羌南道。

我们继续沿羌中道西行，进入柴达木盆地的雅丹地带。这里的雅丹土丘不高，地形平坦，笔直的公路望不到头。这段直路大约 80 公里，然后向左斜出 15 度，又是近 70 公里的直线公路。虽说平地宜施工，可是这么干脆的直线设计，也是够任性的。长时间单调乏味的驾驶容易疲劳，交通事故发生的几率也会增加，这不是常识吗？但是，路边连绵的雅丹地貌让这条路不再单调，甚至可以说是壮观了。公路设计师肯定也注意到了这一点，所以他才敢这么"粗暴"。

台吉乃尔湖东端的乌素特水上雅丹就在 G315 国道边上，行走在丝绸之路上的古人肯定没有见过这种景致，因为这片地貌是由于近几十年的气候变化，加速融化的昆仑山雪水流入柴达木盆地的台吉乃尔湖，再漫溢到周边的雅丹而形成的，这也是当今世界唯一的水上雅丹地貌。

虽然已是十一月底，旅游旺季过去了，但乌素特水上雅丹的接待酒店依然在营业。当天的客人只有我们几个人。安顿好后，走出酒店，视野之内莽黄一片，唯有"种"在门前的几棵颜色饱和度极高的塑料树分外刺眼，很有后现代的感觉。摆放这些假树，不知是因思维惯性流出的俗气，还是因企盼绿色而种下的无奈，反正我会多看两眼。

我们到达乌素特雅丹的前一天，刚下了一场小雪，一夜大风，把冰冻湖面上的积雪搅得斑斑驳驳，就像大海翻起的白浪一样，层层叠叠，富有韵律，冻结在冰湖中的雅丹土丘就像一座座小岛、一片片风帆。因为湖水中含有一定浓度的盐分，所以湖冰中有很多小气泡组成的絮状纹理，密密麻麻。远方的雅丹黑森森地排成一行，絮状冰花从脚下一直铺陈过去。

上冻不久的湖面，冰层还不厚，有些地方还没有冻实，我先试探着踩踩冰面。透过冰面，可以看到湖底的水草，目测水深不足一米，于是，我胆子更大了，直接向湖心走去。脚下的冰还算结实，不过因为湖的面积很大，大风撼动冰面，冰隙会发出碰撞的声响，有时沉闷，有时尖利，甚至不时可以听到尖利的长啸顺着冰层而来，啸声远去后，低头看脚下，一条冰裂缝已从两脚之间穿过，就像一把利刃从身下劈过，虽然没有伤到，但也已经被吓到，正如那"手中无剑，心中有剑"的大侠，致胜于无形。

声声异响，远近不定，水上雅丹，凛冽荒蛮，简直就是异星的表面。令人震惊的是，此地东边有个"白公山外星人遗址公园"，那里有十几根四十厘米粗的铁管，据说已经插入山石十五万年了！这样一联想，真就觉得这是外太空的某个星球了。

十五万年前的事儿至今没有定论，但在水上雅丹的西边，近些年真就开通了一条"火星一号公路"，象征起点的黑色铁架上坐着一位身穿宇航服的人偶，路旁的限速标志是40，这不应该是公里数，而是光速吧？在那儿，我看见一位穿着赛车服的小伙子，衣服上写着 METAVERSE（元宇宙），用的还是 NASA（美国宇航局）曾经使用的"蠕虫"字体。顺便说一句，NASA 后来改用的字体完全失去了科幻的味道，好在最近马斯克的太空探索技术公司在 Space-X 火箭上又重新喷涂上了蠕虫字体"NASA"。

丝绸之路不仅连通了东方和西方，现在要通向宇宙的尽头了！

回头再想想，乌素特水上雅丹酒店前的塑料树也许是故意营造的宇宙气氛吧?

冰封在柴达木盆地中的史前巨兽残骸

【苍茫点翠

苍茫无际的青海道，沿途布满了不少诱惑，引着你一步一赞叹，一步一流连。

前文提到的茶卡盐湖，因为紧邻青海湖而成就了它的人气，但要论奇特、精致和艳丽，柴达木盆地中的更多盐湖绝不在其下。

柴达木盆地中广泛分布的大小盐湖，是远古海洋经地壳变迁被山峰分隔并逐渐萎缩而形成的，这些盐湖的含盐量有高有低，乌素特水上雅丹所在的台吉乃尔湖就是低盐湖，湖水不深但很宽阔，天上飞着鸥鸟，水上飘着野鸭，鸟儿们会不时潜入水下，难道盐湖中会有活的"咸鱼"？我用手指沾了点儿湖水，尝尝，微咸。

羌中道之所以选择行经多个盐湖是有道理的，微咸的湖水可以直接供牲畜饮用，经过简单的蒸馏处理后，人也可以喝，鱼能活，人就可以活。

而那些含盐量很高的湖，虽不可饮，却是丝路沿途打破单调的艺术品。

盐湖的水因含有多种矿物质，在日光下反射出或绿、或黄、或蓝的各种梦幻般的色彩，这些色彩淡雅柔和，类似近年流行的莫兰迪色系，湖的颜色尤以绿色为多，被誉为"翡翠湖"。绿色湖水的边上镶着银色湖盐，水的质感让翡翠的"水头"足极了，而银色的湖盐更衬出了水的纯洁。如果没有银盐的衬托，绿水就会像一滩"腐水"，所以搭配很重要，不仅要搭出和谐，还要配出优雅，加上银的承托，更搭配出了昂贵。

高盐含量的盐湖，最大的价值不在于欣赏，而在于经济，湖盐是关乎国计民生的重要战略资源。

位于格尔木正北的察尔汗是由多个盐湖组成的中国最大的盐湖区，"察尔汗"是蒙语，意为"盐泽"。这里是中国最大的天然盐湖，以钾盐为主，伴生有镁、钠、锂、硼、碘等多种矿产。

察尔汗盐湖是柴达木盆地最低洼和最核心的地区，盐层最厚处达 60 多米，湖盐资源总储量达 600 多亿吨。有人做了这样一个折算：如果用这里的盐，架一座高 6 米、宽 12 米的盐桥，可以从地球通到月球。记得小学课本里有篇课文描写过察尔汗盐湖中的一条用晶莹的青盐铺设的公路，于是向往之。

"万丈盐桥"即为此路，它修建在厚达 15—18 米的盐盖上，全长 32 公里，如今已成为 G3011 和 G215 国道共用的一段道路。盐路表面被柏油所覆盖，看不出与其他道路有何区别。我在这条路上往返过三次，始终没有看到课文中所描写的青盐铺出的晶莹。

察尔汗盐湖近年来开始利用得天独厚的资源条件发展特色旅游，盐湖景区（应该称为场区才对）的大门就是青海盐湖集团公司的大门。坐景区大巴进入湖区，终于走上了青盐铺的路。盐路或宽或窄，宽路可双向行车，窄道只容一人。

道路两边翠绿的盐池盖地接天，银白的盐埂阡陌勾连，盐埂上有汉唐红装飘然而过。竖起一杆草亭就有了碧海银沙的"马尔代夫"的带入感，草亭下有白纱少女"亭亭玉立"，旁边景区树立的指示牌上真就写着"马尔代夫海滩"的字样。

无人机摄影是这几年的各景区新增的特色服务，这里也不例外，透明的小船浮在碧水之上，就如同悬在天地无着的中空里。

远处盐池中有一行人踏水而行，水面倒映着移动的人影，正和了曹植《洛神赋》的描写："飘忽若神，凌波微步。动无常则，若危若安，进止难期，若往若还。"寸草不生的盐湖竟"腌制"出如此幻境。

察尔汗盐湖旅游不仅能感受虚无的梦幻，也能看见坚实的存在。在盐业集团的厂区里建有多个盐化工装置，超大型的设备因为钾盐的腐蚀，呈现出斑驳的锈迹，大工业气度坚硬冷峻，矗立傲天。

近些年随着媒体宣传的力度，柴达木盆地的各个翡翠湖涌来了众多游人，荒凉的盆地渐渐有了人气，但盆地太大了，湖与湖之间相隔太远了，翡翠必然只

飘忽若神，凌波微步

是些点缀，羌中道最令人震撼的气象当属苍茫。一路行车少见它车，有些路段简直就是我们的专用道。在这么开阔的地方，因为干燥少水汽，来过几次也没有见到空气折射的蜃景，似乎这片荒凉之地连渺茫的希望都看不到。苍茫间唯我独尊，苍茫间唯我独微，时而自我膨胀，时而自惭形秽。

终于，落日在远方衬出一道凸起，那是阿尔金山的轮廓。

无际也有边际，无望也存希望。

【风雪阿尔金山

茫崖，苍茫之崖，是青海省最西边阿尔金山无人区之中的一座小城，别看它小，却是一个县级市。

中国有所谓四大无人区，阿尔金山无人区算一个。无人区的定义是每平方公里人口小于一人的区域，它最初是指第一次世界大战期间敌对双方战壕之间的地方，后来被引申为自然环境恶劣、不适合人类居住的区域。阿尔金山无人区的官方名称是"阿尔金山自然保护区"，还是官方明白，无人即是保护。

我们从茫崖市政府所在地的花土沟镇沿着G315国道向西北出发，进入阿尔金山山脉的群山之中。蜿蜒的山路并不宽，但汽车很多，尤其是大型载重卡车很多。一路上坡，到达海拔3100米的依吞布拉克检查站。这个检查站位于青新两省区交界的山口处，属新疆若羌县管辖。入疆的汽车已经排成长队，三个多小时后终于排到了我们。

早晨离开花土沟时，天开始下起了小雨，在极端干燥的无人区，这可是天赐的甘露啊！清水泼街，可见我们的人品都不错。

山脚下雨，山上一定会下雪，开车要小心一点，但是想到即将翻越阿尔金山，还是有些兴奋。对于此行，我已憧憬了好几年，曾经有机会，但因其他事错过了，今天能在风雪中翻越，真真是造化。没有风雪的阿尔金山怎么能感受丝绸之路的艰辛，又怎么能表达踏上这条路的义无反顾呢？！

过了依吞布拉克山口，雨冻成了雪，因为雪花比雨滴对光的反射率更高而产生的效果，只觉得雪更大了。已是深秋时节，周边的雪山虽还有一些黑色的裸露岩石，但雪线已经从夏季的海拔4500米高度下延到了海拔3500米。公路在山巅与山坳间上下穿行，曲折延伸，山坳里的海拔也在3100—3300米之间，气温已降到零度以下，路面有些地方的积雪开始结冰，好在还没有被压实。

海拔3630米的亚普恰勒克山口，历史上称"嘎斯山口"，是翻越阿尔金山最高的山口。山口也是风口，吹得汽车都有点飘，过往的大货车高高的篷布货箱都被吹歪了。地面湿滑，大车看上去又有些倾斜，我们不敢超车，干脆停车赏雪。车门一开，大风夹带着雪粒把脸打得生疼，到了车下，人被吹得根本站不稳。山口所在的地方是一片相对平缓的高山戈壁，四周雪山耸立，远方更高的雪峰在风雪中若隐若现。遥想当年那些颠簸在丝绸之路上的商旅和僧侣，可遇风雪否？在阿尔金山最高的山口赏雪，这个"赏"字绝不会是闲逸的欣赏，而是对丝路古人精神的赞赏，信仰和金钱让人有所敬而无所惧。

过了亚普恰勒克山口，开始下山。从山口到山脚约110公里，高度落差2760米，还是挺陡的，尤其是天还在下雪，一边是壁立的山岩，一边是无底的深渊，所以一路都悬着心。作为地理分界线的阿尔金山山脉也是心情的分界线，随着海拔高度的降低，雪化成了雨，雨蒸成了雾，雾升成了云，云融进了蓝天，蓝天映入眼里，心中一片光明。

我的羌中道至此结束，但对于反向而去的人来说，他们的路却刚刚开始，前方山高路险，风雪交加，祝一路好运。

其实光明的心情并不等于自然环境从此变好，我们翻过了大雪山，却又走近了大沙漠——塔克拉玛干。

又是一片无人区。

海拔3630米的阿尔金山亚普恰勒克山口，风雪交加

羌南道（西宁—都兰—格尔木—乌图美仁—且末）

羌南道从茶卡向南过都兰到格尔木、乌图美仁，然后翻越昆仑山，穿过可可西里

和阿尔金山两大无人区，沿车尔臣河过昆仑山脉和阿尔金山脉结合部的

大石门山口抵新疆且末，接入丝绸之路西域南道。

▌昆仑问道

　　傍晚时分，阳光从昆仑山的群峰间透向格尔木，为这座城市镀上了一层灿烂的金黄。

　　昆仑山在中国传统文化中是神圣的所在，尤其是在古代，人们认为这座难以逾越的大山是大地西边的尽头，黄河从这里发源，日月从这里升落，神仙在这里居住。屈原曾在《九章》中发出"与天地兮同寿，与日月兮同光"的感叹。尽管现代地理的昆仑山和古籍文献中记载的昆仑山并不完全相同，但昆仑一词所寓含的至高至远、至神至圣的文化内涵却是一致的。

　　"昆仑"一词至今也没有考证出其准确的出处和含义。也许正是因为神秘，中国古人将计就计，附会以各种神话和传说，使之愈发神秘了。

　　传说昆仑山中的瑶池居住着虎齿豹尾的西王母娘娘，西王母是中国本土宗教道教中的神仙。

　　作为中国的本土宗教，道教起源于春秋时期的道家学说，东汉至两晋南北朝时期确立为道教。沿着丝绸之路自西而来的古印度佛教，在中原地区传播的过程中，曾经受到本土道教的强烈抵抗。

　　任何一种外来宗教或意识形态，初到异域，都会遭到抵制，为此，入境随俗，借力发展，就成为一种"营销"手段。佛教初入中土时，很多佛教僧人都会一些道教的方术以服务信众，如看相、算命、堪舆、治病等。

　　不光佛教，其他宗教初到一地也是这般做法，比如基督教的圣母玛利亚来到中国后，高鼻深目描成了柳眉杏眼，怜悯的表情改作为慈祥，身后的光环化作圆满的月亮，完全被打扮成了中国的"水月观音"。最生动的当属基督教在中国乡间推广的方法，民国时期流行于河南的豫剧《耶稣娃》中，竟会出现这样的唱词：

　　　　冬至节过了整三天，主耶稣降生在驻马店。

别看咱马棚木任啥真苦楚，土坷垃一挡它还挺暖。

俺看这胖小儿将来能类不轻，五饼二鱼吃得大伙儿怪舒坦。

三博士送来了一箱苹果，还提着五斤猪肉十斤面。

玛大嫂手里攥着红鸡蛋，约大叔忙吧饺皮擀。

店小二烧了红糖姜水，喊一声以马利内恁驱驱风寒。

哈哈……好笑吧，不仅好笑，而且好使，这几句包含了多少中原民间的生育习俗，老百姓听起来能不亲切吗？所以老话说"外来的和尚会念经"。

道教对于佛教的抵抗还表现在宣扬教义的经书上。西晋时期，道士王浮为贬抑佛教、抬高道教，根据东汉以来的传说，编造了一部《老子化胡经》，说"老子入夷狄为浮屠"，意思是老子骑青牛西出函谷关后，走西域至天竺，化身为佛，教化胡人，因此产生了佛教，王浮的意思是道教教主老子才是佛教的开山祖师。

宗教之间所发生的摩擦，不仅是为了各自的信仰和争取更多的信徒，同时也为了诱人的经济利益，如国家为寺庙无偿提供土地、房舍，免除寺庙捐税和僧侣徭役等。如果有可能，还要积极争取皇权的认可，成为国教，以营造一个良好的生存、发展的环境。东晋道安大师说了句明白话："不依国主，则法事难立。"

佛道两教争争斗斗，谁也没有取得压倒性地位，直到唐代，才略分出高下。唐朝皇帝姓李，道家创始人老子李耳也姓李，唐皇室自认为他们是老子的后代，所以道教享受了国教的待遇。

而到了武周一朝，没有正统皇族正朔背书的女皇帝武则天曾经在"武周代唐"时得到过佛教的支持，她称帝后，下诏提升佛教地位于道教之上，但这并不意味着道教在这一时期衰落了，当武则天还政于李唐后，道教又得到了重视。到了唐玄宗，为了平衡儒、释、道三大宗教的地位，明确提出了"会三归一"的宗教主张，但佛道两教并不领情，你来我往，又继续争论了五百年。

及至蒙元，世祖忽必烈组织了一场国家层面的佛道大辩论，最终判定《老子化胡经》等道家经书为伪经，总裁判宣布："道者负矣！"道教在元朝的失败是必然的，忽必烈的帝师是藏传佛教大师八思巴，藏传佛教是元朝的国教，是蒙藏两族的共同信仰，而主要是汉人信奉的道教焉能不败？

在皇权的压迫下道教逐渐式微，无法再与佛教一争高下。

道教的核心经典《道德经》是中国古代哲学最伟大的著作之一，书中所阐释的思想包含着古代朴素而深刻的哲学辩证大智慧，道家理论中的天人合一、自由平等的思想，始终为"君权天授"的天子们所忌惮，因此中国历代统治者，除了姓李的唐朝外，大多对道教实行压制排挤的政策。

中国历史上，底层民众的反抗都披着宗教的外衣，尤其是道教。如东汉末年的黄巾起义、东晋时代的五斗米教起义，以及唐高宗时期的道姑陈硕贞领导的起义等。清末义和团、红灯照等信仰民间宗教的组织，在他们的宗教体系中都受到道教的影响。道教在中国民间的影响力为底层民众发泄对统治阶级的怨恨提供了理论基础和组织形式，所以胡适先生把老子称为中国历史上第一个反对统治者的"革命家"。

道教所提倡的道法自然，尊道贵德的精神境界，始终是中国知识分子注重品格修养、培养独立人格的目标追求。而这些思想恰恰是统治者最不能容忍的。鲁迅先生曾深刻指出"中国根柢全在道教"，这句话是褒是贬，道内道外，各有说法。

虽然为了对抗西来的佛教，道教祖师爷被其后世弟子"送"往西方，"创立佛教"，然而根据他老人家的理论而创立的道教，至今也没有翻过位于中原西方的道教神山昆仑山。道教西去的路被昆仑山阻断了，于是转而东传，而历史上也有"道教在东"的说法，这和汉唐时期的"中国文化圈"的影响范围相吻合，在中国文化圈范围内的国家，相互间有许多文化相似性，他们甚至不把道教当作一种外来文化看待。

汉唐时期朝鲜半岛和越南等地的都是中国的附庸属国，从公元2世纪起，儒家和道家的思想学说就传入这里，深深影响着这些国家政治、文化、社会生活的方方面面。例如越南的主体民族越族（中国的京族）男人的传统服饰，宽袍大袖、仙气飘逸，完全是道士的风格。而最具道教文化特点的当属由阴阳图和八卦符组成的现代韩国的国旗，自称"太极旗"。

玉润珠圆玉珠峰

在离昆仑山口不远的地方，建有一座昆仑山道观，名为"无极龙凤宫"。金碧辉煌的大殿正门前的大石上刻有《道德经》中的经典名句"天道无亲，常与善人"，昭示着道教传达天理、慈善公正的理念。殿内供奉着西王母、九天玄女、金圣老母的神像，此三位被道教尊为"三圣母"。她们作为"女神"其作用自然少不了生命繁衍、慈爱众生的母性责任。

这座道观为什么会建在这前不着村后不着店、海拔3800米的昆仑山深处？答案就在大殿的旁边——昆仑河。

沿着河畔公路西行约65公里，可以到达昆仑河的源头黑海湖，传说这里是西王母居住的瑶池。湖边有两棵枝叶相连的大树，当年周穆王驾八骏探昆仑，曾在瑶池边与西王母有过一段缠绵。周天子轻轻捏了一下西王母的玉手，湖边的两棵大树竟然长出新的枝杈，并连在了一起，这就是民间传说的"连理枝"。西王母的出现为丝绸之路增添了东西方意识形态交流的中国浪漫。

关于西王母瑶池位置的说法有很多，从青海到新疆飘忽不定，只要是昆仑山脉覆盖的地方，都有西王母瑶池的传说，甚至天山山脉的天池都被传说了。昆仑山自帕米尔高原发脉，一路东延至青海境内，整座山脉分为西、中、东三段。因为昆仑山被道教尊为神山，所以玉皇大帝的两个妹妹也被安排住在这片大山中，一个居中段的玉虚峰，一个居东段的玉珠峰。玉珠峰是昆仑山东段最高峰，海拔6178米。从山形上看，玉珠峰更漂亮些，其形如名，玉润珠圆，圣洁无瑕。

从昆仑无极龙凤宫沿G109国道（青藏公路）西行60公里，路南有一条土路，下路后，簸行约10公里就到达了海拔5000米的玉珠峰登山大本营。这里是中国登山队的夏季训练基地，每年六月到九月，登山队都在这里进行登山训练，同时，这里还开办了登山学校，为喜爱登山运动的人提供训练和相关服务。我们来到这里已是十二月初，登山基地早就撤了，撤得连一张纸片都不剩，如果不是有人告诉我，还真看不出这里的夏季会那么热闹。

青藏高原冬季含氧量更低，尤其不幸的是，在这个海拔高度，我们的车子陷入了冰河的雪窝，大家齐力挖雪推车，呼吸更困难了。为了记录这个场景，我们还要摆出咧着大嘴奋力挥锹的大无畏表情，死要面子活受罪，谁难受谁知道。

玉珠峰山脚下经幡猎猎，在风的翻动下传达着人的祈愿与神的祝福。从玉珠峰流出的冰川就像神女伸出的臂膀，冰清玉洁，她想拥抱你，你可以抚摸她。

从登山基地到冰川要向下走大约一公里，高差100米，其间遍布积雪、冰溪和大大小小的砾石。我曾多次到达海拔5000米以上的地方，但是这一次的缺氧感觉最严重，走起路来，几乎是一步三喘在挪动。

我终于连滚带爬来到冰川的冰舌下。亿万年形成的坚冰呈透明的灰黑色，就像一块巨大的灰色玛瑙，密度极高，用尖石都划不出痕迹。冰舌的一些地方透出幽幽的绿光，那应该是更久远的冰。

回来的路是上坡，走起来更难了，加上氧气消耗增大，心脏在重重地跳，每跳一下都能砸得身体一颤。都说"上山容易下山难"，在高海拔地区，这句话要反过来说。

刚才下山时"鼓励"自己的口号是："反正你得回来。"这就是"向死而生"，够狠。

我们又回到了 G109 国道。经过海拔 4767 米的昆仑山口时，见路边有几家小饭馆，地图上标注为"昆仑美食城"。青藏公路上来往的司机一般都在此吃饭加水。我们选了"昆仑关大饭店"，店铺虽然只有一间门脸，但名字真气派，当然，我们主要还是看中了玻璃窗上贴的三个字——大盘鸡。

【野性荒原

格尔木是青海省排名第二的大城市，尽管无论从哪方面比较，格尔木都要大过其所在的海西州府德令哈很多很多，但在州里还是被排在了第二。

格尔木的分量因新疆和西藏被中原政权彻底掌控后才逐渐突出，它位于稳疆固藏的重要战略地位，因此也成为当代中国综合交通枢纽的节点，目前至少有五条国道和三条铁路交汇于此。开车进出格尔木，如果不注意路标，想回北京却去了西藏或新疆。

可可西里索南达杰自然保护站前的藏羚羊雕塑

"格尔木"是蒙语，意为"河流密集的地方"，既然河流密集，也就必然是丝绸之路路径的必然之选。但是格尔木建城时间不长，历史也少有记录。

丝绸之路自西而来的行旅们，在格尔木修整补充给养后继续东行，他们的前面是无际荒凉的柴达木盆地。

丝绸之路自东而来的行旅们，在格尔木修整补充给养后继续西行，他们的前面是可可西里和阿尔金山两大无人区。

我是自东向西而行的，也要在格尔木做些准备，因为海拔越走越高，人烟越走越少，需要多备一些即食食品和尽可能多的饮用水，更要多喘几口气，多吃几顿热饭。

可可西里和阿尔金山两大无人区是人类的地狱，却是动物的天堂，这里生活着许多高原特有的珍稀动物，其代表物种是国宝藏羚羊。

说到藏羚羊，就让人想起为保护这一物种、打击非法盗猎活动而牺牲的藏族英雄索南达杰。为此，我们在去可可西里的前一天，专门来到距格尔木市区 220 公里的可可西里索南达杰自然保护站向英雄致敬。

清晨五点，我们从格尔木出发，车行 160 公里，翻过海拔 4767 米的昆仑山口，继续西行 60 公里，看见一个巨大的藏羚羊金属雕塑在微露的晨光中熠熠生辉，这里就是以索南达杰的名字命名的可可西里索南达杰自然保护站。

为了避开雕像周围凌乱的房屋，我转到雕像后面，一尊完整的藏羚羊轮廓剪影呈现眼前，青藏铁路横贯其间，玉珠峰矗立远方。

拜谒英雄后，原路返回格尔木，为第二天进入无人区做准备。

"可可西里"蒙语，意为"青色山岗"，名字很清新，实地很凶险。

可可西里地区是指昆仑山支脉可可西里山脉及其附近的盆地和丘陵地带，面积约 23 万平方公里。整个"可可西里地区"以省界划分为五个自然保护区：西藏羌塘自然保护区，新疆阿尔金山自然保护区，新疆北昆仑自然保护区，青海三江源自然保护区，青海可可西里自然保护区。

通常意义上的可可西里概念是指青海可可西里自然保护区，面积约 3.7 万平方公里，只占可可西里地区总面积的六分之一。青海可可西里自然保护区于 2017 年被联合国科教文组织列入《世界遗产名录》。

羌南道西段要穿过可可西里和阿尔金山两大无人区，原计划能走多远就走多远，路上会在无人区里住一天。但认真做了功课后，发现古代羌南道现在最远只能到达新疆阿尔金山无人区里的库里库里湖一带，再往西已不具备通行条件，从格尔木到此湖，距离约 500 多公里。了解了这种路况后，为了减少风险，我们决定当天往返。要想当天往返，半夜零点就要出发。

我们两辆车沿 S303 省道西行，深夜的公路繁忙依旧，满载的重型卡车闪着远光大灯，呼啸着擦身而过，我们常常被惊出一身冷汗，神经时刻紧绷，眼睛异常疲劳。在距乌图美仁小镇不远的加油站，我们把油箱加到最满。我们将从这里离开主路，以后的几百公里都在无人区里行驶，再不会有加油的地方了。好在两辆越野车都有副油箱，即使这样，心里也不是很踏实。当然，每一次进无人区都要做好应对各种情况的准备，玩的就是心跳，玩命的"玩"。

　　乌图美仁是昆仑山雪水汇成的那棱格勒河冲击出的绿洲，沿着河道向西，一路经过那楚拉克阿拉干河、依协克帕提河、古尔嘎赫德河等季节河，到达阿尔金山南麓的车尔臣河，沿车尔臣河谷，穿过阿尔金山大石门山口，就到了新疆且末。这条路因为这几条季节河的存在，使羌南道在特定季节的通行成为可能。

　　乌图美仁西行，在一个很容易被忽略的小三岔路口，我们拐了进去，此时已是凌晨四点，黎明前最黑暗的时刻。在一条荒弃的小路上，虽然道路颠簸，但是没有了大卡车的威胁，心情顿时轻松了许多。一个多小时后，穿过荒凉的戈壁滩，我们进入了昆仑山。这里纬度高，日出也晚，夹在高山深谷中间，车灯如烛，根本看不清两边的情况，真是黑透了。

　　这条山路在任何地图上都没有标记，把卫星地图放到最大，隐约可以看到一条断断续续的细线。这条路曾经是一条运输矿石的临时道路。近年来，政府加大了对可可西里和阿尔金山自然保护区的整治力度，关停了保护区内的所有采矿点。

　　废弃的道路开始风化、坍塌，大自然正在抹去人类活动的痕迹。

　　我们绕过了一座座大山，行驶了近百公里的破碎山路，进入到一块谷地。这里是阿尔金山和可可西里两大无人区的结合部，也是青海和新疆的交界处，昆仑雪峰环立四周，谷地里生活着大批的藏羚羊、野牦牛和藏野驴以及野狼、野狐、野兔、野鼠等许多青藏高原特有的野生动物。

　　汇聚在谷地里的昆仑山雪水形成了大大小小的沼泽，每当夏季，这里到处都是万劫不复的泥沼深渊，这就是为什么要在冬季结冰期才可以进入可可西里无人区的原因。

　　大约八点半天才亮，透过车窗可以看到远处出现了一群藏野驴，可能是出于好奇，它们居然向我们跑过来，并伴着我们跑了好长一段路。昏暗的晨光，加上车子的颠簸，照相机曝光出一串虚晃的高原精灵。

　　远处山坡上出现了两只藏羚羊，它们可没有藏野驴的好奇心和驴脾气，远远地就跑开了。天越来越亮了，神秘的可可西里在我们面前逐渐清晰，缓缓展开……

一头野牦牛站在沙丘上

谷地接近山脚的地方是一座座金红色的沙丘，沙丘上覆盖着白雪，薄薄的一层刚好凸凹出沙的纹脉。一头野牦牛站在沙丘上，好奇地看着我们这些外来物种，奇怪的是，我们开的深色越野车无论走还是停，野牦牛总是不错眼珠地盯着，而另一辆白色的车却引不起它的关注，也许它是把这车当作自己的同类了。

两头野牦牛突然向我们的车冲过来，蹄下生风，怒目圆睁，我按下快门后就愣住了，它那前冲的大角，即使顶不翻汽车，也能戳透车门，更何况为了拍照，我已经把车门打开了。

我本能地使劲拉上车门，"砰"的一声，也许是声音吓住了它们，野牦牛一个急转弯，从车头处斜刺里冲过去了。我根本没害怕，因为根本就来不及害怕。

可可西里毫无掩饰地为我们展现它的野性魅力，这边愤怒的野牦牛刚冲过去，那边又蹦跳着跑过去几只藏羚羊，远处的藏野驴又跑过来看热闹了，各种"特产"轮番出场，张弛有度，既不会令你目不暇给，也绝不会冷场。看来它们真的把我们当作稀罕物了，一番打量之后，渐渐散去，只有我们还陶醉在幸运之中，自作多情地表扬自己的"人品"。

人与动物何尝不是互为风景、互作多情呢？"子非鱼，安知鱼之乐？""子非吾，安知吾不知鱼之乐？"

已经到了中午十一点，初冬的可可西里荒原上，月亮依然飘在天上，查看日历得知，这天是农历十月十九，所以月亮还这么大。蓝天辽阔，云淡风轻，这里有世界上最干净的天空；大地辽远，静谧无声，这里有世界上最安详的大地。

越野车在已经冻实了的凸凹沼泽中扭捏前行，一只野牦牛横卧在前方，我们渐渐接近，它依然不动，近前看看，这牛早已没了气息。它躺在茫茫荒原之上，老天给它盖了一层薄薄的白纱，这份庄重，这份安详，倒是让人感到了一些安慰。生于斯，长于斯，化于斯，自生自灭，这就是自由生命的生命过程。

我们拿出带来的自热米饭，因为缺氧一次性打火机打不着火，还好我们事先准备了火柴。在4400米的海拔高度，水的沸点大约80℃，根本热不透米饭，大家只好囫囵吃了一顿温吞餐。

我们越过青海和新疆间无形的边界，到达阿尔金山自然保护区库里库里湖。湖边成群的藏野驴正在饮水，不时有惊起的水鸟飞向天空。夕阳把冬草染得金黄，大山渐已白头，初冬时节的阿尔金山谷地色彩无比明亮，色调无比柔和。

从库里库里湖再往西到新疆且末县城，大约还有560公里。此地位于昆仑山和阿尔金山两大山脉的夹角部，地质结构复杂，河流顺着山脉的结构，有东西走向的，也有南北走向的，一路无数的深沟险壑，即使是硬派越野车也难以通行，传统的羌南道至此断绝。

　　白云开始聚集变黑，气温也开始下降，上午还在游戏我们的高原精灵逐渐散去，不知是风声还是狼嗥，断断续续地从远处传来，呜，呜……

　　我们用各种理由说服自己往回走，比如天气预报今晚有雪，在高海拔无人区过夜很危险；油量只剩下一半而我们还有500公里的路要走，其中有近300公里的山中烂路；今天已经收获满满，万万不可贪得无厌……终于自己说服了自己，撤！

　　再过昆仑山，天光余晖中可以看到来时的路，一边是高崖，一边是深涧，高崖上落下的碎石滚过路面掉入深涧，靠向山涧一侧的路边不时出现长长的裂缝，随时都有可能塌陷。来时因为天黑，这些险相都没有看见，真不敢想象我们是怎么摸黑过来的，回程路上就再拼一次"人品"吧。

蓝天辽阔、大地辽远，几只藏羚羊倘佯其间

羌北道（西宁—大柴旦—鱼卡—当金山口—敦煌）

从小柴旦或东台吉乃尔湖（东台）往北就进入了羌北道，经南八仙雅丹到
鱼卡后北行，穿过阿尔金山脉和祁连山脉结合部的当金山口进入甘肃，
入阳关抵敦煌，接入丝绸之路河西道。

【阳关灿烂

　　沿羌中道西行至小柴旦，向北可入羌北道，也可以继续西行至东台向北入
羌北道，因为此路少有人走，所以我们决定从东台转入羌北道。戈壁无际，荒无
人烟，从东台到鱼卡150公里，竟然未遇一人一车。

　　这条编号G215的国道从柴达木盆地的中心穿过，在南八仙魔鬼雅丹地段，
连绵的小土丘密密麻麻，像个大坟场。天空灰气蒙蒙，地面黄尘浮动，不时有小
龙卷风在土丘中旋荡，就像在坟地里漂浮的鬼魂，阴气沉沉。坟状土丘是雅丹发
育的早期状态，待千年万年之后，这里必被大风吹出千沟万壑的壮观气象。

G215国道（图中红线）南八仙段（卫星图）

我从卫星图上截取了一块此地的图片，图片范围横向100公里，纵向66公里，涵盖面积6600平方公里，比上海全域6340平方公里的面积还大一些，图中红线示意的就是G215国道。

从空中俯瞰，大地就像一块老旧的木板，粗糙的表面甚至能感觉到有点儿扎手。

一俯一仰，感受自然之大，个体之小，须弥藏芥子。

一仰一俯，感受天地之小，精神之大，芥子纳须弥。

从青海进入甘肃，要翻越海拔3800米的当金山口，此山口是阿尔金山脉和祁连山脉的结合部，时值晚秋，山上已落了一层雪。

古代羌北道从阳关入敦煌，为了要一个仪式感，我们从G215国道向西拐入通往阳关的旅游专用道，至此，丝绸之路青海道之羌北道在敦煌与河西道相接。

我从甘肃兰州出发，穿过黄河、湟水、祁连山、昆仑山、阿尔金山、青海湖、柴达木盆地和可可西里、阿尔金山两大无人区，断续九年，终于走完了青海道襟带的四条道。

走近灿烂的阳关，这座烽燧，等了我们两千年。

自此西去"条条大路通罗马"；由此东来"家家有道透长安"。

丝绸之路，无问西东。

阳关灿烂

第四章 天北碎叶——西域北道

中国古代陆上丝绸之路自西安经河西走廊到达敦煌，然后分别出玉门关或阳关，分为三路穿越西域。隋朝裴矩在《西域图记》有"发自敦煌，至于西海（今里海），凡为三道，各有襟带"的记述，史称"西域三道"，分别是西域北道、西域中道和西域南道。

　　本章所述为西域北道，图中线路标为绿色。

　　西域北道出敦煌玉门关，沿伊吾道穿越哈顺戈壁到哈密，然后从哈密西北的红山口穿越天山，沿天山北麓至吉木萨尔，经乌鲁木齐、独山子、精河、伊宁等地，从霍尔果斯出境，终点是碎叶城（今吉尔吉斯斯坦托克马克城郊），此道历史上也称"碎叶道"。

　　西域北道沿途又襟带庭州北道和尤尔都斯道。庭州北道再襟带通往蒙古高原的回鹘道、通往中亚的额尔齐斯道和通往欧亚草原的五咄陆道三条道路。尤尔都斯道自伊宁开始到那拉提后又分为南北两道，南道通库车，北道通焉耆。西域北道诸道互联，各有襟带，凸显了丝绸之路的网络概念。

　　西度玉门关，北越东天山，北庭都护今何在？孤城天北畔；回鹘道连通额尔齐斯银水，五咄陆道翻越阿尔泰金山；喀纳斯秋色飘染在身，图瓦人呼麦断续呜咽；克拉玛依采油机唤出黑油，丝绸之路商驼队负载白练；大西洋的眼泪是最后一滴，赛里木湖春花秋草浮出大雪山；伊犁疆索，尺寸不让，九城高筑，大墙威严；霍尔果斯首开西北大门，国际通道支援抗日前线；塔兰奇深耕河谷，哈萨克牧马天山；开都河漫溢蜿蜒，库车水红浪翻卷……

　　苍寂覆清新，遗憾复震撼，一路叹、一路赞。

丝绸之路西域三道示意图

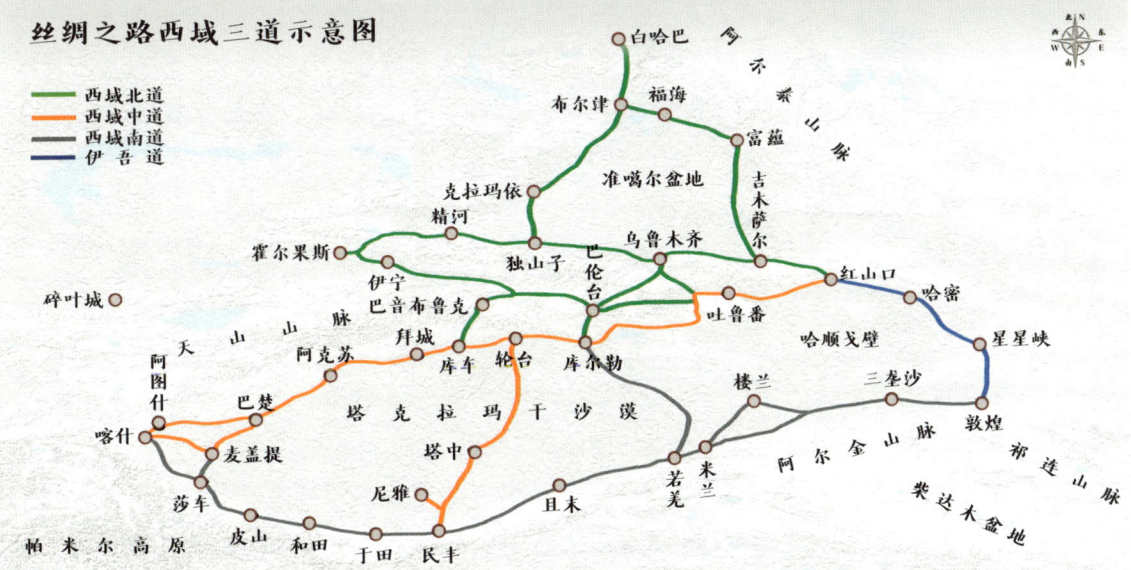

碎叶道（敦煌—哈密—吉木萨尔—乌鲁木齐—霍尔果斯）

西域北道出敦煌玉门关往哈密，自哈密西北红山口穿越天山至天山北麓的吉木萨尔，经乌鲁木齐、独山子、伊宁，从霍尔果斯出境，终点是碎叶城（吉尔吉斯斯坦托克马克城郊）。碎叶道是西域北道的主干线。

孤城天北畔

在玉门关景区游客中心，我买了本《玉门关诗词》，小册子共收录自唐宋至现代的诗词五十余首。开篇当然是唐朝王之涣的《凉州词》，一句"春风不度玉门关"盘桓出千载悲风，给玉门关定下了苍凉的基调，以至于历朝历代的诸多诗作，即使作于满目青绿的江南，但诉说苍寂心境的时候依然用典玉门关，似乎不问此关，无以诉苍凉。

玉门关至哈密有 400 公里，这段路是西域北道和西域中道共用线路，因哈密古称伊吾，此道也称"伊吾道"。整条道路都穿行在哈顺戈壁之中，古时这片戈壁叫莫贺延碛。《大唐大慈恩寺三藏法师传》中有记载："莫贺延碛，长八百余里，古曰沙河，上无飞鸟，下无走兽，复无水草。"故此路在历史上也被称为"莫贺延碛道"。有关这段路和哈密的叙述，我将在本书第五章"西域中道"中提及。

天山是亚洲最大的山系之一，中国境内的天山分为北天山、中天山和南天山三个支脉，其中北天山又以乌鲁木齐为界分成东西两段。

沿 G30 国道（连霍高速）往哈密西北方向约 170 多公里，有一个地方叫红山口，这是北天山东段的一个山口，此山口是连接天山南北的天然孔道，携手同出玉门关的西域北道和西域中道在这里分开。

按照路标的指引，我们右转驶入 S238 省道，进入天山红山口，穿山而行，路过一个叫作七角井的地方，从地名可知这里是西域北道上的一个水源地，在穿越此段天山的路上再没发现其他的水源地。60 公里后到达天山北麓，S238 省道接入 G7 国道。

循国道西行，沿途景象与哈密一带无异，所不同的只是天山和戈壁左右换位，完全就是哈密的镜像副本，一望无际的大戈壁是准噶尔盆地的东沿。

天山以南的塔里木盆地盛着塔克拉玛干沙漠的沙子，天山以北的准噶尔盆地盛着古尔班通古特沙漠的沙子，两盆沙子相同不相通。

终于见到绿色的时候，我们已进入吉木萨尔县。

从哈密到吉木萨尔大约 500 公里，一路高山戈壁，古代商队要带上足够的给养走十天左右。十天的给养已经是个极限了，吉木萨尔恰巧就在十天以后出现在一片绿洲上。

刚出吉木萨尔公路收费站，就见一座巨大的红色钢构建筑矗立在路口中央，上面一块扇形木牌写着"历史建筑·北庭府"，并注明 2018 年复建。"复建"是恢复重建的意思，面前这座充满当代艺术风格的钢构建筑怎么也不可能和千年前的北庭都护府联系起来，所以应是新建而不是复建。好在大屋顶的形式和大红的颜色看起来还很有些"古典中国"的意味。尽管标牌语焉不详，但这形式、这颜色、这气势我喜欢，刚进吉木萨尔就交上了"红运"。

这座钢构建筑不仅不是依照原样复建的仿古建筑，而且当年的北庭都护府也不在这个位置，而是在距此十几公里的曾经被叫作"破城子"的地方。西北地区有许多难述真名的汉唐残城，都被叫作"破城子"。但是，吉木萨尔的破城子当年却有一个响亮而充满诱惑的名字——金满城。

金满城是吉木萨尔的维语音变，"吉木"音译"金满"，"萨尔"意译为"城"。

吉木萨尔在不同朝代有不同的名字，汉称金满城，隋唐称庭州，金元明称别失八里，清朝称济木萨、恺安、孚远，当代称吉木萨尔。如果一个地方在历史上不断更名，此地肯定是有故事的地方。吉木萨尔是丝绸之路重要的十字路口，东通哈密至中原，西通伊犁至中西亚，南通喀什至南亚，北通阿勒泰至北亚，东北通回鹘牙帐（今蒙古国乌兰巴托以西）至远东。

东来西往的货物从这里分流向八方，南来北往的商队在这里补充给养走向更远的远方。为了保障丝绸之路的畅通，公元 74 年，东汉在此驻兵屯田；公元 640 年，唐朝在此设立庭州；公元 702 年，武周在此设立北庭都护府。

进入北庭都护府故城遗址，我们首先看到的是一座博物馆——北庭高昌回鹘佛寺遗址博物馆。

公元 9 世纪，回鹘人从漠北鄂尔浑河流域大举西迁，其中一支来到了高昌（今吐鲁番），建立了高昌回鹘汗国。原来信奉摩尼教的高昌回鹘，建国后皈依佛教，建了许多佛寺，在吐鲁番高昌故城和交河故城，至今都可见到当年佛寺的遗存。吉木萨尔是高昌回鹘王族避暑的夏宫和政治副中心，在这里他们也建了许多寺庙，这座博物馆主厅的巨大桁架所笼罩的，就是北庭高昌回鹘王家佛寺（又名西大寺）的遗址。

北庭高昌回鹘佛寺遗址是天山北麓唯一一处历经唐、宋、元各代的佛寺遗址，保存着大量的塑像、壁画以及汉文、回鹘文题记等文化痕迹。一尊尊立体生动的佛像，一幅幅以红、赭、黄为主色调的讲述佛教故事的精美壁画，无不展现出回鹘风格独有的艺术魅力，也体现出古丝绸之路沿线多种文化的融合与交流。

公元1346年，东察合台汗国对高昌回鹘汗国展开"圣战"，毁佛寺，杀僧侣，强迫高昌回鹘人改信伊斯兰教，北庭西大寺当毁于斯时。

西大寺正殿洞窟中残留着几尊交脚菩萨塑像，塑像的头部和上身已被损毁，但尚残存下半身部分衣褶和双脚。他（她）们端坐龛中，双腿轻松交叉，脚尖相对，圆润舒展，这种具有西域舞蹈特点的交脚菩萨起源于印度。

1988年，北庭故城被国务院公布为全国重点文物保护单位，高昌回鹘佛寺遗址是其中重要的组成部分。其实这是两个时期的产物，高昌回鹘建寺时，北庭都护府已不存在。北庭遗址的确定要归功于这座寺庙，后人先发现了寺庙，继而确定不远处的"破城子"即是北庭故址。新建的北庭故城遗址景区把西大寺也围了进去，算是对它的回报吧。

2014年6月22日，在卡塔尔多哈召开的联合国教科文组织第38届世界遗产委员会会议上，北庭故城遗址作为"丝绸之路：长安—天山廊道的路网"项目的遗产点被列入《世界遗产名录》。

北庭故城遗址之所以被联合国科教文组织世界遗产委员会所看中，正是因为汉唐所实施的都护府制度为维护国家统一、民族团结、保障丝绸之路畅通做出了不可磨灭的贡献。

公元755年（唐天宝十四载），"安史之乱"爆发，唐王朝无力西顾，将大批兵力调往内地平叛，西域与内地的联系遂被隔绝。北庭都护府孤悬塞外，独立坚持了35年之久。公元791年，被吐蕃攻陷，一共存在了89年。

北庭故城遗址中除了我们几个，再不见一人。沿途新铺的栈道两旁，隔一段就有一面旗帜在飘扬，或红、或蓝、或黄、或绿，每面旗上都印着同样的大字"新疆自古以来就是祖国不可分割的一部分"。

北庭都护府遗址

《中国历史地图集》提供的公元669年（唐高宗总章二年）的地图，可以直观地感受到盛唐疆域之广大。唐属西域面积最大的时期包括今天的中国新疆、阿富汗、中亚五个斯坦国等地。《新唐书·地理志》载："西尽波斯国，皆隶安西。"唐朝疆域最西至里海东岸与古波斯国相接。

虽然唐之疆域如此广大，但以1840年中国清时期疆土为界的"自古以来"的领土主权标准，除了中国新疆以外，其他地区皆不在"自古以来"的定义范围之内。

从相机取景器中看出去，因为有了边框的限制，阴云、老树、残墙、枯草传达出一片毫无生气的死寂，我向边上挪了一步，翻动的红旗把风带进了画面，也把"自古以来"带进来了。

1/40秒的相机快门速度，凝住了自唐以来的1230年。

> 孤城天北畔，绝域海西头。
>
> 秋雪春仍下，朝风夜不休。——《北庭作》唐·岑参

从吉木萨尔继续沿丝路碎叶道西行往乌鲁木齐，可以看见北天山东端的主峰博格达雪峰，高耸的雪峰下有一个高山湖泊——天山天池。天山天池即使是远离了道教神山昆仑山，但也被传说为西王母居住的瑶池。周穆王驾八骏西巡时，曾在这里和西王母欢筵缠绵。元代全真道教主丘处机根据此说在天池东北山坡上建了西王母庙，从此，天山天池成为了中国本土宗教道教在西域的中心，但是这个中心也没有足够的能量去影响西部的其他宗教。晨雾朦胧了天池，愈发神秘了神话、浪漫了缠绵、模糊了信仰的边界。

雾笼天池

▌岑参的轮台

公元前60年，西汉在龟兹（今库车）轮台置西域都护府，自此"汉之号令班西域矣"，此举标志着西域正式纳入中国版图。经过历代文人的激情演绎，西域都护府所在的"轮台"成为开疆拓土、建功立业的文化象征。

后人提到轮台，首先想到的是现属南疆巴音郭楞蒙古自治州的轮台县，以致读到唐宋边塞诗中的"轮台"一词时，也把它和南疆联系起来，甚至有些书中的相关注释也是这么写的。

唐朝为了加强对西域的管理和对丝绸之路的控制，在西洲（今吐鲁番）设立了安西都护府，后又迁至龟兹。到了武周时期又将安西都护府管辖范围一分为二，在天山以北设置了北庭都护府，与安西都护府分别管理天山南北的唐属西域，同时在北庭辖区内"取汉轮台为名"，也设立了一个轮台县。设置轮台县的目的之一是收取丝绸之路来往客商的税赋以保证北庭都护府的运行，《新唐书·西域传》记载："诏焉耆、龟兹、疏勒、于阗征西域贾，各食其征，由北道者轮台征之。"因此，汉唐时代的南疆北疆各有一个轮台县，如果不了解这一点，很容易混淆，搞出汉唐乱炖的历史误会。

我对于轮台的认识，除了来自历史课本，更多的是来自唐宋诗词。这一时期的边塞诗中，使用"轮台"一词的篇幅很多，为人熟知的有唐代诗人李商隐的"将军犹自舞轮台"，宋代词人陆游的"尚思为国戍轮台"和清代名臣林则徐的"天朝辟地置轮台"等名句，但写尽轮台的只有一人——唐朝诗人岑参。正是因为岑参，轮台成为边塞文化的象征，以后各代所有关于轮台的诗句，也都是从他那里化来的。

盛唐边塞诗人以高适、岑参为代表，史称"高岑"。高适的边塞诗雄浑悲壮，主要描写的是燕蓟边塞。岑参的边塞诗奇伟豪迈，描写的是西域边塞，这与他曾两度出塞，居边六年的经历有关。

年轻的岑参是一位有理想有抱负的热血青年，为追求建功立业的理想，以东汉班超为榜样，"投笔从戎，万里觅封侯"。公元754年（唐天宝十三载）被提携为北庭节度使幕府判官，上任轮台。在此期间，他写下了多首边塞诗，留下了很多诵颂千载的名句，以致后人面对一些场景时，不用他的诗句就找不到更准确的表达，比如描写雪景的"忽如一夜春风来，千树万树梨花开"，比如表达思乡的"马上相逢无纸笔，凭君传语报平安"，这些都是他在轮台戍边时写的。岑参的边塞诗流传千年，同时也留下了一个千年之谜，那就是：岑参的轮台具体位置在哪儿？

历史学家在北疆庭州（今吉木萨尔）以西发现了五个唐代古城，即乌鲁木齐市郊内的乌拉泊、古牧地、黑沟驿三座古城，以及昌吉市的昌吉古城，阜康市的六运古城。这五座古城在形制、结构、出土文物等方面基本相同，虽规模大小不等，但都建于唐代，哪一个才是岑参笔下的轮台呢？

我在地图上标注了五处古城的位置，绘出了"唐轮台与各道关系示意图"，从图中可以看到，乌拉泊古城坐落在联络安西和北庭这两大都护府的交通线上，在此设卡，无论从西域中道还是从西域北道来往的商队都必经此地，可以杜绝税赋的跑冒滴漏。地形图显示，这里是北天山西段和东段的分界山口，战略地位十分重要。与乌拉泊相比，其他几处的位置就尴尬了一些，大概率是都护府的驻军兵营，唐代称之为"守捉"，有史记载，昌吉古城是张堡城守捉，六运古城是俱六守捉。

清朝经康雍乾三代平定西域后，为维护边疆安全，发展边疆经济，开始大规模开发。1763 年（清乾隆二十八年），清政府在唐代乌拉泊古城基础上向北发展，扩建筑城，改称迪化。1884 年新疆建省，迪化成为新疆省的省会。"迪化"是个带有大民族主义色彩的名字，含"启迪教化"之意。1954 年迪化改称乌鲁木齐，蒙语意为"优美的牧场"。"乌鲁木齐"是否来自蒙语，此说尚有争议。

从地图中可以看到，从乌鲁木齐向南，有两条道路连接西域北道和西域中道，一条翻越天山冰达坂（胜利达坂）经巴伦台到焉耆，史称"庭焉道（庭州—焉耆）"，现在是 G216 国道的一段；另一条穿越天山白杨沟，经达坂城到西州（今吐鲁番），史称"庭西道（庭州—西州）"，现在是 G30 和 G314 国道的一段。

这两条连接线我都曾走过。

2004 年我走庭西道时，路过柴窝堡风力发电场，当时这个风电场是全世界最大的。一座座巨大的风机舞动着三只巨臂在空中抓挠，像一群白色的大怪物，布满了荒凉的戈壁滩，一直排到天山脚下。这是我第一次见到风力发电机，此时恰有一辆拉着风机叶片的卡车经过，见到那么大、那么长的扇叶，我们都被惊呆了。因为刚刚经过达坂城，我们正在讨论为什么大阪城的姑娘出嫁时要带上自己的妹妹，一下就跳到了为什么唐吉坷德要和大风车玩命，话题瞬间切换，这就是被惊呆后的语无伦次吧？

庭西道，达坂城风电场

2005 年 5 月，我走庭焉道，出乌鲁木齐进入天山，到达天山冰达坂。冰达坂是南北疆的分界点，海拔 4280 米。5 月中旬的天山依然风雪交加，山

庭焉道，天山冰达坂

口即是风口，位于山口最高处的敖包在风雪中隐约可见，敖包上的五色经幡被大风吹得呼呼作响。为防止大风吹雪掩埋道路，公路部门在迎风面设置了高大的挡雪板墙，在天山大风的狂虐下，固定板墙的水泥桩被吹得东倒西歪，金属墙板也被刮散了架，厚厚的积雪堆堵道路，不时有车陷在雪里。我们压着前车的辙迹，战战兢兢地爬过风雪最大的山口，这场面可比岑参那句"山回路转不见君，雪上空留马行处"残酷多了。

加入唐轮台位置争论的，不仅有历史学家还有文化学者，虽然大多数历史学家将乌拉泊古城确定为唐轮台遗址，但文化学者对此并不在意，他们确定遗址的标准是岑参诗中的景色和意境。

当我们把唐轮台看作一个文化概念时，它就不仅仅是一处具体的古堡了，以岑参幕府判官的身份，他可以跟着长官或受长官委派，在属地内各处巡视，无论是守捉军镇还是农牧民屯，凡诗中出现的场景他都能看到：天山雪岭、万树梨花、北风折草、戈壁飞沙、风掣红旗、苜蓿征马……这就是岑参的轮台。它可以是乌拉泊古城，也可以是唐朝北庭都护府管辖的任何地方，直到西海（今里海）之远。

【世界第一大巴扎

乌拉泊—轮台—迪化—乌鲁木齐，当历史完成这些流程后，乌鲁木齐便进入了大发展的新阶段。如今的乌鲁木齐高楼鳞次栉比，道路车水马龙，如果不注意城中的阿拉伯式穹顶和远方的博格达雪峰，这个城市和内地的其他省会城市没有什么区别，甚至比有些省会更繁华。

乌鲁木齐在向现代化发展的同时，也注意保留了新疆本地的民族特色，其典型代表就是位于二道桥的"国际大巴扎"。二道桥地区是维吾尔族传统居住地，这里民风淳朴，风情浓郁。

"国际大巴扎"是一组具有阿拉伯风格和维吾尔民族文化特色的建筑群，号称"世界第一大巴扎"，在此之前，世界上规模最大的"巴扎"在土耳其的伊斯坦布尔。

2004年我第一次来到这座开业不久的大巴扎，广场上高大的观光塔和近旁二道桥清真寺的四个细高的宣礼塔指向天空。所谓"巴扎"就是大集市的意思，集市中的喧闹气氛在这里都可以感受到。

乌鲁木齐国际大巴扎，亚克西！

大巴扎按商品类别分成若干区域，区域间的通道上人头攒动，摩肩接踵，商贩们用维汉两种语言大声吆喝着，如果见到外国人还会蹦出几句英语、俄语或阿拉伯语，阿拉伯语主要针对留着大胡子的外国人。

最热闹的地方是卖民族特色用品的摊位。这里有新疆各民族的特色服装，能认出来的有维吾尔族的裕袢（长袍）和花帽、哈萨克族的绣花衬衣和尖顶四棱帽、蒙古族的皮袍子和红缨帽、柯尔克孜族的骆驼帽等，更多的就认不出来了；民族乐器有冬不拉、热瓦普、羊皮手鼓；还有新疆各地的特色产品，如英吉沙小刀、昆仑玉石、和田地毯、哈密甜瓜、库尔勒香梨、阿克苏苹果、阿图什无花果、吐鲁番葡萄干、若羌灰枣……

在这个大市场买东西，讨价还价时请记住三个字"好好说"，否则会闹得不愉快。记得有朋友看中了一件小工艺品，问：多少钱？摊主答：五十块。友说：太贵了。摊主说：四十八。友说：再便宜点。摊主蹦出一句：好好说。维族人生硬的普通话，听起来像是很不满意，友说：怎么这个态度？摊主还是生硬地说：好好说！朋友以为摊主不高兴了，转身要走，摊主过来拦住他，依然生硬：好好说！朋友面露愠色，似乎两边要吵起来了。其实摊主生硬的普通话是口音问题，"好好说"的意思是好商量，完全没有怨气的成分。俗话说：听话听声，语调抑顿，情绪不同，在少数民族地区，听话不仅要听声，也得知道点声音的"民族特色"。

维族人继承了古代西域粟特胡商的商业基因，非常会做生意，如果你不买就不要问，否则他们最终会让你高兴地买下来。

到了晚上，大巴扎更热闹了，露天食摊一个接一个，广场上播放着欢快的麦西来普乐曲，一下就把人激出了兴奋、逗出了食欲。炭火上烤着滋滋作响、泛着油光、一公斤一串的超大羊肉串，冒出来的油烟杂着孜然的味道四处弥漫，烟气把高大的观光塔托上了天。在这里，各种新疆特色小吃应有尽有，面肺子、烤包子、手抓饭、拉条子、缸子肉、大盘鸡……各自散发出诱人的色香，当然还有更多叫不出名字的小吃。但那一天，我唯独记住了超大的羊肉串和烟气中的观光塔，什么时候想起来，都感觉那里是隐现在云中的美食天堂。

每次到乌鲁木齐我都会去这个大巴扎。随着经济的发展，大巴扎里的商品越来越丰富，但是吆喝声越来越小，烟火气越来越淡，集市变成了商场，整齐规范，宽敞明亮，门前三包，不包邮费。

庭州北道（吉木萨尔—富蕴—布尔津—白哈巴—克拉玛依—独山子）

西域北道的主干道碎叶道自吉木萨尔（庭州）以北襟带三道，合为庭州北道，这三条道路是：通往蒙古高原的回鹘道、通往中亚的额尔齐斯道和通往欧亚草原的五咄陆道。庭北三道的国内路段，连接形成围绕准噶尔盆地的大环线。

准噶尔大环线

唐代将北庭都护府设在吉木萨尔，除了前文所述其扼守着丝绸之路西域北道要冲之外，这里还有几条路，合称"庭州北道"，它们是指庭州辖境内西域北道主路以北的诸道，主要有回鹘道、额尔齐斯道、五咄陆道，这三条道路属于丝绸之路的襟带范围，一般很少提及。我把丝绸之路看作是"互联互通的网络"概念，所谓"概念"的概念，就是难以确定某类事物的明晰边界。

回鹘道从北庭通往回鹘牙帐；额尔齐斯道自富蕴开始沿额尔齐斯河西行往中西亚各国；五咄陆道自吉木萨尔西行至独山子再往北翻越阿尔泰山连接欧亚草原。如今这三条道的国内部分连接起来，形成了一个围绕准噶尔盆地的大环线。

庭州北道示意图

碎叶道
回鹘道
额尔齐斯道
五咄陆道

白哈巴
喀纳斯
北湾
布尔津
富蕴
塔克什肯镇
克拉玛依
准噶尔盆地
火烧山
精河
独山子
乌鲁木齐
吉木萨尔

189

原本我计划从吉木萨尔沿西域北道的主道继续西行，既然了解到还有这样一条环线大道，便决定走一圈，以了解更多丝路沿途的自然如何生成了人文，人文又如何形成了历史。

准噶尔大环线的东线，从吉木萨尔到富蕴县的这一段是古代回鹘道，此道通往蒙古首都乌兰巴

回鹘道上的火烧山

托以西的哈喇巴喇哈逊，那里在唐代曾是回鹘牙帐。牙帐是古代西北游牧民族的"移动首都"。牙帐的原意是统帅所居营帐，因帐前竖牙旗，故名。回鹘道将丝绸之路和蒙古高原连在一起，据记载，成吉思汗西征走的就是这条路。

出吉木萨尔县城北行不远就进入了茫茫戈壁，这片戈壁号称"将军戈壁"。

传说北庭都护府的一位将军率兵与西突厥人决战于此地，虽然取得了胜利，但唐军却在戈壁中迷失了方向，陷入饥渴绝境。绝望中，前方突然出现一湾碧水，将士们向水狂奔，但人水之间永远隔着一片戈壁，海市蜃楼的假象最终把将军和唐军困死了。后人在这里建了一座"将军庙"，庙前的戈壁被称为将军戈壁。

这片戈壁中有一片石头山，大大小小的石头如同被烈火焚烧后留下的残烬，故名"火烧山"。在寸草难生的火烧乱石中，竟然出现了十几峰骆驼。

沿回鹘道向北而行，一路戈壁，在平坦的荒凉中，当远方出现了阿尔泰山的轮廓时，就到了回鹘道和额尔齐斯道交汇的地方，回鹘道继续向北，出边境小镇塔克什肯口岸后，接入蒙古国布尔干公路。

荒蛮中的温柔

发源于阿尔泰山的几条源流汇入可可托海后，改名为胡二茨河，当它流入准噶尔盆地后，又称额尔齐斯河，从发音来看应该是同音不同译。沿着额尔齐斯河行走的道路，就是额尔齐斯道。

额尔齐斯河自东向西流经中国和哈萨克斯坦，进入俄罗斯后汇入鄂毕河，最终流入北冰洋，这是中国唯一注入北冰洋的外流河。

额尔齐斯河在褐黄色的准噶尔盆地里划出了一条绿线，蜿蜒曲折，让无尽的荒蛮有了一丝温柔，但地质专家把这种温柔叫作"河曲发育异常"。这条河如此之美，却是异常发育的怪胎。

额尔齐斯河

额尔齐斯河绿水荡漾，波光点点，浅滩翔羽，深水潜鳞，河边芦苇，岸上白桦，一切都是清淡的颜色，安详，静谧。

额尔齐斯河绿水张弛，时宽时窄，宽的河段似宝石，窄的河段如丝线，整条河就像一串绿宝石串成的项链，项链的中间，还坠着一块剔透的蓝色宝钻——乌伦古湖，典雅，高贵。

乌伦古湖也称布伦托海，分别是蒙语和哈萨克语的不同发音，蒙语意思是"云雾升起的地方"，哈语意思是"五彩的树林"，同是游牧民族，视点却完全不同，蒙古人在平阔草原望云蒸霞蔚，哈萨克人在山间草场观层林尽染，这种区别告诉后人，历史上曾经哪个民族更强大。

对于这片或湖或海的称呼，汉人就不那么直白，他们不望天也不观山，而是看到了希望，在干旱的盆地中能有这么一大片烟波氤氲的浩渺之水，当然是福气汇聚成海的地方了，于是，汉人把这里称为"福海"。

额尔齐斯河蜿蜒到了布尔津，这可真是个漂亮的小城，是东方人根据西方童话构建的城市，犹如西方人根据东方神话构建的园林一样，各自肯定看到了相互羡慕的目光，也觉察到了对方的不伦不类。

流经布尔津的额尔齐斯河岸边有一座老码头，一组定格码头工人劳动场面的雕塑，讲述着过去的故事。这条国际水道曾经是中俄间的贸易通道，俄国人运来了毛皮、黄金和玻璃，中国人运去了丝绸、茶叶和瓷器。这组雕塑展现的已是清末的景象，但谁能说这不是更古老故事的延续呢？只是化外僻壤，少有文献记录而已，虽然不知道具体的故事，但还是能找到故事发生的原因和发展的脉络——因商业利益而衍生出的文明交流。

额尔齐斯河流过了布尔津继续向西流淌，在哈巴河县一个叫北湾的地方流出国境，进入了哈萨克斯坦，额尔齐斯道在此绝断。

【金山图瓦

布尔津除了额尔齐斯河这条水道，更大的价值是东西向的额尔齐斯道和南北向的五咄陆道在此相交，这里是庭州北道上一个重要的十字路口。

五咄陆道是唐代通往西突厥五个部落的道路，这五个部落史称"五咄陆"。五咄陆部落游牧在现中哈吉三国交界的广阔草原和山林地带，唐时属北庭都护府管辖。五咄陆道的具体路线史无明载，已不可考，大致路线是从独山子、精河一带向北沿准噶尔盆地西缘经布尔津进入阿尔泰山。

五咄陆道最大的意义在于它联通了欧亚草原。此路也被称为毛皮之路、黄金之路，这都是后人在"丝绸之路"后扩展的名字。

早在公元前 2000 年的新石器时代晚期，中原和欧亚草原之间就有了物资和文化的交流。欧亚草原的范围从中国东北大兴安岭，经过蒙古高原、中亚丘陵、东欧平原直至多瑙河流域，这片区域长约一万公里，宽约五百公里，几乎横跨整个欧亚大陆，历史上，这里是多个游牧民族逐水草而牧的地理大通道。

在布尔津，我们告别了额尔齐斯道，选择古代五咄陆道，北上进入阿尔泰山。

金山玉水喀纳斯

阿尔泰山富蕴黄金，古称金山，是北方游牧民族的圣山，阿尔泰山脉以北就是欧亚草原。五咄陆道北段的大致路线，是从布尔津到喀纳斯的 S232 省道。沿着弯弯曲曲的山路上行向北，初秋的阿尔泰山随着海拔高度的上升逐渐由绿向黄，大片的黄绿色块中还会出现几点明亮的红色。

全国各地有条件的旅游景区都在疯狂地扩大"领土"范围，尽管有各种冠冕堂皇的理由，但基本动力绝对是经济利益。喀纳斯景区的范围从喀纳斯湖向南延伸了 30 公里，在一个叫作贾登峪的山间阔地上建起了换乘站，自驾车到此为止，统统买票换乘景区大巴车。鉴于通往喀纳斯景区的山间公路弯急坡陡，为了安全和秩序，它的"扩张"我认为是合理的。

山间公路像一条长长的灰色丝带，伴着蓝色的喀纳斯河左飘右荡。30 公里的山路并不枯燥，抬头望山，俯首看河，完全融在了山水中。突然，大巴车一个急停，原来公路中间站着一只狐狸，大家既惊奇又惊喜，以为自己很有运气。司机拿出一包零食扔给狐狸，它叼起来就钻进树林里去了。司机说："这里的狐狸很多也很聪明，见到旅游大巴就会出来讨食，不给不走，它只拦大巴不拦其他车。"大家都以为有幸遇到了狐狸，司机却说狐狸很多，大家都认为狐狸很狡猾，司机却说狐狸很聪明，这善意的选词、褒贬的把握，为喀纳斯赢得了不少好口碑。汽车重新开动，游客们的兴趣也从看风景转为夸赞此地"人与自然"的和谐以及表扬师傅的善良，一直夸到终点站——喀纳斯村。

喀纳斯村有老村和新村之分，一般游客都住在老村，这儿基本上已经成为游客住宿区和去往附近其他景点的集散换乘中心。

喀纳斯村是一个以图瓦人为主的多民族混居村。图瓦人的族源众说纷纭，各类专家分别从历史学、社会学、遗传学等角度来论证其族源，图瓦人则根据本族古老传说自有说法。民族甄别在不同国家、不同时期、不同民族政策下也有不同的政治安排，俄罗斯将图瓦人作为单一的民族，中国将图瓦人视为蒙古族的一支，称作"图瓦蒙古人"。在中国，类似的族群有许多，比如布里亚特蒙古人、彝族摩梭人等。这些族群的成因和分类是一个复杂并涉及多学科和政治历史的问题，也许永远会争论下去。

关于图瓦，只要你听过"呼麦"，你就接触过图瓦文化，就像只要吃过布里亚特人的羊肉包子和听说过摩梭人的走婚习俗，就会记住这两个族群一样。

在中国生活的图瓦人不足三千，主要分布在新疆阿勒泰地区哈巴河县的白哈巴村和布尔津县的喀纳斯村及禾木村。

我们租住的民宿是一家图瓦人开的。这里是一片坡地，坡下有一排新民宿，坡上有一座老木屋，老木屋里住着一位老奶奶。老奶奶的儿子一家虽然已搬到了三公里外的新村，但儿媳妇每天都会过来经营打理民宿，照料老婆婆的生活。

三个孩子在院子里叽叽喳喳地跑来跑去，女孩叫乌云格，两个男孩一个叫齐德木，一个叫恩德苏，我们住的民宿就是恩德苏家开的。

三个孩子都是村里幼儿园大班的小朋友，放学后一起到恩德苏奶奶家玩。乌云格最淘气，她不仅抢男孩儿的枪，还站在游泳圈上从高处顺着草坡往下溜，一个跟头摔得她咯咯地笑。正玩在兴头上，乌云格的妈妈走过来，冲着她一通叽里咕噜的训斥，小女孩眼泪汪汪地被妈妈拉走了。我问恩德苏是怎么回事，他告诉我："乌云格天天玩，天天吃，天天不做作业，她妈妈生气了，拉她回去写作业。"这是原话，他说的时候还露出义愤填膺的表情，刚才还玩得好好的，转脸就是一脸正气，有点不仗义呀，可怜的乌云格。

秋天的喀纳斯湖水澄蓝，周边的雪山已现白头，山上的树木黄绿相间，还点了点儿红。人们形容色彩丰富常用"上帝打翻了调色盘"，上帝怎么这么毛躁，到处打翻调色盘呢？有人加了俩字"上帝故意打翻了调色盘"，这回说得通了。

在"调色盘"中徜徉，不时会有各色落叶飘落身上，上帝把人也调进了秋色。

高纬度的喀纳斯，夕阳的红光照在脸上，让人显得健康结实，所有的物体都被拉出长长的、反差硬朗的黑影，看着投射在地上的高大身影，我们都摆出一付不可一世的架势，与自己的影子合影。

古代五咄陆道的当代国内终点是白哈巴村，道路出境哈萨克斯坦后还能看到弯弯曲曲地向北延伸。

白哈巴村是图瓦人和哈萨克人混居的边境小村，两个民族和睦相处，都会说对方的语言。据说图瓦语更接近哈萨克语而不是蒙古语。图瓦人的服饰和生活习惯很接近蒙古族，他们家里挂着成吉思汗的画像，门上贴着写着蒙文的"吉祥"字样的大红烫金的汉式斗方。

一家饭店的女主人抱着孩子操着东北口音和我们聊天。她是内蒙古赤峰的蒙族人，嫁到了这里。她出嫁前不会说蒙语，而且认为蒙古族生活习惯差不多，过来后才发现差距挺大，相比东北老家，她觉得这儿的环境和收入更好，爱人和孩子在这里，这里才是自己的家。

几个图瓦和哈萨克小伙在闲聊，我问他们会说几种语言，一个哈萨克小伙回答说："我会说哈萨克、蒙古、图瓦、汉话。"然后他又调皮地说："我还会俄语'哈拉哨'和英语'古德拜'。"六种语言，你厉害。

红满江天

在喀纳斯，还有一个令人兴奋的发现，这里是 G219 国道的起讫点。

G219 国道自喀纳斯开始，沿着中国西部和南部边界一直到中国和越南交界的广西东兴，途中经过新疆、西藏、云南和广西四省区，全长 10065 公里，是中国目前最长的国道。这条道路，我陆续走过绝大部分路段，我曾经到过广西东兴，这次到了喀纳斯，起点和终点也就算都到过了。

好吧，既然遇到了 G219，那就再走上一段，也不枉这次相遇。出景区还要乘专车到贾登峪才能取到自驾车，而贾登峪并不在 G219 沿线上，为了回到 G219，我们选择了一条很少有人走的山间公路，这条路在地图上甚至都没有编号，其作用是 S232 省道和 G219 国道的联络线。

翻山越岭走了 20 多公里，来到一个山中谷地。只见山脚下烟尘滚滚，尘烟中传来狗叫声，不一会儿，这股土烟卷到了我们身边，尘埃里裹着老大一群羊，一条棕色的大狗跑前跑后，一边叫一边圈回离群的羊，牧民则骑在马上不紧不慢走着。这是哈萨克牧民的秋季转场，从山中的夏季牧场转往山下的冬季牧场。

此地名为喀流滩，是个三岔口，路牌指示向西 20 公里即是 G219 国道，走！

翻过博拉德山口，算是走出了阿尔泰山，山下又是一望无际的戈壁。我们终于上到 G219，前方城市是哈巴河县城阿克齐镇。

日落时分的额尔齐斯河

阿克齐镇不大，时值下午两点，手机搜饭，找到一家评分五星的饭馆，去到后却发现是一户农家，并不见饭馆。主人不解地看着我们："怎么会有人用手机找饭吃？"

我发现在较为偏僻的地区，用手机导航或搜吃住，往往都是错的，也许是数据量不够，准确度很低，有几次甚至差点被导航带到沟里。

从哈巴河到布尔津途中有个五彩滩，在这里，我们又遇到了额尔齐斯河。经过几天的分别，它已经流到了这里。河南岸是绿色湿地，河北岸是黄色戈壁，沿河遍布大石，所谓"五彩滩"就是指这片石滩。大块的棕黄色巨石沿河岸铺出数公里，北岸金黄，南岸翠绿，夹在中间的河水变幻着天空的颜色，从午后的白云蓝天到傍晚的红霞满天。

我们坐在大石滩上吹着戈壁刮来的风，只为等待日落时分的额尔齐斯河。当水面映出红天时，就像铺了一块平展的红玻璃，连接两岸的拉索桥上，几只老牛摇晃着脖子上的铃铛，叮叮当当地走在桥上。我离得很远，这声音不是听到的而是看到的，"濯濯其英，晔晔其光，如闻其声，如见其容"是也。

【浮在黑油上的魔鬼

离开五彩滩，重新走上了五咄陆道，这回是反向往南。

临近克拉玛依市的乌尔禾魔鬼城就在道边，所谓"临近"也有近百公里，因为这里是新疆。

魔鬼城是一处独特的风蚀地貌，学名叫"雅丹"。在晴好的日子里，这里有一种荒蛮中粗糙的祥和。一旦起风，则黄尘蔽天，大风裹挟着砂砾在雅丹中凄厉激荡，摩擦出魔鬼般的啸叫。千万年的风蚀沙刻，磨砺出一大片令人瞠目、使人退（瞎）想的奇特土丘。

西北地区被称之为"魔鬼城"的地方有很多，我去过的就有新疆拜城的克孜尔、楼兰的龙城、哈密的五堡、克拉玛依的乌尔禾、甘肃敦煌的三垄沙、青海的乌素特等多个规模巨大的魔鬼城，至于那些小魔鬼，不屑。

乌尔禾魔鬼城因为交通方便，开发得比较彻底。所谓"开发"，就是让里面住进更多的"魔鬼"，所谓"彻底"，就是把埋在地下已经6600万年的白垩纪恐龙都给挖出来了。据说这里是《卧虎藏龙》《七剑》等影视片的拍摄地。我没看过《七剑》，但是看过一条"孜然鸡翅"的广告，它借用《七剑》中因为喜欢孜然而不愿下天山的桥段，调侃道"中原早有孜然了"。

相比其他魔鬼城，这里最有特点的是分布于雅丹之中的抽取石油的磕头机和丝绸之路上的骆驼队。畸形地貌，丝路驼队，现代工业，每一个元素都是或曾是真实的存在，三位一体，相互映衬，意味深长。

起风了，风鼓动出或尖利或低沉的各种声音由远及近，由小渐大，在雅丹怪丘中撞击回荡。一只巨大的恐龙模型扬天嘶吼，把太阳都吓得躲到土丘后面去了。黑夜将临，魔鬼的狂欢开始了……

怪不得《克拉玛依之歌》前半段会有这番感叹："我赶紧转过脸，向别处走去。"

当我转过脸，看到却是远方的一片辉煌——克拉玛依石油城，所以歌的后半段有了新的动作："我赶紧催着马，向克拉玛依跑去。"我是开着车过去的。

克拉玛依，维语意为"黑油"。因为石油的发现，荒原中有了辉煌。

克拉玛依除了主城区，还有一块相距150公里的飞地——独山子，其间隔着塔城地区的乌苏市和伊犁州的奎屯市。新疆打出的第一口油井就在独山子，这里是克拉玛依辉煌的起点，所以绝不放弃。

独山子是丝绸之路西域北道和五咄陆道的结合部。我们从吉木萨尔出发，经回鹘道、额尔齐斯道、五咄陆道，围着准噶尔盆地绕了一圈，又回到了西域北道的主道——碎叶道。

乌尔禾魔鬼城

【大西洋的眼泪

从独山子沿碎叶道西行经精河，向南进入天山，过了一道山口，入眼一片碧蓝——赛里木湖。

赛里木湖，被称为"大西洋最后一滴眼泪"。遥远的大西洋会有多么悲伤，竟然把眼泪流到了这里？这是气象学的文学性表达。大西洋暖湿气流沿着地中海、黑海、里海形成的低地通道向东吹，吹过中西亚的图兰平原后，一头撞上了天山，这是大西洋暖湿气流能够到达的最东端，面对高大的天山阻隔，它沮丧地流下了眼泪，而且是最后一滴。

眼泪是咸的，赛里木湖水也是咸的，但是它咸出了一片生命蓬勃的香甜。

春天，鲜花浮在绿草上；夏天，雪峰飘在蓝波上；秋天，黄草为碧水镶上了金边；冬天，白雪覆盖了湖冰漫漫无边。

赛里木湖的春天

一个牧人扛着收割的牧草走过湖边的一桩枯树，树上探出一段枯木，像是个穿着宇航服的人，它长着 E.T 的大眼睛，还有一只章鱼爪子。

这一次，我是开着车听着广播来到赛里木湖边的，广播里说：神舟十二号载人飞船返回舱刚刚溅落在东风着陆场，所以见到此景，马上就联想到宇航员，进而想到外星人，搭神州便车来到地球的外星人。东风着陆场在内蒙古巴丹吉林沙漠之中，距赛里木湖的直线距离 1800 公里，对于以光年为速度单位的宇宙来客，这就是零距离。

我的思维经常如此混乱跳跃、功能分裂，由此及彼，但很难由表及里。

意识流般的思维跳跃，其实是一种潜意识的流动过程，秋山秋水的赛里木湖，竟然因为一桩枯木生成了一系列通向遥远宇宙和未知神秘的胡思乱想。这种基于科学的胡思乱想，人们把它称为"科幻"。

"人类失去联想，世界将会怎样？"

【伊犁我之缰索

过了北天山西段博罗科努山口的果子沟大桥，一路下坡就进入了北天山、中天山和南天山环抱的伊犁河谷。

《史记》第一次记录伊犁河谷，源于张骞的西域出使，张骞给汉武帝的报告中提到，在西方有一个乌孙国，这里出产一种宝马，汉武帝为了得到这种马不惜出兵打仗，还作了三首《天马歌》。

公元前 2 世纪，乌孙人和月氏人曾生活在今天甘肃境内的敦煌祁连间，公元前 177 年前后，月氏被匈奴打败，西迁至伊犁河流域。匈奴又联合乌孙进攻月氏，月氏再败南迁大夏（今中亚阿姆河地区），乌孙人遂迁至伊犁河流域。

西汉时期，乌孙、月氏、匈奴和中原政权一会儿亲和，一会儿反目，亦亲亦仇，相爱相杀，直至公元前 60 年，西汉设西域都护府，乌孙归附汉朝，伊犁等地被正式纳入大汉版图。

随后的几百年间，这片地区时叛时服，分分合合，到了公元 658 年（唐高宗显庆三年），唐灭西突厥，伊犁等地复归于唐，由北庭都护府羁縻管辖。

公元 755 年，唐朝发生安史之乱，包括伊犁地区在内的整个西域又一次失控。

宋时此地属西辽，成吉思汗灭西辽，地归蒙古。明朝至清初，此地属察合台汗国和准噶尔汗国。

自公元 755 年（唐天宝十四载）到公元 1755 年（清乾隆二十年）平定准噶尔，

西域包括伊犁地区才重新被中国中央政权所控制，时间过去了整整一千年。此后清在伊犁设置"总统伊犁等处将军"，简称"伊犁将军"，这不是一级军阶，而是一级军政府。了解清朝国土的行政划分，可以帮助了解历代中央政府"治疆"方略的历史脉络和承继关系。

清朝的行政区划共分为：内地十八省、边疆五大将军及蒙、藏、青、疆，四个少数民族藩部，其中"疆部"比较特殊，虽属藩部，却由边疆五大将军中的伊犁将军管理。可见新疆自古以来的管理方式就比较特殊，即使到了现代，这一地区依然是由新疆维吾尔自治区政府和新疆生产建设兵团两个正省级单位共同管理。

"伊犁将军"统辖全疆军政事务，并羁縻清朝中亚地区的各个属国及哈萨克各部，是西域地区最高军政机构。

1884 年（清光绪十年）新疆设省，因为此前被称作"外西北"的大片领土已经割让给了沙皇俄国，伊犁已处于西北的边境地区，于是新建立的新疆省将省会设在了更东边的迪化（今乌鲁木齐），伊犁将军所辖范围缩至伊宁、塔城和精河地区。

伊犁将军府设在惠远城（今霍城县惠远镇），距伊宁市区 30 多公里，如今遗址尚存，周边共有九座"军事基地"，史称"伊犁九城"。

伊犁将军府是标准的中式院落，院内有两尊红衣大炮，威风凛凛，符合军事机关的形象。但议事厅前的甬道边，却蹲着两只表情滑稽的黄毛红嘴石狮子，叫作"人羊犬狮"，集四种生物于一体，可真是四不像。

惠远古城

这两尊狮子全身涂黄、大嘴涂红。颜色的涂抹是可以改变视觉感受的，无论多么威猛的硬汉，披上卷曲的黄毛，涂上浓艳的红唇，也会变成猥琐的"伪娘"。门前红衣大炮所营造的威风，到了"四不像"这里，威风便去扫地了。

关于这对狮子的造型有个传说：伊犁人没有见过狮子，于是根据描述和想象雕出这种怪兽，石狮面相暗讽俄国人的黄卷毛和红唇大鼻，放在门口让它们给中国人当看门狗，这种附会了民族情绪的解释流传甚广。

丝绸之路的外来物种之一就是狮子，据《汉书》载，公元87年（东汉章和元年），"月氏国遣使献扶拔、师子"。扶拔解释为羚羊，师子即狮子。这是史书中第一次提到狮子。月氏国曾居伊犁，说伊犁人不知狮子是不可能的。

狮子不仅是西来的生物物种，到了中国更进化为文化物种，居瑞兽之列。中国佛教文化中也有狮子，它是文殊菩萨的坐骑。佛陀讲法被形容为"狮子吼"，比喻如狮子的吼叫般威服众兽。中国人还赋予了狮子威猛的形象和镇宅辟邪的功能，像伊犁将军府里的这两只滑稽的狮子狗怎么能起到以正压邪的作用呢？

我把这对石狮的彩色图片转为黑白，褪尽铅华，不施粉黛，性感肥唇成了血盆大口，黄色卷毛，成了钢丝硬髻，迷离色眼成了圆睁怒目，顿时威猛了许多，也许这才是它们本来的形象吧？虽然还是透着一股傻气，但是"傻"不是也常被用来形容"忠诚"吗？

将军府议事大堂的正中匾额上是一句官衙套话"政肃风清"，妥妥的官场警示，把个司令部布置成了"纪检委"，完全没有军政将军的威风。当然，满清的衙门是不会用"精忠报国"这类带有汉民族情绪的豪言壮语的。

1840年第一次鸦片战争后，中国日衰。1851年，沙俄逼迫清廷签订了《中俄伊犁塔尔巴哈台通商章程》，这是满清政府和沙皇俄国签订的第一个不平等条约。通过该条约，沙俄获得了在伊宁、塔尔巴哈台（塔城）两地的多项特权，从陆上打开了中国西北的大门。

1864年，中俄签订《中俄勘分西北界约记》，割占中国西北44万平方公里的领土。同年，新疆少数民族发动反清起义，中亚浩罕汗国乘机派部将阿古柏入侵新疆，控制了南疆和北疆的大部分地区。此时的俄、英两个帝国主义也在中亚地区展开激烈争夺。沙俄为扩张领土，防止阿古柏在伊犁建立亲英政权，于1871年7月出兵强占伊犁。

1876年春至1877年冬，清政府派军西征，摧毁了阿古柏的统治，除伊犁地区外，新疆沦陷区均告克复。1879年10月，清俄两国代表签订了《交收伊犁条约》，割让大片国土。

《交收伊犁条约》签订后，中国朝野哗然，军机大臣左宗棠愤然："伊犁我之疆索，尺寸不可让人！"1880年2月，清廷再次与俄谈判改订条约，希望挽回一部分领土。与此同时，积极武备，给了沙皇俄国极大的压力。经过一年的艰苦谈判，双方于1881年2月在圣彼得堡签订了《中俄伊犁条约》，中国从沙俄占领的外西北领土中收回了两万平方公里。

尽管收回了部分国土，但《中俄伊犁条约》依然是有损中国主权和领土完整的不平等条约。此条约一公布，西方的各大报纸均刊文说："中国创造了外交史上的一个奇迹，迫使大俄帝国把已经吞进口里的土地又吐了出来，这是俄国立国以来不曾有过的事情。"

讨回点自家的东西也叫"外交奇迹"？可见当年中国被屈辱到什么程度。

第二次鸦片战争前后，沙皇俄国共割占中国领土150多万平方公里，其中外东北100多万平方公里，外西北50多万平方公里，其中有44万原属伊犁。

国界是现代国家领土主权范围的标志，在伊犁将军府院内，还保留着几块当年的界碑。在"君权天授"的封建制度下的中国，"溥天之下，莫非王土。"土地是王的属品，取舍由主，从这个意义上来说，皇权专制家天下之"卖国"实为"败家"，甚至他们都不觉得这是"败家"，割地赔款被称作"赏赐"。慈禧太后的卖国名言不就是"宁与友邦，不予家奴"吗？

明清大儒顾炎武深刻地指出："保国者其君其臣，肉食者谋之。"

然而，肉食者鄙。

▌塔兰奇的喀赞其

伊犁哈萨克自治州的首府设在伊宁市，即清朝"伊犁九城"之一的宁远城。虽为哈萨克自治州的首府，住在伊宁市区的维吾尔族人口却是哈萨克族人口的十倍。在伊宁的维族人集中居住在老城区，其中有一个街区叫"喀赞其"，现在被开发为展示伊犁维吾尔人风情的民俗旅游区。

我之所以在维吾尔人前面加"伊犁"二字，因为这里的维族有别于新疆其他地区的维族，历史上，他们被称为"塔兰奇"。

在伊宁，一些人仍自称为"塔兰奇"，以表示自己是正宗老伊宁，就像有些满人总说"在旗"一样，总觉得自己的祖上不是皇亲也是国戚，自有一番骄傲。"在旗"的骄傲来自祖上的荣耀，而"塔兰奇"的骄傲却是一代代的不懈奋斗，要知道，"塔兰奇"的原始身份是"奴隶"。

一辆粉色小摩托，载着两名塔兰奇少女，在蓝亭前嘟嘟而过

　　17世纪前的伊犁地区是游牧之地，没有农业，也没有维吾尔人。17世纪末年，北疆的蒙古准噶尔部灭了南疆的叶尔羌汗国后，为防止战败者东山再起，将一些叶尔羌贵族掠至伊犁充当人质，他们的奴隶也随之迁至伊犁垦田，用以养活人质。准噶尔人发现，奴隶们种的粮食不仅能养活贵族人质，而且还有余富。于是，他们又从南疆掠来一批农民到伊犁河谷专事农耕，称他们为"塔兰奇"，意为"种地人"，这些人是完全没有人身自由的奴隶。

　　清乾隆平定准噶尔后，为维护西北边疆的安定，继承了西汉以来的"屯垦戍边"政策，于1760—1768年间，又迁南疆维吾尔农民六千多户至伊犁屯田纳粮，他们聚集的地方被称为"回屯"，另外在伊犁屯田的还有军队的军屯，甘陕移民的民屯和流放犯人的遣屯。

　　"塔兰奇"在伊犁河谷发展壮大，逐渐成为一支特殊的族群。民国时期，他们曾被认定为单一民族"塔兰奇族"，20世纪50年代重新进行民族识别时又被归为维吾尔族，因此这支民系也被称为"伊犁维吾尔人"。

　　"塔兰奇"带着南疆绿洲农业的生产技术和精神传统来到伊犁，在长期的发展中逐渐形成了独特的族群文化——塔兰奇文化。

　　塔兰奇根据伊犁河谷的自然气候条件，建立了一套完整的水利灌溉系统，把这里建设成为西域大粮仓。

塔兰奇在维吾尔语言的基础上大量借用外族语汇，丰富了维吾尔民族语言。维吾尔语以乌鲁木齐—伊犁语音为标准音，其中的伊犁音素就是塔兰奇口音。

塔兰奇受俄罗斯文化影响比较多，这和沙俄对中国西北边疆的割占有关。被俄割占的地区，居民一般随之成为俄国人，其中有大量的塔兰奇，许多人家被迫分居两国，但沟通往来从未中断。

塔兰奇的人名往往在维族传统姓名上添加俄语词尾，如诺夫、洛夫或耶夫，当你见到艾力耶夫、伊敏诺夫、阿布都洛夫等维族朋友时，就知道他们都是塔兰奇。

塔兰奇的服饰受俄国影响，比较西化。男人着西装革履，女人穿布拉吉长裙，头戴俄式大头巾。塔兰奇人的花帽纹饰精细，色彩柔和，明显不同于色彩鲜艳的南疆维族花帽。

塔兰奇的民居形式也受到了俄式建筑风格的影响，房屋高大厚实，室内装有天花板和地板，廊檐窗檐均装饰有民族特色的木雕图案。

塔兰奇喝奶茶，不同于南疆维族喜欢喝清茶或糖茶。饮食多肉，喜欢吃马肉、醺肠等中亚民族食品。

塔兰奇的手工业十分发达，如今伊宁市里还保留着许多老字号的手工作坊，其中比较集中的地方就是"喀赞其民俗旅游区"。"喀赞其"的意思是"铸锅人"，泛指铁匠，后引申为手工艺人。北京也有多个叫"铁匠"的胡同，英美姓"Smith（史密斯）"的人，祖上都是"喀赞其"。

塔兰奇的经商能力特别强，伊宁城里遍布他们开设的各种商店，近些年，他们更是利用边境口岸的地域优势，开展了中俄、中哈双边贸易。

塔兰奇的音乐、诗歌等艺术形式也是在维吾尔族传统基础上加以改造后的"塔兰奇艺术"。

塔兰奇的公共宗教建筑是中原文化和伊斯兰文化的混合体，其中强烈的文化东倾性，在西域地区是十分罕见的。

塔兰奇融合了中亚其他民族的血缘，形成了一个体质干练、面目清秀、思想聪敏、性格活泼的优雅族群。

塔兰奇的身份属性因不同历史时期的社会地位和文化影响而发生改变，由卑贱到骄傲，"塔兰奇"成为伊犁维族引以为傲的文化符号。

我小时居住的大院里有不少维族人，其中来自伊犁的维族人家里布置得很"洋气"，当时不知道这就是他们的"塔兰奇"文化特点。

伊宁老城的"喀赞其民俗旅游区"是塔兰奇文化的集中展示地，前面所说的那些文化特点，在这里都能看到。

喀赞其民俗旅游区的基调是天蓝色的，天蓝的门，天蓝的窗，天蓝的屋，天蓝的墙，走进天蓝色的小巷，如同走在天上。

清蓝的流水绕着天蓝的凉亭，杨柳依依，和风习习，吹过来的风都蓝了……有亭、有水、有风，王羲之《兰亭集序》不是也写了"流觞曲水""惠风和畅"吗？伊犁蓝亭、绍兴兰亭相隔万里千年，文脉相异，文趣相通。

一辆粉色的小摩托车，载着两名塔兰奇少女，在蓝亭前嘟嘟驶过，借用王羲之的词句"所以游目骋怀，足以极视听之娱，信可乐也"。

喀赞其街区力求最大限度地保留塔兰奇原有的民居民俗：清真寺保持着古代中原的模样；临街的人家都敞开大门，院子就是果园，葡萄、苹果和无花果是标配；街边商店里不仅有伊犁地区多个世居民族的服饰，还有农耕的农具和游牧的马具；路边的鞋匠不仅会修皮鞋而且会做马靴；烤馕店飘出浓浓麦香；站在天蓝色墙边的小姑娘抱着奶奶给买的粉红色新丝袜，笑的好羞涩……

喀赞其旅游贴士中推荐最多的是冰激凌，这里有好多卖冰激凌的小店，都自诩为"传统口味"。路过一家网红店，要了一份冰激凌，尝上两口就知道什么叫"传统口味"了，就是冰多奶少。可能因为曾经穷过，所以为了保持"传统口味"，就不能多加曾经奢侈的牛奶。这是一种惯性，也是一个提醒。

一架飞机轰鸣着掠过拥挤的十字路口上空，商业大楼上竖着"塞外江南　魅力伊犁"大牌子。

【红色口岸

惠远古城所在的霍城县原称霍尔果斯县，县里还有个霍尔果斯镇，2014 年经国务院批准，霍尔果斯镇从霍城县分出，单独立市。虽然两家都姓霍，但老霍是县级县，小霍是县级市，级别相同，可小霍的名字却似乎好听多了，已然是"城里人"。

无论小霍市还是老霍县，都用了或用过"霍尔果斯"的名字。因为前文所述的清政府和沙俄签订的第一个不平等条约《中俄伊犁塔尔巴哈台通商章程》中规定伊犁的通商口岸设在霍尔果斯，此地因此在历史上占有了一席之地。

霍尔果斯在西汉时期是匈奴、月氏、乌孙等民族的游牧地，唐时属北庭都护府管辖范围，蒙元时代才称为"霍尔果斯"，意为"遍地骆驼粪"，表明有很多驼队经过这里，但在李唐、蒙元时代的大一统疆域中，这里只是一个大型的骆驼驿站而已，史上少有记载。

霍尔果斯口岸广场上的大型骆驼雕塑是丝绸之路的象征，它是否也在暗示，此地是从一个骆驼驿站发展而来的呢？

1881 年《中俄伊犁条约》签订，霍尔果斯以西的大片领土被割让，这里成了两国的边界。清政府在伊犁设置了六座卡伦（守护边防并监管税收的机构），其中设在霍尔果斯的卡伦叫作"尼堪卡"，成为当时新疆最为重要的对外贸易通道。20 世纪 50 年代，尼堪卡正式改称霍尔果斯口岸。

霍尔果斯口岸的国门大楼里正在举办《千年驿站　百年口岸》文化展，展览系统地介绍了霍尔果斯从丝绸之路开创后的骆驼驿站到如今新疆最大边境口岸的发展历程。

口岸不仅是物资贸易的关口，也是文化交流的窗口。展览中设有"红色口岸"专题，其中说道：第一本《共产党宣言》经霍尔果斯口岸传入中国，"继则蔓延于内省，终且普及于全国"。从文字表述来看，《共产党宣言》是从这里传入并普及到全中国的，可是中共党史中并没有这个记载，这个说法我也是仅在这个展览上看到。

西来东去的各种思想观念不是进出口货物，没有通关清单，形而上的意识形态是通过文化交流而得普及，即使在展柜中摆着古旧的外文版《共产党宣言》，也不能证明是"第一本"。在此之前，西方各式各样的与社会主义相关的学说已经传入中国，但多是乌托邦式的空想，俄国十月革命后苏联社会主义制度的建立，让苦苦寻求救国救民道路的中国人看到了可能的希望。

具备位置优势的霍尔果斯肯定是马列主义进入中国的通道之一，而不是"第一"。当然，谁不想为自己城市的历史增添更多的鲜艳呢？尤其是红色。

霍尔果斯口岸

霍尔果斯最醒目的红色，是抗日战争时期的"西北国际大通道"。

1937年七七事变后，中国进入全面抗战阶段，苏联是世界上第一个向中国提供援助的国家。1937年10月—1941年8月，中国抗日战场上80%以上的外援是由苏联提供的。"西北国际大通道"是中国共产党最早提出的构想，国民政府牵头打通了这一国际援助通道。

在将近四年的时间里，苏联向中国援助了巨量的战争物资，这些援华抗日的物资绝大多数都是通过西北国际大通道来完成的。除此以外，苏联还派出数千人参加中国抗日战争，他们出现在几乎所有的正面战场。其中发生在1938年的"武汉大空战"就是中国空军和苏联空军志愿队共同创造的辉煌战例，仅此一役就牺牲了100多位苏联空军志愿者。

1941年6月22日，苏德战争爆发后，苏联集中力量于西线作战，撤回了援华的军事顾问和志愿人员，对华援助基本中断。同年12月7日，日本偷袭珍珠港，为了打击共同的敌人，美国开始向中国提供军援。

苏联的援助和美国的租借法案都是需要战后还钱的，但当一个人危难之际，有人愿意借钱借物为其续命、给他反抗的力量，是雪中送炭的善举、是嫉恶如仇的义举。凡是在中国最艰难的时刻给予过我们帮助的国家，无论是苏联空军志愿队还是美国空军飞虎队，中国人民永志不忘。

"西北国际大通道"共有三条，除一条空中航线外，另两条是循着丝绸之路的西域北道和西域中道展开的。丝绸之路为中国持续贡献了两千多年，霍尔果斯也默默其中。

前些年霍尔果斯突然声名大噪，频繁出现在家家户户的电视屏幕上，人们经常能在一些影视剧的出品方中看到"某某霍尔果斯影视公司"的名字。究其原因，这个口岸小城为了发展，剑走偏锋，成了中国影视的"避税天堂"，结果被一通猛削，"避税天堂"被打成了"寂寞之地"。寂寞的高楼，空空如也；寂寞的街道，空空如也。

霍尔果斯口岸经历了中俄、中苏、中哈三个阶段，成为连接欧亚大陆的重要节点，伊霍铁路（伊宁—霍尔果斯）、连霍高速（G30，连云港—霍尔果斯）、沪霍国道（G312，上海—霍尔果斯）和中国—中亚天然气管道的起讫点都在这里，丝绸之路上的霍尔果斯不会寂寞，愈近现代其作用愈发重要。

西域北道主路碎叶道中国境内的道路，从霍尔果斯口岸出境，经哈萨克斯坦，通向吉尔吉斯斯坦托克马克城郊的汉唐碎叶城。

尤尔都斯道（伊宁—巴音布鲁克—库车）

西域北道从伊宁襟带尤尔都斯道，并在那拉提分为尤尔都斯北路

和尤尔都斯南路，两路分别在焉耆和库车接入西域中道。

【巴音布鲁克的太阳

据历史文献记载，从北疆伊宁到南疆的焉耆和库车的道路在那拉提分道，分别从北边和西边穿过尤尔都斯盆地，史称"尤尔都斯道"，这两条路曾经是中亚粟特人的进入南疆的主要商道。

尽管塔兰奇把农业带到了伊犁，但这里依然保留着传统的牧业。天山雪水丰沛了伊犁河谷的大小河流，得天独厚的自然条件，孕育出水草丰美、宜农宜牧的河谷地带。维族、汉族躬身种地，哈萨克族、蒙古族跃马牧羊，各尽其能，各得其所，民族分工，自古使然。

尤尔都斯道的沿途分布着大大小小的河谷草原。春天，花开到水边，流水载着花瓣香了一路；夏天，草绿到山脚，云杉接过来再绿到云边；秋天，草原铺满了金色，四围的大山却五彩呈现；到了冬天，白雪涂抹天地，且晶莹，且迷蒙，上下无边。

路过喀拉峻，绿丘如波，遐想无限；

路过巩乃斯，草原牧道，悠长深远；

路过特克斯，转场牧民赶羊过河，在崎岖的山路上走了几千年；

路过唐布拉，哈萨克孩子牵着小羊，荡着秋千，朴素的玩具伴着童年；

路过库尔德宁，一坡白羊，半河轻雾，远方雪山巍峨，宁静悠远……

在绿色草原上最显眼的莫过于哈萨克牧民的白色毡房，远远望去就像一朵朵大蘑菇。哈萨克是个古老的游牧民族，应天时，逐水草，创造出独特的居住方式，木杆为骨，毛毡围墙，一座可以方便搭建的毡包随着他们漫牧草原。白色毡房简洁明亮，在起伏的山中草原上辨识度极高。简洁而不简陋是这个民族认真的生活态度，当你进入毡房，感受到的是富丽堂皇，地上满铺花团锦簇的花毯，墙上挂满色彩鲜艳的壁毯，整体风格以金红色为主调，从绿草地走进白毡房，就像进到了花蕊里，瞬间就迷失在童话般的梦幻中。

梦幻中还有浪漫，小伙子弹起了冬不拉，唱歌的姑娘叫玛依拉。

　　"牙齿白，声音好，

　　　　白手巾丝面上绣满玫瑰花，

　　　　年轻的哈萨克人人美慕我，

　　　　从那远山跑来挤在我的屋檐下"

歌声伴着袅袅炊烟飘出天窗，在草原上弥散飘荡……

这一路，目不眼给的清丽送来美不胜收的风景，养眼更养心。

尤尔都斯道在那拉提分为南北两路，北路向东南往焉耆，南路向西南至库车。

因为多年前我曾走过北路，所以这次我们沿南路往库车方向，全程约 320 公里，这一段也是当今大名鼎鼎的"独库公路"的南段。

驶上尤尔都斯南路，翻过中天山海拔 2600 米的山口，进入尤尔都斯盆地。这是一个雪山环抱的高山盆地，四围天山的融雪流到了盆底，汇集为尤尔都斯河，蒙语意为"弯曲的河"。盆地以河为名，丝绸之路"尤尔都斯道"亦因此河而名，这条河现在称为"开都河"。

凸入的艾尔宾山把尤尔都斯盆地分为大小两块，开都河在两块盆地间转了一圈，集合各方来水。水越聚越丰富，河越流越豪迈，恣意蜿蜒，在平坦的地势里四处漫溢，润出了大片沼泽和湿地，润出了中国第二大草原——巴音布鲁克大草原。

巴音布鲁克是蒙语音译，意为"富饶之泉"。此地海拔 2500 米，属于高寒草原。不同于低海拔地区的河谷草原，这里春夏短促，各种植物必须抓紧时间发芽、开花、结籽，迅速走完成长的全过程，把生命传给下一代。它们来不及长高，但即使匍匐在地，也要顽强地秀出"夏花之绚"的生命力量。

在高寒边远地区，人的生存也如小草一般艰难和坚强。当地蒙古牧民说，这里从十月到第二年五月都是冬天，草原被冰雪覆盖，白茫茫一片。牧民的住处相距都特别远，无聊了，就骑马走上几十里找人喝酒，喝醉了就趴在马背上，在弥漫风雪中任由识途老马驮回家。也有人醉落马下，运气不好就冻死在雪原上，风雪会将他掩埋。这种环境逼生出了豁达坦然的生命态度，及时行乐，自生自灭，一切交由长生天。当然这是我在早年听说的故事，那时交通和通讯都不便，据说生产队要开个会，必须提前十天发出通知，即使这样也有许多牧民来不了。

现在巴音布鲁克草原的中心小镇热闹着呢，酒店霓虹彻夜不灭，饭馆烟火通宵不熄，到了夏季，更是热闹到了许多人都不敢去的程度。

巴音布鲁克草原最壮观的景色是开都河九曲十八弯的日落，因为大家都要去一睹这道壮观，因此要买到下午的景区班车票也不是件容易的事。十多年前我第一次来这里的时候，车是可以直接开上"九曲十八弯"的观景台。

从观景台俯瞰开都河，弯弯曲曲的河道左摇右晃，扭捏前行，一直流到天边，就像腼腆的姑娘，欲言又止，一唱三叹，那羞涩羡煞了众人。

天上的太阳向下坠向地平线，水中的太阳向上升往地平线，开都河的奇景出现了。最靠近观景台的河湾，首先映出了太阳，接着下一个河湾映出了第二个太阳，然后是第三个、第四个……据说在这个位置和高度最多能看到九个太阳。后羿射日，射下的九个太阳全都落在了开都河。

巴音布鲁克草原开都河九曲十八弯日落

天上太阳继续西沉，水中太阳从一个个光斑幻化为一片片光晕，由近及远，逐渐消失……

打开地图量一下，第九个河湾距观景台有 15 公里之遥，前面还有许多弯，只是目力不逮，更何况地球是圆的。

开都河在尤尔都斯盆地中扭捏了五百多公里后，继续着它弯曲悠缓的妙曼姿态，穿过焉耆绿洲注入博斯腾湖。在这里又集合了几条来投靠的小河，汇聚为孔雀河，流进塔克拉玛干沙漠，最终消失在罗布泊中。

【神随人安

巴音布鲁克草原壮美的风光中隐藏着一段震惊世界的悲壮历史。

一座赭红色的寺庙兀立在秋季金黄色的草原上，这就是土尔扈特蒙古人的精神寄托之地——巴润寺。

土尔扈特部是漠西卫拉特蒙古四部之一，生活在伊犁塔城一带。17 世纪初，人口和畜群的增长以及与蒙古准噶尔部落的矛盾日益激化，为了生存和发展，他们必须寻找新的牧场。于是，他们向西越过哈萨克草原，渡过乌拉尔河，来到当时尚未被沙皇俄国统治的伏尔加河下游的里海之滨。在这片人烟稀少的草原上，他们休养生息，成长壮大，建立了土尔扈特汗国。

金黄草原上的红色巴润寺

　　沙俄领土扩张到伏尔加河下游后，俄国人横征暴敛，把大批土尔扈特青年送往俄国与土耳其战争的前线，强迫信奉藏传佛教的土尔扈特人改信东正教，还怂恿哥萨克人掠夺土尔扈特的土地。面对沙皇俄国种族灭绝式的压迫，1770 年秋，汗王渥巴锡召开秘密会议，决定武装反抗，脱离俄国，东归故土，此时曾经欺压土尔扈特部的准噶尔部已被清廷所灭。

　　然而东归的计划被泄露了，渥巴锡不得不提前行动。那一年是暖冬，伏尔加河迟迟不上冻，位于河左岸的一万余户土尔扈特人无法过河。1771 年（清乾隆三十六年）1 月，渥巴锡率领伏尔加河右岸的三万三千多户共十七万人踏上了回归故土的艰难历程。临行前，他们放火烧毁了官殿，以示绝不回头的决心。熊熊大火在白色雪原上投下了土尔扈特人长长的黑影，东归英雄们踩着自己晃动的身影走向东方。

　　俄国女皇叶卡捷琳娜二世得知消息后，派军追袭。身后是穷凶极恶的哥萨克骑兵，前面是极寒无际的哈萨克雪原，土尔扈特人边打边走，"凡八阅月，历万有余里"。他们突破重重阻力，终于到达中国新疆伊犁，由于归途中的战争、疾病、严寒、饥饿等叠加因素，十七万人仅存七万。乾隆皇帝得到奏报后，发布谕旨，安置土尔扈特部于新疆，巴音布鲁克草原就是其中的安置地之一。为此乾隆写下《土尔扈特全部归顺记》和《优恤土尔扈特部众记》两文，勒石刻碑，记述土尔扈特部回归中国及清廷对该部的优恤。碑文用了满、汉、蒙、藏四种文字，乾隆亲书汉文。这两通石碑现存于河北承德避暑山庄中被称为"小布达拉官"的普陀宗乘庙内。

　　土尔扈特部东归在世界上引起了极大的反响，各国学者都在探讨东归的原因和意义。法国东方学者伯希和认为："由于对俄罗斯人的压榨表现出不满和惶恐不安，于是又重新东迁。"英国文学家德尼赛在《鞑靼人的反叛》一书中评价道："从有最早的历史记录以来，没有一桩伟大的事业能像上个世纪后半期一个主要鞑靼民族（指土尔扈特人）跨越亚洲草原向东迁逃那样轰动于世，那样令人激动的了。"有些学者从宗教习俗的角度分析，如瑞典探险家斯文·赫定认为："土尔扈特决定从俄国长途返归，主要是苦于从俄国入西藏熬茶的不便。""入藏熬茶"是 16、17 世纪信奉藏传佛教的蒙古人进藏朝圣的一种方式。沙皇俄国的宗教迫害使得土尔扈特人无法进藏。虽然各方学者各有其理，但一致的结论是：土尔扈特东归是"人类历史上最后一次最为悲壮的民族迁徙。"

　　完成这场悲壮迁徙的动力，除了反抗压迫的决心以及回归故土的热望，"入藏熬茶"的坚定信仰肯定也是支撑土尔扈特东归的精神力量。

　　土尔扈特是游牧部族，为便于迁徙，他们将佛堂设在蒙古包内。巴音布鲁克草原上的巴润寺是东归时幸存的寺庙，它见证了东归路程的艰难和信仰的力量。据说这座庙"是用马驮着八个蒙古包拉回来的"。2011年巴润寺改建竣工，这座"草原上最后一座移动寺庙"安顿下来了，就像土尔扈特人在巴音布鲁克草原安顿下来一样。

神遂人愿，神随人安。

当年留在伏尔加河左岸的土尔扈特人现被称为卡尔梅克人，生活在俄罗斯卡尔梅克共和国，族群的名字变了，但他们依然坚守着祖先的信仰，那里是欧洲唯一信奉藏传佛教的地区。

【龟兹的库车

尤尔都斯南路上的独库公路的确很美，这段路被誉为"天山最美公路"，甚至没有之一。

从巴音布鲁克出发，继续行走尤尔都斯南路，出盆地进入南天山，道盘路旋，一弯一景，尤其是在秋天，从远处的山巅到脚下的山谷，雪白、叶黄、花红、草绿，各种颜色相间相杂，既清晰又模糊，既鲜艳又柔和，像是用中国水墨技法晕染出的西方油画。

转出几座山，色彩渐昏，山形亦趋无奇，枯黄一山，单调又一山。

翻过铁力买提达坂后，遭遇密集急转180度的大高差下坡弯道，这是新的兴奋点。不看山，看路。我曾经走过比这危险的路，曾经沧海，除却巫山，旋转是快乐的。经过九曲十八弯的水道，翻过九曲十八盘的山道，天山曲径通险不通幽。

天山独库公路秋色

213

从海拔 3700 米的铁力买提达坂降到海拔 2700 米的库车河谷，落差 1000 米，直线距离三公里，道路曲线 12 公里。在急速下行的弯道中，峡谷又绿了，环绕着大小龙池两汪碧水，山松耸立，草木繁茂，而远处的大山依然单调。

过了大龙池，相遇库车河。库车河峡谷的两旁山势突兀尖利，锐刃刺天，雨后的路面泛着幽幽灰蓝，强调出金属的锋利，我们在刀锋剑林中寻隙而行。山色由黄渐红，越来越红，直至血色的殷红。被大小龙池染绿的河水又被红色山缝里渗出的水染红了，红水注入库车河，血流成河。

库车大峡谷不止一条，有多条山脉褶皱交错纵横，其中一条峡谷被开发为旅游景区，号"天山神秘大峡谷"。

走进神秘大峡谷，宽平的谷底铺着红沙，脚感微弹，沙间渗出红水，集成很多小水坑，行走其间跳来跳去，就像小孩子在玩跳房子游戏，轻松愉快。但抬头仰望，会感觉到一种令人窒息的压迫感，两旁的赤壁高近百米，向内倾斜，高远处仅现一线青天，峡谷之神秘就在俯仰之间。

峡谷很长，间或有山缝通往另一个峡谷，但大多标有"落石危险，禁止通行"的警示牌，少数几个可以进去的岔谷，行不多远也被塌下来的山石封住了。峡谷沿途每隔一段都建有水泥高台，这是山洪避险处。夏季山洪暴发，洪水涌入峡谷，狭窄的通道使得水位迅速增高，水压迅速增大，冲击着山壁，裹挟着泥沙，威力无穷。避险高台的作用就是一旦遇到山洪，如果来不及逃出峡谷，就要爬到高处，至于能不能爬过上涨的水位，就要看这波山洪的水量大小了。谷内下宽上窄，也是谷底常年被洪水冲刷掏挖的结果。

天山神秘大峡谷的"神秘"

神秘大峡谷尽头的一道山缝，一股细水从中流出，入口处插着几只绢制桃花，似乎暗示此山缝通向"桃花源"。

"山有小口，仿佛若有光。便舍船，从口入，初极狭，才通人。"初入山缝的景象和陶渊明描写的一样。地上的流水没过脚面，需四肢撑壁而过，借助一线天光，不见沿路"芳草鲜美，落英缤纷"的景象。"复行数十步，豁然开朗"，仍不见桑竹之属、未闻鸡犬之声。只看到石壁上凿有一龛，内雕飞天，衣袂风动，飘飘欲仙。没有"桃花源"的烟火人气，分明是一处佛国天堂。果不其然，峡谷的尽头，一座佛像斜坐在坍塌的乱石堆上。

库车古称龟兹，是西来佛教东入中土传播路线中最重要的一站。联合国世界遗产《丝绸之路：长安—天山廊道的路网》项目中的遗产点，仅库车一地就有三项，即克孜尔石窟、苏巴什佛寺遗址和克孜尔尕哈烽燧，前两项都与佛教有关。

公元 10 世纪前，龟兹地区佛寺林立，高僧云集，伟大的佛经翻译家鸠摩罗什即生于此地，大唐玄奘法师也曾在苏巴什佛寺讲经授道。当年佛教开窟风行一时，这个大峡谷中也发现了公元 8 世纪的佛教石窟遗迹，因此在这里见到佛陀造像不足为奇。

近前细看这尊佛像，面部圆润，绝非龟兹时代"高鼻深目"的形象，壁龛上的飞天也飘逸了许多，完全是在中原完成了佛教造像艺术中国化的历程后又返回到龟兹，再看佛像端坐的方正水泥底座，造像时代也就不言自明了。

山不在高，有仙则名，谷不在深，有神就行。佛像前，有人供奉了一些"人民的币"。

见识了天山神秘大峡谷的神与秘之后，天色已暗，出峡谷，向库车。

过了盐水沟台地，克孜尔尕哈烽燧站在红云红天中，它的脚下正是丝绸之路西域北道的尤尔都斯南路和西域中道的汇合处，汉燧傲然，号令西域，提携万里，俯瞰千秋，守护丝绸之路两千多年。

至此，我自甘肃敦煌玉门关穿越哈顺戈壁到新疆哈密，翻过北天山红山口至天山北麓大唐北庭都护府，入回鹘道，转额尔齐斯道，沿五咄陆道至阿尔泰山，再南向独山子，绕行准噶尔盆地一整圈，继而又向南反穿北天山进入伊犁河谷，经中天山尤尔都斯道过巴音布鲁克草原，再越南天山，沿库车峡谷走出天山到达库车。断续用了十七年，才将丝绸之路西域北道及其重要的襟带道路全部走完。

走完西域北道，也累了，也饿了，去找寻库车著名的"大馕城"，在欢快的龟兹乐舞中享受一顿西域美食吧。

你好，龟兹的库车！

第五章　俯瞰千秋——西域中道

中国古代陆上丝绸之路自敦煌分道三路穿越西域，分别是西域北道、西域中道和西域南道，史称"西域三道"。

本章所述为西域中道，图中线路标为橙色。

西域中道出敦煌玉门关，沿伊吾道过哈顺戈壁到哈密，再沿天山南麓、塔克拉玛干沙漠北沿，往吐鲁番、焉耆、库尔勒、库车，经阿克苏、阿图什，最终到达喀什，此道历史上也被称为"天山南道"。

春风不度的玉门关外，哈顺戈壁飞沙走石，玄奘几乎在这里失去了西行的信心，最终他心念观音、口诵般若，九死一生走到了伊吾（今哈密）。

哈密绿洲，蜜汁流淌，作为丝绸之路上重要的贸易集散地，这里汇聚了众多东来西往的商人和僧侣，他们相互鼓励、相互搀扶，不畏艰难险阻去追寻各自的目标——金钱和信仰。

吐鲁番的高昌故城和交河故城告诉后人，西域曾经延续千年、延展千里的佛国气象；龟兹的烽燧，俯瞰千秋，提携万里，宣示主权，汉之号令班西域；轮台的朔风，戍楼刁斗，号角连营，铁马冰河，风掣红旗冻不翻。克孜尔的石窟、龟兹城的乐舞、阿图什的牛皮、苏巴什的伽蓝……六百年神与神的战争，一轮新月升上了西域的天空。

丝绸之路，绵延万里，互通有无，投桃报李，有形的物质，无形的精神，多源的血脉，多元的文化，在这广袤西域，此消彼长，搅动千年，丰富了中国文化，融合成中华一家。

丝绸之路西域三道示意图

西域中道 （敦煌—哈密—吐鲁番—库车—喀什）

西域中道出敦煌玉门关，过哈顺戈壁到哈密，再沿塔克拉玛干沙漠北沿
往吐鲁番、库尔勒、库车、阿克苏、阿图什，最终到达喀什。
此道历史上也被称为"天山南道"。

【汉关星箭

通贯古今、蜚声中外的丝绸之路，从来没有为丝绸贸易设立过"丝门关"，
却有一个玉门关，因为产自西域昆仑山的玉石先于丝路开创数千年便输入到了中
原。西汉设立玉门关，除了军事作用之外，另一个目的是"限中外，隔华夷，以
守其国"，控制内地的粮食和铁器出关，而对西域进关的物品则象征性地收点税，
以贴补关隘守军，减轻朝廷负担。

作为中原和西域的分界点，自汉以来，关址几经移迁，但始终没有更名。

"羌笛何须怨杨柳，春风不度玉门关"是对玉门关外残酷自然条件的诗意
表达。王之涣的玉门关是指唐玉门关，现已淹没在瓜州双塔水库下。

汉代烽燧遗迹与现代火箭轨迹

敦煌到哈密大约400多公里，其间除了茫茫戈壁，几乎没有人烟。出敦煌不远，有几个被叫作"墩子"的地方，比如"三个墩子""四个墩子井"和"五个墩子"等，还有一个地方叫"碱墩子滩"，这些墩子都是汉代烽燧的残迹。

行驶在几乎没有车的戈壁公路上，开阔的视线，更让人感到苍原寂寥，历史遥远。途中，东边的大戈壁中出现了一幅奇景，在大地与天空之间，一道火箭发射后的蛇形尾流还没有散去，说明它刚刚发射不久。这里距酒泉卫星发射基地的直线距离约460公里，不知能否看到距离那么远的发射轨迹，也许附近正在进行科学实验或军事训练。

我边开车边寻找路边的烽燧，以便作为拍摄的前景。这一带的汉燧残墩大都在距公路约四五公里的戈壁滩中，于是下道，向东走一定能找到。

远方出现了一座烽燧，更远方是火箭的尾流。

天苍苍，密布的浓云被光剑刺穿，似金瓶乍进；野茫茫，汉燧的剪影结结实实立在大地上。没有哪一幅景象比眼前的画面更有意义了，自汉唐以来，中华民族追求国家强大的愿望尽在其中。

汉关千年，星箭万里。

【不至天竺终不东归一步

敦煌、哈密之间的一大片戈壁，现代地图标注为"哈顺戈壁"或"噶顺戈壁"，古称"莫贺延碛"，它从敦煌一直向西到罗布泊的东沿，北面则延伸到新疆哈密。这一带，天地苍茫，朦胧无界，连地名也透出寒冷、狰狞和恐怖：冰墩子山、黑尖山、苦水山、棺材山……

从敦煌到哈密之路，是西域三道之西域中道和西域北道东端共用的一段路，因哈密古称"伊吾"，所以这一段也曾被称作"伊吾道"，又因穿越莫贺延碛，也称"莫贺延碛道"。

走过这条路的最著名的历史人物就是唐代高僧玄奘法师。

G30国道从南向北纵贯哈顺戈壁，行驶在高速路上，哪里还有当年玄奘的艰难，现今即使没有信仰，只要有兴趣，就可以借助各种交通工具，选择不同的道路和方式去往印度，而玄奘当年只能凭借坚定的信仰在无路之处辟路。

玄奘所处的时代，传入的佛教经典有限，众师理解不一，为了一睹明法，了义真文，他决心正本清源，西行取经。

公元627年（唐贞观元年）秋末，一场霜灾使得关中地区作物绝收，国都长安也不得不打开城门让百姓逃难。玄奘混在出城的灾民中走出了长安城。在此之前他曾上书朝廷申请西行，但没有得到批准。此时的唐王朝正在准备同经常袭扰大唐的东突厥人打一仗，西部边界已全部封闭。

擅自走出长安城的玄奘昼伏夜行，东躲西藏，但是到了凉州（今武威）还是被发现了，在当地僧人的帮助下，玄奘逃离凉州，躲进了瓜州。

不久，瓜州接到了凉州送达的通缉文书，一位小吏意识到这个被通缉的人可能就是玄奘，于是暗中扣下通缉令，并劝玄奘早日离开。

在瓜州躲藏期间，玄奘遇到了笃信佛教的胡人石磐陀，并收他为徒。石磐陀声称可以帮助玄奘偷渡出玉门关，并愿陪他同去西天取经。于是玄奘和石磐陀牵着一匹枣红马离开瓜州城，偷渡出了唐玉门关（公元619年，即唐高祖武德二年，汉玉门关被移到了瓜州以东的双塔堡。1958年修建双塔水库，唐关遗址被淹没）。

然而，出关后行之不远，石磐陀动摇了。他不认为玄奘可以到达印度，也害怕官府的禁令，为了免受牵连，欲杀玄奘。玄奘郑重发誓："纵使切割此身如微尘者终不相引"，意思是如果我被捉住，就是被剁成肉馅也绝不会出卖他。于是石磐陀把马留下，独自回家了。玄奘牵着老马孑然孤行，走进了莫贺延碛。

莫贺延碛也被称为大流沙，吴承恩在《西游记》里安排唐僧在这里收编了沙和尚。实际上，哪有什么沙和尚在此迎候？广袤的莫贺延碛覆压八百里，"上无飞鸟，下无走兽，复无水草"，晚上飘忽的鬼火如同漫天的繁星，到了白天，狂风卷起的黄沙像下雨一样，"夜则妖魑举火烂若繁星，昼则惊风拥沙散如时雨"，玄奘就是这样描述莫贺延碛的。

西汉时期，汉匈激战，伊吾地区时而归汉，时而被匈奴所占，伊吾道的通行极不稳定，因此西汉另辟楼兰道，直到彻底打残匈奴，伊吾道才得以复通。到了唐代，这条路已经成为进出西域的主干道之一。

伊吾道出玉门关到星星峡这一段约200公里，依然是唐朝的疆域。此段路共有五个水源地，每个水源旁边都建有烽燧，士兵把守严密，行人只有在这五处获得水源补给，才能保证在到达伊吾前不被渴死。

史书上说这五燧"各相距百里"，据我实测，各相距约30—40公里不等，按照一唐里等于460米计算，比较接近。

玄奘在第一座烽燧（现白墩子）取水时，被士兵抓住。烽燧长官是一位佛教徒，久闻玄奘大名，能在这里见到大师，激动得不得了，所以他不但没有为难玄奘，反而指点他如何绕过第二燧（现红柳园）和第三燧（现大泉）到达第四燧（现马莲井）。第四燧的长官是第一燧长官的好友，他热情接待了玄奘，又指了条小路绕过第五个烽燧（现星星峡），过了星星峡，就出了大唐的疆域了。

虽说出了唐朝的管片，不再担心被通缉了，但星星峡以西还有200多公里戈壁要穿越，这里没有可供补给的烽燧。玄奘在第四烽燧时，驻守的长官告诉他，出星星峡百里有个野马泉可以补水。玄奘走了百余里，却没有找到野马泉，他迷路了。想喝口水定定神，却又失手摔破了水袋，那种绝望，玄奘自己曾经形容："千里行资一朝斯罄，几将殒绝不复能进。"他失落地牵马回身，大约走了十多里，自语道："我先发愿若不至天竺终不东归一步，今何故来。宁可就西而死，岂归东而生。"于是调转马头，心念观音、口诵般若，再向西北，结果是"四夜五日无一滴沾喉"。

到了第五天半夜，那匹枣红马突然挣脱缰绳，狂奔而去，玄奘后面紧紧追赶，经数里，忽见青草数亩，终于找到了水源。玄奘在此休息了一天，"盛水取草进发，更经两日方出流沙到伊吾矣"。这段路是玄奘整个西行途中最艰难的一段，为此他曾感叹道："此等危难百千不能备序"。

这一片水草地，可能就是野马泉。查阅地图，在星星峡西北50公里处有座野马泉北山，顾名思义，此山的南面就是野马泉。尽管迷了路，老马还是依靠动物本能嗅到了此泉。但玄奘却认为这片水草不是自然的存在，而是一个神迹："计此应非旧水草，固是菩萨慈悲为生。"尽管在凡人看来这是不可思议的愚顽，但没有如此坚定的信念，哪有西天取经的壮举？有些时候，常识必须败给信仰，"即使没有上帝，也要创造一个上帝"。

思想先贤将人类的精神引往神性，这就是信仰的力量！

孑然孤行，独自向伊吾

【星星耀峡

自甘入疆，危岩夹路，星星峡的山顶上残留着旧时代的几座碉堡，天空翻卷着浓云，大山和碉堡现出黑黑的剪影，从残堡枪眼中透出的点点天光，像是枪口喷出的枪焰，高速路横杆上的探头似乎在强化这种感觉，不断地向每一辆驶过的车辆闪出一道道刺眼的白光……

矗立在星星峡山巅的大型石雕"西路军魂"

星星峡，很梦幻浪漫的名字，而这个星星却像是荒凉的外星战场。

星星峡的得名，众说纷纭，较为可信的说法是，附近山上产石英石，皓月当空之时，石英闪烁，宛若满天星光，于是，山名星星山，峡曰星星峡。

现在的星星峡最醒目的地标是一座红军西路军纪念雕塑。

1936 年 10 月，中国工农红军第四方面军遵照中共中央的命令，组成西路军，西渡黄河，执行"创立河西根据地，打通苏联通道"的任务。

西路军进入河西走廊后，孤军奋战，弹尽粮绝，惨遭失败，两万多人最后只剩下四百余人，几乎全军覆没。经过拼杀突围，九死一生，他们终于穿越哈顺戈壁，抵达星星峡进入新疆。

关于红军西路军的故事，几十年来看到、听到了许多，其英勇雄壮、惨烈悲伤的程度令人敬仰和唏嘘。

西路军的幸存者大多命运坎坷，受到极不公正的对待。特别是在"文革"时期，许多人在备受摧残之后死于非命。直到 20 世纪 80 年代，改革开放，拨乱反正，真正的历史才被正视。后人为纪念西路军的壮举，在此竖立起了一座大型纪念雕塑——西路军魂。

这是一尊巨大的石雕群像，两男一女三个西路军战士的头像棱角分明，简洁硬朗，表情刚毅，冷峻悲壮。一把钢枪刺向天空，空洒热血，凄问苍穹，远方是连绵的祁连山……

无论是红军战士还是玄奘法师，都是为了信仰来到这里，星星峡夜晚闪烁的星光，就是他们不灭的灵魂和后人永远的敬仰。

如伊吾道这般恶劣的环境，在丝绸之路上并不是最极端的，在信仰的支撑下，上下求索的先贤、先烈们前赴后继，义无反顾。

作为隘口的星星峡，不仅具有军事作用，其文化意义更是不可忽视，中原文化到此式微，取而代之的是西域文化，即使到了今天依然如此，天然的阻隔是文明形态的分割线。

星星峡是甘肃和新疆的交界处，属新疆哈密市管辖。一块刻着"新疆是个好地方"的大石头立在路旁，从山上的碉堡、路旁的雕塑，再到欢迎的立石，间隔不到两百米，冷峻变成了温暖，这气氛的反差也太大了。正是这种巨大的反差，让入疆的人立刻有所期待了。

在星星峡服务区，有许多小饭馆，既然已进新疆，就找个新疆餐馆吧。于是选了一家还算干净，门头标有"正宗沙湾大盘鸡"的小馆。

小馆是一家从新疆昌吉来的回民开的，男主人主厨，女主人收账，老奶奶抱着小孙女招呼着食客。

20世纪80年代，新疆大盘鸡起源于新疆塔城地区沙湾市公路边的一些小饭馆，是由小馆大厨和长途卡车司机共同创造出的一道公路江湖菜，醇厚鲜辣，实惠量足，垫底的宽面条可以免费添加。

公路文化不仅有公路音乐、公路电影，在新疆还演绎出了公路美食。新疆大盘鸡将西部人的豪迈不羁和远行者对家人的细腻情感都炖在了一起，所以热辣，所以缠绵，这是必须在粗犷的环境中大口吞咽、细细回味的一道文化美食，星星峡公路边的小饭馆正得其境。

█ 蜜汁流淌的绿洲

哈密是东天山下的一片绿洲，无论自东边的敦煌过来，还是从西边的龟兹（今库车）过来，或者是从北边的北庭（今吉木萨尔）过来，都要经过干旱的戈壁沙漠或者是翻越高耸的天山雪岭，一路上的自然环境都十分恶劣。当行旅们到了哈密这片充满生机的绿洲时，必须要在此休整补充给养，以便继续下一段艰难的行程。优越的地理位置，使哈密成为丝绸之路上一个重要的物资集散地。

实际上，丝路上东来西往的商人，绝大部分都不会走完丝路全程，他们到了某个集散地，如哈密，就会将带来的货物出售或交换，再采购其他商品后就返程了。

物资集散地也是信仰集中地，佛教、伊斯兰教以及其他各种宗教，都曾在这里留下痕迹。当年玄奘穿过莫贺延碛后，到达的第一个地方即是一座佛寺，如今，那座寺庙只剩下断壁残垣，而替换了佛教的伊斯兰教却仍然影响巨大。在哈密，我们可以看到大大小小的许多阿拉伯式宗教建筑，其中哈密回王陵较有代表性。

哈密回王陵

哈密回王是清代哈密地区的统治者，共传九世，长达233年，是清代以来新疆维吾尔封建王公中维持统治时间最长的。历届回王为清廷平定西域叛乱、维护国土完整尽心尽力，从这个意义上，可以说哈密回王本质上可理解为是清廷的"藩王"。

回王陵由墓群和艾提尕尔清真寺两部分组成，阿拉伯式的穹顶墓室吸收了汉族八角尖顶及蒙古盔顶的建筑形式，是汉、蒙和伊斯兰文化相融合的产物。艾提尕尔清真寺的礼拜大殿由108根红色木柱支撑，这些木柱已经有三百多年的历史。整个清真寺可同时容纳五六千人做礼拜，规模之大，居东疆之首。

回王统治时期，遵照清政府的要求，兴办义学，结合伊斯兰教义，融合儒家经典，对在哈密地区传播中原文化起到了巨大的作用。此时，汉人也大量移民哈密，带去内地先进的生产方式和工具，在建筑艺术、服饰、饮食、生活习俗等方面，汉维两族相互学习，相互补充，促进了哈密地区社会经济的发展。哈密回王陵正是这一阶段的历史凝结。

哈密的名气与其说得益于丝绸之路，不如说因"瓜"而名满天下。一只外皮粗糙、内心细腻、香甜多汁的瓜，让那些经过荒蛮之地而来的人无比兴奋。这只瓜所处的位置是那么富有戏剧性，当人们绝望时，它的出现藉慰心田，没有人能忘记它，没有人临走时不带上几个，以便在下一段的艰苦旅程中安慰自己。况且这瓜还非常结实，不易破碎且耐久储存，这一切的优势集合，恰到好处。

公元1698年（清康熙三十七年）冬，哈密回王奉诏入京觐见，带去了数十个上等甜瓜。康熙尝后，大加赞赏，并赐名"哈密瓜"。据清《回疆志》记载："自康熙初，哈密投诚，此瓜始于贡，谓之哈密瓜。"此后，"贡瓜年年渡卢沟"成为定例，哈密瓜遂闻名遐迩。而追根溯源，哈密瓜却源于哈密以西的吐鲁番。

在吐鲁番火焰山镇阔纳协海尔村，一位维族大娘手里捧着两个哈密瓜走过来，什么话也不说，把瓜直接塞到我手里，然后转身走了。我连忙追过去："谢谢，多少钱？"她摆摆手："没有钱。"她是说不要钱，这哪成啊？无功受禄，于心不安啊！几番推辞，大娘坚决不收钱。她问我："旅游的吗？""是的，从北京来的。"大娘看着我笑了笑，又去抱来几个哈密瓜。这时候我要是再说钱就有些不礼貌了，恭敬不如从命，我既要从命也不能忘了恭敬，于是说了一堆感激的话，大娘笑而不语，看来她不大能听懂普通话。我把右手放在左胸前说道："亚合西莫，热合麦特（维语：您好，谢谢）。"然后挥手连声说着："伙西，伙西（维语：再见）。"在穷尽了我所有的维语敬语之后，告别了善良的维族大娘。

大娘一共给我装了六个大哈密瓜，而两天后我们就要飞回北京了，根本吃不完。吃不完就带回去，即使行李超重缴费也要带回去，让家人也感受一下吐鲁番维族大娘的热情，尝尝正宗原产地的哈密瓜。这瓜甜在嘴里，更甜在心上。

吐鲁番盆地和哈密盆地是相隔不远的两个盆地，合称吐哈盆地，盆地中的艾丁湖是中国地势最低（海拔 −154.31 米）和夏季气温最高的地方。盆地四周环山，中间低凹，干燥少雨，地表热量不易散发，是中国著名的干热区。

吐哈地区独特的自然条件，迫使生活在这里的人民采用了一种独特的灌溉方式——坎儿井。

天山山脉雪峰林立，冰川纵横。每当夏日，融化的雪水汇聚成流，冲向山前的砂砾戈壁，一路上经烈日烘烤、地表渗漏，只有少量的水能够到达下游的绿洲。坎儿井就是用暗渠引水的方式把渗入地下的潜水流导引出来以满足生活、生产用水的一种巧妙办法。

清代名臣林则徐被发配新疆时，路过吐鲁番，十分赞赏坎儿井，并提出建议对其加以改进，增挖穿井渠，使水流更通畅。当地老百姓也称坎儿井为"林公井"。

关于坎儿井的历史起源，史学界有三种观点：波斯说、中原说和本地说，三种观点各有史料支持。无论源自哪里，丝绸之路西域以及以西的多个地区，沿途都有坎儿井水在汩汩流淌，也正是坎儿井的存在，丝绸之路才有了保障畅通的条件。

我们来到哈密二堡镇塔库村。塔库村现存的坎儿井开挖于 1917 年，但这并不表明坎儿井在这个村子里仅仅存在了一百多年。这套水利系统目前仍在使用，正是由于其历史的持续性和功能的完整性，2006 年，塔库村坎儿井被国务院批准为全国重点文物保护单位。

进村不远，见到一个小湖。这种蓄水湖学名叫涝坝。湖边环绕着高大的白杨和粗壮的胡杨，天蓝水碧，秋叶烁金，与村外浑黄燥热的戈壁相比，使人马上就感受到了凉爽清新,不由得深吸一口气。

在坎儿井入口处的水池边,一位从伊犁来旅游的维族老妇左手拿着一瓶矿泉水,右手端着舀子,正在品尝坎儿井水。伊犁河谷是水草丰美的好地方,同样也是天山雪水滋养的地方,我们经常会从媒体上看到,伊犁河因为水量过多而引发洪灾。天山雪水多寡不均

来自伊犁的大娘在品尝坎儿井水

地分布在伊犁河谷和吐哈盆地,使得相同的民族在不同的自然环境中有着各自因地制宜的应对方法,用弱小生命的韧性来适应强大自然的幸与不幸。

我也喝了点儿坎儿井水,清凉略带土味。

【千年千里佛国

虽然已经过了葡萄的收获季节,但街上还有鲜葡萄可买,同样的品种,标价和北京超市差不多,但单位是公斤。新疆全境和云南的部分地区,近代以来都使用公斤作为计量单位,这和两省区的历史经历有关。新疆受英国南亚殖民地的影响,而云南则是受法国东南亚殖民地的影响。这种计量方法常常会让内地人感到惊喜,有人调侃道:这里的人豪气,买一斤送一斤。

在吐鲁番地区的村镇里和公路旁,能见到许多独特的建筑——葡萄晾房。晾房一般用土坯砖块垒成,四面墙上留有很多孔用来通风。吐鲁番盆地干热的风穿过风孔,经过一个月左右的晾制,新鲜的葡萄即可风干为葡萄干。用这种方法晾制而成的葡萄干不仅翠绿如鲜,而且更加甘甜。

"吐鲁番的葡萄熟了,阿娜尔罕的心也醉了……"甜蜜的季节,也是思念的季节,吐鲁番的葡萄所以那么甜,因为饱含着深情。

沿丝路而来的葡萄,在吐鲁番大放异彩,既然哈密瓜让给了哈密,吐鲁番就拿葡萄说事吧。

吐鲁番不仅光大了葡萄,也为丝绸之路增加了更多历史的重量和思想的光芒,"丝绸之路:长安—天山廊道的路网"世界文化遗产项目中的22个中国遗产点,

新疆占了6个，其中两个在吐鲁番——交河故城和高昌故城，两城相距仅40公里，这在联合国世界遗产项目中是少有的。

唐代诗人李颀在他的《古从军行》诗中写道：

"白日登山望烽火，黄昏饮马傍交河。"

"年年战骨埋荒外，空见蒲桃入汉家。"

"蒲桃"即葡萄，有了葡萄，就印证了诗中的"交河"就在吐鲁番，有了"交河"，也证明了"蒲桃"产自吐鲁番。

位于丝绸之路西域中道上的吐鲁番，东通哈密，西南通焉耆，西北通乌鲁木齐，北通吉木萨尔，是重要的交通枢纽，也是兵家必争之地。

交河故城坐落在一个深沟环围的岛形台地上，从空中俯瞰，就像一艘泊在船坞里的巨型航空母舰。台地四面土壁高耸，如刀削一般。此地因河水分流绕于城下，故称交河。这里最早是西域三十六国之一车师前国的都城。这座具有军事城堡特点的古城，反映出历史上这一地区长期而激烈的民族、宗教和社会矛盾。

游览车绕着台地下的深沟来到故城的入口处，徒步登上土台，进入故城内，市井巷陌、官署民居、寺院佛塔、兵营壕堑的形迹在导游的指点下依稀可辨。

这是一座在生土台地上雕刻出来的城市，大部分建筑物是用"减地留墙"的方法从台地的表面向下挖出来的。这种工艺，我小时候曾在地坛公园的夯土外墙上实践过，当时我们挖出了《地道战》中的地道，还挖出了《上甘岭》中的坑道，当然都是微缩版的。现在地坛公园的土墙已经没有了，但绝不是我们挖没的。

西来佛教曾在这里大行其道，城里最高的残迹是佛塔，据说当年寺院的塔林里竟然有101座，如今寺院佛塔和其他残垣形容模糊，已经分不出哪里是生活，哪里是信仰。

交河故城

从交河故城的残址望出去，对面山梁上有两座阿拉伯风格的建筑，请教巡逻的保安，被告知是"麻札"，这是近现代两个穆斯林长老的陵墓。近处断墙和远方麻札的剪影被长焦镜头压缩到一起，失去了空间维度，模糊了时间维度，实际上，它们之间不仅隔着深深大沟，还隔着悠悠千年。

交河故城以东40公里的高昌故城，初时是西汉在车师前国境内驻军所建的屯田驻地。北魏时期车师前国被灭，吐鲁番地区的政治、经济、文化中心从交河转移到了高昌。公元640年（唐贞观十四年），唐朝军队击灭了高昌国后设立西州，高昌成为西州治所。

高昌故城位于赫赫有名的火焰山之下，火焰山因《西游记》而在中国妇孺皆知。唐僧的原型玄奘在高昌也留下了一段真实的史实，玄奘对于中国佛教的贡献，有一部分要拜高昌国王的信仰所赐。

玄奘西行九死一生，撑过了莫贺延碛到达高昌国属地伊吾。高昌是唐朝的属国，接受唐的封号。国王麴文泰是个汉人，一名虔诚的佛教徒，祖籍金城（今兰州）。他久闻玄奘大名，能在此地见到如此落魄的偶像，既令他唏嘘不已，更让他喜出望外，于是，他把玄奘从伊吾接到高昌城，欲拜为国师，但玄奘不失西行之志，绝食三日不从。麴文泰崇拜玄奘，也理解他的一片诚心，于是两人结拜为异姓兄弟，自此，玄奘从一个被通缉的中原行脚僧变成了西域王室的座上宾。作为回报，玄奘在高昌设坛宣法一个月。临走时，麴文泰写了二十四封信给沿途各个邦国的国王，请他们关照玄奘，并给了足够用二十年的资费，还配备了一众人马护送西行，这哥们真是仗义。

这种仗义不是因为他和玄奘都是同祖同根的中原汉人，子曰："道不同不相为谋"，在国家、民族之上，还有信仰。这才可以解释他后来依附西突厥对抗唐朝、阻绝西域商道的行为，麴文泰最终被唐军围剿，惊惧无措，被吓死了。

麴文泰治下的高昌城内有多所佛教寺院，其中一座现存的残塔，据传就是当年玄奘设坛讲经的地方。

高昌故城的入口处有一座大型玄奘法师塑像。他清瘦俊朗，目光坚定，面朝西方，步履豪迈，左手单立掌，右手执锡杖，背负着沉重的经箧。这尊雕像准确地表达了玄奘法师无畏艰途、西行求法"宁可就西而死，岂归东而生"的坚定决心。

写到这里，突发异想：玄奘于公元627年离开长安，历经磨难，跌跌撞撞，终于走到天竺，其中的主要原因就是西域不在唐朝控制范围内。如果他晚走十三年，唐灭高昌后建立西州，设安西都护府于交河，他就不用那么提心吊胆地闯关，一路上也不会那么辛苦了，甚至成为皇帝派出的文化大使也说不定，看一看他和唐皇室的关系，就知道这种可能性是存在的。十七年后玄奘回国之所以比较顺利，就是因为那时大唐已经控制了西域。当然，历史没有如果，如果有如果，就没有《西游记》，那就是中国文学的损失了。

公元初年前后，塔里木盆地周边，有几十个依托绿洲建立的小国，它们之间互相攻伐兼并，战争频仍，民不聊生。公元前1世纪，佛教自印度传入西域，人们把希望寄托于佛教所宣扬的慈悲、转世、平等的理想之上，统治者也借助佛教维护统治，各个阶层都对佛教表现出极大的热情。

佛教沿着塔里木盆地传播到周边各个绿洲城郭国家，当时的西域有"千年千里佛国"之称。

处于丝路枢纽的吐鲁番成为西方多个宗教东渐的重要基地，佛教、景教、祆教、伊斯兰教等都曾经过这里，其中影响最大的是佛教和伊斯兰教。

如今的高昌故城外，一座清真寺在火焰山赭红色山体的衬托下分外夺目，高耸的白色宣礼塔和坍塌的土色佛塔隔空相对。信仰的更迭，神与神的战争曾经在西域这片土地上血腥争斗了六百年。

最终的结果就如眼前所见，梵塔倾圮，唤拜声喧。

火焰山下，倾圮的佛塔和高耸的宣礼塔

扑朔迷离大海道

当哈顺戈壁还叫莫贺延碛的时候，戈壁的中部还有一条时隐时现的丝绸古路，史称"大海道"，所谓"大海"是指浩瀚的戈壁沙海。

大海道是从敦煌通往高昌（今吐鲁番）最近的道路，但由于这条路太过艰险，所以少有人走，往来商贾多取伊吾道。北宋以后，大海道就从史籍上消匿了。

尽管古代丝绸之路的绝大多数道段已经被学者们逐渐厘清，唯独大海道的具体路线仍然难述其详，只知道其大概范围是从敦煌出玉门关穿过莫贺延碛的中部到达高昌，这条道在丝绸之路的历史记忆中被逐渐忽略，甚至在所有的丝绸之路示意图中都没有标记。

现在哈顺戈壁的中心偏北，有一块戈壁雅丹区域被称作"大海道景区"，甚至已经标在了某些地图上。近年来，许多旅行社、越野俱乐部、摄影创作团等都在以"大海道"概念为噱头谋取商业利益。

我们从哈密向西，沿着G312国道（沪霍线）经过头堡、二堡，三堡、四堡，到达五堡镇，听这些名字就知道这里曾是古代的军事单位。我们从五堡向南，进入"大海道景区"内的哈密魔鬼城。

西北地区尤其是新疆，到处都有"魔鬼城"，地质学称之为"雅丹地貌"。20世纪初，瑞典探险家斯文·赫定在中国新疆考察时，将罗布泊周围成群分布，经长年风蚀而形成的形态各异的土丘地貌，按当地维吾尔语的发音称其为雅丹（Yardang），意为"有陡壁的小丘"。随着他在国际学界声名日隆，雅丹一词也正式被科学界所接受。

狂风卷着砂砾在雅丹林立的魔鬼城里肆意穿行，发出恐怖的怪响，风沙弥漫，难辨西东，经常有人因迷失方向饥渴而亡。哈密魔鬼城相比其他地区的魔鬼城面积更大，风沙更烈，因此也更加危险。

一座巨大的雅丹土峰上，镶嵌着一座古

艾斯克霞尔古城堡

堡——艾斯克霞尔古城堡，土坯建造的房屋和雅丹融为一体，仔细看，隐约还能分辨出门窗和瞭望口的形状。

这个古堡建于何时，介绍文字语焉不详，只说是始建于"青铜时代"。青铜时代是指公元前4000年至公元初年这段长达四千年的时期，在这段时间里，人类开始掌握了青铜冶炼和铸造技术。

据说艾斯克霞尔古城堡在汉、唐、明、清各朝都在使用，这里是丝路"大海道"路段的一个重要驿站，现在看到的古堡遗址是清代重新维护修造的。

在茫茫戈壁中，这座城堡成为人们心理上认定的生理存废的地理标志。从敦煌过来的人看到它，会有死而复生的狂喜，而从高昌过来的人看到它，则会感到前途未卜的茫然。

虽然现在许多人都认为"大海道景区"是古丝绸之路上大海道线路的一段，但我只能用"大海道概念"来定义这里。

认真研究汉唐时期丝绸之路的线路史料，我得出的结论是：当今的"大海道景区"和历史上丝绸之路的大海道没有关系。

据敦煌文书《西州图经》记载："大海道，右道出柳中县界（今鄯善县迪坎乡），东南向沙州（今敦煌）一千三百六十里。常流沙，人行迷误。有泉井，咸苦，无草，行旅负水担粮，履践沙石，往来困弊。"《隋书·裴矩传·西域图记》描述此道："自高昌东南去瓜州一千三百里，并沙碛，乏水草，人难行。四面茫茫，道路不可准记，惟以人畜骇骨及驼马粪为标，检以知道路。若大雪即不得行，兼有魑魅，以是商贾往来多取伊吾路。"

根据这些古代记载，我在地图上将古代高昌城（吐鲁番高昌故城）、柳中县界（鄯善县迪坎乡鲁克沁镇）、咸水井（硝尔布拉克，维语：咸水井）、沙洲（敦煌）——标出，然后连线并测量了距离，我认为这大概就是古代大海道的基本路线，无论地名和距离都符合文献记录。

顺便说一句，新疆有很多地方都叫"肖尔布拉克"，也许为了区别，有些地图特别将哈顺戈壁上的这处咸水井标注为"硝尔布拉克"，多了一块"石头"和苦涩味道。

隋唐时期的一里约等于460米，从高昌到敦煌或瓜州，走大海道约为600公里，等于1300唐里，而绕行伊吾道约840公里，等于1800唐里。在古代交通条件下，500唐里的

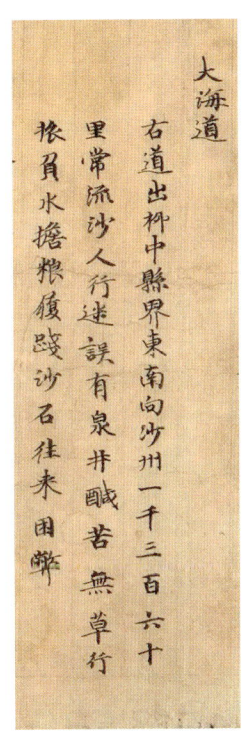

敦煌《西州图经》片段

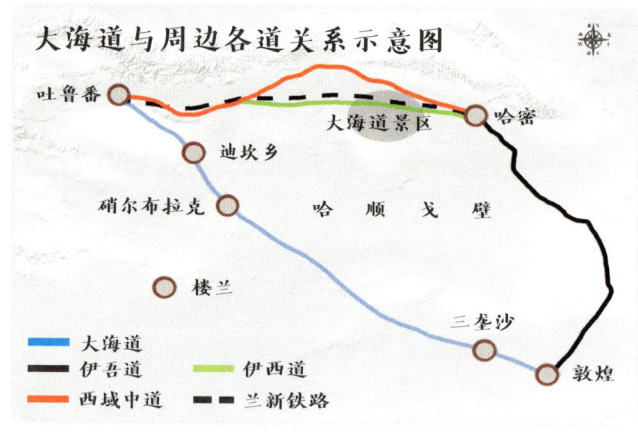

大海道与周边各道关系示意图

吐鲁番
迪坎乡
硝尔布拉克
哈顺戈壁
楼兰
三垒沙
大海道景区
哈密
敦煌

大海道
伊吾道　伊西道
西域中道　兰新铁路

差值是一个非常可怕的距离，但商旅们依然选择绕行，可见大海道的通行条件实在是太恶劣了。

如果古代大海道经过现在的"大海道景区"，那么从高昌到敦煌就要向东南方向绕了一个大弯，而且不经过古籍记载的地方，其距离和绕伊吾道相近，自然条件却更艰苦，因此可以断定，如今的"大海道景区"不在古代大海道范围内。

细研史料，可以发现历史上有一条路可从哈密经过"大海道景区"到达吐鲁番，此道便是史书记载的"伊西道"，即伊吾（哈密）至西州（吐鲁番），唐代在此设有赤亭守捉，故也称"赤亭道"。正是因为这条路的存在，位于哈密五堡魔鬼城的艾斯克霞尔古城堡的军事驿站作用才能够解释。

伊西道的优势是直线向西，距离较短，但缺点是离天山南麓绿洲较远，水源缺乏，所以较少使用，史料记载也不多。现代兰新铁路基本上与古代伊西道重合，铁路选择直线可以减少建设成本、加快行车速度及提高安全系数，至于供水的问题不是考虑因素。

另外，我搜集的多个版本"大海道自驾穿越路书"上标注的雅丹塔林、红柳滩、大崖壁、流沙河、了墩等地名也都在伊西道沿途。

因为历史对于古代大海道的记载少之又少，也就不怪今人使用"大海道"概念来做各种事情了。还有更过分的呢，"大海道景区"内还建有一座"火星基地"，把伊西道变成大海道，再把大海道变成通向火星的道，这是要上天啊！

我到哈密魔鬼城的那天，在艾斯克霞尔古城堡值班巡逻的是景区的保安队长，维族，为了证明自己确实是维族，他还专门拉下脸上的防风面套，让我看看他的鼻子。

关于这里的历史，他也说不清楚，但他告诉我，这片地区有恐龙化石，说完低头在地上捡起一块白色的小石头说，这就是恐龙化石。我看不出它和普通的白石头有什么区别。见我疑惑，他用牙咬了咬，解释道："肯定是化石，石头咬不动，化石有点粘牙。"

哇。太生猛了！这是我见过的第一个吃恐龙的人。

孔雀飞不进罗布泊

　　沿西域中道继续向西，路过巴音郭楞蒙古自治州焉耆县七个星镇，公路两边出现了大面积的红色，红到了山脚，又红到天边，甚是壮观，这是农民们在晒辣椒。这种辣椒又称色素辣椒，新疆当地人称其为铁板椒，它的特点是皮厚、色红、产量高，尤以库尔勒、焉耆一带出产的品质为优。我们在新疆吃饭，总能见到裹满红红汤汁的美食，看上去很辣，但入口后并不感觉有多辣，这就是色素辣椒的特点：火辣勾引，温柔以待。

　　巴音郭楞蒙古自治州简称巴州。"巴音郭楞"，蒙语意为"富饶的流域"。巴州是中国陆地面积最大的地级行政区，境内有蒙、汉、回、维吾尔、哈萨克等40多个民族，其首府设在库尔勒。

　　在一个多民族的地区当官是个技术活，我曾经见过一位巴州官员，他是哈萨克族，会说族语（哈萨克语），会说州语（蒙古语），会说区语（维吾尔语），会说国语（汉语），还会说英语。对于这几种语言，他的掌握程度十分了得，听说读写都行。他自我调侃："我是见什么人说什么话，这些都是日常工作中经常要用到的语言。"他的前额宽大饱满，长得有点像列宁，我们称他为"列宁同志"，他遗憾地说："只可惜我不会说俄语。"

　　库尔勒在历史上并不是一个常被提及的地方，秦汉时期此地属渠犁国，唐代属焉耆，清朝设库尔勒县，1960 年，巴州州府由焉耆县迁至库尔勒，1979 年建市。

　　新疆塔里木油田总部就设在库尔勒，地方政府联合石油系统的实力，把这个沙漠小城调理得十分"辉煌"。

　　我之所以用到"辉煌"二字，是基于初次的印象。当年来到这个城市，晚饭后，主人一定要请我们到孔雀河边走走，那里有一个灯光广场，喷泉起舞，彩灯变换，风帆张扬，乐声弥漫……那个年代，即使是内地大城市，也少有这样的夜景场所。

　　孔雀河的名字让人联想到河水荡漾出孔雀翎羽的宝蓝色，在没有孔雀的西北戈壁间，居然徜徉着一条孔雀河？初闻此名，心中生疑，只好理解为当地人的憧憬吧。多年后，我无意间找到了答案，此河早前的名字叫昆其河，"昆其"是维语"皮匠"的意思。皮匠在河边鞣洗皮革，把河水弄得又脏又臭。清左宗棠收复新疆后，军中的一位秀才依照昆其河的发音，改译为孔雀河，字不同，境不同，化腐朽为神奇，妙！

　　孔雀河是罗布泊的主要水源，由于气候环境的变化，再加上人为的因素，20 世纪六七十年代，孔雀河下游河段逐渐断流干涸，蓝色的孔雀再也飞不进罗布泊，罗布泊也在几年的时间里消失了。

西域小国中的楼兰国就在罗布泊的西北，公元前4世纪，罗布泊地区就已有人类居住。罗布泊干涸了，生活在这一带的罗布泊人去了哪里？由于史料缺乏，至今无人能说清，但还是有人自称为罗布人的后代。

秦汉时西域三十六国的尉犁国和渠犁国的地界，现在都属巴州尉犁县管辖。距尉犁县城大约40公里的地方，有一个罗布人村寨，这里生活着一批据说是罗布泊后人的村民。村寨紧邻塔里木河，准确地说，村寨就在漂移不定的塔里木河道里。河的南岸是茫茫的塔克拉玛干大沙漠，每到雨量充沛的夏季，河水漫溢，这里会形成无数的沙湖，呈现出一派"大海把沙漠染蓝"的理想浪漫。

这片时而是沙漠、时而是湖泊的地方，生长着大片的胡杨和丰茂的水草，羽翔鳞潜，充满生命的活力。世代生活在这里的罗布人把粗壮的胡杨树干雕成独木舟，泛荡于大大小小的沙湖之上，弯弓射鸟，结网捕鱼。

罗布人村寨以还原古代罗布泊人的生活场景为看点，旅游产业搞得红红火火，其中最大的亮点就是高寿。村里有许多百岁老人，满头白发，一缕银髯，红光满面，精神矍铄。每当外人问起他们的年龄，老人都会伸出食指"一百岁"，游人们都愿意与他们合影，以期沾点人瑞之光。

有些不知趣的人要看看老人的身份证，这时候老人就会用手拢着耳朵："你说什么？听不懂。"当你问起他们的长寿秘诀时，导游会热情地向你推销一种叫作"罗布麻"的草叶，说它降压、减脂、养颜、益寿，并保证绝对是野生的。

塔里木河水漫溢进塔克拉玛干沙漠

【轮台听风

公元前60年（汉宣帝神爵二年），西汉在天山以南的轮台设立西域都护府，标志着西域从此成为中国领土。

轮台周边尚有残存的汉唐时期的烽燧。

落日托出烽燧的剪影，大风翻动胡杨的枯枝，又强硬又凛冽，树动燧不动。

塔克拉玛干沙漠从来就不缺风，"轮台九月风夜吼，一川碎石大如斗，随风满地石乱走。"唐宋诗词中的轮台多指天山以北唐朝设置的北庭都护府所辖的轮台县，名字借用

轮台县草湖乡汉唐烽燧残墩

汉轮台。无论天山南北的哪一个轮台，作为古代西域战场的代名词，轮台和楼兰一样，在中国文学史上有着同样高的地位，开疆拓土"斩楼兰"，保家卫国"戍轮台"。

夜宿轮台，狂风大作，体会南宋诗人陆游的诗《十一月四日风雨大作·其二》：

僵卧孤村不自哀，尚思为国戍轮台。

夜阑卧听风吹雨，铁马冰河入梦来。

这首诗是陆游退居家乡浙江山阴（今绍兴）时所作。他一生致力于抗金斗争，时年67岁的他依旧希望能御铁马、踏冰河，为国效力，但直到去世，他也夙愿未了，悲愤离世之际仍不忘嘱咐儿子："王师北定中原日，家祭无忘告乃翁"，成为其一生的绝唱。

窗外沙旋风吼，汉代的风吹过了唐代，吹过了宋代，吹到了现代。

轮台听风，感受大义。

【沙漠公路

　　如今被编入 G216 国道的塔克拉玛干沙漠公路，北起轮台，南至民丰，全长 566 公里，是世界上最长的沙漠公路，我已经是第三次穿行这条沙漠公路了。第一次走的时候，这条路标注为"塔里木沙漠公路"，轮台入口的纪念雕塑上写着"1993 年中国石油天然气总公司批准进行施工建设"，落款是"塔里木油田勘探指挥部"，沿路的里程碑也标注着"沙漠公路"的字样，可以肯定，这条公路最初是为开发塔里木油田而建的。沙漠公路于 1995 年全线贯通，连接起塔克拉玛干沙漠的南北两端，极大地促进了南疆各地的经济发展。沙漠公路于 2014 年被编入 G216 国道，成为其中的一段。中国石油工人不仅如歌中所唱的"我为祖国献石油"，也为祖国献公路。

　　沙漠公路的中央位置有个小镇，名字叫塔中，即塔克拉玛干沙漠中心的意思。这里是塔里木油田的一个作业区，如果不着急赶路，一般穿行沙漠公路的人都要在这里住一晚，体会一下塔克拉玛干沙漠之夜。我第一次来的时候，这里只有一个塔里木油田的宾馆，令人意外地是，它竟是一个高等级的星级宾馆。

　　入夜，在塔中作业区灯火的映照下，只能看到周边的沙漠和无边的黑。

　　出去体会一下沙漠之夜吧！

塔克拉玛干沙漠公路

走出作业区，深一脚浅一脚地在沙漠中摸索前行。翻过一个大沙丘，作业区的灯光被遮住了，就像掉入了一个黑黑的大坑。粗糙的沙粒吸收了手电筒的光亮，不折射，不扩散，光点像一只晃动漂浮在沙地上的圆形白色小怪物。转过几座沙丘，我们终于找到一座相对较高的沙丘。回望塔中那片灯火，这片方圆 33 万平方公里的沙漠，这片等同于安徽、江苏、浙江三个省份相加面积的地方，只有这么一点光亮。

塔中油田的火炬塔熊熊燃烧，低色温给沙丘镀上了一层暗红，就像火山喷出的岩浆，起伏的沙纹更加强了它的流动效果，照相机长时间的曝光，让风中飘浮的沙尘朦胧了沙漠。

被朦胧的大漠是梦幻的诗意还是恐怖的诡异？玄奘当年孤身行走大沙漠，"沙则流漫，聚散随风。时闻歌啸，或闻号哭，视听之间，恍然不知所至，由此屡有丧亡，盖鬼魅之所致也。"他看到什么？听到了什么？

在世界第二大流动沙漠中修建一条贯穿南北的高等级公路，最大的问题是如何对抗流动的沙丘。

塔中石油宾馆后面有一个植物园，这里种着数十种适合沙漠生长的植物，如今，它既是一个供人游览的绿色公园，也承担着选培耐旱、耐寒植物的科研任务。据说在开始修建沙漠公路的十年前，这里就开始了沙漠植物的选培。

行驶在沙漠公路上，两边是宽宽的植被带。我曾经数过，每一边大约有 8—12 排，取中数，即每边 10 排，两边合计 20 排。全程 566 公里的沙漠公路，其中沙漠段 466 公里，即 466 公里 ×20 排＝9320 公里。近一万公里的沙漠植物，每一排都有一根滴灌水管，水管一共铺设了近万公里。听说建设初期使用的是以色列的滴灌技术，所有材料都是从以色列进口的。

有了水管，水从哪来？沙漠下有水，只是盐碱度高，不适合饮用，也不适合灌溉普通植物，但可以浇灌经过选培的沙漠植物。为此公路沿途平均每 5 公里建一个水井房，用以抽取地下水，全程共有 108 座水井房。

看管水井房的人员大多是外聘的农民工，他们每年三月初到十月底在此值守八个月，因为冬天是植物的休眠期，不需浇水。这些人大多来自甘肃、青海、河南等省份，这和中国石油系统的血统有关。中国石油企业初期的人员构成建立在甘肃玉门油田的人才技术基础之上，大庆油田、青海油田、河南油田、南阳油田、胜利油田以及很多大型油田都是由他们开发建设的，最有名的就是大庆油田，大庆油田的铁人王进喜和他的 1205 钻井队来自甘肃的玉门油田。所以看守水井房的这些人或多或少和上述油田有着牵扯。

值守在 80 号水井房的陆延全师傅来自甘肃武威市四坝镇海湾村，他和老伴两人在这里已经五六年了。今天正好有一位邻近井房的大婶来串门，她也来自武威，和陆师傅虽然不是一个村，但是亲戚。大婶手里拿着绣花鞋垫，一边绣花一边和我们聊天。她告诉我，他们老两口每人每月工资 2500 元，两个人就是 5000 元。公司会定期为他们送水和各种粮食蔬菜，当然是要自己花钱的。工资和消费都先记在公司的账上，每年离开时统一结算。她和老伴计划十月底回家后就不再来了，因为儿子要结婚，他们准备帮助照看孙子。她说在这里太寂寞了，只能做点手工打发时间。鞋垫大多卖给石油工人、卡车司机或是游客，有时也会去采集一些沙漠中生长的锁阳、肉苁蓉等中药材回来卖。说完，她指了指地上的塑料筐，筐里放着几根粗粗的植物根茎。

近些年，随着经济的发展，这条路上的车流量越来越大，游客也越来越多，塔中附近已经出现了一些小饭馆、小旅社，有食有宿，到了晚上，大沙漠中的那一点光亮已变成一片光明。

【神性的光芒

西域中道在天山和塔克拉玛干沙漠之间的山前戈壁上向西再向南伸延，串联起多个戈壁中的绿洲。几千年前，一支被称作"塞人"的族群在塔里木盆地周边的绿洲上生活繁衍，最终形成了国家，这些国家因所处绿洲面积的大小而不同，到了秦汉时期至少形成了三十六个"绿洲城郭国家"，史称"西域三十六国"。

根据《汉书》记载，这些绿洲小国人口最少的国家是丹桓国，大概位置在乌鲁木齐的西北郊，人口仅 194 人，人口最多的是龟兹国，人口达到 81317 人，其他大部分国家的人口都在几百到几千人之间。

当年龟兹国所在的地区现在叫库车。坐落在丝绸之路重要节点上的龟兹，作为一个地区大国，还真有"大国担当"的勇气和能力，它对于中华民族的文化发展曾经产生过巨大的影响。

季羡林先生曾经说："世界上历史悠久、地域广阔、自成体系、影响深远的文化体系只有四个：中国、印度、希腊、伊斯兰，再没有第五个；而这四个文化体系汇流的地方只有一个，就是中国的敦煌和新疆地区，再没有第二个。"在库车当地的旅游推介文案中，常常可以看到这段论述被改成："季羡林先生曾经说：龟兹是古印度、希腊、波斯、汉唐文明在世界上唯一交汇的地方。"

如果将季老所说的新疆地区范围缩小，那么中心点一定是龟兹。龟兹的贡

克孜尔石窟和鸠摩罗什像

献不像哈密的甜瓜和吐鲁番的葡萄那么具体有型，它提供的是用来滋养精神的信仰和艺术。

天山雪水在阿克苏地区汇成了木扎特河，河水一路向东，在库车绿洲的克孜尔乡聚出一片水草茂盛的湿地，湿地北边的明屋达格山断崖上有许多大大小小的石窟，这里就是举世闻名的克孜尔石窟。

克孜尔石窟是公元3—9世纪开凿的佛教石窟群，它是佛教石窟从印度东传中国后地域位置最西的一处石窟，受到了印度、中亚、古希腊、古罗马及中原艺术的多重影响，既是西域地区佛教石窟的典范，又是中国佛教石窟建造的起点。它以独特的洞窟形制和壁画风格，明显揭示出佛教经西域向东传播的轨迹和本土化进程，敦煌石窟、麦积山石窟、云冈石窟、龙门石窟等无不深受它的影响。作为丝绸之路上最重要的文化遗址之一，克孜尔石窟于2014年以"丝绸之路：长安—天山廊道的路网"项目遗产点的资格，被联合国教科文组织列入《世界遗产名录》。

早就知道克孜尔石窟中有一幅壁画，画的是一个人举起自己燃烧的双臂为黑暗中的人们引路。刚刚进入石窟景区，我就问导游这幅画在第几窟。

导游是个来自伊犁的哈萨克族小伙，从新疆大学历史学院毕业后来到这里，因为这里人手少，他一边做研究一边兼做导游。

他说："为了保护文物，石窟轮流开放，能看到哪些窟全凭运气。您说的壁画所在的石窟，今天不开放。"

"啊？！"

"但是，我可以带您去看。"

"哇！太谢谢啦！"

参观完开放的石窟后，导游带着我们来到一孔标号为38的石窟。这运气，没谁了，要知道，38窟是克孜尔石窟中最著名的一个窟。

一道铁门紧锁，小伙子在一大串钥匙中翻找，很快就找到了，进了门，打开灯，他指向主室的券顶。

券顶上布满大小统一的菱形图案，每个菱形的边缘都由花边构成，中间画着一尊佛像或一个佛经故事，菱形图的色彩基本是灰调的蓝绿。大量的菱形图案有序排列极具装饰性，就像贴了一层经过岁月磨砂的青花瓷砖，素雅而庄严。

《萨薄燃臂引路图》

菱形构图是克孜尔石窟壁画独有的艺术形式，被称为"菱格画"。我猜想这种单一故事的菱形画面，也许就是敦煌等地石窟中大型经变画的原始出处，不同之处就是把每个菱格中单一的人物或故事集合在一起，重新摆放，并安排出情节逻辑线，这是对菱格画叙事性、完整性、艺术性、思想性的提升，是佛教艺术东进演变的结果。

满墙的菱格中，画的都是释迦牟尼佛前生的故事，佛教称为因缘本生故事。在最突出的位置，我看到了那幅图，画面还算完整，颜色保留得也不错，只是有些地方已经脱落，露出了泥墙的基底。画中一个人高举燃烧的双臂，像举着两支熊熊的火炬，旁边一个胡人骑着灰驴，身边的白牛驮着货物，表明这是一队丝路上长途贩运的商人。这幅图叫《萨薄燃臂引路图》。

萨薄是首领的意思。故事说：一支商队进入黑暗的山谷，迷失了方向，带队的首领点燃双臂为大家引路，走出了黑暗。

无论是宗教信仰还是主义信念，都有一些忠实的追随者甚至狂热的殉道者。我原以为这也是一个为了信仰而牺牲自己照亮别人的"英雄故事"，这位萨薄也许就是一个极端的殉道者吧？

读了"萨薄燃臂引路"的故事才知道，原来他是佛的化身。思想是有光芒的，这是只有神才能发出的光芒，这是一种能够感受却看不到的光芒，对于凡人，佛只能用"燃臂"这样的英雄主义行为才能让他们看到这束光，并跟随光明走出黑暗。

对于文盲率极高、看不明白佛经的古代百姓来说，石窟艺术中的壁画和雕塑起到了很好的宗教启蒙、教育引导作用，这种将形而上的抽象思想用形而下的具象图形来表达的浪漫主义手法，是一种巧妙的传播手段，思想的光芒从此照进了人心。

石窟坚硬的石壁上可以看到很多深深的手印，这是千百年来人们膜拜的痕迹。

在克孜尔石窟前的广场上，有一座青铜色雕像，一位高鼻深目、棱角分明、身裹袈裟、颔首蹙眉的僧人坐在莲花座上静静思考。

同样是在想事情，这尊塑像比罗丹的《思想者》要温和得多。《思想者》刻画的是一位强壮的男子坐在"地狱之门"的中心，在极度痛苦中思虑，而这位僧人是一位并不强壮的知识分子，从容的神态说明他的思考应该比那位强壮的人更深刻，这尊思想者雕像的基座上，刻写着我的老领导、著名红学家冯其庸先生题写的五个大字"鸠摩罗什像"。

鸠摩罗什（公元343—413年）是十六国时期的高僧。他出生在龟兹，世袭高贵，天资聪颖，7岁随母出家，后又随母到印度学习佛法，12岁时回到龟兹，成为龟兹的国师，声望遍及西域诸国，在中原汉地也有所闻。

公元382年至413年，他先后被前秦的吕光和后秦的姚兴俘获，在凉州和长安讲经译经四十余年，为佛教经典的翻译和佛教在中国的传播起到了巨大的推动作用。

鸠摩罗什翻译的佛典，文采斐然，朗朗上口，情景交融，令人向往，自然生动，契合妙义。他告诉人们"心净则佛土净"，"在入世中出世"的方法论，降低了修行的门槛，被称为"人间佛教"。南北朝时期，中原和江南地区甚至出现了"家家观世音，户户阿弥陀"的繁盛景象。

当今大多数非佛教信徒都没读过鸠摩罗什翻译的《阿弥陀经》，却也会口念"阿弥陀佛"，对佛教有基本的尊重，甚至有一些佛教情结，哪怕是急来抱佛脚的实用主义者，也寄希望于佛祖的慈悲，抱着信则灵、不信也可能灵的投机心态，以期获得最直接的宗教利益，这也算是对佛教的一种理解吧？

在鸠摩罗什塑像东边，有一座近几年新建的廊亭，一尊佛像手捻法印端坐在莲花宝座上，从那慈眉善目的法相和交领右衽、宽衣广袖的装束可以看出，从龟兹出发的佛陀再回到这里时，已经彻底中国化了。

【天上人间

遥想当年，前秦的吕光不仅从龟兹带回了鸠摩罗什，还将龟兹的音乐舞蹈也带回了凉州，这些音乐舞蹈又沿着长长的河西走廊逐渐传入广阔的中原。

克孜尔石窟38窟之所以那么著名，不仅因为它有《萨薄燃臂引路图》，而且因为它有一组描绘佛教天宫乐舞的壁画，因此被人们所重视，这座窟也被称为"伎乐窟"，凡是提到龟兹乐舞，谁也绕不开38窟。

在38窟主室的左右墙壁上，各绘有一排天宫伎乐，每排七组，每组一男一女，肤色一棕一白，共二十八人。琵琶、箜篌、排箫、手鼓、唢呐、阮咸、横笛等西方和中原乐器汇聚一堂，和谐共鸣。这些伎乐们演奏时摇头晃脑，眉目传情，屈肘耸肩，合节击掌，花瓣与璎珞共舞，节奏伴旋律齐扬，个个都陶醉了……这幅壁画叫作《天宫伎乐图》，天宫是人间折射出的幻影，龟兹乐舞，天上人间。

龟兹音乐以热烈激昂著称，玄奘谓之"铿锵镗镗，洪心骇耳"，究其源头是同佛教一起传入的天竺乐。中国史籍第一次记载天竺乐是在公元4世纪初的十六国前凉时期，正好与鸠摩罗什生活的时代相重叠。

龟兹音乐对中国音乐最大的贡献是七声音阶，就是今天用简谱标记的"1、2、3、4、5、6、7"。中国传统音乐虽然早有"七音"的记载，但在社会上最常用的是"五声音阶"，即宫、商、角、徵、羽，相当于简谱标记的1、2、3、5、6。尽管多少年来我们的先民用这五个音阶也能抒发出心中的情感，或悠扬，或高亢，或喜悦，或悲伤，但是表达人类更复杂的情感，描绘自然丰富的印象，仅靠五个音符还是有些勉强。

公元571年，北周武帝娶了突厥人阿史那氏为皇后，阿史那氏带来了精通音律、善弹琵琶的龟兹乐工苏祗婆。苏祗婆的名字像个女人，可他是男人，当年翻译的人顺手写了个"婆"字，后人就多了一千多年的麻烦。

苏祗婆把西域龟兹乐中的七调理论带到了中原，并进入官廷，整理出"五旦七声"的音乐理论，从而促进了中原内地音乐理论的完善和发展。"五旦七声"的乐律后来演变成为隋唐燕乐的二十八调，而且还影响了雅乐（古代帝王祭祀天地、祖先及朝贺时用的乐舞）、俗乐（民间乐舞）与戏剧音乐，对中国民族乐律的发展做出了卓越的贡献，成为中国古代音乐发展史上的一个重要转折点。因之，西域的琵琶及其他乐器也由此普及，从而丰富了中国音乐的表达手段。

"言之不足，歌之，歌之不足，舞之蹈之。"伴随着音乐，人们开始扭动，先是轻轻地摆，随后是尽情地摇，似乎舞蹈是人类情感表达的最高形式。

龟兹歌舞是西域最精湛的古代舞蹈，它融合了东西文化，形成了自己的艺术特色。在克孜尔石窟描绘舞蹈的壁画中，可以看到地处丝路节点的龟兹乐舞吸收了来自各个方向的文化影响：神秘含蓄的佛教手型，立体优美的犍陀罗造型，挺拔刚毅的游牧身姿，温柔曼妙的汉地表情……其载体是飘逸灵动的飞天和形体婀娜的伎乐们，他们腰肢微倾，袒胸出胯，移颈弄目，弹指跷脚，旋转飞扬，腾挪跳跃。至今维吾尔族舞蹈中还保留着许多同样的动作，比如动脖（移颈）、动眼（弄目）、响指（弹指）、摆腰、出胯等。

克孜尔石窟壁画（资料图）

龟兹舞蹈中以旋转和腾跳为其特点的舞蹈是胡旋舞，羯鼓声声，琵琶玉珠，阴柔阳刚，柔曼激昂。

历史上会跳胡旋舞的最著名的业余爱好者当属杨贵妃和安禄山，白居易有诗《胡旋女》："中有太真外禄山，二人最道能胡旋。""太真"即杨玉环，"最能"是说杨贵妃与安禄山都是胡旋舞的高手。安禄山跳舞献媚，讨得了贵妃娘娘的喜欢，又老又肥的安禄山顺势就拜了贵妃为娘，还穿着唐朝的"尿不湿"撒娇（贵妃以锦绣为大襁褓，裹禄山），想一想都恶心。安史之乱的发生与唐明皇、杨贵妃和安禄山有着直接的关系，如果说在某些人的历史观中"后庭花"是亡国之音，那么"胡旋舞"就是亡国之舞，旋转腾跳间，大唐的根基松动了。

白居易甚至直接把安史之乱归罪于胡旋舞，他在《胡旋女》诗中还写道：

禄山胡旋迷君眼，兵过黄河疑未反。

贵妃胡旋惑君心，死弃马嵬念更深。

皇帝无错，罪在胡旋，老白一边骂人一边拍马屁。"大隐于市，小隐于野"，而白居易选择了"中隐"，这种既明于事理又善于自保的立场，使他选择了"只责贪官，不犯皇帝"的明哲保身的诡官之道。

来到库车，当然要感受一下龟兹乐舞，最好的地方就是库车大馕城。

在新疆，只要看到直径半米以上的馕，那一定是库车大馕。库车大馕的原产地是库车市郊的伊西哈拉镇比加克村，为此，他们骄傲地建了一座大馕城。

大馕城是一座阿拉伯风格的城堡式建筑，城堡一楼是销售大厅，二楼是生产大馕的车间，这里可以买到刚刚出炉的香喷喷、热乎乎的大馕。如果要带走，商家负责发快递。到了晚间，一楼大厅变成了夜市，大厅中央有一个圆型的灯光舞台，舞台四周摆了许多餐桌，餐桌又被各种小吃摊位所环绕。

新疆的时区标准尽管用的也是北京时间，但实际作息时间要比北京晚两个小时。晚上九点，大馕城的歌舞表演开始了。这时候大厅里的餐桌已无虚席，一位卖新疆南瓜素馅包子的摊主走过来说："买我的包子，桌子有。"于是我们真的端着一盘包子，就有了一张桌子。

南瓜包子、羊肉串、柴灰烤蛋、酸奶子、香甜的石榴汁、藏红花沏的茶……各种当地美食摆满了一桌。钟鸣鼎食虽然有气派，但是受拘束，远比不了民间美食的随意和自由，满嘴流油，吮指回味，无拘无束地挥洒，才最接近人性本能。能不装就别装，需要装的时候多着呢。

龟兹乐在耳边响，胡旋舞在身旁跳，歌舞升平，一派祥和，《天官伎乐图》活了！

圆形舞台上，穿着民族服装的姑娘和小伙个个美丽又精神，一招一式十分到位，绝没有半点敷衍，这种敬业的态度，出于对民族舞蹈的热爱和对民族文化的尊重。

间或会有一些互动的时间，演员们请观众（食客）上台一起跳舞，这时候的舞蹈就没有什么专业要求了，即兴发挥，舞之蹈之。维吾尔人举手投足是那么灵动自如，而非其族人的动作就少了味道，这是民族血脉的文化味道，外族人输血、换血也不行。

▌接山隔水古伽蓝

在库车地区，类似克孜尔石窟这样的佛教遗址还有许多，这和佛教在古代龟兹地区的盛行有关。2014年世界遗产大会"丝绸之路：长安—天山廊道的路网"项目入选的沿途遗产点之一的苏巴什佛寺遗址即是典型的代表。

古龟兹国的佛教有多兴盛，去看看苏巴什寺庙就知道了。玄奘在《大唐西域记》中记载："荒城北四十余里，接山阿，隔一河水，有二伽蓝，同名昭怙厘，而东西随称。"昭怙厘寺即如今的苏巴什寺。

这座寺庙坐落在距库车城东北20公里的库车河两岸，河东为东寺，河西是西寺，东西两寺隔河相望，佛塔、佛殿、僧房等建筑依山势走向，北高南低，错落有致，气势雄伟。

龟兹时期，这座寺可算是皇家寺庙，鸠摩罗什作为国师曾在这里为西域多国的王公贵族和僧侣们宣经讲法。也有人说鸠摩罗什七岁随母出家就在这所寺庙。他母亲是国王的妹妹，在此出家是有可能的。

苏巴什佛寺始建于公元3世纪的两晋时期，公元658年唐朝安西都护府自西州（吐鲁番）移设龟兹后，该寺的规模达到鼎盛，僧众多达万人，西来的僧侣，东来的和尚，大德云集，佛事兴隆，晨钟暮鼓，香火不绝。玄奘也是这段时间从印度返会大唐的途中到达这里的，他在此寺传经授法，驻留了两个多月。

公元755年（唐天宝十四载），唐朝爆发安史之乱，朝廷"尽征河陇、朔方之将镇兵入靖国难"，西域驻军绝大部分被调回平叛，吐蕃乘虚而来，至公元8世纪末9世纪初，龟兹、疏勒、焉耆、于阗等安西四镇相继陷落。苏巴什佛寺也在这一时期被严重破坏，从此一蹶不振。

11世纪末，喀喇汗王朝改宗伊斯兰教，对西域诸多信奉佛教的国家发起了旷日持久的"圣战"。14世纪，察合台汗国对被征服的国家进行了残酷的宗教迫害，拆除寺院，捣毁佛像，焚烧经典，佛教僧侣或被迫接受伊斯兰教，或逃往异国他乡，或抗拒被杀。苏巴什佛寺、克孜尔石窟的废弃都发生在这一时期。

苏巴什佛寺遗址

▌俯瞰千秋

　　克孜尔尕哈烽燧赫然兀立在一片褐红色戈壁雅丹之中，它的作用正如其维语本意，即"红色哨卡"。这一柱红色，立地顶天两千多年，宣誓国家主权，保证丝路畅通，俯瞰千秋，提携万里。

　　2004 年，我第一次来克孜尔尕哈烽燧时，一条土路直抵燧下，围绕着土燧有一圈铁栏杆。2016 年第二次来，土路铺上了砂石，距离烽燧约五百米的地方竖起一道铁栅栏门，大门虚掩，无人值守，车可以开到烽燧下，那圈铁栏杆依旧在。2021 年再次来到这里，砂石路改成了柏油路，距离烽燧还有两公里的地方，一座标有"游客服务中心"的砖石建筑已投入使用，汉族售票员和维族保安正微笑着等你，票价每人四十元，有木制步道通往烽燧，也可乘另外付费的景区敞篷观光车前往，烽燧四周的那圈铁栏杆却没有更换。

　　烽燧是汉唐时期长城军事防御体系的中一个重要组成部分，是边防报警的军事传讯设施，同时也兼有城堡、驿站的功用。

　　克孜尔尕哈烽燧是新疆地区年代最久、保存最完好的烽燧遗址，是汉唐丝绸之路上标志性的古代军事交通设施。

屹立在荒原上的克孜尔尕哈烽燧

公元前 60 年，西汉在龟兹的轮台建立了西域都护府，正式在西域设官、驻军、推行政令，开始行使国家主权。

西域都护府的行政建制与中原内地不同，不设置郡、县，依然保留原有的"绿洲城郭国家"，中央政府一般不干预他们的内部事务，但掌管着这些小国的外交和军事权力，必要时还可直接废立他们的君主，甚至取消某一个国，类似现代的特别行政区。这些国家称之为"属国"，属国不具备国家概念，"存其国号而属汉朝"。因此，属国严格的定义是属邦，汉代人避高祖刘邦名讳而改称属邦为属国。西域都护的设置，促进了西域各属国和中原地区的经济发展与文化融合，由此奠定了此后历代中央政权管理西域的基础，对于统一多民族国家的形成和巩固发挥了有效的作用，并产生了深远的影响。当今实行的民族自治和"一国两制"制度，都可以看作是西域都护制度的发展完善，这是中华文明独特的"政治智慧"。

唐朝继承了汉朝的都护制度，于公元 640 年（唐贞观十四年）在西州（今吐鲁番地区）设立安西都护府，十八年后又将安西都护府从西州移设龟兹。安西都护府分别在龟兹、疏勒、焉耆、于阗设立四个军镇，史称"安西四镇"，管辖的范围大致包括如今中国新疆以及中亚五国（哈萨克斯坦、吉尔吉斯斯坦、塔吉克斯坦、乌兹别克斯坦、土库曼斯坦）以及阿富汗大部、伊朗东北部等地。《新唐书·地理志》说："西尽波斯国，皆隶安西。"唐代疆域最西达里海东岸，与古代波斯接壤。

现存的克孜尔尕哈烽燧是唐代安西都护府移设龟兹后在汉代烽燧基础上修建而成的。

克孜尔尕哈烽燧位于 G217、G314 以及 G3012 国道的交汇处，这里恰恰也是丝绸之路西域中道和西域北道之尤尔都斯道的汇合点。它能够入选世界遗产，正是因为它所处的丝绸之路的节点位置，所以"站"在哪里很重要。

味不知所起，情不知所终

阿图什的一条商业街边，几个老人围坐在一起，一边聊天，一边津津有味地品尝着小杯酸奶。我是个始终不曾"断奶"的人，几天无奶，便馋得不行，所以这个奶摊是不能错过的，而且不要小杯要用大碗。摊主从一个盛满新鲜酸羊奶的大盆里给我盛了大半碗，然后用铁钎从人造冰块上戳下不少冰渣，再淋上蜂蜜，就成了满满的一碗冰沙酸奶。浓郁的奶香伴着咯吱咯吱的口感，在干热的南疆，这么一份清凉，真能感受到从"清凉入口"的生理体验延至"沁人心脾"的心理愉悦。

距酸奶摊不远，有一家饭馆，门前有个铺着厚厚铁板的大灶台，铁板上摆满了一堆大号的搪瓷缸子，缸子里冒出的热气弥漫出浓浓的羊肉香，这就是令人垂涎的新疆"缸子肉"。

缸子肉是一道具有时代印记和地域特点的小吃。在新疆一些地方，早上出门买份搪瓷缸子炖的羊肉，再来块儿馕，那就是美滋滋的一顿早餐。据说20世纪六十年代初，喀什七里桥公社组织社员兴修水利，上级来工地慰问，送来了羊肉和胡萝卜。但工地上只有几口大锅，不能让所有人同一时间感受到上级的温暖。有人注意到社员们每人都有一把大号的搪瓷缸子，于是，炊事员将羊肉和胡萝卜按人数平均分配，各自用搪瓷缸子架火煮炖，搪瓷缸子既是锅又是碗。这种方式很受大家欢迎，于是普及开来，逐渐成为当地别具特色的美食。后来的经营者为了便于规模生产，发明了一种专用炉子，先砌一个大灶台，上面放一块厚铁板，下边烧火，几十个搪瓷缸放在铁板上炖煮羊肉，再放一个大铁桶用于烧开水，开水的作用是调节肉汤的浓淡和沏茶。一般卖缸子肉的小摊旁边都有烤馕卖，分工明确，配套服务，各得其所。

巴楚县塔拉肖尔村口排列着几架烤炉，炉子上的炭火烤鱼正滋滋地冒着油，弥散出的香味绊住了我的腿。同样的烤鱼，大小和新鲜程度都差不多，第一家卖120元一条，往里走走就卖60元了。我买了一条60元的，又买了一个馕。直径20厘米的馕在这里仅卖两块钱，而在北京要卖10元，乌鲁木齐5元，阿克苏3元。

食品烤制是古代西域、中亚、西亚、北非直到罗马的传统食品加工方法，也是一种非常具有游牧特点和丝路特色的烹饪手段。烤饼夹上烤肉，据说是由蒙古大军带到欧洲的，由此衍生出了汉堡包和三明治，对此"据说"，存疑。

管它呢，先吃为敬！我举起一听可口可乐。

新疆的特色食品很丰富，大到烤骆驼、烤全羊，小到烤羊肉串、烤鱼、烤馕，烤各种蔬菜和海鲜，似乎万物皆可烤。走在街上，随处可见拌面、抓饭、大盘鸡、椒麻鸡、缸子肉……

味不知所起，满街都是诱惑。

巴楚塔拉肖尔村口，炭火烤鱼滋滋冒油

在新疆，全国各地的美食也随处可见，伴随着美食到来的，还有乡愁和希望。

拜城的一条街道，饭铺一家挨一家，各种牌匾招摇着各自的特色。我们选了一家看上去还不错的川味小馆。老板是四川内江人，到这里近十年了，不仅习惯了这里的生活，言谈话语间也可以感觉到，他已经爱上了这座小城。

"老板，我山睡（三岁）了，我是四川人。"

"你知道吗？拜城是中国十大宜居城市，刚评上的。"老板说。

是吗？上网搜一下，无果。显然老板"误读"了某条信息，但是他已经在旁边小区买了房子，至少他是宜居并宜业了，他的两个孩子也都是在拜城出生的。

追求幸福是人类与生俱来的天性，高明的统治者利用这种天性作为扩张和统治的手段，移民屯垦，固防固疆，许你远方，国泰民康。

等着上菜的时候，我问老板的小女儿：

"你今年几岁了？"

"老板，我山睡（三岁）了，我是四川人。"

旁边的小哥哥伸出四个手指说："老板，我也是四川人，四岁半了。"

老板？商家的孩子们从小就学会了把客人叫"老板"，同时还会报出籍贯。虽然这些出生在拜城的孩子从此不会在意他们的祖根所在，老家只是爷爷奶奶的家，但他们永远知道：我是四川人。

人类迁徙的历史就是文明发展的历史，从这个意义上来说，丝绸之路也是一条人类迁徙之路。在迁徙过程中，家乡的味道由浓渐淡，最终像游丝一般，难以捕捉但却存于始终。

我相信，两个孩子长大后回到四川，一定会说：我是新疆人，但回到新疆后，一定会说：我是四川人。

情不知所终，代代接续乡愁。

灵魂的重量

　　阿克苏是西域三十六国之一姑墨国的旧地，距阿克苏城西北 60 公里处的戈壁荒丘之中，有一片占地 600 余亩的绿洲——天山神木园。

　　相传公元 11 世纪，一支由两千多名伊斯兰传教士组成的队伍，从中亚来到西域，在阿克苏地区与当地人发生冲突，传教士大部分都战死了，幸存者败退到此地，饥渴难耐，但如此荒漠之地，到哪里去找水源？领队的首领用先知穆罕默德传下来的手杖插在地上，手杖插过的地方涌出了泉水，被人们称之为圣泉。多年以后，这里逐渐形成了一片林草茂密的绿洲。

　　在这片绿洲之外的荒丘间，至今依然可以看到许多"麻札"。麻札是阿拉伯语坟墓的意思。《古兰经》说："我从大地上创造你们，我使你们复返于大地，我再一次使你们从大地复活。"穆斯林把死亡叫作"复命归真"，但不知这些麻札是不是一千年前战死的伊斯兰传教士的归真之地，也不知这一片茂林是不是他们的复活之所。

　　神木园里的大树，形状长得很怪异，虬枝盘曲，旁逸斜出，艰难的环境扭曲了它们生长的形态，戈壁的大风让它们挺不起腰杆，地下的清泉却在鼓励它们绝不要放弃，即使匍匐在地也要枝繁叶茂。生命的过程有抗争也有妥协，神木园圣泉之神圣就在精神。

　　一千年前的麻札地，一千年后的神木园，伊斯兰传教团怎么也没有想到，这里成为圣地并不完全是为了纪念他们。各种信仰都会以各自的理由将一些不合常理的自然现象当作"神迹"来膜拜，只要不同凡响，就会视若神明。如今各个地方的人带着各自的信仰汇聚到这里，圣泉周边的神树上挂满了写着各种祈愿词语的彩色布条，有求财的，有求官的，有求寿的，有求子的。阿弥陀佛，上帝保佑，真主

神木园圣泉周边的神树上挂满了写着各种祈愿的彩色布条

至上，天官赐福，信什么神，呼什么号，总有一款适合您。那一泓清泉承载了这许多愿望，汩汩不绝地从地下冒出来，有求必应。

但凡自然条件恶劣的地区，宗教信仰是支撑人们生活勇气的精神力量。塔克拉玛干沙漠周边的绿洲小国，为了生存，几千年来也在不断地更换信仰，从原始的萨满教到摩尼教，再到佛教和伊斯兰教，希望能够从中找到生存、发展的希望。这一地区复杂的民族、宗教等因素，都为西域社会和文化形态的塑造与发展起到了或积极或消极的作用。

17世纪的法国数学家、思想家帕斯卡在其著作《思想录》中假设了一个"上帝是否存在"的赌局：如果赌上帝存在，赢了会得到一切，输了什么也不会失去；如果赌上帝不存在，赢了什么也得不到，输了将会失去一切。所以要趋利避害，就要押注上帝的存在，在缺乏理性证据的情况下，不要缺乏感性。

这种"感性"的赌注是趋利避害的利益权衡。在中国，即使没有明确宗教信仰的人，也不是学术意义上的"无神论"者。中国老百姓都认可"善恶有报"的传统道德规范，这种认知尽管模糊，但普遍存在，知道分寸，知道底线，大是大非不糊涂，有所敬，有所畏。

我尝了尝圣泉水，无味却也清凉，在炎热荒凉的戈壁里，有这么一片浓荫，有这么一眼清泉，也确实很神奇。尽管这种现象用简单的科学知识就可以解释，但是，如果人没有了精神不仅生活无趣，生命也没了灵魂。

灵魂，据说重21克。

【长亭更短亭

沿着塔克拉玛干沙漠边沿向西南延伸的丝路西域中道，现在化身为G312和G314两条国道，它们在库尔勒相遇后，便忽左忽右缠绕而行，一直缠绵到喀什才分手，一条往和田，一条上葱岭。

我们也故意变换车道，一会开上G314，一会又开回G312，在两条大路间挑逗它俩的缠绵。

出阿克苏约220公里，在一个叫作三岔口的地方，我们离开了这对情侣大道，驶入S13省道，向着巴楚县方向，去寻找喀什葛尔河。

喀什葛尔河对于西域中道来说，是一条重要的水源补给河。古代的交通线基本上都要沿着河道的流向行走，研究中国古代陆上丝绸之路的具体路线，除了参考历史资料中给出的含糊记录以外，要想更精确地标注道路，一个重要的参照就是找到沿途的河流和山谷，斗转星移，山河不移，古代和现代的道路基本重合。

巴楚县是巴尔楚克的简称，位于塔克拉玛干沙漠的西沿，是丝绸之路的重要驿站。据《西域同文志》解释："巴尔楚克，全有也。地饶水草，故名。"巴楚域内的喀什葛尔河与叶尔羌河在这里分别形成了两条绿洲通道，一条通往喀什，一条通往莎车，并分别在这两个地方和西域南道相接。

源出帕米尔高原的克孜勒苏河的意思是"红土河"，流过喀什城后改称喀什葛尔河。喀什葛尔意为玉石汇集之地。克孜勒苏河改名喀什葛尔河的过程，就像一个山里来的浑身红泥的小伙子，进城后娶了个满身珠玉的富家女，入赘后改名叫"宝玉"了。

喀什葛尔河继续向东北流淌，在注入红海子水库前，在库区的北岸徘徊良久，不知是犹豫不绝还是在欣赏这最终的归宿之地。

红海子水库现在叫红海景区。在茫茫戈壁中出现一片大海，似乎也只有撒哈拉沙漠和红海的交界处可以找到这种搭配。红海子改称红海，沙黄水碧，还真有点像。

喀什葛尔河两岸繁茂的胡杨投下的阴影就像一条遮阳的走廊，为河水挡住戈壁炽热的阳光。沿河有一条安静的小路，被命名为"丝路古道"，这条路把景区内的各个景点连接起来，沿途分别有第一烽燧、第二烽燧、八里亭等近些年建成的仿古建筑，相关的介绍文字大多是文学性的描写，缺少实证史料和实物遗迹。经过两千多年戈壁烈日狂风的磨砺，剩下的只有模糊的记忆，不过这种模糊反倒提供了想象的空间，每个人都会朦胧出自己的"丝路古道"，可以听到驼铃，可以看到商贾，可以想象他们的艰难，可以感受他们的坚韧。

红海景区很大，丝路古道很长，可以开车进去游览。我们经过第一烽燧，这个烽燧有六层楼高，仿照夯土版筑形式建造，不管当年真实的样子是什么，但见汉军的旗帜还在飘扬。第二烽燧位于河道溢出的湿地边，此地开阔，便于瞭望。

沿着河道边的古路行走，在一河湾处有个亭子码头，码头对面的木制楼台上书"八里亭"，估算

喀什葛尔河畔的烽燧

了一下，这里距第一烽燧约八里。"何处是归程？长亭更短亭。"亭，停也，送客的人到此为止，这亭子是中国古人分离时的痛。

此地的戍边将士无论出征还是返乡，都要从这里出发，"兄弟留步，在此别过。"言犹在耳，天各一方。

此地别燕丹，壮士发冲冠。

昔时人已没，今日水犹寒。

——《于易水送人》唐·骆宾王

燕赵易水河与西域喀什葛尔河，军士惜别的悲壮情感是相通的。

▌殊方异物，万里相奉

八里亭边有一排土房子，后院传来一阵人语，这是一户负责值守景点的人家。

"亚合西莫！（你好）"我走进院子，向主人表示问候。院里摆了两张大床，两个老太太坐在床上，一个戴帽子的男人，一个戴口罩的男人和一位中年妇女站在床边。戴帽子的男人微笑着请我们坐下喝茶，然后我们就磕磕绊绊地聊起来了。

"这是妈妈，那是老婆妈妈，那是老婆哥哥，这是老婆。"他一口气介绍完了。

原来是亲家串门儿来了。

这家人是附近村里的农户，受雇来此值守，住房无偿提供，每月有工资。

我请求为他们拍张相，贤惠的儿媳妇忙给婆婆带上头巾，儿子则秀出"剪刀手"。维族妇女戴头巾是具有宗教意味的风俗传统，也是正式场合的仪容，是对自己和他人的尊重。母慈子孝，还有新疆好媳妇，和睦家庭，真好！

院子外面是他们的棉花田。

正值棉花采摘季节，地里有几个人腰上系着特大号的白布口袋，正在摘棉花。面对此景，我的心中涌上一丝感慨和许多亲切，因为20世纪70年代初，我随父母被发配湖北"五七干校"的时候干过这活。

我走进棉田和他们一起采棉，手指合拢捏住棉花轻轻直线上提，不能歪了，否则棉花会被裂开的棉壳挂住。我惊讶地发现，采棉花的技巧竟然还都记得。同行的伙伴也是当年一起去"干校"的发小，此时他也正在熟练地采棉花，这是我们在那场浩劫之中练就的"童子功"。

这些采棉人是从临近县来的，每到收棉季节，他们就会相约外出采棉，一般都是亲戚或同村的人，十人八人组成一队。因为棉花的成熟吐絮期时间不一，每块棉田隔几天都要复采一次，所以他们不用跑很远的路，就在附近的几个村庄往复采摘。采棉期大概持续一个多月，每人能够挣到五六千元。

这些人大多是被种植面积不大的棉农所雇佣的，而超大面积种植棉花的新疆生产建设兵团，多年以前都是组织专列从河南、四川等地雇民工来采棉，据说每年来到新疆的采棉人有"百万大军"之称。近年来，机械采摘的比例大幅度提高，外地进疆采棉的民工已不多见了。

"这是新疆长绒棉吗？"

"不是。"

棉花是丝绸之路上最具有代表性的外来物种之一。

棉花在中国传播、种植的两千多年中，经过不断的优选、改良，已经彻底中国化了，如果还能找到更接近原始基因的物种，就要到更接近物种输入的源头地区，并且相对封闭的地方去找。距这里不远的巴楚县托库孜萨来遗址曾发掘出唐朝的中亚草棉棉籽，可能这个棉田种植的品种就是两千年前来自印度的中亚草棉的后代吧？

《汉书·西域传》有载："殊方异物，四面而至。"世界历史上大范围、大规模的物种交流只有哥伦布发现新大陆可以和丝绸之路相提并论。

我送稷粟，你赠小麦；我送丝绸，你赠棉花；

我送瓷器，你赠玻璃；我送茶叶，你赠葡萄；

殊方异物，万里相奉；投桃报李，同生共长。

季节采棉工

一弯新月

叶尔羌河西岸的喀伯阿斯特再依镇是一个交通枢纽，西南往莎车，西北到阿图什，我们选择去阿图什。

阿图什是克孜勒苏柯尔克孜自治州的首府，这个城市不仅是丝绸之路上重要的商品货物集散地，也是一个宗教思想集散地，西域伊斯兰化的进程就是从这里开始的。

两汉时期环绕着塔克拉玛干沙漠边缘的几十个"绿洲城郭国家"，各自为政，互不相属。塔里木盆地周边有两股强大的势力：大汉和匈奴。两股势力争斗了几百年，当汉军彻底打败匈奴控制了西域后，各个小国纷纷归属称臣，成为汉朝的属国。

然而，遥远的距离、文化的差异、宗主国内部的矛盾和各属国自身的利益诉求等因素，使得这些绿洲城郭小国叛服不定，这些因素制约了中原政权对于西域的有效控制和管理。

西域民族的种族来源不一，最早的民族称为塞人，按照人类学分类属高加索人种。塞人部落在公元8世纪前后被来自漠北蒙古高原的回鹘人以及其他突厥人所征服，今天只有分布在新疆塔什库尔干地区的塔吉克族和古塞人还有一定的血缘关系。

公元610年，伊斯兰教在阿拉伯半岛创立，其后迅速发展，并随着丝绸之路上阿拉伯商旅的驼队向东蔓延。

公元755年唐朝发生"安史之乱"，吐蕃趁势入主。吐蕃统治西域其间，从客观上挡住了伊斯兰教东进的势头。

公元842年，吐蕃政权分裂，其在西域的统治随之瓦解。与此同时，居住在漠北高原的回鹘汗国被黠戛斯（吉尔吉斯）人打败，战败的回鹘人开始向西域迁徙，其中一支到达吐鲁番地区，建立了高昌回鹘汗国；另一支迁至帕米尔高原以西的七河流域，建立了喀喇汗王朝。喀喇汗王朝后来被信奉伊斯兰教的萨曼王朝打败，分裂为东西两部，东部逃到喀什，建立了东喀喇汗王国，自此西域开始了人种突厥化和文化伊斯兰化的漫长历史进程。

西域伊斯兰化的过程非常复杂。自公元755年唐朝安史之乱至公元1884年清朝新疆建省，这一千多年间，中国中原政权几乎丧失了对西域的有效治理，西域的历史进程基本上是在中亚和西亚的政治、文化影响中进行的。在这个过程中，出现过十数个国家、上百个君王，它们或轮番登场，或同台演出，或相互攻伐，或狼狈为奸。地域重叠，时间交叉，战场血流成河，文化相互浸淫。即使到了今天，当我们隔着漫长的时间和遥远的距离回看这一切时，依旧会觉得眼花缭乱。

几经梳理，我认为记住以下这三个历史事件，就可以大致了解西域伊斯兰化的历史脉络。

一、西域第一座清真寺——阿图什清真寺。公元10世纪初，以伊斯兰教为国教的萨曼王朝发生内讧，失宠的萨曼王子纳斯尔逃亡到喀什葛尔（喀什），东喀喇汗王朝可汗收留了他，并安排他住在阿图什。纳斯尔是个虔诚的穆斯林，他请求可汗赐给他一张牛皮大的土地，以便继续礼拜真主，可汗答应了他的请求。纳斯尔找来一张牛皮，把它剪成细细的皮条，然后用皮条圈出了一大块地，建立了西域第一个清真寺，自此伊斯兰教在西域生根，这座清真寺现在依然矗立在克孜勒苏柯尔克孜自治州首府阿图什市。在此期间纳斯尔认识了可汗哥哥的儿子萨图克，并成为了好朋友。

二、西域第一个以伊斯兰教为国教的王朝——东喀喇汗王朝。萨图克的父亲死后，他的国王叔父按照传统续娶了亡兄的妻子并收留了萨图克。萨图克在流亡王子纳斯尔的鼓动下秘密改宗伊斯兰教。公元915年，在伊斯兰圣战者的支持下，萨图克发动宫廷政变，从信仰萨满教的叔父手中夺取了东喀喇汗王朝的政权，

生活和信仰，各自有图案

登上汗位。萨图克为了感激圣战者的帮助，上台后便依靠王权的力量强制推行伊斯兰教，并以"圣战"的名义对信奉佛教的于阗国发动战争，战争进行了四十多年，于阗灭国。萨图克的儿子穆萨继位后，宣布伊斯兰教为国教，东喀喇汗王朝成为西域第一个以伊斯兰教为国教的王朝。

三、西域第一个全面发动宗教战争的王朝——东察合台汗王朝。公元1218年，蒙古铁骑征服西域，成吉思汗把这块土地分封给了次子察合台，察合台由此建立了蒙古四大汗国之一的察合台汗国。

成吉思汗为了保持被征服地区的社会稳定，实行宽容的宗教政策，允许蒙古人自由信教，允许各种宗教相生共处，对各教信徒基本上免除赋税和徭役。

察合台汗国于14世纪中叶分裂为东西两个汗国。公元1347年，东察合台汗国把流落民间的据说是成吉思汗七世孙的秃黑鲁·帖木儿扶上了汗位。

秃黑鲁在封汗之前已经皈依伊斯兰教，登上汗位后废除了祖宗成吉思汗制订的宗教政策。他利用国家力量，使用高压血腥的手段，强迫十六万帐（一帐一家）蒙古人剪掉长发，改宗伊斯兰教，并摧毁了东察合台汗国的全部佛教寺庙，抗拒者格杀勿论。他先后发动了对佛教国家龟兹、高昌和哈密的全面战争，西域的佛教信仰和文化逐渐被毁灭。

以上这三件历史事件在西域伊斯兰化的过程中都是标志性的事件，但是除了统治集团的血腥推动，民间对佛教信仰的主动背弃也是重要的因素。

连续多年的战争，给这一地区的社会经济造成了空前破坏，寺院和僧侣不思进取，僵化臃肿，腐败无能，实行人身依附的奴隶制度，大量占用社会资源，加重了人民的负担。佛教并没有给人们带来曾经期盼的结果。而伊斯兰教提倡"天下穆斯林皆兄弟"，实施允许奴隶赎身、反对高利贷、参加"圣战"的人可以获得战利品分配等政策，这些政策所应许的愿景和利益，似乎更能顺应当时社会的要求，得到底层民众的拥护，从而使得伊斯兰教的传播有了广泛的社会基础。

自公元9世纪以来，回鹘人、突厥人、粟特人等从西边和北面两个方向进入西域。蒙元开放的宗教态度也为伊斯兰教在西域的发展提供了机会，到了明代中期，明廷更是闭关绝供，关外七卫都不要了，完全放弃了西域，西域的社会形态被彻底改变。自公元10世纪初第一座清真寺在阿图什建立，到公元16世纪的六百年间，晨钟暮鼓逐渐被宣礼诵经所淹没，一弯新月升上了西域的天空。

西域的清真寺大多气势恢宏，在高大的宣礼塔下是清雅宁静的礼拜大堂，礼拜堂大殿正面的墙上有一凹壁，称作圣龛，它指出了麦加"天房"的方向。

相较于礼拜大殿的肃穆，寺前广场上则是一派生活的热闹。往来的人群为商业活动提供了机会，广场成了热闹的集市，置身其中就如同走进一个浓缩了当地生活习俗的博物馆，这里有传统手工打造的各种农具，有自家缝制的民族服装，有当地特产的瓜果，以及各种日常生活必需的小商品。最有特点的是书摊。总可以见到几位留着长胡须、缠着白布包头的老人，不厌其烦地为身旁的购书人指点迷津。

耶稣当年在耶路撒冷圣殿广场上看到的也是这种场面，面对宗教和世俗，他说出了那句经典："上帝的归上帝，凯撒的归凯撒。"

清真寺外的大市场

【多源一脉，中华一家

西域中道如一条游丝在天山与大漠的结合处穿行，天地太过辽阔，没有参照物的空旷让人感觉不出我们的汽车在移动，沿途景象因干燥而致的枯燥令人烦躁，昏睡一会睁眼再看，风依旧，景依旧。

终于，我们遇上了塔克拉玛干沙漠边缘难得的一场小雨，雨水慢慢滋润泥土，泥土慢慢呈出颜色，颜色慢慢聚成色块，色块慢慢连成色条，朦胧素雅，很像敦煌壁画的配色。

山的色条随着车的移动上下舞动，车开慢点，它就舞的柔媚些，车开快点，它就舞的激越些。雄伟的天山、坚硬的山石好像被缠绕上了许多条不同颜色的柔软丝绸。

> 满眼风波多闪烁，
>
> 看山恰似走来迎。
>
> 仔细看山山不动，是船行。
>
> ——《浣溪沙》五代·佚名

这就是丝绸之路上的视觉相对论。

"丝质天山"的好心情，很快就被压顶而至的沙尘暴埋没了。

滚滚尘沙，山行海立，从塔克拉玛干沙漠深处翻卷而来。尽管越野车的密封性很好，车里依然弥漫着细小的沙尘，呛得人喘不过气来。大家纷纷掏出手绢或毛巾，再顺手抄出一瓶矿泉水洇在上面，紧紧地捂住口鼻，随后马上嗅到了一丝甜香，脑子里瞬间跳出那句广告词"农夫山泉有点甜"，看看旁边的水瓶，还真是农夫山泉。都说真水无香，那是没被卷入沙尘暴，真水有着沁人肺腑的清香。

在浓密的沙尘中行驶，根本看不清道路，所有的车都哆哆嗦嗦地挪动，司机伸长了脖子，好像这样就能多看透几米的路。逆风蜗行，从阿图什到喀什50公里的路，走了将近四个小时，当我们终于穿过沙尘暴到达喀什市中心的人民广场时，终于出现了一方晴空。

落日的金光照亮了矗立在人民广场上的伟人塑像，伟人的帽子上落着几只和平鸽，不知刚才沙暴时它们躲在了什么地方，现在它们却站在塑像的最高处，历经浩劫，珍惜阳光。

喀什人民广场上的伟人塑像挥手遥指远方，这个姿态当年的含义是"领袖挥手我前进"，没有经历过那个时代的同行的年轻朋友却把它解释为"喀什人民欢迎您"。

巨大的雕塑不仅是曾经的时代标志，更是政治力量的象征。国内目前还有许多地方保留着那个时代的塑像，当年我上中学时，学校对面的国家部委机关的广场上就有一尊伟人塑像，并且至今依然保留着。有意思的是，我的中学母校门前立起了一座孔子塑像，塑像参照唐代吴道子的"孔子行教像"而造。隔着马路面对十数米高的昂首挥臂的"伟大导师"，一人多高的"至圣先师"在行揖手礼，似乎这两位影响中国的伟大人物在隔空致敬，一个骄傲，一个谦卑。

沙尘暴过后的第二天，阳光无比灿烂，我们再次来到喀什人民广场。在伟人塑像下，一个画着连眉的维吾尔族姑娘一边用手臂遮挡着刺目的阳光，一边享受着太阳的温暖。

历史上维吾尔族的先民无论是回鹘汗国还是喀喇汗王朝，始终认为自己是中国的属国。喀喇汗王朝的可汗号称和历朝中原汉族政权是亲密的"舅甥"关系，《宋史·回鹘传》记载"唐朝继以公主下嫁，故回鹘世称中朝为舅。"喀喇汗王朝可汗上书称中原王朝皇帝为"东方日出处田地主汉家阿舅大管家。"两个民族之间也多次相互支援，共同抗击敌人，唐朝曾帮助回鹘汗国打击突厥、镇压叛乱，回鹘（后改称回纥）也曾帮助唐朝平定安史之乱、远征高丽、大败吐蕃。

除了相互帮助打架，中原舅舅还额外奖励前来协助平定安史之乱的回纥外甥。唐回联军攻打洛阳时，唐肃宗曾允诺"克城之日，土地、士庶归唐，金帛、女子皆归回纥。"于是回纥骑兵攻入洛阳后大肆劫掠，"所到之处，比屋荡尽"。外甥帮助舅舅稳住了王座，舅舅把洛阳的百姓和财产当玩意儿赏给了外甥。

西域伊斯兰化时期也是维吾尔族形成的时期，"维吾尔"一词有"联合、同盟"的意思。维吾尔族是一个多源民族共同体，主要来源有：公元 8 世纪来自漠北高原的回鹘人、西域绿洲上的原住民塞人、13 世纪统治西域的蒙古人以及两汉以来移居这里的汉人、吐蕃人、契丹人、西夏人及其他少数族群，多个民族长期相处，繁衍发展，到 16 世纪初形成维吾尔族。

从漠北到西域，维吾尔的族名从赤狄、丁零、铁勒、高车、回鹘、回纥、畏兀儿、缠回、再到维吾尔一直在变，他们的信仰从萨满教、拜火教、佛教再到伊斯兰教一直也在变。在这变化的过程中回鹘文化与西域绿洲文化、突厥文化、波斯文化、阿拉伯文化、蒙古文化和中原文化不断碰撞、交流、融合，逐渐形成了一个血脉多源、文化多元的民族。

广场上，喀什歌舞团正在为群众表演新疆歌舞，演员们身穿新疆各个少数民族的服饰，穿哪个民族的服装就跳哪个民族的舞，甚是丰富。

根据资料，新疆共有 47 个民族成分，其中世居民族有 13 个。这些世居民族除维吾尔族外还有哈萨克族、塔吉克族、回族、柯尔克孜族、蒙古族、塔吉克族、锡伯族、满族、乌孜别克族、俄罗斯族、达斡尔族、塔塔尔族等，这些民族作为西域的世居族群，同样经过血缘混合、文化融合的复杂过程，最终成为中华民族大家庭中的一员，各族人民共同创造了丝绸之路的辉煌，共同成就了波澜壮阔的中国历史和灿烂多彩的中华文明。

从敦煌出玉门关，沿着西域中道向喀什，我断断续续走了十七年。

喀什是丝绸之路西域中道、西域南道和葱岭道的交汇点，在这里我要等一等从西域南道过来的另一个我，合体向葱岭。

喀什歌舞团在人民广场表演民族舞蹈

第六章　五星东方——西域南道

中国古代陆上丝绸之路自敦煌分道三路穿越西域，分别是西域北道、西域中道和西域南道，史称"西域三道"。

本章所述为西域南道，图中线路标为灰色。

西域南道出敦煌阳关，过三垄沙后，沿阿奇克谷地经库姆塔格沙漠，穿越罗布泊到达新疆若羌，再沿昆仑山北麓和塔克拉玛干沙漠南沿，经且末、民丰、和田、莎车到喀什，此道历史上也被称为"昆仑北道"。

送走阳关汉燧的落日，三垄沙雅丹在黑戈壁上朦胧隐现；穿越阿奇克谷地进入无人区，库姆塔格沙漠的风沙弥漫了前路，但我们还是勇敢地闯入了罗布荒原。

米兰古城长云不散，塔克拉玛干大漠无边；

车尔臣河流出昆仑玉，尼雅河无泪诉说昨天；

葡萄廊下美丽姑娘翩翩起舞，满洲湖上木卡姆音律回旋；

艾提尕尔的白鸽绕天使，诠释圣洁与平安；

达玛沟的小佛寺，于田县的库尔班；

玉龙河的羊脂玉，叶尔羌的阿曼尼莎汗；

香妃散发沙枣花香，班定远三十六骑西域长安；

喀什古城，记住六角砖的密码，

否则会迷失在《一千零一夜》的古巷间；

五星出东方利中国，三千里三千年……

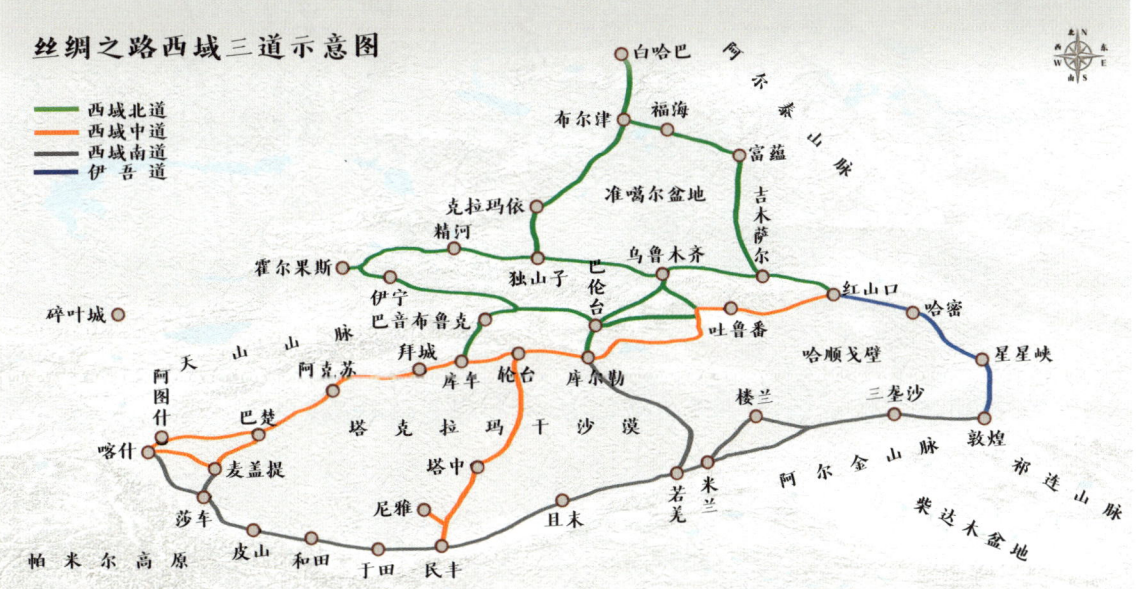

丝绸之路西域三道示意图

西域北道
西域中道
西域南道
伊吾道

西域南道（敦煌—若羌—和田—莎车—喀什）

西域南道出敦煌阳关，过三垄沙后，沿阿奇克谷地经库姆塔格沙漠，穿越罗布泊到达新疆若羌，再沿昆仑山北麓和塔克拉玛干沙漠南沿，经且末、民丰、和田、莎车到喀什，此道历史上也被称为"昆仑北道"。

【黄沙漠漠路漫漫

阳关三叠，一唱三叹：

一叹道艰：渭城朝雨浥轻尘，
遄行，遄行，长途越渡关津；
二叹离愁：劝君更尽一杯酒，
旨酒，旨酒，未饮心已先醇；
三叹思念：西出阳关无故人，
感怀，感怀，思君十二时辰。

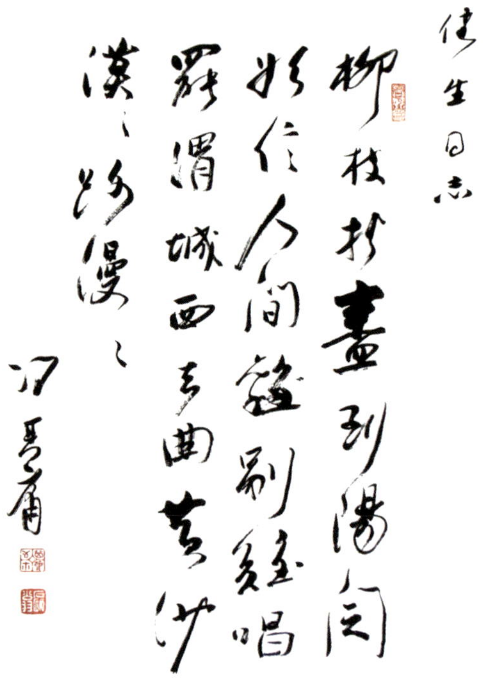

读唐朝王维的《渭城曲》以及依此诗谱写的《阳关三叠》曲词，心中悲切徘徊，甚至生出畏惧。西行人将走未走，送行人都抑郁成了这样，可想而知，当年上了这条道，基本上是生离死别。

阳关汉燧以西，脚下的大石头上刻着"阳关大道"四个大字。阳关大道多比喻为宽阔、光明之路。然目极穷尽，只见云压四漠，沙冷秋风，唯不见有道。王维又有诗："绝域阳关道，胡沙与塞尘。"

看着迷茫的前方，想起我的老领导、原中国艺术研究院副院长、著名红学家冯其庸先生赠我的一首诗：

柳枝折尽到阳关，始信人间离别难。
唱罢渭城西去曲，黄沙漠漠路漫漫。

冯老当年不顾年事高迈，沿着玄奘西天取经的路线实地考察，看到我的《西出阳关》摄影专题后，特抄录考察途中写的这首诗，奖掖后学。

阳关本意是位于玉门关之南的关隘，但当我看到落在汉燧后面的夕阳时，竟然会想到阳关应该是太阳西没的出离之关。

西出阳关，四野茫茫，开阔的戈壁没有参照物，难辨方向，当年GPS还未普及，我们完全按照传统的指北针向西直行。戈壁开阔但不平坦，不时要绕过凸起的沙丘和砾石堆，上下颠簸，如船行碎波之上，但无柔滑，却有坚硬。

西行150公里，进入了三垄沙，这里是甘肃、新疆两省区的分界。三垄沙是三条横亘于罗布泊东部的流动沙带，风起时，沙如游蛇，在风口中行走，细沙会沿小腿盘旋到膝盖。据冯其庸先生考证，唐代玄奘东归长安时走的就是这条路。

夕阳下的三垄沙雅丹迷蒙梦幻，大风吹去浮沙，留下了黑色的石子，因此这里也被称为"黑戈壁"。石子反射出点点耀斑，随风抖动，露出诡异。

出三垄沙进入阿奇克谷地，先前隐约可见的车辙痕迹都没有了，我们真正进入了罗布泊无人区。

阿奇克谷地是位于阿尔金山和罗布泊之间的一段低洼走廊，在谷地里间或会有地下水溢出地表，虽然还可以见到一些耐旱沙漠植物，但这里已是无人区。

穿过阿奇克谷地，进入库姆塔格沙漠。库姆塔格是维语"大沙山"的意思，我们基本上沿着沙漠的北缘行驶，并没有遇到难以逾越的大沙山。1980年，中国科学家彭加木就失踪在这片地区。

沙漠的表层有一层薄薄的沙壳，车轮驶过，沙壳即被碾碎，露出松软的沙子，所以沙漠行车只能跟着前车的烟尘走，而不能压到它的车辙，否则极易陷车。

走出松软的沙漠，又进入坚硬的罗布荒原，这里沉积的钾盐如大海一样广阔，翘起的钾盐壳边缘如钢刀般锋利，稍有不慎就会刺破轮胎。

历史上因为汉匈之间的争斗，西域中道时断时续，于是另寻通道，开辟了楼兰道。这段路自然环境十分恶劣，当时是两权相害取其轻的无奈。西域南道从阳关到罗布泊这段路也是丝绸之路楼兰道的东段。

在浩瀚的钾盐荒原中行驶了约三个小时后，我们终于走出了罗布泊，驶上了S235省道，这是哈密连接若羌的一条新路，路牌标明"哈密474公里 若羌240公里"。往若羌的240公里中，有130公里是砂石路，一路上我们没有遇见一辆车。走出砂石路就上了G315国道，平整但并不宽展的柏油公路上车来车往，汽车喇叭的噪音听起来似乎是一种又回到人间的提醒。在平顺中昏昏睡去，被推醒时已经到了若羌县城。

▋米兰，烟消云不散

相当于两个浙江省的面积里仅住着八万人，这就是若羌，中国国土面积最大的县。县域内有三个大沙漠（塔克拉玛干沙漠、库姆塔格沙漠和库木库里沙漠）和两个无人区（罗布泊无人区和阿尔金山无人区）。

若羌是西域南道上重要的十字路口，东通甘肃敦煌，南通青海茫崖，西通南疆喀什，北通东疆哈密和吐鲁番。

若羌是古代西域三十六国之一，曰"婼羌国"。婼羌是古羌族的一个部落，后来婼羌国被楼兰国征服。公元前77年，楼兰国又被西汉攻灭，改名鄯善国（现吐鲁番鄯善县和汉时鄯善国没有沿革关系），鄯善国的都城由楼兰城迁到了扜（yū）泥城（今若羌镇）。若羌在唐时称石城镇，清康熙年间改称婼羌县，1958年《汉字简化方案》实施后，将"婼羌"改为"若羌"。

我认识的第一个若羌人是小学一年级时的维吾尔族同学，那时他随父母刚刚调到北京，其父是一位优秀的维汉语言学者。《汉书》记载的婼羌国人口仅有1750人，两千多年后，根据2020年的人口统计，若羌全县人口80756人，其中维族占49%。据此推算，20世纪60年代，若羌人口也就三四万人，其中维族不足两万人。这么偏远的荒漠小县，这么少的人口基数，居然出了一位能调入北京的维族翻译家，真是了不起。这个同学刚到北京时听不懂汉语，幸好班里还有位维族女生，老师安排他们同桌，一堂语文，一堂算术，老师讲什么，女生都能为他翻成维语，文武兼备的现场同声传译，"我和我的小伙伴都被惊呆了（网络语）"。要知道，那一年这些孩子才刚刚七岁。两位维族同学的父亲都是维汉语言专家，这就是遗传天赋吧。

若羌有多处古代文化遗址，其中最著名的是米兰故城和楼兰故城。

距若羌县城以东80公里，米兰故城静卧在荒凉的戈壁之中。米兰故城是新疆保存较为完好的一处自两晋到隋唐不同时期的跨文化遗迹，公元9世纪后逐渐荒废。2001年，米兰遗址成为国家级文物保护单位。

这里是收费的文化旅游景点，但地处偏僻，如果不是专程过来，基本没有游客。我们到达这里时是下午五点半，大约相当于北京的三点半，然而收费站大门紧闭，看来这里经常无人值守。经过一番联系后，管理员终于来了，门票五元，可以开车进去，当然，这是2010年的价格。

进入大门后，上到一个大土坡，站在高坡上俯瞰米兰，戈壁上遍布星星点点的故城残迹，曾经的历史被封印在这片荒野之中。

一条长长的云带飘过荒原，残照之下，残城颓塔更显得沧桑辽远，千年米兰，烟消云不散。

西汉时，此地是西域鄯善国的伊循城，汉朝派兵到此屯田积谷，唐时此地为吐蕃所占。19世纪末，英国探险家斯坦因曾在此进行发掘，掠走了大批文物。20世纪50年代，这里发现了汉代完整的水利工程系统和埋在沙漠下的大片农田。1973年，米兰河古河道边发掘出了唐代吐蕃古戍堡遗迹，戍堡的东西两侧排列着众多佛塔和规模宏大的寺院遗址。中国古代东晋高僧法显在西去天竺的途中曾在这里礼佛讲经，他在《佛国记》中记述："其国丰乐，人民殷盛，尽皆奉法，以法乐相娱，僧众数万人，多学大乘。"唐朝高僧玄奘东归长安的路上也曾在此讲经，《大唐西域记》有"伽蓝百余所，徒五千余人，并习学大乘法教"的记载。

米兰的地标是建于公元3世纪的佛教遗址西大寺佛塔，这是中国现存最古老的佛塔，据说玄奘即在此处讲经。20世纪60年代，西大寺残塔还保留着相对完整的轮廓，后来因保护不善和自然侵蚀，20世纪70年代逐渐坍塌。将1906年斯坦因拍摄的的照片和我在2010年见到的场景比较来看，自然侵蚀的破坏性应该更大。

米兰出土了大量的佛教文化艺术品，时间可追溯至公元前1世纪。早期佛经及其他物品显示，当时米兰的佛教艺术风格与中亚及南亚的传统风格相似，被斯坦因发现并盗走的壁画《有翼天使像》具有古罗马艺术特征，正是这组壁画的发现令米兰为世界所知。

米兰故城遗址

古代西方的艺术形式初入西域时还保留着原有的形态，随着佛教东渐的过程而逐步演变，这种演变也是各种文化相互同化的结果。曾经留着两撇小胡子的印度佛陀演变为富态的法相；长着翅膀的天使演变为丝带飘舞的飞天；原为男身的观世音菩萨因其慈悲的神性而被赋予了女儿身；"观世音"的称呼在唐代为避唐太宗李世民的名讳，去掉了"世"字改称观音，在中国的皇权面前，外国神仙也得低头。

天黑了，在驶离米兰遗址前，我调转车头，将车灯射向古堡，暖色的光并没有给人带来温暖，却让这边关之夜显得愈发冷寂，可见冷色、暖色的心理感受是依环境和情绪而定的，没有什么感受是可以被规定的。

我们的身影被车灯的光柱投射到古堡土墙上，影子随着发动机的运转恍惚摇动，虚实不定。是人还是鬼？当然是人，听说鬼没有影子。

中国魔方

离开米兰，我们沿着昆仑山北麓和塔克拉玛干沙漠南沿西行，途经许多当年建立在一片片绿洲之上的城郭小国，如且末、精绝、于阗、莎车、皮山等，但沿路却很少能看到过去的城郭遗址，除了因为几千年风沙的剥蚀，更主要的原因是塔克拉玛干沙漠的扩张。

塔克拉玛干沙漠虽然是世界第十大沙漠，但是流沙面积却居世界第二。据统计，整个沙漠受西北和南北两个盛行风向的交叉影响，风沙活动十分频繁而剧烈，流动沙丘占 80% 以上。在大风的作用下，塔克拉玛干沙漠每年向东南移动约 40—50 米，两千多年来已累计移动了大约 100 公里，汉唐时期的绿洲古城如今已被厚厚的黄沙所掩埋，现在的 G315 国道实际上位于古丝路西域南道原始路线以南大约 100 公里处。

环塔铁路示意图

兰新铁路
南疆铁路
和若铁路
格库铁路

乌鲁木齐　哈密
吐鲁番
库车
库尔勒
阿克苏
阿图什　罗布泊镇　敦煌
喀什
塔克拉玛干沙漠
莎车　若羌
且末
和田　民丰　格尔木

几千年来，居住在这里的人们在同大漠风沙的搏斗中，顽强不屈，不断摸索固沙治沙的方法，屡败屡战，但还是难以改变沙进人退的局面。如此下去，现在沙漠边缘的城镇，多少年后也会遭遇古代绿洲城郭小国的悲惨命运。在这里，没有什么人与自然的和谐相处，只有被逼无奈、向死而生的生命决绝。行驶在沙漠边缘的公路上，不由得你不去关注这残酷的现实。

多年前我走在这条路上，曾被蔽日的沙尘暴呛得喘不过气来，如今再次来到这里，只见路两旁固沙的草方格一直排列到很远的沙漠深处，有些地方已经生出了小草，再过几年，这里必会生出茂密的植物。我有这种期待，是因为曾在宁夏和甘肃见过沙漠地带草方格铺出的芳草碧连天。

草方格治沙技术是中国人发明的，其学名叫"麦草方格沙障"。如今中国华北、西北途经沙漠的主要交通干线的两边，都可以看到大片的草方格，路有多长，草方格就有多远，这种技术已在全世界得到推广，被誉为"中国魔方"。

在到达若羌的前两天，我曾看到一则消息：和田至若羌铁路完成铺轨。于是我记在心里，要亲眼看一看这个伟大的工程，这意味着中国最大的沙漠已被铁路所环绕。

塔克拉玛干沙漠又起风了，一缕缕黄沙像一条条小蛇，在强风的推动下恣意扭动在黑色的柏油路上。距 G315 国道 1625 公里的里程碑不远，一座铁路大桥凌空飞越，这是座"过沙桥"。和若铁路建在风沙特别严重的地段，为减少风沙对线路和列车运行的影响，设计者们以桥代路，让风沙从桥下穿过，像这样的过沙桥全线累计长度达 50 公里，而更大的工程是铁路沿线多达 5000 万平方米的草方格和近 1300 万株固沙植物。

回京八个月后有报道称：全长 825 公里的和若铁路正式开通运营，与现有格库铁路、南疆铁路共同构成一条 2712 公里"环抱"塔克拉玛干沙漠的环形铁路。

大漠的尘还在随风翻舞，大漠的沙是否已有所收敛？

▌车尔臣的石头

且末县，汉时西域三十六国之且末国，唐时称播仙镇，难道此地能种出神仙吗？

车尔臣河边的一个碎砖堆砌的小卡车看上去倒是确实挺神的，这辆车隐没在一个小路口的树丛中，小路通往河边的砂石料场，似乎是个玩笑之作，但却如此传神，我愿意把它称为"雕塑"，用料粗糙而比例精确、绝不输某些"大师"的作品。

自古以来，且末绿洲就与车尔臣河共命运，车尔臣河始终在同塔克拉玛干沙漠较量着，无奈一条河流怎能抵抗得了巨大沙漠的冲击？流沙堵塞了河道，车尔臣河在历史上曾三次被逼改道，闻名西域的且末古城也两度被风沙吞噬。

日落车尔臣河

混沌的落日悬在支离的河道上，今天的长河落日虽然开阔但是并不壮观，倒显得有些落魄失魂。一段朽木耽在河滩上，想离开这里，要等到来年昆仑山春夏融雪洪水的到来。

昆仑洪水带走了木头，也带来了石头。且末有玉都之称，且末机场就叫玉都机场，城里还有几处大型玉石商贸城。

导航系统在一些相对偏远的地区不能及时更新，导航所示的玉石市场，往往是曾经的所在，有的倒闭，有的搬家。于是停车打听，一位卖水果的维族老妇听了半天也没明白我在说什么，她招手叫来不远处的小孙女，小姑娘十岁左右，讲得一口流利的标准普通话。

"您要去哪儿？"她会说"您"和带着儿音的"哪儿"。

"你的普通话讲得真好。"

"我是学校的广播员。"难怪。

"我们想去最大的玉石市场。"

"玉石？"她愣了一下："就是买石头的地方吧？"她竟然把中原人当作宝贝的东西叫石头。

"你知道火狐狸吗？石头就在那后面。"她用手为我指出了方向。

火狐狸一定是当地的著名地标，小女孩觉得地球人都应该知道。

谢过小姑娘，走不多远，终于在一排商铺中看到了"火狐狸服装店"，这家店的门脸并不比别家大，于是更觉得小姑娘天真可爱了。

火狐狸服装店后面的玉石市场冷冷清清，院里的露天柜台上摆满了石头，地上摆着更大块的石头，有的地方露出玉化的内容。玉石老板倚在躺椅上，他只是瞥了我们一眼，就知道这几个人对于他毫无价值。

旁边摊上的维族女老板走过来向我们推销她的石头，她托着一块浅酱色的石头说："大哥，你看这像不像一只烧鸡？可以上供用。"那石头还真像一只烧鸡，尤其是为了卖相还抹了一层油，秀色可餐。

多年前我在桂林买过一块"五花肉"石头，卖"肉"的壮族小贩告诉我，台湾人都买回去上供用。这不是糊弄神仙吗？但我还是买了下来，回去后挂在厨房里，看上去像一块腊肉。眼前的"烧鸡"就算了，八千元，吃不起。从广西到新疆，各族小贩都是这种套路，看来很多游客吃这一套。

半夜里酒店的玻璃窗咣咣乱响，塔克拉玛干沙漠又起风了。透过窗户可以看到，大街上黄沙弥漫，路灯在狂风中摇摆，不时有车打着双闪由黄尘中驶来，然后又消失在弥漫的黄尘中。

涟漪延荡

缺啥想啥，民丰之名一定是贫瘠之地的百姓祈望"物阜民丰"愿景的表达，但要改变这里糟糕的自然环境和贫穷落后的状态，唯有自立自强，于是"自力更生，艰苦奋斗"的信条被刻写在民丰县城中心的"语录塔"上。

我曾到过民丰三次，对于这座小城印象最深的就是这座"语录塔"。所谓语录塔就是写着毛主席语录的一个方形水泥柱子，这让我想起了古代埃及的方尖碑，两者都具有历史标志意义。

语录塔建于 1964 年，这可能是目前全国县级以上城市仅存的那个时期的建筑了，当地有关部门能够客观地对待历史遗存，也是需要一些智慧和魄力的。

语录塔共有四面，两面汉文、两面新维文。所谓"新维文"是指以拉丁字母为基础的维吾尔文。

历史上维吾尔族曾使用过突厥文、回鹘文和用阿拉伯字母拼写的察合台文等。现行的维吾尔文是在晚期察合台文的基础上改造而成的，被称作"老维文"。20 世纪 60 年代，曾对老维文进行文字改革，创制了一套拉丁化的新维文，但因其科学性和普及度不够，1982 年又恢复使用老维文，而新维文则只作为一种拼音符号予以保留。据说随着信息技术的普及，年轻的大学生和海外的维吾尔人愿意使用新维文，重新使用新维文的呼声日益高涨。

这个塔上四面环绕的"三面红旗""葵花向阳"等图案，其象征意义对于经历过"十年浩劫"的人们都能看懂。

塔上的"自力更生，艰苦奋斗"对应了当年这里的艰苦生活状态，另一面是"领导我们事业的核心力量是中国共产党，指导我们思想的理论基础是马克思列宁主义。"这是当年天天必念的"金句"，每天上学的第一件事就是班长带领全班同学念这段话。"请打开《毛主席语录》第一页第一段，毛主席教导我们说……"，于是大家开始齐声念诵。烂熟于心的这段话，其实不用打开书也能背，但为了表示敬仰，手捧宝书，高声朗诵是必须的"礼数"。

对比三次来此的街市状态，这个城市的变化还是很大的，唯独"语录塔"在以不变应万变。

丝绸之路上类似语录塔的各个历史时期的文化痕迹能够保留，得益于当地政府的文物保护意识和所处位置的偏远以及经济发展的迟缓，就如水面上的涟漪，中心都已平静，边缘仍在延荡……

民丰县地标——语录塔

【五星出东方利中国

我看的第一本盗墓题材的小说是《鬼吹灯—精绝古国》，当时看得我心惊肉跳，真差点儿"惊厥"了。

古代西域三十六国之一的精绝国位于民丰县境内，《鬼吹灯—精绝古国》就是借用了它的名字，当然也只是借用一下名字而已，其他内容都是作者杜撰的，"精绝"二字也确实容易使人胡思乱想。

"五星出东方利中国"织锦护膊（资料图）

距今近两千年的尼雅遗址是古精绝国的故城遗址，如今位于塔克拉玛干沙漠深处，已被流动的沙漠所掩埋。

史籍中记载的西域绿洲城郭国家的领土面积和人口数量差距悬殊，有些小国不过只是个居民点而已，因为幸运地占据了一片绿洲或草场，所以会被当作一个国家来对待。如果某个小国所处的位置很重要，那就意味着经常会有大棒和胡萝卜来袭。

精绝国就是这样一个处于重要位置的小国，据《汉书·西域传》记载，精绝国人口是3360人，其中具有作战能力的男子500人，在古代战争中动辄号称数万甚至数十万的大军面前，这区区500业余军人根本不堪一击。好在周边的其他城郭小国大多都是这种规模，他们之间的战争也就是村与村之间的械斗而已。

西域南道穿行于塔克拉玛干沙漠的边缘，作为一个重要补给站的精绝绿洲上的尼雅城，距东西两个方向的下一个补给点都有100公里左右的沙漠路途，以最耐干渴的骆驼代步，也需五六天。所以没有精绝绿洲的补给，西域南道是很难正常通行的，因此它成为企图控制丝路交通的地缘大国的争夺要地。西汉打通丝绸之路后在精绝投入的精力，从近代出土的文物、文献中可见一斑。

在尼雅出土的文物中，有一件织锦护膊尤为出名。这件织锦出土于1995年10月，当时考察队在尼雅遗址上发掘一座两人合葬墓，织锦护膊就绑在其中一人的右臂上。在鲜艳的织锦纹饰中，最显眼的就是"五星出东方利中国"八个大字。

考察队在这个墓葬中还发现了另外一块织锦，上面写着"讨南羌"，这两块织锦残片属同一织物，织文应该连读为"五星出东方利中国讨南羌"。

公元前 61 年（西汉神爵元年），汉宣帝派兵平定河西四郡以南的羌人叛乱。军队出征前，宣帝赐书："今五星出东方，中国大利，蛮夷大败。"汉军果然大胜，此件织锦很可能就是为了祝祈讨羌胜利而织造的。

织锦上的"中国"是指中原西汉王朝所统治的疆域，"五星"指金木水火土五颗行星。古人认为，五星齐聚中国的东方，是一个非常吉祥的天相。

派兵平定羌人叛乱第二年（公元前 60 年），西汉在龟兹轮台设立西域都护府，由此可见那段时间正是西汉王朝统一西域的时期，因此在尼雅城发现这片织锦顺理成章。

一张带有原始迷信色彩的皇帝赐书，反映出古人对于自然力量的崇敬和迷信。而"五星出东方"的天象在中国历史上屡屡出现，"利中国"的预言也不断应验，如少康中兴夏朝、武王伐纣建周、西汉文景之治、大唐开元盛世等时期，都出现过五星齐聚东方的吉祥天象。

据科学推算，2040 年 9 月，将再次出现五星聚东方的天文奇观，唯愿成真，中国大利！

为了探访尼雅遗址，我查了查网上的信息，遗憾地发现遗址现已不对外开放。但是我心不甘，于是决定深入塔克拉玛干沙漠腹地，走到哪儿算哪儿。

自民丰出发，沿沙漠公路向北行约 75 公里，见到标有"尼雅遗址"的路牌指向左边的一条沙漠小路，再行 15 公里，有一座仿胡杨树造型的水泥大门，上有"精绝古城"四个篆体大字。进入大门不远是一个小村，村口有人把守，见我们过来，摆手示意停车。我下车询问，心存侥幸。

这里是民丰县尼雅乡喀帕克阿斯干村，原来叫红旗大队，所以现在也被称为红旗村。值守的保安是个中年维族男人，中等身材，皮肤微黑，名叫麦提托合提。

麦提托合提的普通话说得很好。在少数民族地区，一般能说好普通话的人不是在外上过学，就是当过兵，有了这番经历，回到家乡是可以当干部的。

我问："您是村长吧？"他笑了笑。

尼雅河发源自昆仑山北麓，在流淌了 210 公里后，到了这里便彻底干涸了，曾经"泽地湿热，难以履涉，芦苇茂密，无复途径"的尼雅绿洲也早已遍地黄沙。为了解决当地人的生活困难，近些年，地方政府把这个村整体搬迁到了沙漠以外，只留了几个精壮男人轮流在此守护。因为老房子还在，时不时会有村民回来看看，毕竟是祖居之地，精绝后人故土难离。

我问了问去尼雅遗址的可能性，麦村长语气诚恳地晓以利害：今天是十一国庆节，整个村子只有我一个人在值班。这里距尼雅遗址还有四十多公里，路况特别糟糕，即使是硬派越野车往返也要六个多小时，外人进去如果出了意外，那边没有手机信号，根本无法救援。

他没有以"上级规定"等官方理由来推挡，而是为了保证你的安全，这种善解人意的态度更像还是更不像"村长"了呢？

尼雅遗址肯定去不成了，作为对远方客人的安慰，他破例带着我们进村来到一条几近干涸的水沟边。沟底尚存断续的几个水洼，龟裂的河道说明这里很久没有下过雨了，两边的胡杨还算葱茏，这等顽强，似乎也是最后的挣扎。

麦村长指着水沟说："这就是尼雅河。"然后似乎有所亏欠地笑了笑。

这就是尼雅河，但这不是您的错。

【库尔班大叔您去哪？

"毛主席呀毛主席，日夜都在想念你，我要勤生产多卖力，把那盘缠来攒起。今天晚上我就要骑着毛驴去看你，普天下的人民都爱你，萨拉姆毛主席（萨拉姆，维语：祝福）。"这是20世纪60年代"西部歌王"王洛宾写的一首歌《萨拉姆毛主席》，歌词内容是根据一位朴实的维族农民库尔班·吐鲁木的真实故事创作的。

库尔班·吐鲁木是一位贫苦农民，1883年出生在新疆于田县，年轻时遭受封建地主的剥削凌辱，1949年新疆和平解放后，他分到了土地、房子和一头驴，从此过上了幸福的生活（美好的故事都是这么结尾的）。

库尔班大叔的孙子站在纪念室的浮雕像前

忆苦思甜，饮水思源，情感朴素的库尔班大叔决定要骑着毛驴去北京看望毛主席。1956年秋天，他带上精心准备的杏干、桃干、哈密瓜等礼物，穿上节日新装，骑着毛驴踏上了去北京的路途，当时的于田县领导听说后，马上赶过去把他劝了回来。

两年后，在自治区政府的安排下，库尔班乘汽车转火车来到了北京。他终于见到了毛主席。据传，毛主席问他有什么困难，他说："我想穿条绒裤。"第二天，毛主席派人向库尔班赠送了十米条绒布。

当年《人民日报》刊登的长篇通讯《库尔班·吐鲁木见到了毛主席》，使这位维吾尔大叔名满全国。库尔班心怀感激，满怀热情，凭着一份质朴，一份执着感动了中国。这篇文章还被编入了全国小学语文课本，我上小学时也读过。

1975 年 5 月，库尔班大叔去世，享年 92 岁，也是高寿了。2003 年，于田县在他的家乡托格日尕孜村建立了"库尔班·吐鲁木纪念室"。当年我曾来到这间小小的纪念室，土墙围起的小院和村里的其他院落没有什么区别，展厅不大，展品也很简单，大多是各个媒体的有关报道和库尔班大叔生前的生活用品。展室墙上有一幅用白色泡沫材料制作的库尔班和毛主席握手的浮雕，浮雕下站着一个三四岁的小男孩，他好奇地忽闪着大眼睛，看着前来参观的人，这是库尔班大叔的孙子，从年龄看，他应该没有见过他的爷爷。

2021 年再经此地，从车窗里遥望了一眼，当年土墙围起来的纪念室已经扩建成为一座高大的、有个大广场的大型纪念馆了。

于田县与和田市的中心广场，都叫作"团结广场"，两个广场上都矗立着毛主席接见库尔班大叔的巨大雕塑，和田的雕塑是金色的，于田的雕塑是白色的。

【和田三宝

和田古称于阗，也是古代西域三十六国之一，最强盛时疆域包括今日的和田、于田、皮山、墨玉、洛浦、策勒、民丰等地，基本等于现在的和田地区。

于阗在西域诸国中比较特殊，这里的人"貌不甚胡，颇类华夏"，也就是说长得像中原人。唐朝经营西域时，因其重要的地理位置，安西都护府在此设立于阗军镇，为安西四镇之一。大量唐军的进驻，让于阗开始了漫长的汉化过程。于阗国仰慕唐朝，甚至有两位国王把祖宗

国营地毯厂的编织女工

传下来的姓氏"尉迟"都改了，依照唐朝的皇姓，一个叫李圣天，一个叫李从德，感觉和李唐皇家一脉相承。安史之乱时，于阗国王尉迟胜率军为李唐王朝作战，最后死在了长安。

于阗国祚长达 1238 年，是中国历史上寿命最长的西域国家。公元 10 世纪初，已经伊斯兰化的喀喇汗王朝对信奉佛教的于阗国发动"圣战"，打了四十年的宗教战争，于阗灭国，改宗伊斯兰。

据玄奘《大唐西域记》记载："瞿萨旦那国（于阗国）……出氍毹（qú shū）细毡，工纺绩絁紬（shī chōu），又产白玉、黳（yī）玉。"他说的就是闻名于世的和田三大特产：地毯、丝绸和黑白玉石。

在和田市郊的一个小镇，我们参观了一个国营地毯厂和几个家庭小作坊，两者虽然体制、规模不同，但都在使用传统手工技法编织地毯。国营工厂生产的都是高档地毯，工艺考究，图案精美，当然价格也很高。家庭作坊的地毯主要在集贸市场自销，消费对象是普通百姓，品质相对粗糙，但价格亲民。

在一间临街的作坊里，几个年龄不同的孩子正在编制地毯，仔细观察，主要是大孩子在织毯并负责看管小孩子，小孩子一边玩一边递一些辅料和工具，相互配合得很默契。手艺的传承从孩子做起，首先是生活的需要，无形中却起到了技艺传授、文化传承的作用。

和田地毯使用的羊毛出自当地啃食碱草的羊，这种羊毛含碱量大，虫不蛀，并且有韧性，即使重物压在地毯上，搬开后，倒伏的羊毛还会恢复原状。和田地毯的另一个特点是具有浓郁西域特色的花纹图案。

《千字文》有"金生丽水，玉出昆冈"的句子，丽水指金沙江，昆冈即指和田南面的昆仑山和喀喇昆仑山两条大山脉。

和田玉有白玉、墨玉之分，白玉出自发源于昆仑山的玉龙喀什河（玉龙意为白色，喀什意为玉石，俗称白玉河），墨玉出自喀喇昆仑山发源的喀喇喀什河（喀喇意为"黑色"，俗称墨玉河）。和田玉中的极品是出自玉龙喀什河的温润莹透、色若羊尾油的白玉，也叫羊脂玉。

和田市玉雕厂的展柜里摆放着精心雕琢

和田玉雕《佳人对月》

的玉石工艺品。玉不琢，不成器，一块块璞玉在巧手师傅的手中，被琢磨得意境深远，赋予了浓厚的文化含义。

一件大约 20 厘米高的和田玉雕在展厅中分外抢眼，我隔着玻璃展柜端详，透过窗外的自然光可以看到，这件玉雕显得格外润透。作品名为《佳人对月》。明月悬镜，亭台嵯峨，山石嶙峋，古松盘虬，佳人对月、欲说还休。玉料似透非透的特性，托出悠远宁谧的意境。羊脂玉呈现出的月色朦胧的温润质感和缥缈无际的深情思念的主题很搭。

又见到一件小器，白玉和墨玉各占一半，作者巧妙地雕出一对正在争抢食物的小鹅，虽雕工一般，但黑白合体的玉料却融合了各自的特点，正如这两条黑白各异的玉石河。两条河在下游竟然汇成了一条河，称作"和田河"。大自然是如此神奇，既黑白分明，一分为二，又你中有我，合二为一，如此一想，就觉得这两只小鹅不是在争食而是在让食了。

2004 年，我在和田期间，听说有兄弟二人从玉龙喀什河中挖出一块约 1 米高的大玉石，和田地区许多年没有挖出过这么大块而且质地纯正的白玉了。当地政府接待人员主动帮我们找到了兄弟俩，原本约好去他们家看看，半路上突然接到电话说，为了安全起见，昨晚这块大玉已经转移了地方，让我们去新地方。好神秘呀，这下更激起了我们的兴趣。

到了地方，主人掀开包裹着的黑布，露出了原石，石头油汪汪的，我摸了摸，主人看我疑惑，马上解释"油没有"，意思是没有涂油。

哥俩之所以能让我们看，一是相信政府介绍的人是安全的，二是担心夜长梦多，急于出手。这块玉石要价八百万元，他们把北京来的人都当成大款了，别说八百万，就是八十万，当年的这几个媒体人砸锅卖铁也凑不出来呀！后来听说这块玉石被一位港商以两千万元的价格买走了。

这块玉石乘着昆仑山融化的雪水而来，在河水的冲击浸润下，经过了不知多少碰撞，历过了不知多少磨难。在人类出现之前，在丝绸之路开创之前，它就静卧水中，艰难困苦，玉汝于成。天精地血，日月光华，成就了如此完整、完美的温润。在上面哪怕只雕琢一刀，都是对它的极大亵渎，在大自然造物面前，人类文化显得矫揉造作。

玉龙喀什河宽阔的河道里可以看到不少人在翻捡石头，到此寻玉是每一个来和田的游人的必选动作。远处还有人雇了几台大型挖掘机正在把河道翻个底朝天。

昆仑山春夏的融雪每年都会将大量的山石冲入白玉河，经过千万年的水润，会有极少的石头形成独特的羊脂白玉。几千年来，每到秋冬枯水季节，就有很多人带着幸福的憧憬，来到这条河里采集梦想，年年采，年年有，白玉不绝，梦想不灭。

作为西域南道重镇的和田还有一种特产，这就是丝绸。古代中国垄断了养蚕和丝织技术，并作为国家机密严禁外传。古罗马人认为蚕丝长在树上，他们管中国叫赛里斯（Seres 丝绸的意思）。

通过表演项目重现于阗古国的传统缫丝和纺纱技术

被中国垄断的丝绸始终是西方商人心中的一块痛，当他们了解到丝绸是一种虫子吃了一种树叶后，吐出的分泌物制成的时候，几乎惊掉了下巴，于是怎样搞到蚕种和桑种，让他们伤透了脑筋。

玄奘法师将在于阗国听到的一段传说记录在《大唐西域记》里。于阗原无蚕桑，国王遣使者到东国求要蚕桑种子，但被东国君主回绝，并严令禁止蚕桑种苗出关。于阗国王谦恭备礼与东国君主求亲，君主答应了这门亲事。于阗国王派使迎亲时，密告东国公主，出嫁时将蚕桑种苗藏在帽子里。到了边关过安检时，守将不敢让公主摘下帽子，就这样，桑苗和蚕种被带入了于阗。玄奘大师记录的也只是听来的传闻，但关于蚕种的传播，《新唐书·列传》中也有类似记载。玄奘在于阗所看到丝绸业已经很发达了，所以被他列为三大特产之一。

在和田，我也见到了传统的丝绸工坊，缫丝、纺纱、印染、织布等工序齐全，但如今当地制作的不是中原地区传统的丝绸，而是极富维吾尔民族特色的艾德莱丝绸。艾德莱丝绸色彩绚丽，图案精美，具有浓郁的西域风格。有人说这类图案是古代维吾尔人信奉萨满教崇拜树神、水神的宗教意识的反映，也有人说它来自巴旦木纹、梳子纹以及民族乐器的变形纹样。

公元 10 世纪，于阗国王带着大批和田生产的"胡锦"到中原进行商贸交易，据说还十分抢手。

和田有多个夜市，打听了一圈，最有名的就叫"和田夜市"。我们开车来到市中心的一座商厦，转了好几圈也找不到停车位，可见来逛夜市的人很多。

和田夜市在南疆夜市中是很有名气的，那里每晚都有和田地区专业表演团队的演出，宾客们一边品尝和田以及各地的美食，一边欣赏歌舞表演。

乘扶梯直上二层，宽敞的大厅里灌满了欢快的音乐，舞台的大屏幕上，天安门前各族人民欢聚一堂，库尔班大叔也在。

大厅四周是各式食摊，热气蒸腾，香味扑鼻。找座是件困难的事儿，等了一会儿，我们终于入座，这才敢去各摊找食儿。

各种南疆特色的小吃这里都有，饥肠辘辘的我没有心情尝试不认识的食物，于是要了一个缸子肉和一大块刚出锅的酱牛肉。一般缸子肉里炖的是羊肉，这回却是半只鸽子，这是缸子肉的 2.0 版吧。

新疆人迷信鸽子的保健作用，就像内地有的地方迷信海参、有的地方迷信大枣、有的地方迷信各种杂草一样，而且他们都把这些食材比作人参。

为了维持夜市秩序，管理部门很贴心地安排了两位美丽的女民警值班，一位是汉族，一位是维族，无论当地人还是外来游客，都可以用各自的语言从她们那里得到帮助。

台上莺歌燕舞，台下饕餮垂涎，和田之夜，声光色味里充满和谐与香甜。

夜市里的表演，相对比较专业，但要感受传统于阗乐舞的独特魅力，最好的地方在民间。

和田地区是个盛产葡萄的地方，这里有些乡村道路都棚覆着高大的葡萄架。

万方乐奏有于阗

我们来到一处葡萄园，园主让小儿子赶着驴车接来一群年轻漂亮的维族姑娘，这些姑娘虽然穿着统一的服装，但一旦跳起舞来却各自发挥，得意、自由、尽兴而为，引得客人也情不自禁地伸胳膊伸腿跟着动起来。

绿色的葡萄长廊，粉色的维族姑娘、春风荡漾、秋水伊人。

1950 年 10 月 3 日，中央人民政府在中南海怀仁堂举行隆重的国庆庆典，各地进京的少数民族文工团表演了献礼的歌舞节目，毛主席与柳亚子先生同席观看。柳亚子即兴赋《浣溪沙》一首赠予毛主席，次日毛主席步韵和了这首词，其中有两句成为了 20 世纪六七十年代的名句，一句是"一唱雄鸡天下白"，多用于新旧对比、忆苦思甜时"思甜"的开场。而后一句"万方乐奏有于阗"成了于田县、和田市、新疆维吾尔自治区的文艺标签，甚至成为全国各地举办文艺活动的专用词，无论有没有新疆歌舞节目，舞台上方必悬"万方乐奏有于阗"的大型条幅。

"佛"出于阗

维吾尔语、突厥语和汉语等语言都无法准确解释"达玛沟"的含义，有学者认为"Dama"可能来自古梵文"Tarma"，意为"佛法"，达玛沟即佛法沟。我以为如果译作"达摩沟"可能更通达些，"达摩"是觉悟佛法的意思。

达玛沟佛教文化遗址位于和田市策勒县达玛乡。

在达玛沟周边约 100 公里的范围内，分布着 20 多处汉唐时期的聚落建筑和佛寺遗址，这些佛寺大多建于公元 6 世纪至 8 世纪。

达玛沟佛教文化遗址中最著名的文物是"托普鲁克墩 1 号佛寺"，一般称作"小佛寺"。小佛寺南北长 2 米，东西宽 1.7 米，面积仅有 3.4 平方米，差不多就是一张双人床大小。佛寺虽小，文化意义却很大，这是一座目前所发现的全世界中古时期最小的佛寺，被国家文物局列为"2002 年中国重要考古发现"之一。

为了保护小佛寺，有关部门专门在其遗址上建了一座博物馆，佛寺端置其中，从此阻断了千年以来的风雨侵蚀。馆长亲自带我们参观，因为这个博物馆除了附近村里雇来的保安，只有两名工作人员，其中一位还到北京进修去了。馆长是策勒县文物局派来的干部，维族，新疆大学历史系毕业，在这里已经干了七八年，家住县里，每月回去一次。为了研究、守护这处文化遗产，孤独寂寞，安之若素，平凡而高尚，让人不由得心生敬意。

馆长从一大串钥匙中终于找到了展厅的那一把，他说，这里比较偏僻，平常来的人不多，但这座全世界最小的佛寺非常值得一看。他自豪地指着馆内的小佛寺：你看，这座大约一千五百多年前的佛寺保存得多么完整，雕塑精湛，佛堂典雅，达

策勒县达玛沟，世界最小的佛寺

到令人叹为观止的境界。别看这个佛寺面积不足四平方米，但它作为当时某个官吏或富商的家庙沿用了四百多年，由此可以想见当年佛教在西域的繁盛境况。

小佛寺中的佛像坐北面南，结跏趺坐，身形浑圆，衣纹飘逸，表现出典型的古印度犍陀罗雕塑艺术特征。

馆长尤其自豪地说："汉字'佛'的翻译就源自古代于阗语。"在此之前，我一直以为应该源自印度语的 Buddha（浮屠）的转音，听他这么解释，我当时认为这种自信源于他对家乡的感情，所以当时也没好意思多问。

关于"佛"的翻译最早的出处，遍查资料，终于看到季羡林先生于 1989 年发表的《再谈"浮屠"与"佛"》一文："1947 年，我写过一篇文章《浮屠与佛》，主要是论证中国最古佛典翻译中的'佛'字，不是直接从梵文 Buddha，而是间接通过吐火罗文（焉耆文）的 put 和（龟兹文）的 pud 翻译过来的。"根据季羡林先生的考证，佛教首先是从印度传入中亚再传到西域各国，然后传到中原。首先接触到印度佛教的西域于阗地区，有了"佛"音源出的历史理由。

从 1947 年到 1989 年，季老始终在寻找论据，以检验他对汉字"佛"译音出处的论点，这种严谨的治学精神令人钦佩。

这个翻译非常重要，正如季老所说："一个字的音译，看来是小事一端，无关宏旨，实则与佛教传入中国的途径和时间有关，不可等闲视之。"原来馆长的自信是有权威理论支撑的。

博物馆中还陈列了一些壁画的残片，其中一幅舞蹈人物，高鼻深目，表情虔诚，赤身裸体，身姿婀娜，上半身为女像，下半身为男形，这种阴阳合体的造型风格也是古代印度所特有的。这幅残画绝对是佛教壁画艺术初入西域时的直接表现，这些展品有助于了解西域佛教艺术和中亚、中原相互交流的密切关系。这一过程长达千年，在敦煌、在麦积山、在大同云冈、在洛阳龙门，我们都可以看到佛教艺术演进的轨迹。

公元前一世纪中叶或更早的时候，佛教自印度西北传到中亚，被翻译成中亚地区的吐火罗文，Buddha 译为了 put 和 pud，然后传入西域，首先传入于阗，再循丝路西域南道和西域中道相继传播到且末、若羌、莎车、叶城、疏勒、阿克苏、库车、焉耆、吐鲁番、哈密等塔里木盆地周围各绿洲城郭国家，然后又穿越戈壁，传入河西走廊，进入中原。

佛教传入西域之前，塔里木盆地周边的各个小国宗教信仰多样，有拜火教、摩尼教、萨满教等原始形态的宗教，佛教传入后，人们把希望寄托于佛教所宣扬的慈悲、转世、平等的理想，各个阶层都对佛教表示出极大的热情，使之迅速取代其他原始宗教而兴起。可以说，佛教的传入对于这一地区摆脱愚昧、走向文明起到了积极的作用。

公元 4 至 5 世纪，佛教在西域逐渐进入鼎盛阶段，于阗成为佛教文化的中心。玄奘于公元 643 年自印度回国，在于阗上书唐太宗，请求赦免其擅自出境之罪，允许他回到长安。在等待回信的一年多时间里，玄奘在于阗做了深入考察。当时的于阗佛寺、佛塔遍布城乡，这些寺塔规模宏大，装饰精美，富丽堂皇。僧侣队伍庞大，少则数百，多则数万。"行像"（佛像游行）斋会等佛事活动频繁，规模盛大，几乎是举国参加。

公元 5 世纪后期至 7 世纪初，西域地区不断受到外族袭扰，各地割据政权之间的兼并战争也接连发生，不断扩大的寺院、频繁举行的佛事活动以及寄生僧侣人群的无限增加，都成为沉重的社会经济负担，以至于西域的佛教国家几乎养不起一支像样的军队。在这种日益恶劣的政治、经济条件下，人们从对佛教的信仰中没有得到生活的改善，也没有得到精神的慰藉，逐渐失去了信仰的热情。

到了公元 10 世纪，东喀喇汗工国将伊斯兰教立为国教，并发动以"圣战"为名的宗教战争，陆续消灭了于阗、龟兹、吐鲁番、哈密等塔里木盆地周边的佛教国家，佛教在西域开始衰落。

于阗在东喀喇汗王朝的统治下，语言和人种逐渐突厥化，信仰皈依了伊斯兰教。达玛沟佛教遗址的兴衰过程也正反映了那段时期的历史进程。

【 "满洲湖"上的木卡姆

莎车是西域古代三十六国之一。"莎车"一词的语源和含义尚无定论，它对应的突厥语名字是"叶尔羌"，这一地名应该是因临叶尔羌河而得名。

昆仑山融化的雪水汇集成叶尔羌河，河水流出峡谷后，在冲积扇上形成开阔的绿洲，叶尔羌意即宽广之地。

叶尔羌汗国建于16世纪初（明朝中晚期），鼎盛时期的疆域包括吐鲁番、哈密和整个塔里木盆地。首府在叶尔羌城（今莎车）。

阿曼尼莎汗纪念陵

史学界通常认为，叶尔羌汗国是东察合台汗国的延续，所以在历史上常被一笔带过。在这一笔带过的含糊中，却有一段格外清晰，这段清晰不因帝王，只因佳人。

新疆维吾尔族世代传承一种被称为《十二木卡姆》的大型音乐套曲，这个套曲就出自这位佳人之手，她就是叶尔羌汗国第二任国王的王妃——阿曼尼莎。她从小对诗歌和音乐有着浓厚的兴趣，十三岁入宫后召集民间艺人、诗人、歌手，整理创编出维吾尔古典音乐大成之作《十二木卡姆》，使民间音乐成为科学、系统、严谨的曲目。

莎车最有名的历史遗迹是叶尔羌王陵。王陵里有十二位历代汗王，以及王妃、大臣、学者等三十多座陵墓，阿曼尼莎也安葬于此。1992年，为了纪念这位伟大的艺术家，当地专门为她修建了一座具有阿拉伯建筑风格的纪念陵，正中牌匾上写着"阿曼尼莎汗纪念陵"。汗就是王，在她的名字之后加了一个"汗"字，可见莎车百姓是多么崇敬她。谁是真正的王，历史和百姓说了算。

阿曼尼莎之所以能够搜集整理出《十二木卡姆》音乐套曲，除了她的天资、理想以及实现理想所需要的权力和财力的支持，叶尔羌城所处的位置更是一个必要的前提。这里曾经是丝绸之路上一个大型商业中心，意大利传教士利玛窦在他的《利玛窦中国札记》中写道："因为商人们频频会聚，售卖的货物品种繁多，鸭儿看（叶尔羌）便成为喀什噶尔国（叶尔羌汗国）的首府。喀布尔的商队在这里解散，另组成一个去契丹（中国）的新商队。"

西域南道途经莎车，东通敦煌可至中原，向西通喀什后接入葱岭道，可至南亚及中亚各地，这条国际商道为叶尔羌汗国带来的不仅是丰富的财富还有各方的文化艺术。

古代波斯、印度、中亚和中原内地的文化不断地路过这里，虽只是路过，但留下的东西已足以富养其人。经阿曼尼莎妙手而成《十二木卡姆》绝对是丝绸之路文化集合演化的成果。在她去世四百多年后的2005年，《十二木卡姆》代表中国入选联合国教科文组织人类口头和非物质文化遗产代表作。

莎车市内有一个木卡姆音乐广场，从空中俯瞰，整个广场用石砖铺出维吾尔族传统乐器都塔尔和高音谱号组合而成的巨大图案。广场的一角建有圆形的"木卡姆影剧院"，这里也是木卡姆文化传承中心。

传承中心的旁边，有座大型浮雕墙，表现的是一支完整的木卡姆乐队演奏时的场面，边上还有独立的人物雕塑伴随着音乐在跳舞。我们正在欣赏这幅浮雕时，传承中心的剧场里传出音乐声，我心中暗喜：莫不是今天赶上排演了？

透过紧闭的玻璃大门，可以看到一群表演者手持各种维吾尔族乐器正在演奏，从排列的队形来看，很像那幅墙上的浮雕。我正寻思怎么才能进去看看，门开了一条小缝，门缝里挤出一位维族小伙，他用食指竖在唇前，做出"嘘"的口型。

"对不起，正在录像，请大家安静。"他轻声说。

说完，他看我们没有走的意思，便解释道："我是自治区文化艺术研究所的，来录像为的是保存资料，请你们理解。"

当然理解，尽管充满遗憾。

"这里有木卡姆演出吗？"

"这段时间没有。"看到我们失望的表情，小伙子很贴心指着东边说："那条街上有个满洲湖，每晚莎车艺术团都有表演，你们可以过去看看，九点钟开始。"

谢过小伙，我们就盼着晚上这场演出了。

晚饭后，我们按照小伙给出的方位，来来回回转了几圈，就是找不到那个叫作满洲湖的地方，问当地人，他们也不知道。想着小伙诚恳的样子，他绝不会只是想把我们糊弄走而编了个故事。

不甘心，再找！终于，我们在一个小小的巷子口看到很多人进出，于是跟着走进去。巷子很深，大约走了近百米，豁然开朗，一片空地上有一个大水坑，上面搭着玻璃舞台，舞台四周有水泥看台，看台上满满的都是人，看台后面是一圈小吃摊，就像一个露天夜市。

晚九点整，舞台灯光大亮，音乐声起，两组穿着民族服装的男女演员在强烈的音乐节奏中舞上台来，玻璃地面就像平静的水面，一下子就被缭乱的灯光搅得色彩斑斓。看来找对地方了，满洲是个小胡同，湖就是个大水坑。

灯光陆离，乐声激昂，演员们热情饱满，观众一边吃着小吃，一边欣赏着表演，烤肉的烟气弥漫开来，更增加了舞台的纵深感，孜然的味道混合着木卡姆的节奏，怎么那么和谐呢？最开心的当然是孩子们，他们上上下下，跑来跑去，有的手里拿着彩灯，有的嘴里含着零食，时而维语，时而汉话，快活极了。乐舞雅俗共赏，美食老幼咸宜，饕餮在腹，愉悦在心。

在南疆的所有县城，都有类似"满洲湖"的演出场地，比如我们去过的和田夜市、民丰夜市、库车大馕城等，市场和艺术巧妙地结合在一起，正如丝绸之路首先作为贸易通道，文化、艺术也随之而来了一样。

演出进行了大约一个半小时，散场时走到巷口，这才看到一块标牌："满洲涝坝巷"。这里当年曾经驻守过清军，所以叫"满洲"，"涝坝"是蓄水池的专业称呼，是干旱的南疆地区的集镇村寨里最重要的公共设施，提供人畜日常生活用水和农田灌溉用水。涝坝一般都有一个水源进口，以保证水量的充足。维吾尔族民居围绕涝坝修建，形成一个居住小区，也成为一种独特的人文景观。随着自来水的普及，涝坝已失去原有的作用，成为回忆的坐标。今天有幸在涝坝上欣赏维吾尔族传统歌舞，这种绝妙的组合，幸甚！

涝坝的维语发音是"库勒"，来自蒙语，是"湖"的意思。也许那个小伙说的就是"满洲库勒"，我把维语中的蒙语听成了汉语，从此莎车有了个"满洲湖"。

满洲涝坝巷的演出

这就是文化交流偏差，有时带来幸运，有时带来不幸。但更深的交流，一定会带来幸运。

"喀赞其"是"维吾尔族民俗景区"的代称，其原意是"铁匠铺"，泛指手工作坊区。新疆最有名的喀赞其在伊犁首府伊宁市，在莎车我们也找到了一个。

这条街距叶尔羌王陵不远。相比肃穆的王陵，这里充满了浓浓的西域民族烟火气。街道两边店铺林立，每家门前都悬挂着五星红旗，片片红色一直招展到看不见的尽头。

我们真看到了几家"铁匠铺"，一位老匠人正在用铜板在铁砧上打造一只具有维吾尔风格花纹

莎车喀赞其风情街上的"喀赞其"

的生活用品，叮当翻转间，原本平整的铜板呈现出凸凹变换的花纹，锅碗瓢盆的日常在他们手中被赋予了艺术品位，可以感觉到这里的人们生活得很认真，讲究而不将就。也许是为了迎合旅游者，他们还做了很多仿旧的东西，这些仿制的古董都摆在门外，可能是想让风吹日晒加强包浆的效果吧，其他生活用铜器都放在屋里，红铜黄铜各放异彩。

一家商店的货架上摆了不少纺锤形的木头，木头的一端布满整齐的尖牙，有直接雕出来的木牙也有后装上去的铁针。我拿在手里翻来覆去地看，依然不得其解，老板看着我笑了："这是打馕用的馕针，在饼子上印花，好熟好看。"原来如此。

馕在烤制的过程中会产生发酵气体，表皮会炸裂出许多小气泡，烤前用馕针扎些小孔，使之前后透气、均匀受热，就解决了这个问题。烤馕师傅会用馕针戳出各种美丽的图案：花朵、动物、白云、水波、同心圆、抛物线……随心所欲，每张馕饼都是一幅散发着麦香的图画。馕针是用核桃木做的，质地很硬，也很沉，我选了一个木牙馕针，柄上刻有异域花纹，既防滑还很有装饰性。

至于各种当地的风味小吃，那就更多了，光是馕的品种就有好多样，有麦香味的、孜然味的、葱香味的，有甜的、咸的，还有豆沙馅或羊肉馅的，红红亮亮甚是诱人。

烤鸽子，烤羊肉，哈密瓜，无花果，葡萄干，当然不能少了巴旦木，因为莎车被誉为中国巴旦木之乡。

我左手拿着羊肉烤串，右手握着雕花馕针，走在莎车喀赞其街上，边吃边逛，俨然一个假装会烤馕的"叶尔羌"吃货。

【先入眼，再入心

从地形图上看，塔里木盆地就像一个大口袋，天山、昆仑山、阿尔金山三大山脉分别从北、西、南三个方向围住了盆地，阻挡住了印度洋和大西洋的暖湿气流。塔克拉玛干沙漠在塔里木盆地中反复风烘日烤，翻炒出了极为干热的局地气候，幸亏有周边雪山的春夏融雪流入盆地，滋润出大大小小的片片绿洲。

从若羌入南疆，一路到喀什，民风淳朴，传统深厚，边走边看，先入眼，再入心。

世世代代生活在特定地理环境中的南疆维吾尔族，逐渐形成了独特的生活方式和文化形式。

南疆绿洲属于农耕文明区，中亚新月沃地传来了小麦、南亚半岛传来了棉花，从这里再传入中原，并带回中原先进的农耕技术，你来我往，相互促进。

沿塔克拉玛干沙漠南沿延伸的西域南道，一年中有半年天空都是昏黄的，漂浮的沙尘无孔不入，牙齿间总有微小的细沙在摩擦，北方人管这叫"牙碜"，照相机镜头对焦环扭动起来也能感到明显的"牙碜"。

由于长年风沙较大，这里的男人多剃光头，再戴上一顶绣花小帽，套上一

葡萄架下的维族姑娘

件垂及脚踝的长袍。长袍叫"裕袢"，无领无扣，宽松保暖，可穿可裹，可铺可盖。遇到大风，束紧腰巾，风也无奈，正应了那句"十层八层，不如腰里一横"的民间抗寒名言。

维吾尔男人的服装以黑白色为主，黑的粗犷奔放且耐脏，白的清新清凉且典雅。维吾尔女人的服饰颜色鲜艳，红亮绿翠。尤其是姑娘们，穿着绣花衣，扎着绣花巾，蹬着绣花鞋，背着绣花袋，浑身无处不飞花。

路遇几位穿着艾德莱斯彩绸长裙的高挑姑娘，高鼻俊眼，神飞顾盼，顺风吹来了仙袂飘飘，逆风塑出了身姿曼妙……她们舞动在绿洲里，是锦绣上的花朵；她们行走在黄沙中，是苍茫中的希望。

于田县城的一条老街上，有一对姐妹在家门口摆起鲜果摊，画着连眉的是姐姐，正在绣花的是妹妹，她在为要出嫁的姐姐准备嫁妆。小妹妹的每一针每一线都绣进了对姐姐的眷恋与祝福。

画连眉是南疆维族的传统，既关美丽，更关亲情。维族传说两眉间距大的女孩，长大后会嫁到很远的地方，舍不得女儿远嫁的父母会在孩子出生七天后，用一种草的汁液涂抹眉毛，据说这种汁液长期使用可促进眉毛生长，直至两眉相连。当地人管这种神草叫"乌斯曼"，它的植物学名是菘蓝，中医叫它板蓝根。但乌斯曼是菘蓝的一个变种，生长在新疆和中亚地区，不治感冒治眉毛。

于田还有一种号称世界上最小的帽子，这种帽子拳头大小，只有已婚妇女才能戴，它是一种符号，标志着某种身份，比如警示他人名花有主，同时告诫本人自尊自重。这种小帽被后人附凿上一些牵强而美丽的传说，使得本来的民间小调听起来有了大型历史史诗的味道了。

路边的铁匠铺前聚集着一群小巴郎子，你推我搡地对着我的镜头做各种怪脸，那热情鼓励着我快门连按，似乎不如此就对不住这群孩子。老铁匠正在打制一种被叫作"坎土曼"的集锹镐于一体的工具。这里的土壤含沙，松软易挖，维吾尔先民因地制宜，发明了这种锹镐合一的适手工具，既轻便又经济，便于携带和劳作。

在南疆，许多城镇的街道旁都有备好了木柴的公共烤馕炉，主妇们端着装满面团的脸盆来这里排队烤制自家的馕，炉旁谈笑，话题是生活中的里短家长。

南疆维族传统而独特的风情，随着社会发展、交流扩大、观念更新和生活质量的提升，正在渐渐消淡，这些都是生活在这里的人们追求幸福的人性本能的选择。物质交流、思想交流的本质是人性的交流，丝绸之路就是人性之路、世界大同之路。

【喀什葛尔

　　有文化学者说过：不进天山，不知新疆人强马壮；不走南疆，不知新疆天高地广；不到喀什，不知新疆源远流长。

　　被当地人念作"哈什"的喀什，也称"喀什葛尔"，意为"玉石汇聚之地"，它的历史可以追溯到古代西域三十六国之一的疏勒国。

　　"玉石汇聚之地"并不直接出产玉石，这个名字是指它的商贸中心地位。位于丝绸之路交通要冲的喀什，曾是中外商贾云集的国际商埠。

　　作为新疆唯一的国家级历史文化名城，喀什集中展现了南疆维吾尔族的民俗风情、文化艺术、建筑风格等特征。

　　喀什艾提尕尔清真寺是喀什著名的阿拉伯风格地标建筑，国家级文物保护单位。寺前广场上有许多卖民族特色商品的精致木雕小屋，其中一个卖乐器的小屋尤其醒目，木屋的房檐下挂着各种弹拨乐器，琴体的共鸣箱都是半瓢的形状，这种造型是中亚、西亚乐器的典型样式。

　　每件乐器都是精心制作的，匠人们在制琴的过程中不仅追求音律的准确和音色的优美，在外形工艺上也追求精致完美。维吾尔族在古丝绸之路的发展和文化交流中形成了自己独特的音乐文化。

　　一个头发两侧各剃出三道狼爪痕以示野性的巴郎子看守着这个自家的乐器小店。

　　"这琴是冬不拉吗？"

　　"冬不拉是哈萨克的乐器，这是维吾尔的都塔尔，这是热瓦甫，这是萨塔尔，这是迪里塔尔，这是卡龙……"

　　"等等，说多了我记不住。"就是能记住，也是分不清。

　　"我家也有冬不拉，你要吗？可以顺丰。"

　　"包邮吗？""不包，内地不包新疆，新疆也不包内地。"

　　几年以后，我再次来到这个小木屋时，见到的却是他的父亲，这位父亲告诉我，孩子去年考上了新疆艺术学院，到乌鲁木齐上学去了。好一个出色的巴郎子。

　　清真寺前的广场上，散布着几个为游人留影的照相点，在手机已经普及的今天，他们的优势是提供民族服饰、民族乐器等道具，甚至还有一头大骆驼。

　　广场四周还有许多提供其他服务的摊点，有卖雪糕和冰镇哈密瓜的，卖新疆切糕的，梳维族花辫的，卖各种旅游纪念品的，还有擦皮鞋的……

一群鸽子围着清真寺盘旋，有些落在广场上啄食游人投喂的鸟食。一个维吾尔族小姑娘穿着白色的纱裙，几只白鸽环绕着她。孩子和鸽子的形象总是代表着希望与和平，这个从基督教《圣经》中讲出的故事，被世界各个民族和各种宗教所接受，以艾提尕尔清真寺为背景，孩子和鸽子组成了一幅圣洁天使图。

喀什古城位于喀什市中心，街巷纵横，曲径迷踪。古城的民居大多为土木、砖木结构，不少民居已有上百年历史，随着家族人口的增加，后代便在祖辈房上加盖一层，房叠房，代叠代，逐渐形成了一个极具南疆维吾尔族特色的迷宫式城市街区。

叠房叠代这种现象，我在中东地区也见过，尤其是大城市里，很多民宅都在顶层留着露出钢筋的水泥柱子，好像这楼还没有完工。数一数楼层，大概就知道这家住着几代人，预留的柱子是为了往上继续加盖。生命不息，盖楼不止，这是他们期盼生命接续的传统吧。

喀什老城保留得非常完整，以致曾获奥斯卡提名奖的电影《追风筝的人》的取景地都选在了这里，而那部影片的故事发生在阿富汗首都喀布尔。

喀什古城最有特色的是东南方黄土高崖上的"高台民居"。高崖台地泥土质地细腻，黏性强牢，是筑房建屋的好材料。大约在八百多年前，一个烧制土陶的匠人发现这种土质特别适合烧制陶器，于是，他在土崖上建造了第一个土陶作

喀什艾提尕尔清真寺广场上的圣洁天使

坊，随后，很多土陶艺人在这里开设作坊，所以这片街区维语叫"阔孜其亚贝希"，意为"高崖上的土陶"。

我们沿着吐曼河来到高崖下，顺着一道斜坡进入迷宫般的街区。喀什所处的经度和北京约有两个小时的时差，虽然此时已近上午十点，阳光却刚刚照进街巷，买菜的老人、外出的青年、游戏的孩子，纷纷走出家门，老城的生气渐渐漫出来。

喀什古城中宗教的影响随处可见，每个街区都建有自己的清真寺，有着共同信仰的群体相互温暖。我也看到了嬉戏于巷角的儿童及墙上清真寺的投影和孩子们的涂鸦，这景象既有宗教的严肃，也有世俗的轻松。

一对小姐弟正在巷子里玩，我问那个小姐姐："今天不上学吗？""古尔邦节放假了。"难怪刚才看见一群人陪着一个阿訇穿戴的老人，挨家挨户地拜访祝福，原来如此。

"这是你家吗？""是的，请进来吧。"小姑娘推开半掩着的门。

这是一个挺大的院子，从狭窄的巷子里进来，会感觉更开阔，院子中间种着一棵无花果树，树下摆着一张大桌子，男主人正在用小刀分割一大块刚煮熟的羊肉，听到门响，他回过头来，我把右手放在左胸前向他问候"亚克西！"他笑着回道："你好！"

我从小生活在一个多民族的环境里，蒙藏维哈朝以及其他少数民族都住在一个大院里，各族同胞认准一个常识，见到不同民族的人，就用这个民族最常用的词句问好，见到维族就是"亚克西"，见到蒙族就说"三拜诺"，见到朝鲜族就说"阿尼塞哟"，见到藏族肯定是"扎西德勒"，无须变格，不讲时态，尽管并不准确，但对方都能理解。

男主人名叫玉努斯江·巴拉提，院子中的无花果树是他结婚时种下的。无花果沿丝绸之路自中亚传到西域后，它的文化寓意也随之而来，其象征意义是"守护神"。巴拉提种下的这棵树，如今已经长大，洒下一片绿荫，守护着他的家庭。

古尔邦节是伊斯兰教的重要节日之一，亦称宰牲节。每年这一天，穆斯林们都会宰牲献祭，缅怀圣贤。节日期间，家里会有亲戚来拜访，主人会煮上一大锅羊肉招待客人，并将一部分肉分成几块，客人走时可以带走，以分享幸福。

这时正好来了一位串门的老人，他是这家人的亲戚。见有客人来访，我不能多打扰。临走之前，我请他们家人和客人一起在院里的无花果树下合影。我说"留个地址吧，会把照片寄给你们。"小姑娘取来作业本，在空白页写上了她家的地址。临走时，男主人掰了一块馕，切了一块肉递给我："今天过节，大家都好。"谢谢，亚克西！

我继续在小巷转悠，吃一口馕，咬一块肉，这顿早餐很喀什。

老城的街巷，弯弯曲曲，旁逸横出，不熟悉的人经常会走入死胡同。在一个路口我正在犹豫"折边？拿边？（一个幽默的谐音广告梗）"一个小伙子过来告诉我："你看地上铺的砖，如果是六角形的可以走通，四个角的走不通。"密码原来是这样的，亚克西了您呐！

喀什古城中有许多传统的手工作坊，叮叮当当的敲击声在窄巷中回荡，这场景似乎把人引到了《一千零一夜》里中世纪的阿拉伯城市。

路旁的老人不动声色地看着游人，孩子们却是"人来疯"，本来在一堆建筑沙堆边玩耍的小巴郎子们，见有人拍照，兴奋得在接二连三地在沙堆上翻跟头。

老爷爷坐在门口晒太阳，小孙女探出大门四下张望，邻居大婶相互问候，姐妹俩用一根木杆抬起两桶脏水去倒垃圾，淘气的大男孩叮铃铃骑着三轮车横冲直撞，惹得看守共用电话的老人瞪眼训斥……

在高台老城参差民居的土崖上，站着一位穿长裙的小姑娘，电线上还挂着一只断了线的白纸风筝，这画面就像电影《追风筝的人》里的场景，绝了！

高台民居里光影冷暖，深幽小巷中风情万种，生活平静而平淡，却又令人回味无穷。

回京后洗好照片，却怎么也找不到小姑娘写了地址的那张纸片，寄不出照片的愧疚折磨了我好几年。

几年后，我终于弥补上了这个遗憾。当我带着一打照片再次来到喀什古城时，发现这里的变化太大了，由于没有地址，只能凭着印象转来转去，还不时地拿出照片找人辨认。终于，一位老大爷认出了照片中那位串门的老人，他说这老人的大女儿就在前边的路口卖烤包子。

太好了，终于找到了。谢过指点迷津的老大爷，找到了串门老人的大女儿。女人大约四十多岁，小店刚开门还没有客人，她正忙着摆放店里的桌椅。听完我的说明，她拉开一张桌子，一边倒茶一边道谢，用维汉杂夹的双语表示一定要吃了她家的烤包子再走，我们谢绝了她的好意，但茶是不能不喝的，原想喝着茶和她聊聊天儿，结果发现基本上无法沟通，与其双方都尴尬，还是走为上策吧。了却了心愿的那种轻松，感觉老城里的小巷都宽了。

2021年我再次来到这里，整个高台民居都被施工挡板圈起来了，只能远远地隔着吐曼河上的那座精致的阿拉伯风格吊桥相望。希望改造后的高台民居至少要配得上这座桥。

其实这种担心是多余的，《追风筝的人》中有句话："没有人能够拿走追风筝的人手里的风筝，这不是规则，而是风俗。"风俗如影随形，深深融入血中。

和几年前的老城相比，临街的房子也都经过了改造，几条主街上游人如织，还会不断发现近些年流行起来的网红店和网红打卡地。

一片繁荣的轻松中也会露出些严肃。美女与特警，鲜花与盾牌，不协调的组合试图达到协调的社会效果，这别样的场景也是当代西域在这一特殊时期所特有的。不同的时期有不同的社会生态，只要百姓平安乐业就好。

因为社会趋于和谐以及商业化的促进，作为一种主流沟通和支付手段，这里的老百姓现在也都可以使用微信了。丝绸之路的形成就是为了促进商品的流通，在生活与利益面前，没有什么是不可以改变的，只是有些地方需要点时间。

国庆节将近，喀什古城的商户们正在自家门前悬挂国旗。独特的地理区位、复杂的历史进程，多源的血脉和多元的文化，是西域地区复杂历史进程的原因。丝绸之路的开通，汉唐都护府的设立，屯垦戍边的措施和民族自治政策的实行，都为这一地区各个族群在民族团结、文化包容的基础上形成中华民族共同体的认同起到了关键作用。

回望西域两千多年来的历史，这片土地和世界的关系越来越紧密，曾经因文明形态和自然条件造成的阻隔，已不再构成屏障，丝绸之路这根纽带既有刚性也有韧性。

国庆节前的喀什古城

两个大巴扎

"巴扎"是"集市"的意思，英文"Bazaar"的词源来自古波斯语。中西亚、东欧地区以及俄罗斯都把百货、农贸集市称为"巴扎"。有一本国际大牌杂志也叫BAZAAR，当年中文引进版翻译为《时尚芭莎》，这本杂志把大众生活的"集市"提升为引领时尚的"名牌专卖店"了。"芭莎"二字选的甚好，透出了一股脂粉气。

国际大巴扎主通道上站着一群大妈推销民族特色产品

到了喀什，有两个"巴扎"要去逛逛，一个是紧邻喀什古城的"喀什中西亚国际贸易市场"，俗称"国际大巴扎"；一个是城外西郊的"喀什牲畜交易市场"，俗称"牛羊大巴扎"。

多年前，我第一次来到"喀什中西亚国际贸易市场"时，这里的名字叫"喀什市综合市场"，如今名称已经国际化了。

说到国际化，喀什自丝绸之路开通以来就逐渐发展成为中西亚地区的国际商贸集散地，这里的巴扎迄今已有两千多年的历史，在古代有"亚洲最大集市"之称，东西方商旅往来频繁，当时有"适千里者如在户庭，之万里者如出邻家"的比喻。

喀什国际大巴扎热闹繁华，有多繁华、多热闹呢？去之前当地朋友教了我一句维语"伯西"，意为"请让让"，用北京话讲就是"劳驾"。

刚走近巴扎的大门，就有两位维族大妈走过来，挥舞着手中的蕾丝桌布，嘴中念念有词，听不出是维语还是汉语。

谢过二位进入市场，主通道上站着一群大妈，她们手里举着衣服，胳膊上搭着桌布，脖子上挂着围巾，全身披挂，向来往的客人推销。为了冲出大妈们的围堵也不知说了多少次"伯西"。

大巴扎里分了好几个商品区，到底几个我也数不过来，就是能数过来也逛不过来。这里可以用巨大来形容，似乎北京没有这么大的综合市场。大巴扎里商品十分丰富，吃的穿的、玩的用的，应有尽有，尤其是新疆少数民族特色的商品最丰富，尽管喀什的居民以维吾尔族为主，但也可以买到新疆其他少数民族的特色产品。

在这里如果不买东西，尽量不要问价，一旦问了价，摊主就会穷追不舍，他会对你讲"好好说"，在新疆"好好说"就如同内地的"你给什么价？"

有些摊主在客人买完东西后，会用一张百元大钞把摆放的商品扫一遍，意思是希望生意继续好，如果客人没有买，他也会扫一遍，意思是扫除"晦气"，这种情况我在俄罗斯和中东以及中西亚国家都见过。当年胡商是否也是这一套程序，拿一吊汉五铢或是唐开元来回扫几下？

如果说"国际大巴扎"体现的是现代生活方式，那么"牛羊大巴扎"就是更具地域传统的生活形态，这里处处飘散着浓郁的南疆民俗味道。

每逢周日，都是喀什牛羊大巴扎交易的日子，十里八乡的村民都来赶集。

牛羊大巴扎距市区十几公里，多年前去的时候，一路过来看到很多人或赶牛或牵羊，或全家人坐在小驴车上，小婴儿睁着好奇的大眼睛，老妇人带着素色的纱头巾，女孩子打扮的花枝招展，男孩子依然邋遢不堪。近几年，驴车基本都被小汽车、农用车和摩托车替代了。生活水平在提高，感觉虽然少了些往日风情，但谁又愿意总是生活在别人眼中的风情里呢？

牲畜交易大巴扎

这个大巴扎虽以牲畜交易为主，同时也买卖农牧业生产资料和日常生活用品。在牲畜交易区，买卖双方的议价方式和内地一样，都是把手伸到对方的袖筒里讨价还价。看他们交易时神情严肃，若有所思，如果一方不满意，就继续在袖筒里"好好说"，如果双方都笑了，那就是成交了，钱货两清，握手互祝。维族人做生意轻易不放弃，直到满意为止，那股执着劲，看着都让人着急。

牛羊大巴扎的配套服务也很好，饲料、挽具、钉掌、兽药，甚至有内科兽医和外科骟匠，一应俱全，市场经济能够自动配置相关资源。

当地人去大巴扎，不仅是为了互通有无，同时也是一种消遣娱乐的社交方式。每到巴扎开市的日子，妇女和孩子们都会穿上自己最喜爱的衣服，就像去赴一场盛会。男人关注生产，女人关心生活，男耕女织的传统以一种异域的方式在这里展现。

这里的餐饮区，绝对都是地地道道、原汁原味的维族食物，烹饪手法也保持着传统方式。木柴铁锅里翻滚着乳白色的羊肉汤，炭火篦架上羊肉串滋滋作响，只要你往旁边一站，一把肉串就递了过来，冒着烟滴着油，一般人抵御不住这种诱惑。

大盘鸡、烤包子、手抓饭，各种各样的烤馕，还有更多的是叫不上名字的当地美食，如果是瓜果成熟的季节，就又多了不少应季的甜香。

因为是休息日，孩子们都不上学，他们有的是随父母来玩的，有的是过来帮助家人经营摊位的。孩子们幼稚清亮的招呼声，因为频率高而显得格外招耳，维语叽里咕噜，好听；汉语生硬磕绊，好玩。凡是有孩子吆喝的地方，客人也会多一些。

市场里最令人惊奇的是理发区。一眼望去，这里的很多剃头师傅都是小巴郎子。他们身材不高，踮起脚尖，抱着大人的脑袋，用推子或剃刀熟练地在长辈们的头上来来去去，看着真让人捏把汗，同时也感觉很滑稽。

喀什绿洲地处塔克拉玛干大沙漠边缘，一年四季风沙不断，浮尘漫天，干旱缺水的环境让这里的男人无论老少大多留着短发或光头，既方便生活，也容易打理。光头发型降低了技术难度，大一点的孩子都可以胜任，这是一门可以挣钱补贴家用的手艺。

丝绸之路上的胡商主要是中亚的粟特人和来自波斯（伊朗地区）和大食（阿拉伯地区）的商人，其中尤以粟特人最多。

粟特人是被匈奴从河西走廊赶走的月氏人的后裔，生活在中亚阿姆河与锡尔河一带，这个地区现分属吉尔吉斯斯坦、乌兹别克斯坦和哈萨克斯坦等国。粟特地区处于中亚西部丝绸之路的干线上，"土沃宜禾，出善马，兵强诸国。人嗜酒，好歌舞于道。"是古书对他们的描述。

汉唐之际，粟特商人通过漫长的丝绸之路频繁往来于中西亚与中国之间，成为一个独具特色的商业民族，也是汉唐丝绸之路贸易的主要承担者。

《新唐书·列传》载：粟特人"善商贾，好利，丈夫年二十，去旁国，利所在无不至"。他们从小便注意培养孩子的经商意识，"生儿以石蜜唸之，置胶于掌，欲长而甘言，持珤（bǎo 意思同宝）若黏云"。粟特人的孩子刚出生时，父母会在孩子嘴里放块冰糖，同时给他手里拿一块胶，希望他长大后嘴甜会说话，能像胶一样紧紧地黏住宝物。

汉唐时期，喀什葛尔作为丝路贸易集散地和中转站，有大批粟特人在此经商并定居下来，尤其是在隋唐两朝，粟特人利用朝廷推行的"胡汉有别，各依其俗"的政策发展自身势力。古代中国各个朝代都对汉人实行"重农抑商"的政策，严禁汉人从事国际贸易，从而为粟特人创造了独霸丝路贸易的有利条件。粟特商人从中原收购生丝和丝绸，控制商品流通渠道，在其统治区域内实行垄断经营，各种地方势力为了争夺经营权大打出手，甚至发展为部落或国家间的战争。从经济效益上计算，丝绸之路两千多年来的大部分商业利润都落到了粟特人和中亚、西亚商人们的手中，他们的生意从地中海一直发展到朝鲜半岛并跨海到达日本。

"利所在无不至"，商贸是利，丝路是义，以义谋利，人间正道。

男儿本自重横行

和平和战乱曾在西域历史上反复出现，但凡生乱，必有平乱的英雄出现。

喀什市内有一座清代复建的汉代古城——盘橐（tuó）城。盘橐城位于班超纪念公园内，正门前的大道命名为"班超路"，这里曾是东汉军事外交家班超治理西域的大本营。

盘橐城，又叫作"艾斯克萨"城，原是疏勒国的官城，公元73年后班超以此城为大本营，抗击匈奴，经营西域，恢复了东汉中央政权对西域的统治，重新开通了丝绸之路。公元1759年（清乾隆二十四年）盘橐城毁于战火，清又重修。但清朝复建的盘橐城在20世纪50年代被平毁，只剩一段长约8米、高近3米的旧城残垣遗留下来，如今的盘橐城是1994年在原址上新建的。

盘橐城以班超塑像为中心，塑像后是半圆形浮雕墙，铭刻着班超治理西域的丰功伟绩。协助班超治理西域的三十六勇士的全身石像沿甬道左右对称站立。三十六人就控制了整个西域，充分说明了班超作为一名军事外交家的大智大勇，正如《后汉书》中的评价："不动中国，不烦戎士，得远夷之和，同异俗之心"。班超没有动用国家的力量，没有劳烦朝廷的军队，而使得远方的属邦与汉同心，和平相处。

班超之所以能够仅用三十六人管理西域诸国，这与两汉时期建立的都护制度有关。都护制度对于属国的管理与中原内地不同，不设置郡县，依然保留原来的国家，"各依其俗，存其国号而属汉朝"。两汉及以后各朝代的属国都不具备国家概念。

公元前 60 年（西汉宣帝神爵二年），西汉设立西域都护府以经营

喀什盘橐城班超纪念园

西域。但到了东汉，朝廷却与西域的关系断续了三次，史称"三绝三通"。

西汉末年，王莽篡政建立新朝，改变了西汉时期较为宽松的民族政策，实行严厉的大汉族主义统治，使得边疆属国抗争纷起。西域诸国先是互相征伐，继而攻杀西域都护，东汉王朝无奈撤出西域，此为第一绝。

公元 73 年，东汉大军分兵四路出击匈奴，重新控制了西域东部，设官置守，时任假司马（代理司马）的班超奉命出征，收服了西域诸国。次年，汉朝恢复了西域都护府，此为第一通。

公元 75 年，中原地区遇到严重旱灾，汉明帝病故，匈奴乘机攻杀西域都护，汉朝被迫撤退，此为第二绝。

汉军撤出后，班超在疏勒固守盘橐城。公元 89 年，东汉连续三次对北匈奴进行军事征讨，取得重大胜利，班超也里应外合平定莎车、姑墨（今阿克苏地区）等国，西域重归汉室，此为第二通。

公元 102 年，班超因年迈回朝，而继任者性情暴戾，激起西域各属国的反抗，被征调前去镇压的羌兵又临敌变阵，占据河西走廊，隔绝了汉朝与西域的联系，此为第三绝。

公元 124 年，此时班超已去世，东汉政府任命班超的儿子班勇为西域长史，在屯田足草的基础上，经过四年的努力，班勇先后招抚平定了龟兹、姑墨、焉耆和车师等地，大败北匈奴，从此以后，东汉对西域的统治日趋稳定，此为第三通。

以上汉廷重返西域的"三通"中，都能看到班超的身影。

班超是史学家班彪的幼子，他的哥哥班固、妹妹班昭共同编修了《汉书》，儿子班勇继承父志，威加西域。班氏三代，文武两脉，满门忠烈，名垂青史。

汉语中也因班超多了些成语，如：燕颌虎颈、投笔从戎、孤立无援、不入虎穴焉得虎子、万里封侯、玉关人老等。我选了三个成语，认为可以总结班超的一生和历史功绩。

一、投笔从戎。班超家贫，为此他谋得了一个为官家抄书的机会，以其所得来供养母亲。身为抄书的临时工，班超感叹道："大丈夫无它志略，犹当效傅介子、张骞立功异域，以取封侯，安能久事笔研闲乎？"旁边的人都取笑他，班超不屑道："小子安知壮士志哉！"道不同不相为谋，毅然投笔从戎。

二、万里封侯。公元 73 年，班超随军北征匈奴，斩获甚多。基于他的才干，被委派带领 36 人出使西域，联络各国共同对付匈奴。班超带着这支团队，纵横西域，收服五十余国。其间曾被朝廷召回，但是西域百姓，害怕汉朝从此弃舍他们，再次遭受匈奴统治，于是拦住班超的人马，痛苦劝留，甚至有人刎颈自杀，于是班超继续留在西域，前后共三十一年。东汉永元七年（公元 95 年），朝廷下诏封他为定远侯，后人称他为"班定远"。

中国历代诗词中，常能见到许多有志有才的热血文青以班超为榜样的诗句。骆宾王"投笔怀班业"；李贺"男儿何不带吴钩，若个书生万户侯？"杨炯"宁为百夫长，胜作一书生"；高适"男儿本自重横行"；孟浩然"男儿一片气，何必五车书？"王维"忘身辞凤阙，报国取龙庭"；苏轼"会挽雕弓如满月，西北望，射天狼"；黄遵宪"班超投笔气如山，万里封侯出玉关"；陆游"当年万里觅封侯，匹马戍梁州"……班超投笔从戎、万里封侯的事迹，成为后世热血青年施展抱负、实现理想、建功立业的励志榜样。

第三个成语"玉关人老"就有点令人唏嘘了。公元 100 年（东汉永元十二年），69 岁的班超上书汉和帝，请求返回故乡，他言辞恳切甚至用乞求的口吻写道："臣不敢望到酒泉郡，但愿生入玉门关……及臣生在，令勇目见中土。"勇是班超的儿子班勇。

玉门关是中原与西域的界关，这段话等于是说：我不敢企望回到家中，只希望能活着进村就行了，趁我还活着，带儿子在村头张望一下老屋的模样。与此同时，在朝中编修《汉书》的妹妹班昭也上书皇帝为哥哥求情，汉和帝被班超的奏章所感动，召他回朝。

永元十四年（公元 102 年）八月，班超回到洛阳，一个月后病逝，享年 71 岁。

可叹威震远域的班定远，为东汉王朝撑住了半边西天，面对皇权，也是英雄气短。这段文字现在读来依然能够感受到他晚年思乡心切、希望落叶归根却无可奈何的悲凉心境。

班超最后的境遇也引发了历代文人对朝廷不公的谴责，比如辛弃疾"莫学班超投笔，纵得封侯万里，憔悴老边州"。晁补之"便似得班超，封侯万里，归计恐迟暮"。李白"贾谊三年谪，班超万里侯。何如牵白犊，饮水对清流"。这些壮志难酬的诗人借此发点牢骚，看似消极，但真实反映了中国文人"达则兼善天下，穷则独善其身"的凄楚、无奈的爱国情怀。

一个人一生的功业就这样随着成语被融进了一个民族精神的历史。

在盘橐城的后面有一长廊，长廊尽头的亭子里一群人正在唱戏，亭柱间有一块巨大的背景板，上面的文字显示这是一众秦腔爱好者正在排练。两把胡琴撩出了气氛，一中年女子手里拿着麦克风引吭高歌：

"三十六骑西风烈，投笔从戎气如虹。"

宽音大嗓的秦腔，直起直落的激昂，在拢音的亭廊间，余音不绝，回旋冲绕……作为陕西咸阳人的班超，听到铿锵秦调，也一定感受到了家乡人民的感激与怀念吧？

【纷纷女伴谒香娘

"庙貌巍峨水绕廊，纷纷女伴谒香娘。"自从清朝末年传出一段关于"香娘娘"神奇身世的故事之后，关于"香妃"传说的版本便越来越多，但总会附会到乾隆身边一个来自西域的妃子身上，她就是容妃。

史载清廷平定大小和卓叛乱后，把战败方的家眷作为人质押解进京，其中一个出生于叶尔羌和卓家族的姑娘成了乾隆的容妃，传说她身上有一股沙枣花香，维族人称其为"伊帕尔罕"，即"香妃"的意思。

喀什的香妃园是一个热点旅游区，多年前来此的时候，这里还叫"香妃墓"。香妃墓是一座典型的阿拉伯式古建筑，墓内葬有伊斯兰著名传教士玉素甫霍加家族的五代七十二人，传说香妃就埋葬在这里。

不过据考证，乾隆的容妃如果确是香妃的话，确切的葬地应在河北遵化清东陵乾隆皇帝的裕陵中的妃园寝里。

历史的迷雾是拨不开的，不过朦胧中倒有了一番畅想的美丽。这种美丽被喀什香妃园落实得还不错。这里设置了一个"香妃的家"维族风情展览，借助香妃之名巧妙地介绍了维吾尔族日常生活的环境和习俗，里面还摆放了一些香妃"生前用过的东西"。导游小姐认真诚恳的解说，不知道她是真信了还是因为敬业。

多种版本的香妃故事讲出了两个形象不同的香妃，一个是怀念家乡、誓死不从的烈女子；一个是顾全大局、深得宠幸的柔女子。无论哪一种形象都会得到人们的同情，但后一种因为有了清廷怀柔远域、五族共和的政治加持流传最广。一个侍候皇帝的异族嫔妃就这样被后人赋予了国家统一、民族团结的政治责任。中国历史上王昭君、文成公主等人，也都自觉不自觉地承担起了皇家责任和民族大义。

然而，老百姓赋予香妃的则是爱情和幸福的形象，这一点从香妃园周边众多的婚庆公司就可以看出来。

紧靠园区的婚庆园里传来欢快的喜乐，循着声音走过去，先是见到一辆缀满鲜花的奔驰轿车。旁边的大厅里，一对维吾尔族新人正在举办婚礼。同内地婚礼一样，一进门有一个签到台，负责来宾的接待和礼金的登记。

如果在内地，遇到婚丧嫁娶这样极具当地民俗的大事，一般我都会奉上一份心意礼金后，进去感受一下，但在这里，因为不了解习俗，我不能贸然进去，只好站在门外观看。

婚礼厅很大，目测里面大约摆了近二十席，桌上的杯盘已显狼藉，看来婚礼快要结束了。新娘披着白纱，正在和新郎一起翻看手机里亲友们发来的祝福，头上和手上的金饰闪闪发光。

一队伴娘合着音乐翩翩起舞，幸福与祥和、满足与憧憬装满了整个大厅。

纷纷女伴诰香娘

挥手向高原

从敦煌出阳关，穿越罗布泊荒原，横绝塔克拉玛干大漠，寻古西域之婼羌、且末、精绝、莎车、疏勒等绿洲城郭，看到了佛教在西域的兴盛与衰落，看到了伊斯兰教的萌生与蔓延，看到了喀什古城挂在电线上的风筝，看到了两个大巴扎的热闹，看到了万里觅封侯的班定远，看到了香妃园里的爱情……西域南道三千里，我先后多次，断断续续走了十一年。

离开喀什的那天早上，再一次路过人民广场，清洁工们正在清洗广场的地面，拖拉机拉着水箱绕着广场转圈洒水，冒着黑烟的排气管上铸造着"东方红"三个字，一下就把人拉回了多年前。

我在本书第五章"西域中道"结尾时说："我要等一等从西域南道过来的另一个我，合体向葱岭。"在喀什，我见到了我，就像西域中道和西域南道在这里相汇一样，殊途同归，决不食言。

人民广场伟人塑像挥手所指的方向，是喀什正南方的帕米尔高原。我将从这里出发踏上丝绸之路葱岭道，最终到达中国的西极，站到那片被誉为"万山始祖"的高原之上，在海拔4733米的红其拉甫山口，迎着凛冽的寒风，目送丝绸之路在连绵雪峰的簇拥下走出国门，走向远方……

喀什人民广场的早晨

第七章 千年遗梦——楼兰道

两汉时期，汉匈战争持续不断，从敦煌到伊吾（哈密）的道路不断易手，以致断断续续并不通畅，所以需要寻找另一条道路以保证丝绸之路的畅通。

位于罗布泊地区的楼兰处于汉匈势力结合部，这里水源充足，可作为中继站补充给养，再由此向北、西、南衍射，可以通达西域全境。

楼兰道的大体走向是以楼兰为中心，东到敦煌接河西道，西北到焉耆接西域中道，西南到若羌接西域南道和青海道。楼兰道是一段特殊时期的存在，由于此路太过艰难，两晋以后逐渐弃用，到了隋唐基本废弃。

公元330年以后，史料中再无有关楼兰的记载，直到1900年，瑞典探险家斯文·赫定重新发现楼兰，其间相隔1570年。

此行楼兰，我们从乌鲁木齐出发，翻越天山胜利达坂进入南疆，从尉犁开始真正踏上楼兰道。沿着G218国道行驶到若羌县英苏村和塔里木河相会，一路上，塔里木河就像一条蓝色的彩带，在我们身边忽左忽右地飘荡。

夜宿荒村，看到沙进人退的无奈；途径红砖路，看到"人定胜天"的惩罚……

进入罗布泊，地平线上漂浮着蜃景，起伏狰狞的地表感觉就如火星。

楼兰故城幽蓝的天空下，残月照不亮残塔，风穿过空寂的荒原，掀动出沙子的流响，如千年前的驼铃叮当，悠远而凄凉……

踏过罗布荒原，闯入库姆塔格沙漠，在阿奇克谷地遥望屹立的西汉残燧，夜宿风吼沙旋的三垄沙，穿过魔鬼雅丹，终于"生入玉门关"。

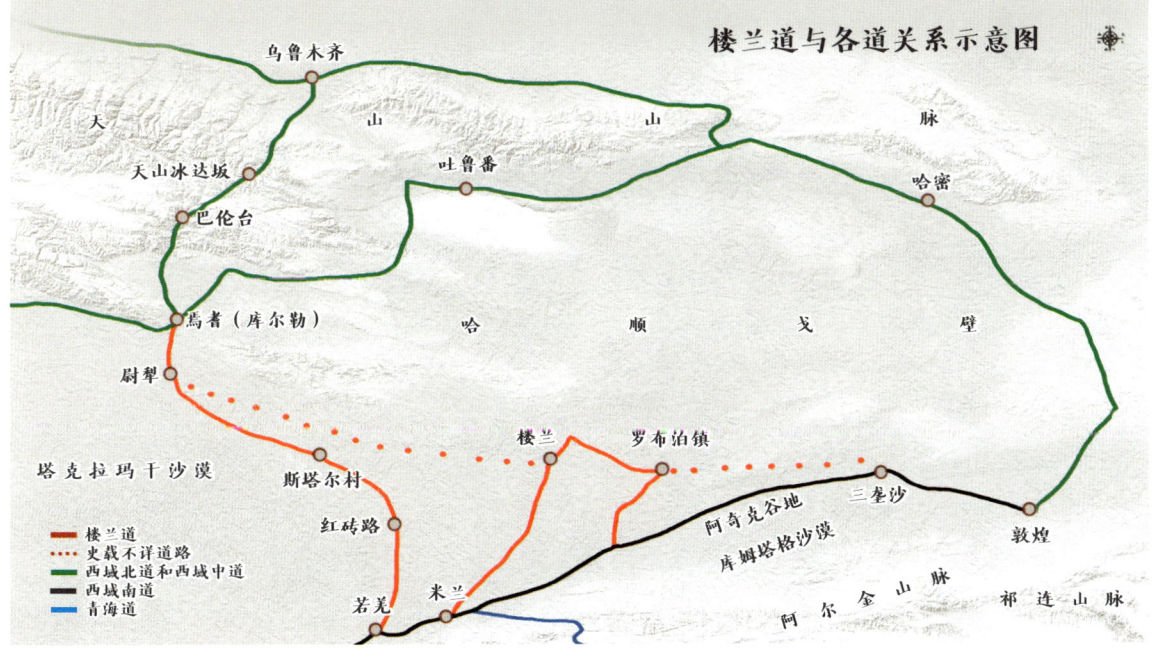

楼兰道与各道关系示意图

楼兰道（敦煌—楼兰—若羌—焉耆、吐鲁番、哈密）

西出阳关，经三垄沙、阿奇克谷地、库姆塔格沙漠，到罗布泊的楼兰。

自楼兰分道，东至敦煌，北至吐鲁番，西北至尉犁，西南至若羌。

楼兰道是一段特殊时期的存在，由于此路太过艰难，

两晋以后逐渐弃用，到了隋唐基本废弃。

【天山千里锁诸关

那一年，接到"穿越罗布泊摄影探险活动"邀请时，我正在查阅有关"火星文"的资料，于是"罗布泊"和"火星"自然形成了一种联想。

21世纪初，生于20世纪90年代的那批年轻人在网上开始使用一种叫作"火星文"的文字。火星文是由中文冷僻字、繁体字、日文、韩文、符号或拆分汉字等文字元素组合而成的，这种文字与日常使用的文字相比，用字怪异，地球人基本看不懂，因此被戏称为"火星文"。比如"火星文"这三个字使用不同的转换软件，就会有不同的结果，或"焱暒妏"，或"鈥星彣"，或"吙☆文"，据说这是火星文使用者的"圈层性"决定的。"圈层性"即同一个圈子中还嵌套着不同层面的圈子，比如所在的城市是北京、上海、台北还是东京或首尔等。火星文的出现是一种次文化现象，食古者们痛心疾首，哀嚎"长此以往，国将不国"。有那么严重吗？不过是几个黄口小儿的文字游戏，当年以国家之力推行的"第二次汉字简化方案"不是都能废掉吗？

君不见，这才几年，九零后的"火星文"似乎已经销声匿迹，零零后的网络"黑话"又开始了。文化自有其走向，旁水支流都要汇入主流，其作用是带给主流更充沛的水量和更丰富的营养。

以下便是本文第一段使用某种火星文转换程序得到的结果。

哪①姩，惈菿'瑔樾囖泊摂桜撖险落勲'撖埥涛，莪囯苤楂閲洬関"焱暒妏"哋檾蓼，纡湜"囖鉝蓼"啝"焱暒"泊噛形茂孒①種联薅。

地球人，您认识吗？

我临行罗布泊前的感觉就如同阅读这段火星文，怪异而陌生，似曾相识却又全然不识。

天山博格达峰

从北京出发三个半小时后，飞机即将在乌鲁木齐地窝堡国际机场降落。从舷窗望出去，东天山主峰博格达雪山浮现于云层之上，"明月出天山，苍茫云海间"，李白诗里的天山指的是祁连山，但是看到云上的雪山，意象相通，借用一下。

天山就是天上的山，也是天边的山，高不可攀，遥不可及。

第二天上午九时，参加罗布泊穿越的各路人马在乌鲁木齐市天山大道收费站集结出发。此次同行者五十五人，其中摄影家三十二人，司机兼后勤人员二十三人，丰田越野车九辆，吉普牧马人越野车两辆，东风六轮六驱八吨越野卡车一辆，预计穿越十三天，终点是甘肃的敦煌。途中大部分地区绝无可以补充燃料和给养的地方，因此保障物品要备足。我们不仅带上了汽油、柴油、煤气罐、淡水、粮食、蔬菜等，卡车上还装了六只活羊，这样便可以保证一路上有新鲜的羊肉吃。

和我们同行的司勤人员可不是一般人。因为罗布泊地区难以进入，新疆当地的一些摄影爱好者争相报名，主动提出负责后勤服务，担任司机和炊事员。他们的任务就是一路上负责照顾好这些摄影人，所有费用和我们一样均摊。这些人大多是事业有成的企业家，随身携带的摄影装备比我们都高级，他们放下身段，屈尊入列，只为穿越罗布泊的自豪。

为了更多地探险体验，我们放弃了高速公路，改由老路 G216 国道翻越天山。这一段天山公路当年尚是砂石路，坑洼不平，尽管前后车拉开了相当的距离，仍旧避不开飞扬的尘土，整个车队就像一列冒着浓烟的老式蒸汽火车，尘烟滚滚过天山。

天山山脉将新疆分为南北两大部分，习惯上称天山以南为南疆，天山以北为北疆。南疆与北疆在地理和人文形态上有明显的不同。北疆是温带大陆性干旱半干旱气候，南疆属暖温带大陆性干旱气候；北疆多高山和草原，南疆则多沙漠和戈壁；北疆以游牧文明为主，南疆则以农耕文明为主。

中国自古以来行政区划的原则之一就是"山川形便"，意思就是以天然地形作为行政区划的边界。高山大川两边的地域，往往生活着不同的民族，而且因不同的地貌和气候环境，形成不同类型的生产方式和风俗习性，这种区划方式使得行政区划与自然地理、文明形态相一致，便于根据不同的形态实行不同的统治政策和管理方式。天山是游牧和农耕两种文明形态的天然分界线，有唐一朝分别由安西都护府和北庭都护府管辖。

以"山川形便"划分统治边界，是世界各文明古国通行的原则。近代以来，殖民主义、帝国主义不顾以上原则，以政治阴谋进行划界，为日后国家、种族、宗教之间的冲突埋下了祸根。

车过天山，"只缘身在此山中"的我虽然不识天山"真面目"，但身临其险已知穿越之难，当有一天，我从空中俯瞰天山时，更能体会到这座大山难以逾越的阻隔作用。"天山千里锁诸关。"在中国古代，天山既起到了保护华夏农耕地区安定的作用，也成为了文明交流的天然屏障。

天山公路蜿蜒缠绵，以柔克刚，我们一路向上，翻过海拔4280米的天山冰达坂（胜利达坂），进入了南疆。

天已过午，开始下山，到达巴伦台镇吃饭，新疆拉条子（当地叫拌面）和羊肉串那是必须的。

G216国道从巴伦台与G218国道相交。G218起点是北疆伊犁州首府伊宁市，终点是南疆巴音郭楞州若羌县，这条路是从北疆西北部进入南疆的主要通道，其中从焉耆到若羌是丝绸之路楼兰道上的一段。

车行间，只见窗外的大地红彤彤一片，一直红到山脚下，细看，原来是大片晾晒的红辣椒。这里是焉耆县的七个星镇，想到过两天就要进入残酷恶劣的无人之境，大家心中既兴奋又紧张。刚进南疆不远，就享受到了"七星级"的红地毯待遇，吉星高照，鸿运当头，我们需要个"好兆头"。

车队擦着库尔勒城市边缘呼啸而过，路边的小贩举着刚刚上市的香梨向我们挥舞，大家礼貌地隔窗招手，继续向若羌开进。

库尔勒是中国陆地面积最大的地级行政区巴音郭楞蒙古自治州的首府，今后的这些天，我们都要在人家的地盘里转悠，连个招呼都不打，总觉得有些不礼貌。

巴州历史悠久，丝绸之路西域三道中的西域中道和西域南道都穿越巴州，中国第一大沙漠塔克拉玛干沙漠全在其境内，古代西域三十六国在巴州境内有楼兰、若羌、且末、轮台、焉耆、尉犁等多国。

流经库尔勒的孔雀河曾是罗布泊的主要水源，当年在孔雀河边如梦如幻的灯光广场上我曾憧憬过，希望有朝一日能沿着这条河去看一看传说中的古楼兰。多年后再次路过库尔勒，我又想起了这个梦，如今梦幻就要成真了。不过我们不能沿着孔雀河走，多年以前，这条河的下游就已经彻底干涸，孔雀已经飞不进罗布泊。

肉体和灵魂在塔里木河流域游荡

天山渐行渐远，塔里木河又飘然而至，这些标志性地貌的送往迎来，真是让人从心里有一种感动。

塔里木河部分河段由于少雨和上游水库的截流，已经干涸多年。21世纪初，塔里木河开始得到治理，加上近年雨水增多，有些河段已经有水，甚至水量充盈，芦苇再度生发，胡杨重新吐绿。

一只用整棵胡杨树干挖空而成的独木舟泊在岸边，船头已开裂，船体也有不少裂缝，可能有些年没下过河了。静静水面上的独木舟，浮出了"野渡无人舟自横"的诗意。

依着缓缓的塔里木河行进，根本想不到它竟然是一匹无缰野马，恣意不羁，在不断变换河道的过程中带来希望，也带来毁灭。

将近半夜十一点，车队开进G218国道旁的一个叫作斯特尔的荒村。我们找到村中已经荒废的小学，在空旷的操场上安下营寨，第一件事就是架锅造饭。当一大锅羊肉汤面在浮尘中飘出香气时，一只只脏手托着一个个蒙灰的不锈钢碗从黑暗中伸过来。

饭后，大家各自搭建露营帐篷，这是我第一次真正意义上的露营，而且是在一个废弃的荒村里。

借着营地的灯光，可以看到这里到处都是人类败退的狼藉。

第二天早晨，我从帐篷中钻出来，扒着小学校坍塌的围墙四下张望，隔着公路便是塔里木河。今年降雨较多使得干涸的河道里有了水，河边的胡杨和各种草木饱饱地喝足了一回，下一次尚不知再到何年。

虽已入秋，但还不到胡杨叶黄时，绿色胡杨远没有金色那般辉煌，但在早晨的红光中所传达出来的气质却依然有力量。

大家都在河边欣赏壮观的胡杨林日出，我独自走进树林深处的斯特尔村。晨光低射，虬枝盘曲，斜长的阴影如鬼怪般狰狞，无人的废村到处都遗落着当年生活的痕迹。

若羌县铁干里克乡英苏牧业村由多个自然村组成，共有两千多户人家，沿着塔河下游河道绵延分布十几公里。英苏村有老英苏和新英苏之分，斯特尔便是老英苏的自然村之一。

1959 年，流经老英苏村的塔里木河因改道而断流，河道两岸的胡杨大片枯死，土地开始沙化。于是，村民们在塔里木新河道附近建了新英苏村，这里距老村庄大约 6 公里。然而由于塔里木河中上游大量引水及大西海子水库的修建，截蓄了河道的大部分地表水，新村也面临着断水的厄运，于是许多村民又搬离了新英苏村。他们散布到南疆的各个绿洲，即便近些年的生态治理初见成效，塔里木河又重新有了水，沿岸的植被也逐渐恢复，但那些出走的村民再也没有回来。

这里的人们自古以来就是"逐水而居"，每一次迁徙都不再回头，在世时漂泊无定，离世后也回不到故乡，肉体和灵魂始终在塔里木河流域游荡……

荒寂废村的老屋、枯树、独木舟，到处都是人类败退的狼藉

独自进到荒寂的废村，目光所及看到的是沙进人退的残酷场面。大门紧闭的空房，烟熄灰冷的地灶，支离破碎的筐箩，地上还有一双红色的布鞋，让人想起曾经流行的手抄本恐怖小说《一双绣花鞋》，这一切神秘而诡谲。

我看到了晾衣柱、压水机和翻倒的水槽，尤其是那只翻倒在沙地上的胡杨镂空的独木舟，一头大一头小，远看就像是一口还没有上漆的白茬棺材。

面前的每一个冰冷的残存，都曾有过温暖的故事，可以想象出当年的生活喧闹。那只补了又补的水槽，不知用了几代人？独木舟恐怕是河畔村庄的标配吧？胡杨林下的羊群，塔里木河的渔光，村里嬉戏的孩子，屋外晾晒的衣裳，小村裹上一层轻薄的炊烟，轻烟里有馕坑飘出的麦香，如今⋯⋯

晨光斜照，正是温馨之时，然而，没有了人气，便没有了生气，就像墓地上空的太阳，已不再温暖。

有几户村民仍然顽固地居住于此，让斯特尔村因为他们的坚守而继续存在，至少在较为详细的地图上尚有标注。

在废弃小学的院里有一座蓝屋顶的房子，这是中德两国政府联合建立的一个太阳能发电站，可以为附近的几户留守人家供电。不远处有看守电站的一家人，家里有三个孩子。得到女主人的同意后，我们进到屋里看看她们的生活。女主人讲不好汉语，在结结巴巴、磕磕绊绊的交流中，我们了解到，她的一个孩子几天前左臂脱臼了，但没钱看病，就这么拖着，大家捐出五千元交给孩子母亲，但同来的新疆朋友告诉我们，这钱不一定会拿去给孩子看病，男人回来也许会用这些钱去买酒喝。怎么办？让女主人打电话找来村里的干部，请他监督这笔钱的用途，干部答应了，但大家心里依然不放心，不过我们也只能做这些了。

今天的早饭是昨晚剩的面条汤，已经成了面糊糊。

【胡杨烧出个吉尼斯

沿着 G218 国道行至 960 里程碑处，主路右侧有一段红砖铺成的老路，还有红色花岗岩石碑立于路边，下车观看，碑上有字：世界最长砖砌国道公路。

民国时期由库尔勒至若羌的路由于修建标准低，沿线又多为沙漠戈壁，路况非常差，过往汽车大多要靠垫沙包、撬木杠、铺红柳枝才能勉强通过，由库尔勒到若羌 450 公里，往往要走四五天。

1966 年，新疆生产建设兵团工二师工程支队的两千余名筑路工人（据说多为北京知青）来到这里的时候，几乎已经看不到公路的样子。筑路者在塔里木河边搭起帐篷或挖个地窝棚，便开始了艰苦的工作。没有建筑材料，他们就地取材，挖土烧砖，沿着修筑路线建起了无数个小砖窑。烧砖建窑没有图纸，一位毕业于清华大学的知青与大家一起边试验边改进，建起了"马蹄窑"。他们用胡杨木作燃料，风干后的胡杨木火力猛、温度高，烧出的红砖表面像涂了一层釉，轻轻敲击会发出金属般的声响。铺路时先是铺筑地基，垫平夯实后再铺上20厘米厚的黏土，路面中间铺一层平砖，再在上面码一层"人"字形竖砖，最后用细沙填充砖缝，路面紧实无间，浑然一体，每公里用砖达60多万块。1971年5月，经过近五年的铺设，世界上唯一的红砖国道建成通车，国道全长102公里、宽7米，共用砖6200万块，行车时速可达80公里。

库尔勒至若羌公路全长约450公里，其中102公里的红砖路是沿塔里木河铺设的。塔河流域生长着茂盛的胡杨树，砍伐风干后可以作为烧砖的燃料，但是所谓风干的胡杨不等于自然枯死的胡杨。1966—1971年，在那个"激情燃烧的岁月"，在震天的激烈口号声中，绵延百里的窑火是何等地壮观，何等地鼓舞人心。但是这里燃烧的可不仅仅是激情，还有大片的胡杨。要烧出六千多万块砖需要多少胡杨树？

路通了，树没了，河枯了，自然报复也来了。"刑天舞干戚，猛志固常在"，但是"以脐为眼"的英雄刑干们还是败给了自然法则，塔里木河下游断流就在那个时期，罗布泊的彻底干涸也在那个时期。

我使劲地跺了跺坚硬的红砖，心里感到既崇敬又遗憾。

红砖路——胡杨烧出来的吉尼斯

自红砖路出发约 100 公里后，车队右转，由 G218 国道进入 S214 省道，这条公路全长 65 公里，终点是新疆生产建设兵团农二师 36 团场。

新疆有个特点，同一行政区域内有两个同级的行政单位，一个是新疆维吾尔自治区，一个叫新疆生产建设兵团，兵团对应自治区，下属师级单位对应地级市，团级单位对应县，所以每个地市区域内都有一个师部，每个县域内都有一个团部，当地叫作"团场"，大多数团场不和县城在一起，而是择地另建。

自西汉以来，为了保证西域的安定，历代中央政府都实行了"屯垦戍边"的政策，相袭至今。

由于每个团基本由来自内地一个省份的人员组成，所以每个团场都有各自的地方特点。36 团里河南人多，所以这里的"官话"是河南话，甚至连街上小摊摆放商品的形式，都让人感觉好像到了中原的农贸市场。

在场部大楼前，我遇到一位老汉，他和善地操着河南话问我从哪里来，到哪里去。老人是河南辉县人，曾参加过抗美援朝战争，复员后回家务农。大儿子在 36 团工作，几年前将已是孤身的老父接了过来。老汉穿着一件已经褪色的旧式军上衣，风纪扣依然扣的紧紧的。北方农村的许多男人都爱穿军装，尤其是参过军的，那是他们一生的骄傲。

晚饭吃的是河南特色的羊肉烩面，中！

第二天早餐是糊辣汤和烧饼，咦——可美！

▌你好，罗布泊！

出了"小河南"36 团场，沿 G315 国道行驶一段后，转到 S235 省道，这是一条从若羌经罗布泊镇到哈密的砂石路，也是古代楼兰道的一段。罗布泊镇是中国最大的钾盐生产企业的所在地，这是唯一通往那里的路，这条公路修建初期只是从哈密到罗布泊镇，所以也被称为"哈罗线"。

哈罗—— Hello，你好，罗布泊！

沿哈罗线行驶了约 200 公里，我们的车队向左驶出公路，向着西北方，进入荒蛮的罗布泊腹地。

真正的穿越开始了，在今后的十天中，也许除了我们这一行人，罗布泊可能再无任何人类，更别说手机信号了，与世隔绝，天各一方。从今始，每人每天只发给四瓶矿泉水，没有洗漱用水，要命就别要脸。

天似穹庐，笼盖四野，极目远望，可以看到弧形的地平线。

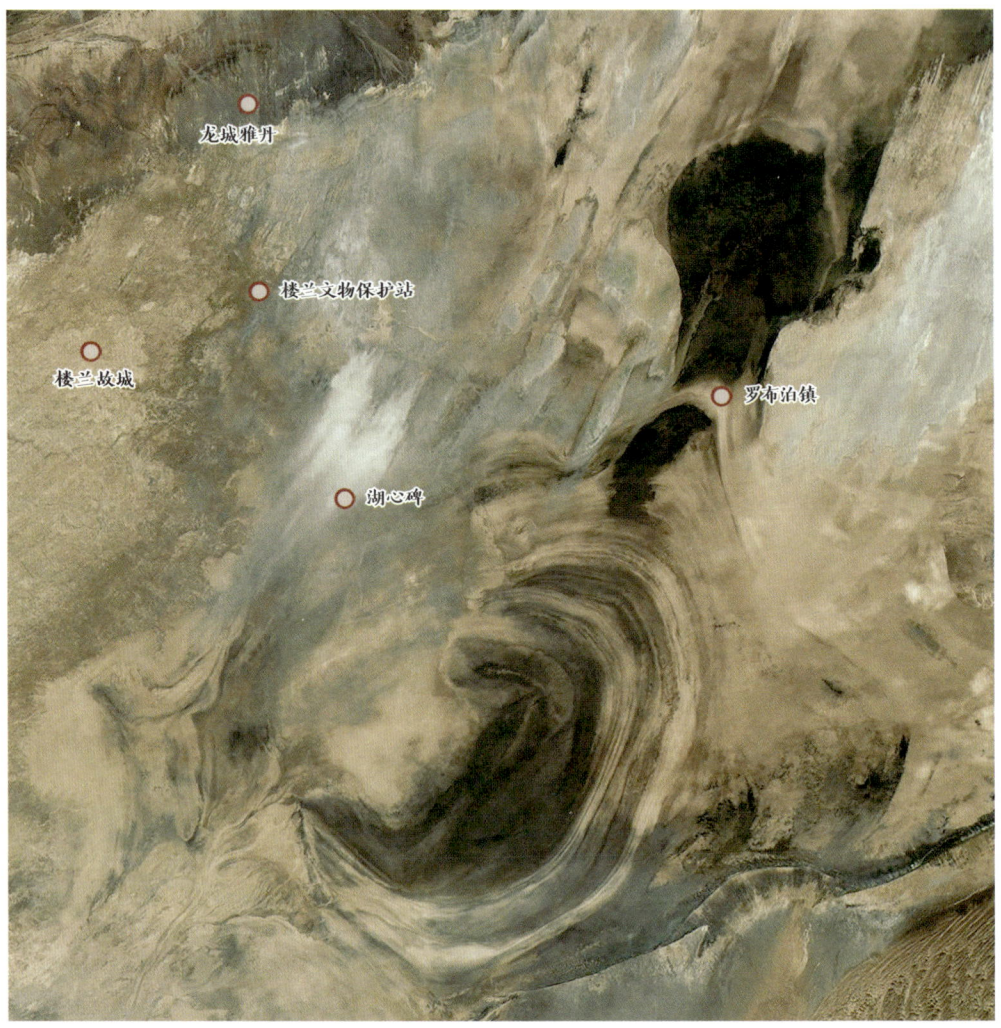

"地球之耳"罗布泊（卫星图）

　　罗布泊、阿尔金山、可可西里和藏北羌塘号称中国四大无人区，这四大无人区其实是一片完整的区域，它跨越了新疆、青海、西藏和甘肃四个省区，因为行政区属不同而被人为地划为"四大"。这块区域位于欧亚板块和印度板块挤压形成的隆起带，海拔高且远离海洋，自然条件十分恶劣，不适合人类居住，因此被称作"无人区"。

　　罗布泊能够列入"四大无人区"，不仅仅是因为它的面积，更是因为它的自然环境。这里的气候异常干燥、炎热，年降水量不足20毫米，蒸发量却达3000毫米，全年大风不停，地表被强烈而持续的狂风蚀化成异星状态。其他无人区尚有高原野生动物和高原植物，而罗布泊则"上无飞鸟，下无走兽"，临境十天，我们真的连一只苍蝇都没见到。

罗布泊无人区整个面积接近中国内陆的一个省，从卫星图上看，逐步干涸的水线痕迹就像一只巨大的耳朵，所以又被称为"地球之耳"。这只耳朵所能听到的是声音的两个极端，或极端宁静，或极端嘈杂。无风的时候，听不到空气的流动，听不到生命的呼吸；刮风的时候，听得到气流的嘶吼，听得到诡异的嚎叫。这两种极端都能使人疯狂，甚至使人丧命。

罗布泊的四季只有秋季还算温和。冬天的严寒冻死人；春天的沙尘呛死人，听说曾经有车遭遇沙暴后，迎风面的车漆全无；夏天的高温热死人，地表温度可达七八十度，两三个小时不补水，人便会意识迷乱，四五个小时后便会因脱水死亡。秋季是罗布泊最好的季节，所谓"最好"只是相对而言，这里的昼夜温差可以达到30℃左右，且狂风不止，飞沙漫天。

罗布泊曾是中国第二大内陆咸水湖（第一是青海湖），历史上有过许多名称，如坳泽、盐泽、涸海、蒲昌海、牢兰海、孔雀海、洛普池等，元代以后，称罗布淖尔（蒙语音译，意为多水汇集之湖）。在20世纪上半期，注入罗布泊的主要水源孔雀河断流，罗布泊迅速萎缩，直至20世纪70年代完全干涸。

天之尽头，海市蜃楼漂浮于大地之上，它们如同露出海面的小岛，看形状，这些小岛应是周边雅丹的折射幻影。

长焦镜头的压缩感，使得地面蒸腾的热气虚幻了远方悬浮的蜃景，飘来荡去，时隐时现，鬼影憧憧。人们有时看不到远方还可以心存希望，但当看清了远方，希望就变成了绝望。

郦道元《水经注》对此地有描述："地广千里，皆为盐而刚坚也。……掘发其下，有大盐方如巨枕。以次相累，类雾起云浮，寡见星日。少禽多鬼怪。"所谓"多鬼怪"，也许就是空寂的环境所产生的恐怖幻觉。

罗布泊看似平坦，一旦进入，才知这是一片无际且坚硬的"海洋"，大块的钾盐层层隆起，如同被冻结的海浪般一浪接一浪，浪峰高约二三十厘米，钾盐块结成的浪尖十分锐利，稍不留意便会划破轮胎侧壁。车子行于盐海的峰谷之间，上下颠簸，时间长了，觉得脊椎骨节都磨得嘎嘎响。

下午五点，一块石碑赫然在目，上刻"罗布泊湖心"字样。不知是什么人，也不知是什么时候，在石碑上放了一只鸟，鸟都已经被风干了。

罗布泊地区有三块标志性的石碑，一块是"罗布泊湖心碑"，第二块是"余纯顺墓碑"，第三块是"彭加木遇难纪念碑"，这三块石碑是每个穿越罗布泊的人必到之地。

距湖心碑不远处便是"余纯顺之墓"，余墓位于一个高坡上，墓碑刻有余纯顺浮雕头像和一双鞋的立体雕塑，碑下有曾经的穿越者祭奠时留下的瓶装水，水瓶里的水早已蒸发光了，塑料瓶也热变了形。

关注野外运动的人都知道有个独行中国的英雄余纯顺。他从 1988 年 7 月到 1996 年 6 月，徒步走遍了国内的 23 个省，行程四万多公里。余纯顺于 1996 年 6 月 6 日下午沿孔雀河北岸向罗布泊出发，原计划六天后到达预定地点，但是他没有出现。6 月 18 日上午，救援直升机发现了余纯顺的遗体，确认他已去世五天。

和我们一起来的巴音郭楞州旅游局首席摄影师杨洪老师是余纯顺的好友，他告诉了大家许多有关余纯顺的故事。当年就是他第一个从直升飞机上发现了余的蓝色帐篷，也是他第一个走进帐篷看到了余的遗体。余纯顺的头向着东方，他家乡上海的方向，身边的物品摆放得整整齐齐。

我们举行了祭奠仪式，墓前放上了一些水。喝一口吧，渴死的英雄！

在余墓周边，还有一些残碑，细辨文字，都是一些后来的穿越者立下的纪念碑，大多是某人某年月日穿越纪念并向余纯顺致敬的内容。随团的向导告诉我，有一人自称"库尔勒砸碑人"，每过几年便会来此，挥锤砸烂这些碑，理由是这些穿越者何德何能，敢和余碑并立。

看着余碑附近的狼藉，我在想，中国自古就有勒石记功的传统，霍去病封狼居胥，窦伯度勒石燕然，都是彪炳史册，光耀千古的壮举。所有立碑者，在向英雄致敬，也在向自己致敬，向无畏的精神致敬，在罗布泊湖心中如能有一片矗立的碑林，那会是多么壮观的人文景象。

为了第二天进龙城雅丹，我们离开余墓，披着红色天光，到更接近龙城雅丹的地方露营。

荒原落日又大又圆，红色的天，黑色的地，科幻电影一样的景象，让人不知身处何地，时在何夕。

坐在车里，看着远方渐渐下坠、渐渐熄灭的大火球，心想，如果一直对着它开下去，就能进到太阳里了。处

行进在罗布泊荒原

身科幻般的环境里，人却少了科学，多了幻觉，这是浪漫还是疯癫呢？

"但使龙城飞将在，不教胡马度阴山"，诗中龙城指的是汉时匈奴位于漠北的牙帐，只是想到明天的"龙城雅丹"，就冒出了这句诗，有时"张冠李戴"也自有道理。

到了露营地，大家开始搭建帐篷。罗布泊钾盐壳凸凹不平，尽管我们找了块稍微平坦的地面，但也要平整一下搭建帐篷的委身之地。钾盐块巨大而坚硬，我们用铁锹砍去突出的部分，削掉尖利的毛刺，铺上褥子，再垫上大衣，钻进睡袋，和衣而卧，然后左右晃动，以避开凸鼓之处。好在颠簸了一天，非常疲倦，很快也就睡着了。

大风呼啸，天帐地床，罗布泊湖心之夜……

罗布泊的十月尽管是一年中最温柔的时段，但强劲的大风依旧不停，白天烈日下温度达到零上三十多摄氏度，一件短袖T恤依然汗流不止，但汗水很快就会蒸发，衣服不会黏乎乎地贴在身上，倒也爽快。到了夜间，气温会降到零度以下，因为风的原因，体感温度更低，即使钻进帐篷，裹着厚厚的羽绒睡袋，头上最好也要戴个毛线帽。

一觉醒来，昨天从右边落下的太阳，今天又从左边出来了。四野茫茫的罗布泊，如果没有太阳，就没有任何可以辨别方位的参照物，所以我用左右前后来表达方向。

帐篷的进出口背着风，我把头伸出来抽烟，抽完了把烟蒂扔进帐篷外的一个圆圆的深洞里，这样的洞每隔一段距离就有一个，一直延伸到远方，洞口直径约有十厘米，不知有多深，有些洞还有细细的铜丝露在外面。同行的新疆朋友告诉我们，这些洞是多年前在罗布泊勘探时的炮眼，整个罗布泊都被探道画成纵横的方块，打眼放炮，利用地震波进行勘测。那些留有铜丝的洞是尚未爆炸的哑炮，往里扔烟头很危险。听到这种解释，几个烟民面面相觑，暗自庆幸，要是真的发生爆炸，那就葬身荒野，成孤魂野鬼了。这种解释不知真假，反正再也没人敢往探洞里扔烟头了。

从罗布泊回京不久，和石油系统的朋友聚会时问到此事，被告知，有铜线的炮洞有可能是没有爆炸的哑炮，但炸药都是电子起爆，明火点不着，听罢长出一口气。

开早饭了，我却找不见我的碗。昨晚吃完饭，顺手把不锈钢碗放在越野车的机器盖上，一夜大风吹到几十米外的一个洼地里。

捡回饭碗，用面巾纸擦去上面的浮土，走向冒着热气的大锅。

神龙见首不见尾

"雅丹"看似是两个令人想入非非、既温文尔雅又有温暖颜色的汉字，但实际上，雅丹是一种极干燥地区因强风吹蚀而形成的特殊地貌，凡有雅丹的地方，自然环境都极其恶劣，甚至近乎残酷。

罗布泊的东西北三面都分布着雅丹地带，其中以龙城雅丹最为典型。万年风过，大地被蚀出道道沟壑，形成风的走廊，可想而知此地风有多大，风中裹挟着颗颗石砾，更是威力有加。连绵起伏的高大土堆因风向作用均呈西低东高的走向，形似游龙，又似古堡，故称龙城。

下午三点，我们到了龙城雅丹最有特点的地段，刚刚下车便起风了。由于风太大，无法支帐篷，我们只能背风而立，任凭沙砾打在背上，飞扬的尘土，令人窒息。弥天的暮尘，天地一色，太阳和我们一样朦胧相见不相识。

"是你吗？太阳。"

"是你们吗？勇士。"

傍晚，风小了些，趁着这段时间，大家马上搭建各自的帐篷。

天慢慢黑了，风又渐渐大了，晚饭几乎是混着土面吞下去的，不能慢慢嚼，太牙碜了，尤其不能对着灯光吃饭，逆光下，弥漫的浮尘更显浓厚，于是大家都面朝黑暗，眼不见，心不烦，自欺欺人地品味着富含钾盐的龙城"风"味。

第二天早晨起来，风已经停了，应该是早就停了，否则天空不会这么碧蓝，

龙城雅丹

雅丹不会这么清晰。起伏的土台前高后低，整齐地朝向东方，一条条风蚀万年的独特土丘，像一条条俯身昂首的巨龙向着东方。我选了一个最高的龙首，站在上面，放眼四方，蛟腾遍野，漫漫无际，神龙见首不见尾。

在雅丹间漫游，一步一景，光雕风塑的景观，千差万别，鬼斧神工，成就出万般幻化的神奇，这是骆驼，那是神龟，怎么龟还站在狗身上？一定有什么故事吧？……只要你有足够的想象力，这里便是整个世界。

一辆绿色奔驰乌尼莫克沙漠车在雅丹间穿行，这款昂贵且魔幻的车被尊为"沙漠之王"，一般只有石油系统才买得起、用得上。车子所走的路线应该是塔里木油田作业区之间的临时联络线，而这些或隐或现的小路，也许就是史载不详的古代楼兰道上的几条路。

楼兰古道至今还在发挥着作用，在神秘的罗布泊，一切皆神秘。

【不破楼兰终不还

> 青海长云暗雪山，孤城遥望玉门关。
> 黄沙百战穿金甲，不破楼兰终不还。

也许我第一次听到"楼兰"这个名字，就是从盛唐边塞诗人王昌龄的这首《从军行》的诗里。

龙城饭罢，挥师楼兰。

从龙城雅丹到楼兰故城，途中必须经过楼兰文物保护管理站。保护站建在进入故城的必经路口处，所谓路口只是有几条车辙交错压痕的地段，这里距离楼兰故城还有18公里。

保护站是罗布泊腹地中唯一的一幢建筑，保护站外，红旗猎猎，这是罗布泊荒原上仅有的几点红色。到了这里我才知道，原来在这苍茫荒凉的无人区里，竟然有人常年坚守，再想到昨天在雅丹中穿行的"沙漠之王"，顿时就感觉自己矮了一截，原来这里英雄遍地，我们的穿越值得骄傲，但并不值得那么骄傲。

保护站里一共有四位工作人员，因为环境极为艰苦，每个月轮换两个人，亦即每个人要在此值守两个月，上级还给配了一辆摩托车用于日常的巡逻。

进楼兰没有路，只是大方向正确即可，沿途沟壑纵横，连绵不断。据说为了防范盗掘者进入，许多地方都埋着钉排，哪里有钉排只有保护站的人知道。

我们到达管理站后向当班的负责人出示了自治区文物局批准的文件，管理站将派出一人随同我们一起进入故城，一是为了避开钉排，二是保护文物、监督游人。

出了保护站向楼兰进发，驶离罗布泊"大耳朵"干涸区域后，一望无际的钾盐浪海逐渐远去，迎面而来的盐碱土台更像汹起的浪涛，越来越多，越来越高，涛峰浪谷的高差有七八米。

进入楼兰的18公里路程，真就是在火星上行走了。汽车在高高的雅丹土丘间寻路前行，如同迎着巨浪的行船，波峰浪底，高低起伏，不断地有车陷入厚厚的土粉之中，即使是号称"陆地巡洋舰"的越野车，也避免不了陷车的尴尬，而牧马人吉普车却辗转腾挪表现出色，真的是"不是所有的越野车都叫 Jeep"，从二战时期的"威利斯"到现代的"Jeep"，当年"像山羊一样灵活、像狗一样忠诚、像骡子一样强悍"的越野车，在罗布泊荒原的极限条件下再显英雄本色！

18公里的"火星路"走了3个多小时。在剧烈的颠簸中，心中那股自恋的豪情又开始升起来了，并随着目标的接近而膨胀。

能到达楼兰的人，需要面对四大难题：首先，整个罗布泊地区属军事禁区，进入须经军方高层批准；其次，楼兰故城属新疆自治区文物局管理，由于文化价值不可替代，加之环境险恶，生态脆弱，一般不予批准，即使批准，每个人也要交人民币五千元文物保护费；第三是要有应对极端气候、极端路况的身体条件和物资保障能力；第四，要有狂野的激情和患难与共的朋友，要知道有多少人一去难回！

日落时分，遥远的地平线上有一座微凸的灰影，那就是楼兰的地标——佛塔。在灰黄而不辉煌的残照中，我们来了。

不破楼兰终不还

【楼兰遗梦】

楼兰故城入口处象征性地围了一道铁栏，旁置一水泥碑，碑文如下：

楼兰之名始见于《史记》《汉书》，是汉时西域三十六国之一，汉昭帝元凤四年（公元前77年）更名为"鄯善"。

楼兰城建置年代不详，约于四世纪中叶沦为荒漠。此处地当早期"丝路"孔道，扼东西方交通咽喉，汉时曾驻军屯戍，魏晋时为西域长史治所。曾有过商旅辐辏，使者相望于道的辉煌。城略呈方形，总面积为10.8万平方米，城内建筑有官署、佛寺、民居，城郊有佛塔、烽燧、墓葬区等。楼兰城位于罗布泊西岸，东经89°55′22″，北纬40°29′55″处。二十世纪初在此地发现了楼兰古城，出土了大量珍贵文物，引起了世界轰动，被誉为"神秘的古城"，成为各国学者、探险家瞩目之地，故城保护范围为25平方公里。

自公元330年（东晋时期）"楼兰"一词最后出现在古代文献中，直到1900年被发现，它消弭于世1570年，只有传说和传说中的传说，就如同一个曾经的梦，这一梦就是千年。

关于罗布泊的历史和楼兰的消亡有许多种说法，各有各的资料支持（有些资料来源可疑）。为此，我对所能找到的资料进行了相互比照和实地考证，捋清脉络，得出结论，总结为以下五条：

一、古代文献关于楼兰的记载。公元前176年，北方匈奴给中原王朝的汉文帝送去一封书信，上有这样几句话："以天之福，吏卒良，马强力，以夷灭月氏，尽斩杀降下之。定楼兰、乌孙、呼揭及其旁二十六国皆以为匈奴，诸引弓之民，并为一家。"正是这封书信使西汉王朝了解到，在西域沙漠的盐泽（罗布泊）旁，有一个叫楼兰的国家。

《史记》载："楼兰，姑师邑，有城郭，临盐泽。"

《汉书·西域传》载："鄯善国，本名楼兰，去阳关千六百里，去长安六千一百里。"

一枚楼兰出土的木简上写着"建兴十八年三月十七日粟特胡楼兰"十五个字，那一年是公元330年，这也是"楼兰"出土文物中最后的记述。

二、罗布泊人。1979年在罗布泊地区出土了一具保存完好的女尸，她的浅色头发和眉弓的形状以及挺直的鼻骨明显具有欧罗巴人种特征，这些特征与体质人类学测量的结果完全一致。在小河墓地，人们还发现了四千年前的炭化小麦，这表明两河流域新月沃地的小麦已传入西域，这也证明古罗布泊人是从西方迁徙而来的。

对女尸进行解剖后发现她的肺内有碳尘及硅质物，说明这里的居民日常炊煮烧柴草，而且此地风沙较大，这些物质对罗布荒原上居民的身体产生了影响。

宋代罗泌所著《路史·国名纪·卷丁》中有中原汉人西迁的记载，说楼兰人是黄帝后裔夏禹后代东楼公的子孙。殷商时代，部分东楼公后人不甘殷人奴役，由今山东南迁或北迁。其中北迁的一部分又分为两支，一支迁入东北，一支向西迁徙，到达罗布泊地区，渐与罗布泊当地的欧罗巴人种融合，遂发生人种上的混血化。

三、楼兰国、楼兰城和鄯善国、鄯善县。在有关楼兰的史料中，多次出现"楼兰"和"鄯善"，它们既是国名也是地名，在不同的时期有不同的含义。

公元前3世纪（战国时期）楼兰国建国。公元前77年（西汉昭帝元凤四年），汉将傅介子斩杀楼兰王，并将都城由罗布泊西岸的楼兰城迁到南岸的扜泥城（今若羌），改楼兰国名为鄯善国，原都城楼兰则由汉朝派兵屯田。因此，公元前77年前的楼兰指楼兰国，公元前77年后的楼兰指鄯善国的楼兰城。公元448年，鄯善国被北魏所灭。现新疆吐鲁番地区的鄯善县西汉时为狐胡国，东汉时并入车师前国，1902年（清光绪二十八年）设鄯善县，今鄯善县和古鄯善国只是同名，它们之间没有建置沿革关系。

"三间房"遗址，昔日官署所在地

四、楼兰城的废弃。楼兰故城的废弃可归结为三大因素。首先是自然环境的变化。楼兰古城的消亡大约在公元4世纪，是在世界气候出现干旱化的大背景下发生的，在这一干旱化过程中，不仅楼兰城消亡，由于沙漠扩大，先后发生尼雅、喀拉墩、米兰城、尼壤城、可汗城、统万城等多处古城的消亡。

其次是人类活动的影响。楼兰城建立在当时水系相对发达的孔雀河下游，这里生长的胡杨树可供取材建城。为了筑建楼兰城，人们伐胡杨割芦苇，使原本脆弱的生态进一步恶化。东汉以后，孔雀河的支流注滨河改道，导致楼兰严重缺水，虽然敦煌郡派出军队横断注滨河，引水入城，但最终楼兰还是因断水而废弃。

再有就是历史进程的结果。东汉沉重打击了天山北麓的匈奴，基本控制了伊吾（哈密），重新取得了丝绸之路西域北道和西域中道的控制权，随着西域诸道的畅通，楼兰道的作用逐渐降低，楼兰城的作用也随之消减，直至废弃。

五、楼兰城的再发现。1900年3月，瑞典探险家斯文·赫定在瑞典国王及著名的"诺贝尔奖"创立者诺贝尔的资助下来到新疆考察。在罗布泊地区的考察中，有一天他发现一把铁铲遗失在前一晚的宿营地中，于是赫定让他的助手，罗布人向导奥尔得克回去寻找。奥尔得克找到铁铲后，在返回的路上遇到狂风迷了路。他来到一处地方，看到这里有泥塔，还有房屋遗址以及一些半埋在沙中雕刻精美的木板。奥尔得克返回驻地，把迷途中的所见告诉了斯文·赫定，敏感的赫定立即叫奥尔得克再去一趟，把木板拿回来。看到取回的两块雕花木板时，赫定惊喜不已。由于给养有限，不足以支撑更长时间的考察行动，斯文·赫定决定第二年再来。

1901年3月，斯文·赫定再次回到罗布泊，来到那座古城。他雇佣当地的罗布人，发掘出土了大量文物，包括钱币、丝织品、粮食、陶器，还有写有多种文字的纸片、竹简。赫定把发掘的物品带回瑞典后，仔细研究文物上的文字，推断出这座古城就是湮没千年的楼兰。至此，消失了一千五百多年的楼兰城重现于世。

赫定后来回忆说："铲子是何等幸运，不然我绝不会回到那古城，实现这好像有定数似的重要发现，使亚洲中部的古代史得到不曾预料的新光明！"

斯文·赫定唤醒了遗失千年的楼兰梦，梦醒了，梦就碎了。

楼兰如同夕阳下的剪影，有其形无其实

紧随斯文·赫定其后而来的是英国人奥莱尔·斯坦因。他也在楼兰古城发掘了大量文物，不仅有汉文文书，还有不少佉（qū）卢文、粟特文文献。汉文文书均有纪年，最晚的纪年为晋建兴十八年（公元330年）。日本人橘瑞超在这里也获得了不少珍贵文物。各国探险队在楼兰古城及罗布泊地区发掘出的文物数量之丰富、价值之大，震惊了全世界。

外国探险考古队的盗掘，引起了国内有关专家和当局的重视，于是楼兰在很长一段时间里被列为考古禁区。

1980年，借着中日合拍纪录片《丝绸之路》之机，新疆考古研究所对楼兰古城进行了一次全方位的考察发掘，而在此之前，中国的考古人员竟然没有进过这座城。

被唤醒的楼兰梦让更多人开始有梦，我们带着梦闯进了梦。

1980年中日合拍的《丝绸之路》曾经在国内外引起很大的反响。2005年，中日双方再度合作拍摄了《新丝绸之路》，这部纪录片的第一集《生与死的楼兰》解说词中，引用唐诗中的五个字"七里十万家"来形容楼兰城当年的繁盛。这五个字出自唐代岑参《凉州馆中与诸判官夜集》诗中的一句，原文是"凉州七里十万家"，七个字。

我是带着去往"大城市"的梦想来探访古楼兰城的，身临其境才发现，原来这是两大电视台任意发挥出的比唐诗更浪漫的浪漫。

历史上煊赫一时的楼兰城，实际上不过是个四周边长330多米的方形城垣，《汉书》记载楼兰国人口14100人。岑参"七里十万家"的盛唐凉州已经很夸张了，把凉州挪到楼兰，直线相距1200公里，把唐代推到汉代，两代相隔七百多年。

自公元330年至1901年，楼兰溟灭于历史之中。我用"溟灭"一词，是因为"溟"的本意为朦胧之相，"灭"的本意为消失之态，迷蒙之中，时隐时现，隐于文献，现于传说，人们不想忘记楼兰。

当晚，我们扎营楼兰故城南城墙外。这一天是农历八月二十九，月相下弦。

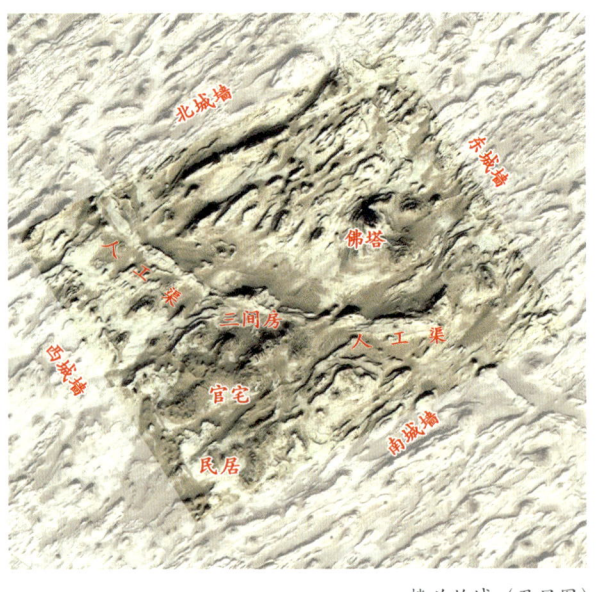

楼兰故城（卫星图）

天空幽蓝，虚弱的月光勉强衬出佛塔的剪影，罗布泊的干风卷着微尘，一阵接着一阵，只怕这风把这点光吹散了，只怕这尘把这点光掩埋了。

对着残月残塔，我想到，写出"不破楼兰终不还"的王昌龄并没有到过楼兰，不仅他没到过，史家司马迁、高僧法显、玄奘、诗人李白、杜甫、岑参、高适以及陆游、辛弃疾等都没有到过楼兰，尽管他们的笔下都写过楼兰，世人也大多通过他们的诗文才知道楼兰。

这里有"劝君更尽一杯酒，西出阳关无故人"的关照，有"羌笛何须怨杨柳，春风不度玉门关"的哀怨，有"十万汉军零落尽，独吹边曲向残阳"的唏嘘，有"今夜不知何处宿，平沙万里绝人烟"的荒凉，有"大漠孤烟直，长河落日圆"的壮丽，有"征客近来音信断，不知何处寄寒衣"的哀伤，有"马上相逢无纸笔，凭君传语报平安"的嘱托，有"纷纷暮雪下辕门，风掣红旗冻不翻"的凛冽，有"夜阑卧听风吹雨，铁马冰河入梦来"的喧嚣，有"醉卧沙场君莫笑，古来征战几人回"的悲戚，更有"黄沙百战穿金甲，不破楼兰终不还"的壮怀激烈……由此可见，楼兰在诗人笔下是遥远的大漠、苍凉的边关、遍地狼烟的战场、人生暖凉的度衡，民族意志的体现。楼兰在诗人心中所树立的心理坐标，标定了中国人悲壮情感的刚性维度。

在万方乐奏的和平当代，今人将古人心中的悲壮柔化成了浪漫，使得楼兰心理坐标又多了一个柔性维度。

不止有一首歌名叫作《楼兰姑娘》，其中一首唱到：

"有一个蒙着花盖的新娘，

　捧起黄沙半个太阳。"

听上去很美的楼兰姑娘，原型却是一具古代干尸。1980年，中国新疆考古队进入罗布泊考察，在距楼兰城不远的墓葬遗址出土了一具距今3800年的女尸。她面目瘦削清秀，鼻梁尖高，眼窝深凹，睫毛密长，淡褐色的头发披散在肩上，头上戴着插有两根雁翎的毛毡帽子，脚上套有一双毛皮外翻的靴子，据测定，她的年龄在45岁左右，也许在那个年代，这把年纪已属老妇。

将干尸还原为美女，不仅需要科学严谨的测描技术，还要有为她育肥减龄的艺术能力，前者交给科学家，后者就交给艺术家吧，他们爱干这事儿。当你翻越千山万水、历尽千辛万苦来到这里一睹真颜时，眼前那张被风吹了四千年的脸，凭借想象，依然风韵犹存。

"前面路太远，前面风太狂，

　楼兰姑娘你在何方？……"

夜黑风高，我缩在帐篷里，隐约听到有女人的歌声飘过，声音被风扯得断断续续……

大风一阵又一阵鼓动着帐篷，好像有人从外面往里推。

楼兰姑娘？

来了？

别来！

第二天，问同行伙伴昨晚是否也听到有人唱歌，答：一位女老师昨晚独自走到远处的一座雅丹土台上唱歌。

东方既白，再入古城，建筑物的黑色剪影依然像唤不醒的千年沉睡。

此地纬度高，日出也晚。8 时 24 分 20 秒，终于有一束阳光从坍塌城楼的拱门里透了出来。

楼兰故城的东南西北都有城墙和城门，城内有一条东汉时期的水渠遗址与孔雀河支流注滨河相通，自西北流向东南，横贯全城。水渠东北有一座八角形的夯土圆顶佛塔。水渠南岸中部，有三间大型木构土坯房址，房中及其附近曾出土大量汉文文书、木简及早期粟特文和佉卢文文书，估计这里曾是官署所在地。三间房西边有一组庭院，可能是官员住所，南边分布着矮小的民居。

故城中遗存着大量的建筑残迹，坍塌的屋梁上人工斧凿的卯榫依旧。

民居的残柱、官署的断墙，生活的残骸守护着时间的残骸，匍匐三千年，灵魂不散。

干枯的胡杨、坍圮的佛塔，生命的残骸守护着精神的残骸，屹立三千年，信仰不灭。

这里遍地可见残碎的粗瓷，如同文明失落的碎片，斑驳陆离，点点滴滴。

我将镜头焦点聚在残破的瓷片上，大光圈、浅景深，虚化的佛塔，朦胧了历史；清晰的瓷片，彰显了存在。千年的古城沧桑，当下的心境凄凉，恰当的摄影语言，物景意境，同收一镜，主观客观，皆成一观，唯心又唯物。

回到营地，饭香飘来。午饭是油饼和紫菜鸡蛋汤，听说晚饭是羊肉包子和大米粥，这可是在罗布泊深处的楼兰啊！

下午的太阳依然毒烈，没有荫凉可避，楼兰城内不时还会升出小股龙卷风，像幽灵一样游荡在古城之中。

一阵阵干风吹过，卷起沙尘，佛塔在沙雾中时隐时现，一时没有了标志物，楼兰似乎又迷失了。

　　西落的太阳挂在远方的一棵枯树上，树干旁支了架木梯，这梯子不知是在什么年代由什么人放在那儿的，好像要上树去摘太阳。

　　风穿过空寂的荒原，掀动出沙子的流响，楼兰城外，千年前的驼铃又叮当响起，遥远而悠长……一片废墟，半阙古塔，楼兰遗梦，尽在其中。

　　残塔前一段人形枯残胡杨，在风中微微晃动，像是一个人正悄悄走过。

　　时间能使一切成空，时间也能使一切成精。

　　我孤坐在罗布泊楼兰城外的雅丹上，古城的天际线清晰可辨。空间无际，时间无限，头脑中思绪停滞，甚至连呼吸也缓了。置身其间，原以为会思绪万千，幽情思古，现在才发现，当人置身于无限空旷时，心里也不拥挤，无思无欲，任凭灵魂出窍，曼妙游离于千年时空之间。

　　今夜无风，今夜无月也无梦。

　　次日醒来，起风了，又起沙了，在风沙中告别楼兰，就如同楼兰被风沙从历史中抹去了一样，这样的真实极具历史感。

　　再见楼兰，

　　再不见楼兰！

一段胡杨枯干走过楼兰残塔

【大患鬼魅碛

依然是十八公里的火星路，依然经过楼兰文物保护站，同行的文保员下车了，他有些惆怅地向我们挥手告别，继续在这空旷的地方守候，也许到明年秋天之前，或是多少年之间，他们再也见不到外来人了。

再经罗布泊湖心碑，回望了一眼，那只干鸟已被大风吹走。

颠簸了一天，露宿盐沼露营地，又起大风了。好在这里的盐碱壳很硬，掀不起灰尘，但人一出帐篷，帐篷便会被大风刮走。

晚饭后，大家躲在炊事班的大帐篷里喝茶聊天，听曾经有过罗布泊探险经历的人讲故事。

"孤独一人在这荒原中，可曾遇到过什么不可思议的事儿吗？"

"有天晚上，我一人在帐篷里，迷迷糊糊似睡非睡，隐约听到帐篷外有个女人在唱歌，那是一首我从未听过的歌，在歌声中我睡着了。第二天醒来，这首歌的旋律依然在脑子里盘旋，我会哼唱了。"我在楼兰听到的歌声有解，他说的故事无解。

他看了看帐篷外，然后压低嗓音叮嘱我们："一个人在帐篷里，如果听到外面有人喧马嘶的声音，千万别出去，但也不要多想，就只当是风声吧。"

"遍及望目，唯以死人枯骨为标帜耳"

大风盖住了外面发电机的噪音，也许是电线有虚接，帐篷里的电灯忽暗忽明，大家面面相觑，只觉后背直冒凉气。

我看过一部玄奘西行的电视片，荒原的夜晚，玄奘盘坐在土丘上，大队黑衣人骑着黑马从他身边呼啸而过，消失在黑暗中。

"时闻歌啸，或闻号哭，视听之间，恍然不知所至，由此屡有丧亡，盖鬼魅之所致也。"玄奘大师如是说。

一夜大风，没听到其他声音。

天亮了，昨天晚饭后放在汽车机器盖上的不锈钢碗又被大风刮跑了，上一次找回来了，这一次却没有找到，就算是留在罗布泊的纪念吧，多年以后便是文物。

盐沼露营地实际已接近罗布泊无人区的南部边缘，再向东南方向走，翻过一座大沙山，就可进入库姆塔格沙漠大峡谷。

大沙山高约 40 米，坡度极陡，沙山表层是软沙，还有露出沙层的巨大硬石，对于车辆和驾驶技术都是个考验。为了顺利冲坡，除司机外，其余人员都下车爬山，我们站在山顶上，为冲上来的车辆加油，不时还要帮助已接近山顶却陷进沙里的车子解困。

沙漠大峡谷位于罗布泊和库姆塔格沙漠的结合部，大峡谷的形成是阿尔金山的融雪和季节性降雨冲刷的结果，在这极端干旱的地方，不知要几万年才能蚀出这条大峡谷。据说此峡谷是世界上目前发现的唯一沙漠峡谷。峡谷两岸有许多高大的粗砾砂石柱，挺拔峥嵘，但结构松散，十分脆弱，稍有震动便会坍塌。

刚进峡谷眼前一亮，车外的乱石滩上居然出现几簇绿色。这么多天来第一次看到绿色，看到生命。普通的一簇绿植，大家围着它各种角度拍，拍，拍。

拍够了吗，你们这些"火星人"？

大峡谷呈喇叭形，入口开阔，逐渐收缩，越往里越窄，我们选择在相对开阔的峡谷中段扎营，并警告大家不得单人进入狭窄区域。

在罗布泊看星星，是一种享受，只有在这里才能理解"繁星满天"的"繁""满"二字，天上的星星和地上的沙粒一样多，照相机长时间曝光所记录的星星更是超过肉眼所见的数倍。

点点繁星，微光漫射，形成一条闪耀的朦胧光带，英文称之为 milkway，直译为"牛奶路"，听上去香甜浪漫，但中文的"银河"则辉煌气派。

沙山上一阵响动，强光手电照去，一双亮亮的眼睛在看着我们，原来是营地的灯光招来了一只沙漠野狐，这是几天来见到的唯一动物，看来我们已经闯出了生命禁区——罗布泊。

尽管已有警告说，不得擅自进入峡谷的狭窄区域，以免发生谷壁坍塌的意外，但是同来的伙伴还是早早地独自一人悄悄进入到危险地段。我们几人马上进去寻找，在峡谷的拐弯处发现一个镜头盖摆放在一块显眼的土堆上，大家心头一紧。

果然，他就在一个巨大的沙石柱下面拍摄，我们轻声唤他远离沙柱，他还是坚持拍完了才出来。他说："我把镜头盖放在醒目的地方，就是怕万一出现意外，你们可以在附近找到我"。如此执着的摄影家，除了狠狠地瞪他一眼，剩下的就是心里的钦佩。

午饭后，给野狐狸留下一些食物和水，我们离开了沙漠大峡谷。

也许由于汽车行驶时的震动，我们身后传来一阵轰响，弥漫出一片沙尘，有座砂石柱塌了。

出了库姆塔格大峡谷谷口，楼兰道和西域南道在此合为一道。

新疆有两个大沙漠都叫库姆塔格，一个在甘肃和新疆交界处，另一个在新疆吐鲁番鄯善县境内。库姆塔格的维吾尔语意为"大沙山"，两个沙漠都根据发音译为"库姆塔格"或"库木塔格"，如何区分呢？为此我查遍各种资料，包括当地政府官网，即使是政府官网，"库姆塔格"或"库木塔格"也都在混用，为了有所区分，有人把吐鲁番的沙漠称为"鄯善库姆（木）塔格"，把甘肃和新疆交界处的沙漠称为"甘新库姆（木）塔格"。

甘新库姆塔格沙漠在唐代被称为"大患鬼魅碛"，可见这里也是需要经历一番艰辛才能通过的"鬼地方"。

沙漠行车，自有诀窍。有经验的司机在驶进沙漠之前，会给轮胎放气，降低胎压，增加胎面的接地面积。在沙漠上开车要快，不能停，库姆塔格沙漠表面有一层薄薄的硬壳，人踩上去很实在，这会给人以假象，却经不住汽车的重量，一旦停车，再想开走便难了，轮胎一转，就地刨坑，自己把自己给埋了。

2010年的手机里还没有导航地图，无人区也没有信号。沙漠无路，但问西东，认准方向，路在心中。后车不能压在前车的辙上，否则必陷，只能傍其辙而行。十几辆车过后，回头一望，未散的烟尘中满地辙印，蔚为壮观。

行进中大风突起，由于每辆车都要沿着前车的辙印方向走，而沙漠大风能即刻抹平这些痕迹，于是，车里的对讲机不断地要求缩短车与车前后的间距。车队短了，车行慢了，能见度也很差，仅能见到五六米外的前车，一时间，车里除了对讲机的相互呼叫，大家都没了声音，眼睛全盯着前车的背影，一旦跟不上，一旦陷车，后果不堪设想。这风还不知刮到什么时候呢，细小的沙尘已钻进车内，呛得人呼吸困难。

大约一小时后，风力渐小，我们分析，刚才可能是在经过风带。横穿风带尚且如此，要是真遇到沙尘暴就更可怕了。当年在塔克拉玛干沙漠边缘领教过它的威力，而这里是"死亡之海"罗布泊。

天又蓝了，此时，我们已到了罗布泊的第三块碑"彭加木遇难纪念碑"。

彭加木，中国科学院新疆分院副院长，著名生物化学家。1980 年 6 月 17 日，他第三次进入罗布泊，考察队中途断水，彭加木毅然只身外出找水，结果迷失在库姆塔格沙漠中。

彭加木失踪后，数千军民在飞机的引导下从敦煌、库尔勒、若羌三个方向进入罗布泊进行搜寻，结果一无所获。

彭加木纪念碑由中国科学院新疆分院于 1981 年设立，纪念碑的所在地就是彭加木生前进行考察时留下最后痕迹的地方。这个纪念碑原先是木头的，因为此地风沙大，木头渐渐风干朽坏，被换成了大理石。纪念碑已经用栅栏围了起来，碑文刻着"彭加木同志在此科学考察时不幸遇难"。这一带叫库木库都克，在丝路文献中有记载。戈壁沙漠中有记载的地方一般是因为有水源，彭加木之所以来到这里，就是因为这个原因。但两千年过去，也许水源干涸了，也许被风沙掩埋了。"大患鬼魅碛"里的"鬼魅"至今仍为大患。

彭加木失踪后，世间流传着各种版本的传说，但我只相信那个最具英雄主义的解释。漫漫丝路，古来多少英雄壮志未酬，荒原遗恨，尸骨不存，灵魂回不到家乡。

大碛有幸埋忠骨，何须马革裹尸还。

阿奇克谷地的汉代烽燧残迹

331

我们停下车来，向英雄致敬。彭碑的下方也有一些曾经的穿越者留下的瓶装水，看来每个穿越者都会留下一番心意。我用水洗了碑，今天少喝一瓶。

过彭碑不远，手机有信号了。大家纷纷给家里打电话报平安，无奈信号微弱断续，平安未报出，反而令家人增加了担心，于是改发短信。

手机信号的出现，让大家紧绷了十天的神经放松下来。在罗布泊的这些天，尽管十分顺利，但如果发生事故，比如急病，比如外伤，根本无法及时送医抢救；如果汽车抛锚需要更换备件，也只好弃车；如果给养卡车坏了，那就更危险了。总之发生任何情况，后果都细思极恐。好在没有发生"如果"。很多时候你要敢于赌一下运气，并坚定地相信：老天有眼，好人平安。

沿着库姆塔格沙漠北沿，我们进入了阿奇克谷地。阿奇克谷地是位于阿尔金山和罗布泊之间的一条低谷戈壁走廊，偶有地下水露出地表，谷地里可以见到耐寒耐旱的植物，所以丝绸之路楼兰道选择了这条路。

在穿越阿奇克谷地途中，我看到远方有一座依然屹立的残燧。

西汉时期，汉武帝驱走匈奴，在河西走廊"列四郡据两关"，将烽燧一直修到罗布泊东岸，加强了汉朝对西域的控制，保证了丝绸之路的畅通。在此之前，我从未见到过相关的影像，这次亲眼见证了这处历史遗迹。

此图的意义：于史有据。

【蛮荒和文明的界线

在戈壁沙漠中行车，不进则陷。280公里的路程，我们走了十四个小时，晚上十一点半到达三垄沙沙丘地带，选择在一个大沙山背风处露营。

三垄沙位于新疆、甘肃两省区交界处，往东不远就是三龙沙雅丹群，现属于甘肃"敦煌雅丹国家地质公园"。之所以选择在新疆一侧露营，是因为进入甘肃就进入了敦煌雅丹国家地质公园，公园内不准露营，这叫作"管理"。

一条无形的行政区划界线，把这片戈壁分割成了荒原和公园，也成为蛮荒和文明的界线。另外，进入文明还要买"门票"，所以我们决定在"蛮荒"中再徘徊一夜。

由于到达露营地太晚，加之大风，今晚无饭。我们用车排起一道挡风屏障，把帐篷的一角拴在车轮上，以免被吹走。刚扎好帐篷，不知谁人提醒，这沙丘是流动的，万一流沙移动汽车，睡在车轮旁会很危险，于是大家又重新找地方固定帐篷，并用硬物把车轮前后固定住。

　　气温降到零摄氏度以下，厉风发出恐怖的声音，犹如千万野兽在啸叫，令人毛骨悚然。在风中、沙中、寒中、饥饿中、回顾与期待中……度过了罗布泊荒原的最后一夜。

　　半睡半醒间，天亮了。吃过早饭，我们的汽车越过看不见的两省区边界，进入甘肃省"敦煌雅丹国家地质公园"。

　　地质公园的收费大门设在公园东边，也就是从敦煌过来的方向。公园西边的罗布泊方向不设防，因为基本没有人能从这个方向过来。

　　整整一天，我们都在三垄沙一带的沙丘带和雅丹区域内活动。

　　三垄沙雅丹较之龙城雅丹，其雅丹主体为黄土而非灰白土，形状前高后低，如一艘艘在沙海中排列齐整的军舰，舰首面对的方向是茫茫的黑色戈壁。黑戈壁是由黑色石粒组成的荒原，大风吹走了细沙，只留下沉重的黑色石粒。

　　三垄沙是古代丝绸之路楼兰道和西域南道的必经之地，漠漠黄沙，层层雅丹，古代行者在缠膝的流沙里艰难行走，在险恶的雅丹中时隐时现……而今，这里正在修筑园区内的旅游公路，在周边雅丹的挟持中，公路延伸至看不清的远方，笔直的公路作为一个参照物，更令人对前途感到渺茫难测。想起了不知在哪儿看到过的一段话："于世沧海一粟，不论此身轻重，踽踽前行，不知始终。"

三垄沙雅丹

有人说这条公路破坏了环境。哈，这般险恶的环境还用破坏吗？有些泛自然主义者见不得任何人工的痕迹，这种自作多情的极端，恕我不敬而远之。

中午大会餐，红烧羊肉，炝炒圆白菜，西红柿炒鸡蛋，还有白酒、啤酒，尽情吃喝，不再限量，物质极大丰富，却是我们在罗布泊的最后一餐。饭后收拾行李，掩埋垃圾，难以化解的塑料废物装车运走统一处理。

一双跟了我两年的阿迪达斯登山鞋，因为耐不住极端的干燥，鞋底和鞋帮竟然开胶了。它曾陪我到过世界的许多地方，今天就把它埋在罗布泊吧，这里的干燥气候不会让它迅速腐烂，也算对它有个"交代"。为了使它更具"文物价值"，我在两只鞋里各放了一张名片。但当我掏出名片时，却看到黑色的油墨竟然褪成了灰色，名片是一年前印的，从未变色，这一路也都放在背包里，未见过光，仅仅十几天的时间，怎么会发生这种变化呢？排除了时间和紫外线两个因素，只能用极端干燥来解释了。

罗布荒原的脚印

傍晚的阳光映红了黄色的雅丹，巨大的投影覆盖了黑色的戈壁，反差耀眼，冷暖相间，远方是阿尔金山的灰色剪影。

"咱们怎么还不走？"

"公园不许进车，抓到了会罚款，等员工下班了再走。"

天黑以后，奇形怪状的雅丹露出了狰狞的黑影，所以这里也称"敦煌魔鬼城"。

摸着黑，车队穿过只能看出各种恐怖黑影的魔鬼雅丹，公园的大门已经上锁，领队下去交涉，并送上一些表示歉意的小礼品，值班的保安打开大门，惊讶地望着这只车队，我们都摇下车窗，微笑着向敬礼的保安回敬以礼，谢谢！

至此，罗布泊已被穿越，楼兰道已被覆履。

公元376年，十六国时期的前秦灭掉前凉后放弃了楼兰地区，从此楼兰道失去了交通干线的作用，到了隋唐时期基本被废弃，丝绸之路楼兰道也完成了历史使命。随着时间的推移，人们的记忆逐渐模糊，曾经真实的存在，渐渐变成神秘的传说……

古代楼兰道过三垄沙后进阳关到敦煌，但这条路随着楼兰道被冷落，早已荒废。现在从三垄沙去敦煌，必须从"敦煌雅丹国家地质公园"沿旅游公路过玉门关入敦煌。

敦煌雅丹距敦煌市区约180公里，行至一半时我望向窗外，虽然天黑看不见，但我知道玉门关就在路的左边，这里曾经是"辨华夷，异风俗"的疆界。

此次穿越，我们自西向东，从玉门关外的西域回到了关内。东汉班超治理西域三十一年，唯一的愿望就是"但愿生入玉门关"。我们在现代交通条件下，尽管也不容易，还是会生出"生入玉门关"的感动，这种感动更多的是在观照自我的情怀。

旅游公路畅通无阻，久违的平顺令人昏昏欲睡。

四个小时后，敦煌小吃城，当地名吃"驴肉黄面"已经上桌。吃饱喝足，回到酒店，浑身上下都是沙土，里里外外都散发着野味儿。

淋浴的水量够大，热水砸在身上，舒坦！洗过澡后，白毛巾成了灰毛巾。

住了两天，离开敦煌，在酒店前台结算，账单上多出一笔赔偿费。

我问："赔什么？"

服务员说："赔毛巾，都洗不出来了。"

我……？

赔！

几天前，我在罗布泊中心坚硬的钾盐壳上，反复用鞋底摩擦，待磨出一层土粉后，结结实实地嵌上一只脚印。

以印为信，这是我向千百年来沿着丝绸之路西行东进的开拓者、思想者、商旅和将士们的致敬。

一路走来，我所经历的一切，就像印在罗布荒原上的脚印一样，终会被时间的狂风抹去，似乎什么也没发生。

但，我已走过。

罗布泊荒原，我的脚印

第八章 西极昆仑——葱岭道

"葱岭"是个古老的名字，古老到可以追溯至距今三千多年前西周时期的周穆王时代。尽管记录周穆王西征的《穆天子传》一书为历代史家所质疑，但自《汉书》始，"葱岭"便被作为地名一直沿用至清代。"葱岭"现称"帕米尔高原"。

　　中国古代陆上丝绸之路西域三道中，西域中道和西域南道绕行塔克拉玛干大沙漠后，两道在疏勒（今喀什）交汇。

　　从喀什出发，自奥依塔克山口进入昆仑山，沿着山脉中的大山谷南行，盖孜河和塔什库尔干河及其支流贯穿全程，此道中国境内终点是中巴边境红其拉甫山口，全长约420公里，这段路史称"葱岭道"。

　　帕米尔高原汇聚了世界著名的五条大山脉：天山、昆仑山、喀喇昆仑山、喜马拉雅山和兴都库什山，形成了世界上最大的"山结"，被誉为"万山始祖"。

　　葱岭道上既有雄奇的地貌，也有鲜活的人文。几千年来，这条道路上演绎着民族迁徙、宗教传播、经贸交流、国家兴衰等诸多历史事件。这条路远离各个政治中心，但又是各政治中心相互联络或相互碾压的必争之路，这里发生的事件即影响了这个地区，也影响了整个世界。

　　那一年中秋前夜，我站在"冰山之父"慕士塔格峰的身旁，风生深壑，月出昆冈，恍惚中看到张骞持着汉节，玄奘负着经筐，迎着凛冽的山风，沐着光明的月亮，西往东来，踽踽独行。不禁想到李白有诗："今人不见古时月，今月曾经照古人。"虽时已过，然境未迁。

　　我站在海拔4733米的中国西极红其拉甫山口，迎风远眺，接续着中国古代陆上丝绸之路历史责任的喀喇昆仑公路在阳光的照耀下闪闪发光，就像一条银丝织就的飘带，飘离原乡，飘向远方……

葱岭道（喀什—布伦口—塔什库尔干—红其拉甫）

从喀什出发，自奥依塔克山口进入昆仑山，沿着山脉中的大山谷南行，
经布伦口乡、塔什库尔干县城，终点是中国和巴基斯坦边境红其拉甫山口。

横空出世

离开喀什沿 G314 国道向南偏西方向行驶，海拔渐渐升高，车行约 100 公里，
到达帕米尔高原昆仑山脉的奥依塔克山口，喀什葛尔绿洲的柔曼在这里转换为昆
仑雪峰的硬朗。

进入山口，路边的扶贫宣传牌很惹眼，"十户联牧，百户联耕，千户输出，
万户脱贫"，这应该是结合当地实际情况提出的针对性措施。正琢磨着"十百千万"
的意思，一抬头，蓝天白云中出现一片耀眼的雪山，面对这猝不及防的惊讶，人
人口中都会情不自禁地——哇！

帕米尔高原横空出世！

帕米尔是古波斯语音译，意为"世界屋顶"，中国古代将帕米尔高原称"葱岭"。

五条巨大的山脉汇聚在帕米尔高原，形成了世界最大的"山结"，把亚洲
大陆分割成东亚、南亚、中亚、西亚和北亚几个地区，高原山脉的褶皱如同一条
条隐秘通道，联通了各地区，其中最著名的通道就是丝绸之路主道之一的葱岭道。

"葱岭"一词据说来自《穆天子传》。西周第五位君主周穆王，又称穆天子，
他曾驾八骏、率六师，到昆仑山瑶池拜会西王母。一路西行，大漠无边，一天行
至一处，但见绿葱如茵，一扫荒蛮，穆天子问车夫造父："这是什么地方？"造
父也不知道，灵机一动指着成片的青葱说："这里叫作葱岭。"

查《穆天子传》，这一段记为"季夏丁卯，天子北升于春山之上，以望四野，
曰：春山，是唯天下之高山也。"据前人考证"春"是"葱"的转音，书中未见
周穆王和造父的问答，应该是后人演绎。

《穆天子传》是西晋时期在河南汲县（现卫辉市）的战国古墓中盗挖出来的，
是魏国与晋国史官写在竹简上的编年史，被称为《汲冢竹书》，也被叫作《竹书
纪年》，历代史家只将其作为研究正史的参考。在官方正史中，"葱岭"一词最
初见于班固所著《汉书·西域传》："西域以孝武时始通⋯⋯东则接汉，塞以玉

门、阳关，西则限于葱岭。"这是东汉官方史料，从此被广泛使用，而且一用就是两千多年，直到清末丢了西边大片领土，改称帕米尔。

帕米尔高原在汉唐时代就是中国的疆域范围。公元755年唐发生"安史之乱"后，国势渐微，中原政权自顾不暇，失去了对西域包括葱岭的控制。

清乾隆年间，在平定大小和卓叛乱后，为永绝后患，清军继续西征，一直打到巴尔喀什湖（现哈萨克斯坦境内），收回了帕米尔高原的主权。在清朝全盛时期，帕米尔高原全境属于中国管辖，当时按照自然地理状况，将帕米尔分为八个部分，史称"八帕"。由北向南依次为：和什库珠克帕米尔、萨雷兹帕米尔、郎库里帕米尔、阿尔楚尔帕米尔、大帕米尔、小帕米尔、塔克敦巴什帕米尔、瓦罕帕米尔。

然而由于清政府腐败无能，收复不久的帕米尔高原又被英俄两国瓜分了。1895年，英俄抛开两个最重要的当事国中国与阿富汗，签订了《关于帕米尔地区势力范围的协议》，划定两国在帕米尔的势力分界线，帕米尔"八帕"仅剩一"帕"留在了中国，这就是"塔克敦巴什帕米尔"，即现在的塔什库尔干地区。

过了奥依塔克山口，G314国道进入了盖孜峡谷。峡谷两边是高耸的雪山，盖孜河在峡谷中汹涌而下。"盖孜"是维吾尔语，意为灰色，盖孜河因为水中多细沙粒，水色呈灰白色。

盖孜雪峰旗云招展

339

公路傍着葱岭古道逆盖孜河而上，西汉张骞、东晋法显、大唐玄奘、蒙元的意大利人马可·波罗都曾从这里走过。

夏季，昆仑山脉融化的雪水争相涌进峡谷，发源于海拔 5000 米以上雪山的盖孜河一路汇聚着流域范围内的融水，裹挟着昆仑山的泥沙冲进了海拔只有 1400 米的喀什葛尔绿洲，在这里，浩荡的大河分成了若干支流把整个绿洲都浸透了，盖孜河从此再也没有离开。

白云蓝天，山水作伴，连绵雪山中可见一座雪峰突兀挺拔，似有瑞士马特宏峰之雄，完美的金字塔山形又似梅里雪山主峰卡瓦博格之状，峰顶飘出的旗云，随风招展，气象非凡。我不知道这座山的名字，查遍资料也不得，只是查到它的海拔高度是 5600 米，这个高度在昆仑山脉中比比皆是，然而这样英俊的却不多，因为它位于盖孜山谷旁，我把这座最帅的雪峰称为"盖孜雪峰"。

▌优雅蓝白

告别雪峰的旗云，出盖茨山谷不远就是盖孜河水系中最大的湖泊布伦口湖。"布伦口"是柯尔克孜语，意为角落之湖，克孜勒苏柯尔克孜自治州阿克陶县布伦口乡就坐落在湖畔。

G314 国道沿着湖的东岸蜿蜒，雪峰连绵，湖水激滟，湖对岸可以看到一片起伏的白色沙山，白沙浮在蓝湖上，蓝天飘在白沙上，如同几块悉心搭配的丝绸一般优雅。

蓝天蓝水白沙山，就像丝绸搭配出的优雅

湖畔的草地上，牛羊悠闲地吃着青草，在一片卵石滩上，几个女人正在洗衣服，洗好的衣服随手晾晒在石头上。

国道旁有个柯尔克孜牧人的小村子，用鹅卵石堆砌的房子别具特色，村口还有一个馕炉，几个女人正在烤馕。

在新疆，馕炉对于一个村庄来说，就像内地村子里的井台，既是生活的设施，也是生活的调剂，村民们在这里交流各类信息：隔壁的小子多有出息，对门的丫头相中了谁……当主妇们端起满满一盆热腾腾的烤馕回家的时候，脑子里也装满了今后好几天的话题。

我小时居住的家属区就有一座馕炉，馕炉是用耐火砖砌的，每到周日，来自新疆的家庭主妇就端着一大脸盆发酵的面团，轮流使用馕炉烤馕。她们先是把点燃的木头放进炉子里，木柴烧完时，炉壁已经烧得滚烫，然后，她们从脸盆里揪下一块面团，用手掌拍成饼，再用筷子在上面扎上很多眼儿，把面饼贴在炉壁上，炉口盖上水泥板，焖上一会儿，馕就烤好了。馕出炉时，周边的空气中都弥漫着馕饼的麦香，主妇们端着满盆的热馕，一边走一边送给周围的邻居。每周日的烤馕活动会持续一整天，孩子们随时都可以在炉边吃到刚出炉的热馕。后来因为粮食紧缺和政治气候的变化，馕炉被冷落，再后来被拆了，在馕炉的位置上用碎砖头砌了一个冰冷坚硬的乒乓球台。

除了路边的石头房子，湖畔的草地上还有几座毡房，一个女人带着孩子在编制手工，身旁围着一群白羊。高原的太阳在她的脸上留下了灼烤的瘢痕，她脖子上佩戴的项链，白色的是昂贵的羊脂玉，蓝色的却是廉价的玻璃珠，白蓝搭配，就像她身后的白沙山和布伦口湖一样纯净。这样的搭配，价格可以被忽略，留下的只有美丽和自信。

她自信地面对镜头，拉拉衣服，理理头巾，微笑着，完全没有羞涩与慌张，她当然知道脸上的灼痕，但全不在意。

不远处传来清脆柔和的声音，一个戴着柯尔克孜族骆驼帽的男子手里拿着镶银的牛角，嘴里含着口弦，轻轻拨弄，一声声，单调而幽怨。

"口弦弹在我的手上，哥哥心在你的身上，

　　　长长的羊肠路断了我飞向你的脚步，

　　　断不了我每夜梦见你微笑的模样。"

在一座毡房中，我又见到了在村口烤馕的两个女人，一问才知道她们是母女。房里的光线比较暗，我掀开门帘借点光，外面正有几个女孩在隔着帘隙往里看，门帘一掀开，她们都不好意思地笑了。

另一座毡房里住着一对老夫妻，毡房的正中顶上有一个可以掀开的透气天窗，正午的阳光照进房里，支撑天窗的木架阴影在这对老人身上投射出几道网格，或明或暗，就如他们几十年相濡以沫的生活，冷暖自知。

孩子们的脸上也刻写着生活的暖凉，高原强烈的紫外线在他们娇嫩的皮肤上留下的痕迹也许永远无法抚平，看着孩子的脸，就知道他们是多么的顽强。

这几年，随着游客增多，布伦口乡的牧民也搞起了副业。公路两边摆着一排卖民族工艺品、手工编织品和各种石头的木头案子，以卖石头的居多。查看阿克陶县志可以看到，"昆仑是储珍藏宝之地，它裸露着的巨大身躯中，有美玉，有黄金。早在几千年前的春秋战国时期，中原的文人墨客、志士精英，就把到阿克陶来采美玉、寻水晶和宝石视为一种美好的向往和追求，爱国诗人屈原还写下'登昆仑兮食玉英'的惊人诗句。"这里说的几千年也是有根据的，丝绸之路在形成之前存在着一条"玉石之路"，至今已有六千多年的历史。

卖石小贩见到游人到来，老远就抱着石头跑过去，用不太规范的汉语向游客介绍他的石头如何珍贵，其中还夹杂着一些地质学、矿物学名词以及诸如"石来运转""招财进宝""镇宅辟邪"等讨喜的词儿。

因为急着赶在日落前到达慕士塔格峰，我们在布伦口没有多停留，但是当我们到达慕士塔格峰脚下的喀拉库里湖边时，又见到了刚才向我们推销石头的几个小贩，他们居然骑着驴追了我们三十多公里，可见他们是多么地执着。我买了一块水胆玛瑙，讨价还价后花了一百元。这是一块剖开的半球形玛瑙石，有两个拳头大，晶莹剔透的剖面下，有拇指盖大小的一汪水泡。拿回家后约半年，水泡里的水不见了，我仔细检查了这块石头，玛瑙确是玛瑙，但在下面的一条石纹中发现了一个小孔，小孔用水泥封着，不特别留意是看不出来的，这块"水胆玛瑙"原来是经过人工注水的赝品。

唉……想到那遥远的异乡、淳朴的脸庞、三十公里的追赶，原本买的时候就是出于同情，也就释然了。

丝绸之路上的文明交流不是简单的非黑即白、非正即邪。淳朴与狡猾是褒还是贬，因人因事、因地因时而异，甚至要等历史来评判。

文明交流除了道德评价，还有交易方法的不同。我记得在俄罗斯，如果买一个910元的东西，你付给商贩一张1000元和一张10元的卢布，俄国人就蒙了，1000元已经多了，为什么又再给10元，他们不知道"凑零找整"概念，凡是懂的，必是和中国人做过生意，我开玩笑地管这叫"丝绸之路商贸文明必修课"。

【夏窝子

七月的帕米尔高原尚是"草色遥看近却无"的季节，刚刚来到喀拉库里湖畔夏季牧场的柯尔克孜一家人，正在安置他们的"夏窝子"。

几只光秃秃的骆驼站在石头屋前，地上有一大堆刚刚剪下来的驼毛。夏季将至，这时的毛和绒最好最厚，趁着骆驼换毛的季节，牧民把驼毛收集到一起，等着收购的小贩过来换点钱。

这里的牧民依旧过着逐水草而居的生活。由于季节变化和海拔高低的不同，青草的生发时间也不同。牧民把夏季牧场叫作"夏窝子"，冬季牧场叫作"冬窝子"，从夏窝子转到冬窝子或者从冬窝子转到夏窝子，就是转场。饲养骆驼的主要目的是转场时驮运帐篷、家什等生活物资，而驼毛仅仅是副产品。

近年来，当地政府在各个牧业区实施牧民定居工程，通过建立定居点改变流动放牧的粗放生产方式和原始生活方式。

牧民定居后，冬季对牲畜实行舍饲圈养，可以有效保护冷季草场，减少草场压力，在保护生态环境、可持续发展方面起到了积极的作用。但这种做法也相

几只光秃秃的骆驼站在石头屋前，地上堆着刚刚剪下来驼毛

对有一些副作用,对游牧民族来说,这是急剧的社会转型,也是民族文化传统的转型。

有人认为现代文明是对传统文明的摧毁,但不能为了保留"传统"而让一些人继续"茹毛饮血""结绳记事",即使现代文明会对"传统"有一些改变,也是与时俱进,到不了摧毁的程度。那些愚昧落后的生活方式该进博物馆就进去吧,社会的文明进步是不可阻挡的历史趋势,追求幸福是人类的本能和天赋人权。

由此想起一件趣事。某年春天,几个朋友相约到北京郊区的野长城拍片,长城内外的野杏树花开正浓,桃树也萌出粉色的花蕾,满山漫野,蔚为壮观。山下小村鸡犬相闻,炊烟如纱。有人叹道:"要是孩子他姥姥家住这儿就好了,可以经常来。"众人愕然:"你也太损了,怎么不把你妈搬到这儿来呀?"

【今月曾经照古人

喀拉库里湖波光粼粼,公格尔九别峰、公格尔峰和慕士塔格峰环湖而立。夕阳的余晖染红了雪山,雪山的倒影映红了湖水,湖水的波光又摇动着山影,碎出一片红。

从湖边看过去,慕士塔格峰比公格尔峰和公格尔九别峰更显巍峨,而这几座山峰实际的海拔高度是:公格尔峰 7649 米,公格尔九别峰 7530 米,慕士塔格峰 7509 米,三座大山分列帕米尔高原东部高峰的前三位。慕士塔格是维吾尔语的音译,意为"冰山之父"。

倒映在喀拉库里湖上的慕士塔格雪峰距湖 20 多公里,距离不仅能产生美景,还能产生美誉,原本高度第三的慕士塔格峰因为靠近人员往来的丝路大通道而产生的视觉逼迫,让人们误以为它是最高最大的雪山,因此获得了"冰山之父"的美誉。

圆满明月高悬天上,一查日历,原来今天是农历八月十四,明天就是中秋。

随着日落,湖上的风越来越大,山间的月越来越明,苏轼《赤壁赋》中的"江上之清风,山间之明月"的景致绝不比此景更强大,但他发出的"飘飘乎如遗世独立,羽化而登仙"的感叹却又应了此时景。

"今人不见古时月,今月曾经照古人",周穆天子西巡,汉博望侯两出,东晋法显砥砺,大唐玄奘蹀行,莫不是迎着这风的凛冽,伴着这月的光明。

虽时已过,然境未迁。

昆仑莽莽,六合辉煌,风月无边,物我无界,

大风光!大气派!

慕士塔格雪峰之月

　　赏完雪山之月，已近半夜，前方有旅店的地方只有塔什库尔干县城，距离这里大概还有100多公里，于是，我们决定返回布伦口乡。到了乡里才知，这里没有可供住宿的旅店，无奈之下，我们敲开了乡政府的大门，值班人员先是感到疑惑，得知情况后特别热情。原本他已经睡下，但马上腾出值班室给我们住，自己搬到办公室凑合。

　　早上起床，见到办公大厅里摆着两套防恐装备，有钢盔、盾牌、防刺背心和防暴叉，这套装备可谓是"标准装备"从首都机场到西域小镇都是一样的。于是我们披挂起来，摆出pose照相留念，办公室的值班人员看着我们一直在笑。

　　由衷感谢布伦口乡政府的夜半收留后，我们驱车继续上行。这次绕到了慕士塔格峰的东边，公路旁边立着三块大石，左边的石上刻有"冰山之父"的字样，中间的石上刻着"慕士塔格冰川公园"，右边的石上刻着毛主席诗词《念奴娇·昆仑》。

　　　　横空出世，莽昆仑，阅尽人间春色。

　　　　飞起玉龙三百万，搅得周天寒彻。

　　　　夏日消溶，江河横溢，人或为鱼鳖。

　　　　千秋功罪，谁人曾与评说？

　　诗句雄浑，气势磅礴，既抒情浪漫又夸张深刻，出自大胸怀的大手笔，这是我这一代人从小就会背的诗句，此地此刻看到，更有一番触动。

我们决定去看看慕士塔格冰川。从大门进去，沿着简易公路行驶 10 公里，路到头了，但仍不见冰川。山坡上坐着三个小伙子，坡下摆着两辆摩托车，他们站起来问："去看冰川吗？""还有多远？""还有三公里，坐车去吧，每人一百元。"我看了看海拔表，这里的海拔 4400 米，而冰川在雪线上，这个季节的雪线在 4600 米以上。

200 米的高差，三公里的距离，可不是一段轻松的路。同行的几人早已因高原反应都不愿下车了。来都来了，上！我抬腿坐上了一辆摩托车。

去冰川根本没有路，基本是在大石头间绕来绕去，车轮在碎石上不断打滑，说是坐车，实际上约有一半路不是下车走，就是和小伙子一起推着车走。我们一路走一路聊，这三人就住在布伦口村，柯尔克孜族，每天都骑着摩托车过来为游客提供最后三公里的服务，夏秋季节旅游的人多，每天都会有生意。

大约三十多分钟后，我们终于到达冰川的冰舌尖下，海拔表显示这里的高度是 4730 米。我手扶着冰舌，请小伙子给拍了张"到此一游"的照片，并试图用指甲在冰川表面刻上名字，但冰太硬了，根本连印儿都划不出来。为了不让同行伙伴留有遗憾，我抱起一块约十公斤左右的冰块放在摩托车上，手扶着冰块，趔趔着下了山。到了车旁。我招呼大家："每人抱着这块冰合张影吧，回去也好吹牛啊！"

说到"吹牛"，真的来了一群黑牛。方圆三十公里内并无人家，我们以为是野牦牛，但却听到了牛铃叮当。

【汉日天种

西汉时期，塔什库尔干一带曾经是蒲犁国故地，辛亥革命以后改为蒲犁县，1954 年 9 月改为塔什库尔干塔吉克自治县。

塔吉克人世代居住在帕米尔高原上，有"太阳部落""高山雄鹰"之称。研究表明，塔吉克族属欧罗巴人种印度地中海类型，来自古波斯东部，和西域地区原始塞人有一定的血缘关系。

有关塔吉克民族的族源，除了上述科学的解释之外，在民间还流传着"汉日天种"的传说。据玄奘法师所著《大唐西域记·朅（qiè）盘陀国》载：古波斯王派使臣到中国求婚，使臣带着选定的汉族公主回国，中途逢战乱滞留于塔什库尔干。使臣把公主藏于孤峰之上，不久，有神从太阳中来与公主相会，三个月后匪乱平息，公主竟怀孕了，使臣吓得不敢回国，也不能把公主退回娘家，只好在山顶上筑宫起馆，住留下来。不久后，公主生下一子，因为母亲是汉人，父亲是太阳，所以被称为"汉日天种"。

玄奘所记录的这个神话发生在距塔县县城以南60公里的达布达尔乡塔什库尔干河边一座孤岭上的城堡中，当地人称"公主堡"。公主堡是唐朝建立的军事要塞，地处要冲，玄奘西行归来曾住在这个要塞中，在这里他听到了这个故事。

丝绸之路从中亚进入帕米尔高原后可以通过两条路到达塔什库尔干，一条是翻越红其拉甫山口，沿塔格敦巴什河谷到达，另一条是经瓦罕走廊翻过明铁盖山口，沿喀拉奇库尔河谷到达，这两条河谷在达布达尔湿地汇合成为塔什库尔干河，公主堡就位于两条河的汇聚处，居高临下，扼守要冲。

"汉日天种"族群以王族的身份和来自古波斯东部的族群相融合形成了塔吉克族，"塔吉克"意为"戴王冠者"。

"汉日天种"的神话不仅是浪漫的传说，其中还有天之骄子的骄傲和民族关系的表达。

历史上，塔吉克民族反抗异族欺压，抵抗外来侵略，积极配合历代中原中央政权，为维护边疆安宁、增进民族团结、捍卫祖国统一做出了巨大贡献。

我们来到帕米尔高原深处的一座小村庄，远处的雪山终年不化，而脚下的草已经很茂盛了，这里的无霜期很短，草儿匆匆地长，花儿匆匆地开，然后匆匆地结籽，以待来年的再一次匆匆地重生。

村外的草地上，塔吉克人也在抓紧时间尽情享受这短暂的温暖，村民聚集在一起，吹起清脆的鹰笛，打起铿锵的手鼓，跳起激昂的鹰舞。

鹰笛是塔吉克民族音乐的灵魂，声音清脆明亮，如同山鹰的鸣叫，它可以表达各种情绪，无论是喜庆与欢乐，还是思念和悲伤。

据一位塔吉克制笛老人介绍，鹰笛是使用雄鹰翅膀的骨头做成的。鹰有大小和老少之别，所以制作出的鹰笛长短、粗细和音质也不一样，同一只鹰两只翅膀的翅骨可以做成一对鹰笛，一起演奏时发出的声音优美和谐，格外好听，若其中一支丢失或是损坏了，另一支鹰笛就无法再与其他鹰笛奏出和谐的乐曲，只能用来独奏，据说声音都会变得悲凉。

传说雄鹰在生命的最后时刻会飞越雪山冲向太阳，直到化为灰烬，因此地面上很难见到鹰的尸骨，偶尔有因为极端气候没能飞过雪山而被冻死的雄鹰，人们才有机会拾捡到鹰翅骨，因此鹰笛十分珍贵，能够制作并演奏鹰笛的民间艺人，已被列入国家非物质文化遗产的传承人。

鹰笛象征着生命，手鼓象征着太阳，鹰舞传达着民族的希望。这种舞蹈欢快、诙谐而又坚定，伴着鹰笛和手鼓的节奏，模仿着雄鹰的动作上下翻飞，表现出自由勇敢、乐观向上的民族精神。

傍晚时分，结束了欢聚的人们各自回到家中，我也随着一家人到他们家去看看。用山石垒成的房子里外都敷了一层黄泥，房屋周边大片的油菜花正在开放。

生活在高海拔、严寒少雨的帕米尔高原的塔吉克民族，传统民居多为土木结构的正方形平顶屋，其中最重要的部分是它的正房，塔吉克人称作"南格力"，意为灶台或馕坑。走进南格力，灶台就建在正对大门的房子中间，整个房间由五根立柱支撑屋顶，塔吉克人认为，"五"这个数字代表完整，就像人体的两只手、两只脚和一个躯干一样，所以房子也是由五根柱子来支撑。在日常生活中，五根柱子还用于划分不同的生活功能区，如待客、做饭、休息等。

灶台的左右和后方是略高于地面的土台，上面铺着毛毡，晚上，一家人都睡在土台上，白天把被褥叠起来依墙码放，整个房间就成为家庭日常生活和接待客人的场所。塔吉克人的婚丧嫁娶、家庭聚会也都在这里进行。

南格力的另一个显著特点，就是在做饭和取暖的灶台上方屋顶，开有一方用四五层木板交错重叠而成的菱形天窗，以前传统的南格力没有窗户，透天的天窗是采光、通风和排烟的唯一方式，如今，天窗上都加装了玻璃窗。

一家人其乐融融，幸福之情溢于言表

南格力是塔吉克民族建筑最典型的代表，凝结着整个民族的记忆，因此被列为喀什地区第一批地区级非物质文化遗产

粗粗了解了南格力的历史和构造后，已是晚上九点了，塔县的经度和维度与内地不同，大约有三个小时的时差，所以开始准备晚饭也并不晚。淳厚的男主人站在灶台上把大铁锅架在炉口上，贤惠的女主人坐在灶台边烧火添柴，两个漂亮的女儿都过来帮忙，一家人其乐融融，幸福之情溢于言表，感染着屋里的每一个人。日常的幸福就是全人家围坐在一起，吃上一顿热乎乎的饭，这种幸福很简单，也很奢侈。

塔什库尔干最著名的古代遗存是县城北边的石头城。

"塔什库尔干"是突厥语，意即"石头城"。石头城建在海拔 3100 米的一块大岩石上，背靠高耸的连绵雪山，俯瞰蜿蜒的塔什库尔干河。

汉代时，这里是西域三十六国之一蒲犁国的王城，两晋至南北朝时期为揭盘陀国都，唐代在此设立了葱岭守捉驻节地。守捉是唐朝独有的边关地区驻军机构，一般守捉城里有驻军 300—7000 人不等，守军大部分是正规军，还有一些内地发配的犯人和当地少数民族。元朝初期扩建了石头城，公元 1902 年（清光绪二十八年）在此建立蒲犁厅。现存的城址为唐代遗存。

日落石头城

石头城位于丝绸之路葱岭道上，自喀什、英吉沙、叶城、莎车至帕米尔高原的道路交汇于此，战略位置十分重要。

有关石头城的介绍，除了一些真实的历史记述外，后人大多会将在公主堡发生的"汉日天种"的神话附凿在这里，这当然是出于商业利益的考虑，但久而久之，以讹传讹，在导游的助推下，游客们都信了，其结果就像戏说历史的电视剧一样，以野史为正史，有助传播，无视真相，利在当下，祸在千秋。

我们赶在日落前登上了石头城，大片的阴影覆盖了陈迹，缺少细节的观看却提升出一种远古的沧桑。你可以想到"汉日天种"的神话，想到塔吉克民族的生生不息，想到古代疆吏的坚守，想到东西僧侣的坚定和中外商贾的艰辛，还可以想到守捉将士对国家的忠诚和"将在外，君命有所不受"的恣意……

【金色山谷

塔什库尔干河在高山融雪的不断鼓励下左冲右突，每冲出一重山就留下一片湿地，一次次的冲击，留下了一片片的丰美。河流在开阔的绿洲里舒展徜徉，片刻的歇息似乎是为了积攒力量再去冲击下一座大山。

塔什库尔干河在帕米尔高原东部留下了不知多少绿洲，串起了不知多少塔吉克人的村庄，流出帕米尔高原后，汇入叶尔羌河，最终隐入塔克拉玛干大沙漠。

塔什库尔干河畔的提孜那甫乡是个农牧混合乡，村庄周边既有农田也有牧场。这里的麦田看不到垄畦，因为是湿地，作物不用灌溉，随意播撒，自然天成，最大限度地利用了土地，看来中原内地的"精耕细作"原来是无可奈何的"因地制宜"。

金色的麦田铺满了山谷，帕米尔的太阳，帕米尔的风，风吹麦浪翻动层层金波，金波反射着金光，把大山也映照成了金色。

离麦田不远的地方是种植牧草的草场，努斯热提·夏迪曼挥舞着钐镰，正在收割牧草。草场很大，他联合了几家人合作打草，男人们割草，女人们搂草，小孩子也坐在学步车里来助阵了。打草是为了给舍饲的牲畜准备越冬饲料，剩余部分还可以出售。

使用钐镰是个简单的技术活，简单就是可以很快掌握，技术性在于要把握好力度，巧用腰部的劲，技术要点就是掌握好镰刀与地面的距离，抬得高了，留下高高的草茎是一种浪费，压得低了，镰刀会扎入泥土伤了草根，影响明年的收成。另外土里有石头，刀刃碰到石头，用不了几下就钝了，要重新磨刀，严重的还会报废。

眼前的场面和苏联作家肖洛霍夫在《静静的顿河》中描写的格里高利一家人打草的情景一模一样。

太阳透过灰羊羔皮一般的云片，把扇形的、朦胧的折光投射在原野、草场、村庄和顿河两岸远方的银色山峰上。全村的人一起出来割草。

割草的男人和搂草的女人都穿得像过年一样，自古以来都是这样。

顿河平原和帕米尔高原相隔万里，但是生产劳作方式和丰收喜悦心情都是一样的。肖洛霍夫说"自古以来都是这样"，说明人性是共通的。此外，欧亚大陆古代东西方之间的草原之路和中国古代陆上丝绸之路或许也起到了一定的作用，想一想塔吉克人是迁徙过来的欧罗巴人就明白了。

利用他们休息的时间，我请大家合个影，这是几家人第一次合影。为了寄照片，我请他们留下地址和姓名，几个男人面面相觑，告诉我，他们不会写几个汉字，于是，我把其中一人的身份证放在草地上拍下来。开始交流时没有听明白他们是哪个村的，看了身份证才知道，他们生活的这片"金色山谷"是塔什库尔干县提孜那甫乡栏杆村。"栏杆"是古波斯语"驿站"的意思，西域各道沿线，现在依然有些村子叫"栏杆村"，这些都是曾经的丝路驿站。

来自雪山的塔格敦巴什河和喀拉奇库尔河在达布达尔村外汇成塔什库尔干河，并浸润出了一片绿洲。这块平整、开阔、湿润的土地适于小麦、青稞等农作物的生长，尽管高纬度地区的植物生长周期短，但收成还是不错的，这得益于昆仑山雪水的滋润和帕米尔高原的充足阳光。

草场上的大合影

【古丽是朵花

那扎尔·买买提一家正在屋前空地上晒晒麦秸，他们把麦秸晒干后装在大号编织袋里出售，麦秸既可做牲畜饲料也可做工业原料。

买买提有两个孩子，一个女孩，一个男孩，女孩叫古丽，"古丽"是花朵的意思，新疆许多少数民族都有叫古丽的女孩。

小古丽长着一副典型的"洋像"。她戴着一顶毛线帽，帽子下面露出的是男孩

塔吉克的小古丽

子的短发，可脸上流露出的腼腆和红色的耳坠，一看就是个小姑娘。

今天是周日，放假的孩子能给家里多添个帮手。弟弟还小，在草垛间跑来跑去，住在同村的姑姑也带着两个男孩子来帮忙。古丽拖着大木叉，帮父亲划拉着麦秸。父亲看到我们过来，马上没收了古丽的工具，在外人面前，他要给女儿留一份尊严，这一个小动作，就把父亲对女儿的疼爱表现出来了。其实我也看得出来，古丽的劳动更多的是在玩，这就是"耳濡目染"的"寓教于乐"吧。

西部高原的阳光把一家人的脸都晒得红红的，不是白里透红，而是红里透白，白才是塔吉克民族的皮肤底色。

人类在进化过程中、在迁徙的路途上，为了适应不同的自然地理条件，进化为多个人种，人种又分化为多个民族。

从喀什到塔什库尔干仅420公里，自然环境从绿洲到高原，从沙漠到雪山，民族也由昆仑山外的维吾尔人换成了山里的柯尔克孜人。过了慕士塔格峰，柯尔克孜人又换成了塔吉克人。山水不同，族群各异，虽然被地理因素切割为不同的生活形态，但各原住族群之间尚有模糊的连接。当这些族群以科学的名义被划分为不同的民族后，模糊的连接之间竖起了一道模糊的屏障。殖民主义、沙文主义、民族主义、神秘主义、原教旨主义等意识形态又将模糊的屏障清晰化，最终将各个民族共同创造的人类文明打得七零八碎，甚至势不两立。

真实的世界并没有这么壁垒分明，在中国和世界各地旅行，虽然语言不通、风俗各异，但是不同文化之间的共性比差异更多，就如新疆各少数民族都喜欢"古丽"这朵花一样。

【冰山上的雪莲

去往红其拉甫山口的 G314 国道边，有一间土房和三顶毡包，这里是塔吉克牧民的夏季牧点，属于塔什库尔干县达布达尔乡红其拉甫村。从雪山流下来的塔格墩巴什河在这里汇集出许多小溪，把牧点建在这里的，的确是个水草丰美之地。

进入牧点，几个塔吉克妇女围成一圈在聊天，见到有客人来了，热情地上来打招呼并请我们进毡房里休息。毡房里铺着地毯，四周围着挂毯，虽然是临时性的家，但依然布置得十分讲究，花色统一，色调鲜艳但很协调，看得出这是一群热爱生活的人。

炉子上温着熬好的奶茶，女主人端上奶茶，摆上焦黄的馕，招待我们这些闯入的陌生人。与她们进行语言交流非常困难，在新疆的边远乡村和牧场，三十多岁以上的女人基本不会讲汉语，年轻人的汉语会好些，越年轻汉语水平越高，和年龄完全成反比，有些小学生的汉语普通话甚至相当的标准，当然带些口音是不可避免的。

女主人叫来一个年轻的姑娘，指指嘴巴，意思是她会说汉语。

和这位"会说汉语"的姑娘聊天，依然要连猜带蒙，比比划划。她说她叫古兰丹姆，意思是"雪莲花"，今年 23 岁，上过四年小学。古兰丹姆是电影《冰山上的来客》里女主角的名字，内地人对于帕米尔高原的了解大多来自这部电影，记得小时候舅舅带我去看这部电影时，我还丢了一顶新买的鸭舌帽呢。

面前的这个古兰丹姆比电影中的更漂亮，面颊轮廓鲜明，大眼睛、浓眉毛，头发弯曲略带金黄。她手里拿着一块绣着民族图案的布料，一边说话一边继续绣活。

我们结结巴巴地聊着，姑娘浓重的口音不一会儿就把我们都带到沟里去了，我们也开始用生硬的语调加上一些倒装句和她聊，尾音还要上翘，似乎这样就能表达明白，或着是她就能听懂似的。

"古兰丹姆，你结婚了吗？""男朋友，没有。"

边疆地区、少数民族，正值妙龄，没结婚还没有男朋友？不可能！试着问旁边的女人，她们只是笑着摇头，不知是她们没听懂还是她真的没有男朋友，或者只是一起配合着"逗你玩儿"。

男人们都出去放牧了，看家的女人几乎每人怀里都抱着一只猫，在这荒郊野外，为什么不养狗呢？这个问题表述起来太复杂，也就没问，否则还要学狗叫。

后来，我在一本书中看到，随着全球气候变暖，高海拔地区开始出现鼠患，这是几位塔吉克妇女人手一猫的原因吧？虽然偏居一隅，依旧是"环球同此凉热"。

　　谢了女主人们，正要上车，一个男人骑着摩托车过来了。他的脸上套着一个黑头套，只露出眼睛和嘴巴，让人想起这里离阿富汗的瓦罕走廊不远，那里的民兵组织都是这般装束，只是差一支 AK-47。

　　男人是古兰丹姆的哥哥，乍一听，他的汉语还不错，至少交流起来可以少一些比划。他在附近放羊，回来取点东西，见家里来了客人就过来问候一下。原来是专门过来问候的，听着心里很暖啊。他说，这里很少见到外人，即便每天都有旅游大巴往返红其拉甫口岸，但不会在这里停车。

　　几个女人中有他的妻子，我打开相机，给他看他和妻子的合影，几个女人也都围过来翻看，一边看一边相互取笑着。

　　聊了一会，我发现，这位小哥的汉语除了一些简单的日常用语也说不了更多，我想留下他的地址以便寄照片，他说这个牧点没有地址。"那就寄到你们村里吧。"他说不知道村子的地址是什么。女人们冲着他一通叽里呱啦，似乎是在指责他。

　　最终，大家只有在遗憾的微笑里挥手告别。

　　我每次到新疆总会带上一些新疆的音乐或歌曲，前几年是买来的 CD，后来用拷贝的 U 盘，这两年用手机下载了，其中必有几位来自西部歌手的歌，只有他们的声音和大西北无限搭。

冰山上的雪莲

回塔什库尔干县城的路上，耳机里始终响着电影《冰山上的来客》中的插曲：

　　　　戈壁滩上的一股清泉，

　　　　冰山上的一朵雪莲

今天，我们在帕米尔高原的冰山下见到了一片雪莲。

每年我都要制作自己的新年贺卡，那一年我用了古兰丹姆的肖像，标题就叫"冰山上的雪莲"。

几年后，我再次来到南疆，并带来了给古兰丹姆们打印好的照片，然而因为一些不可抗拒的因素，我未能再上帕米尔，不知这份遗憾什么时候能够弥补。

　　　　风暴不会永远不住，

　　　　什么时候啊，

　　　　才能够看到你的笑脸。

苍凉的歌声在帕米尔高原的雪山冰河间久久回荡……

【路沿葱岭去，河背玉关流

红其拉甫山口海拔4733米，是中国版图最西端的边境口岸，也是全世界海拔最高的边境口岸，过了这个山口就进入了巴基斯坦。

去红其拉甫口岸需要到武警驻塔县的边防站办理边境通行证，手续简单，只需出示身份证即可。

古代丝绸之路葱岭道去往南亚和中西亚方向一共有两条通道，一条从塔什库尔干县所属的明铁盖山口经阿富汗瓦罕走廊到达巴基斯坦的白沙瓦，往南通南亚，往西通中西亚。瓦罕走廊历史上曾是中国领土，1895年3月，英俄签订了《关于帕米尔地区势力范围的协议》，不但划定两国在帕米尔的势力分界线，而且将兴

国容何赫然，红其拉甫口岸国门

都库什山北麓与帕米尔南缘之间的狭长地带划作两国间的"缓冲地带"。在世界地图上可以看到，阿富汗向东延伸出一段狭长地带与中国接壤，北面是塔吉克斯坦（当时属沙皇俄国），南面是巴基斯坦（当时属英国殖民地印度），中国和阿富汗边境线全长仅 92 公里，这就是瓦罕地区，地理学上称为"瓦罕走廊"。1963 年 11 月，中阿两国通过签订条约，正式将两国在瓦罕走廊的边界线法律化。

瓦罕走廊相对于其他山谷道路，海拔较低，水草丰美，沿途有许多村庄可以提供修整和补给，当年绝大部分行旅都选择走这条路。张骞、法显、玄奘和马可·波罗都曾经过这里，是古代陆上丝绸之路沟通西域的主要通道。20 世纪五六十年代由于克什米尔地区的争议以及中国和印度、阿富汗之间的国家关系等因素，这条路渐渐萧条。

21 世纪初，美国纽约发生"9·11"恐怖袭击事件后，美国发动了阿富汗战争，阿富汗境内被塔利班控制的地区硝烟弥漫，但在阿富汗北方联盟控制的瓦罕走廊依旧安然，间接地为中国筑起了一道安全缓冲屏障。

葱岭道连接外域的另一条通道是红其拉甫山口。红其拉甫素有"血谷"之称，氧气含量不足平原的 50%，风力常年在七八级以上。过了山口就进入了巴基斯坦，往南通伊斯兰堡和印度新德里。

20 世纪 60 年代，中国政府开始修建喀喇昆仑公路，国内段即 G314 国道，公路通过红其拉甫山口连通巴基斯坦 N35 国道，1979 年全线通车后，红其拉甫山口彻底替代瓦罕走廊的明铁盖山口成为重要的边境口岸。

从塔县县城到红其拉甫山口约 130 公里，海拔高差 1800 米，弯弯的山路上很少见到车，记得上一次来的时候，我见到很多车头上贴着印巴美女招贴的中国大货车，这次却没有遇到，一打听，原来是这条公路正在改扩建，限制大型货车行驶。

沿着盘旋的公路上行，海拔越来越高，气温越来越低，景色越来越荒凉。转过一座大山，终于看到了一栋白墙红顶的小楼，上边写着一排大字"红其拉甫前哨班"。我曾经无数次地从各种媒体上看到过这栋建筑，但如今面对真实，心中充满了敬意。经过例行检查，继续前行三公里，高大的国门赫然在目。

帕米尔高原之上，雄伟的红其拉甫国门与山并立，五星红旗傲然群峰。原以为可以看到手持钢枪的战士威武注视远方的画面，结果却是那么平和。对面的巴基斯坦苏斯特口岸边防站也是不见一兵一卒，中巴两国作为好邻居，相互关心，也相互放心，这就是由"和"而"平"的和平。

一位戴着旧军帽用天蓝色毛线脖套盖住耳朵的塔吉克牧民走过国门。塔吉克是个强烈认同中华民族共同体的少数民族，红其拉甫兵站的战士们盛赞塔吉克人，说他们"种地就是站岗，放牧就是巡逻。"尤其是那些边境地区的牧民，如果发现陌生人，便会不顾自家的牛羊，走上几天到边防站报告。

红其拉甫山口是国家的边界，也是大自然的分水岭，帕米尔雪峰的融水从此西流。唐朝诗人李士元有"路沿葱岭去，河背玉关流"的诗句，玉关就是玉门关。

我站在海拔 4733 米的中国西极红其拉甫山口雄伟的国门下，迎风远眺，接续着中国古代陆上丝绸之路历史责任的喀喇昆仑公路在阳光的照耀下闪闪发光，就像一条银丝织就的飘带，飘离原乡，飘向远方……

回望历史，两千多年来陆上丝绸之路真正通畅的时间并不多，但凡畅通，必是国泰民安的静好岁月。

走完葱岭道，我就完成了致敬中国古代陆上丝绸之路的心愿，这条八条大道，我断断续续走了 22 年。

回程路上，我的情绪在若有所得与若有所失之间徘徊，似乎在比较哪一种才是完成心愿后的最准确的感觉。

在塔什库尔干河谷，我再一次回望红其拉甫山口的方向，一只雄鹰翱翔在帕米尔高原雪山之巅。

后记

以印为信

从喀什飞往乌鲁木齐，经停西安再向北京的航线，经过了中国古代陆上丝绸之路所覆盖的主要地区。御风而行，俯瞰大地，广袤国土上布满了中华民族几千年生存奋斗、发展兴旺的文明印记。

以印为信，生生不息，自强不息。

我曾经在罗布泊中心坚硬的钾盐壳上，反复用鞋底摩擦出一层土粉，然后，结结实实地钤上一只脚印。

以印为信，道阻且长，行则必至。

我又想起了中国国家博物馆大厅里的中国立体地图，当年我曾在想象中叠加的那一束从国土中心往西北方向飞扬飘逸的丝质彩绸，它所飘过的古代丝绸之路当代中国境内的八条道路，如今都已被我用脚走遍，用心抚遍。

"何所闻而来？闻所闻而来。何所见而去？见所见而去。"我说不清魏晋名士间的这段对话所隐含的深刻而机巧的玄妙，但又隐隐有所心会。所闻所见，同或不同；所思所想，通或不通。

山一程，水一程，感谢亲人和朋友始终陪伴与鼓励，

风一更，雪一更，欣慰自我在不断踌躇中选择坚定。

经年之久，历程之遥，看到未必能心会，心会未必能表全，正所谓：文章千古事，得失寸心知。

本书在拍摄、写作、编辑、设计、出版过程中得到许多老师和朋友的支持和关注，在此深表感谢！

书中参考了大量历史文献和有关专家的研究成果，虽求教于纸上，亦如耳提面命，在此深表感谢！

丝绸之路，道阻且长；襟带万里，泽被四方。
物种交流，你来我往；思想交映，补短取长。
血脉多源，四面八方；文化多元，天高地广。
共创文明，同铸辉煌；天道弥远，中华未央！

【致敬导师：　朱宪民（中国艺术研究院研究员）
　　　　　　　孟凡人（中国社会科学院研究员）

【致敬前辈：　高占祥　　吕厚民　　邵　华
　　　　　　　王玉文　　冷敏述　　冯其庸

【致敬专家：　王　悦　　徐伟浩　　莫秀明

【致敬同道：　米　沙　　白　萍　　李学亮　　线云强
　　　　　　　王　琛　　任国恩　　贾明祖　　王华涛
　　　　　　　刘　征　　张亦兵　　涂向东　　钱　江
　　　　　　　秦军校　　裴　烨　　杨　华　　张海鸥
　　　　　　　邱红艳　　王　峰　　樊程旭　　刘　阳
　　　　　──及所有未及尊名的同路人──

【作者简介：　高健生（资深编辑）

历任：中国科学院印刷厂激光照排中心技术副主任
中国艺术研究院摄影艺术研究所常务副所长
《中国摄影家》杂志主编　《中国摄影艺术年鉴》主编

图书在版编目（ＣＩＰ）数据

走在大路上 ／ 高健生著．—— 北京：五洲传播出版
社，2024.6
ISBN 978-7-5085-5203-3

Ⅰ．①走… Ⅱ．①高… Ⅲ．①丝绸之路 Ⅳ．
① K928.6

中国国家版本馆 CIP 数据核字 (2024) 第 074452 号

走 在 大 路 上

著　　者：高健生
出 版 人：关　宏
责任编辑：王　峰　　樊程旭
装帧设计：中国摄影艺术年鉴

出版发行：五洲传播出版社
地　　址：北京市海淀区北三环中路 31 号生产力大楼 B 座 6 层
邮　　编：100088
发行电话：010-82005927，010-82007837
网　　址：http://www.cicc.org.cn，http://www.thatsbooks.com
印　　刷：天津裕同印刷有限公司
版　　次：2025 年 1 月第 1 版　　2025 年 1 月第 1 次印刷
开　　本：710 毫米 ×1000 毫米　　1/16
印　　张：23
书　　号：ISBN 978-7-5085-5203-3
定　　价：88.00 元

亚欧大陆古代丝绸之路示意图

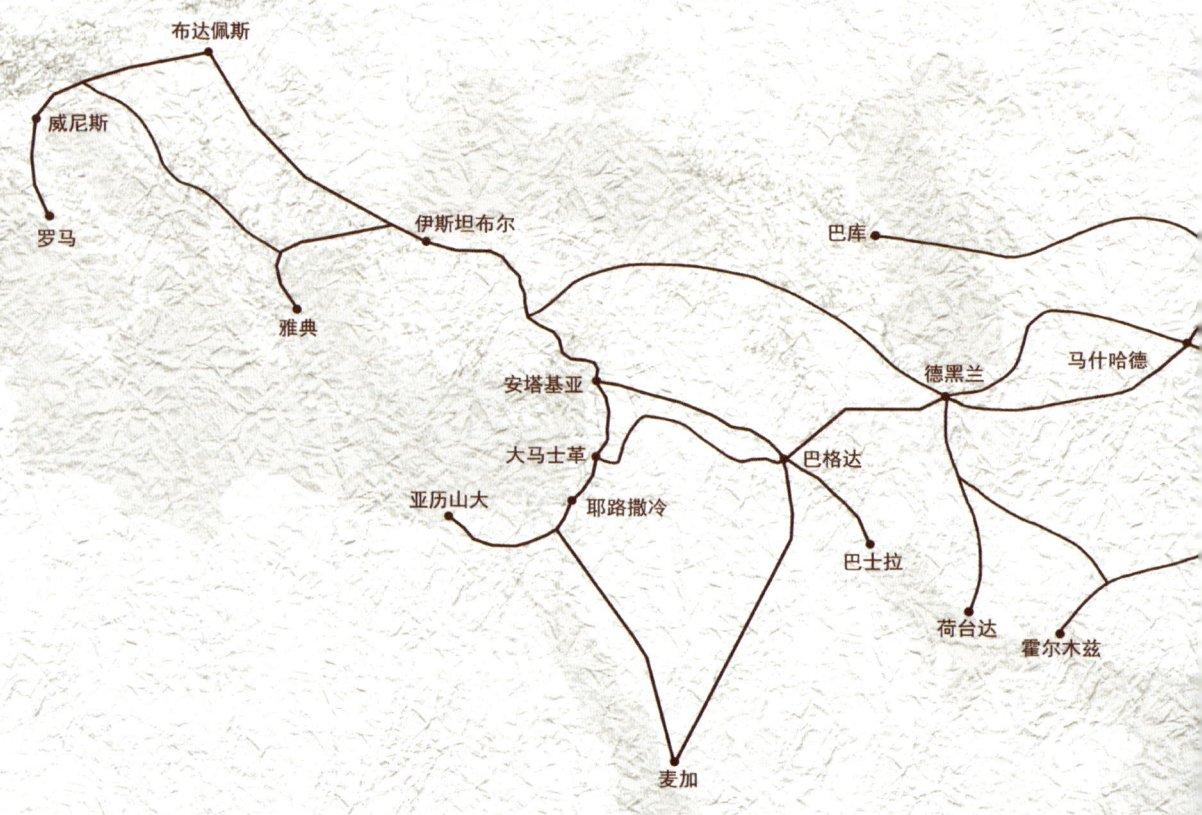

布达佩斯

威尼斯

罗马

伊斯坦布尔

巴库

雅典

安塔基亚

德黑兰

马什哈德

大马士革

巴格达

亚历山大

耶路撒冷

巴士拉

荷台达

霍尔木兹

麦加

西方谚语：条条大路通罗马

亚欧大陆古代丝绸之路

白哈巴

布尔津

克拉玛依　乌鲁木齐

霍尔果斯　　　　吉木萨尔

托克马克　伊宁　　　　哈密

撒马尔罕　　　　轮台　　吐鲁番

卡桑赛　　　　　焉耆　楼兰　瓜州

　　　　阿克苏　　　　　　酒泉　张掖　　　　　　　北京

巴尔赫　喀什　　　　　敦煌　　　武威　中卫

塔什库尔干　莎车　　若羌　　　　德令哈　　　　　　固原

喀布尔　红其拉甫　且末　茫崖　　　　西宁　兰州

和田　民丰　　　格尔木　都兰　　　　　　洛阳

白沙瓦　伊斯兰堡　　　　　　　　　　　天宝西潼

　　　　　　　　　　　　　　　　　　　　水鸡安关

新德里

拉奇

东方禅偈：家家有道透长安

━━━ 中国古代陆上丝绸之路
　　　（本书作者致敬路线）